Michael Heilemann, Gabriele Fischwasser-von Proeck

Ich-Optimierung: Loben statt Strafen

Die Abrundung des Anti-Aggressivitäts-Trainings

Michael Heilemann, Gabriele Fischwasser-von Proeck

Ich-Optimierung

Loben statt Strafen

Die Abrundung des Anti-Aggressivitäts-Trainings

PABST SCIENCE PUBLISHERS

Lengerich, Berlin, Bremen, Miami,
Riga, Viernheim, Wien, Zagreb

Bibliografische Information Der Deutschen Bibliothek

Die Deutsche Bibliothek verzeichnet diese Publikation in der Deutschen Nationalbibliografie; detaillierte bibliografische Daten sind im Internet unter <http://dnb.ddb.de> abrufbar.

Autorenadresse:

Dr. Michael Heilemann
Gabriele Fischwasser-von Proeck
Domeierstr. 6
D-31785 Hameln

Konvertierung: Armin Vahrenhorst

Druck: KM-Druck, D-64823 Groß Umstadt

ISBN 3-89967-218-6

„Was nützt es,
wenn der Mensch die ganze Welt verändert
und dabei seine Seele verliert“

Dank

„Leider lässt sich eine wahrhafte Dankbarkeit in Worten nicht ausdrücken" (*Goethe*). Wir wollen es trotzdem versuchen: Bei Sabine Zink-Zachas, die seit ca. 17 Jahren die Kraft für das tatsächliche Schreiben in der AAT-Companie ist. Schon selbst fast ein „Hamelner Modell". Dann noch bei Wolla Truchseß, unserem Wissenschaftsjournalisten für die „Durchschreibe". Er gehört zu der „Fraktion Sechzig plus", die (uns) immer noch um einiges voraus ist und die uns immer noch einiges zu sagen hat. Dankeschön auch dem genialen Schulmeister Wolfgang Naegeler als religiöses, politisches und auch pädagogisches „Gewissen". Stud.Jur. Anne von Proeck aus Osnabrück und Stud.Jur. Fabian Heilemann von der BLS aus Hamburg einen Dank für das „Doppelte Lottchen" – Symmetrie zwischen den Ichs und dann hoffentlich auch innerhalb des jeweiligen Ichs ist möglich.

„Es ist ein lobenswerter Brauch: Wer Gutes bekommt, der bedankt sich auch" (*Wilhelm Busch*): Danke für die guten Wünsche des Arist von Schlippe (Osnabrück), der als „Systemiker" eher von außen kommt und trotzdem hier wieder im „Inneren des Ichs" landet. Persönlicher Dank an Inki Heilemann, die vieles anders sieht – und einiges doch gleich. Ein finales Dankeschön aber auch an unsere AAT-SeminarteilnehmerInnen aus der ganzen Republik, die an ihrer „Schnittstelle zur Gewalt" in extremer Weise von uns Erkenntnis abfordern – aber eben auch bei uns entsprechend abliefern. Danke.

Inhaltsverzeichnis

Geleitwort

Eine amerikanische Forschergruppe hat aggressive und gewalttätige Kinder und Jugendliche untersucht. Sie beobachteten, dass viele dieser Kinder einem „feindseligen Wahrnehmungsfehler" unterliegen. Das heißt, dass sie schon von vorneherein erwarten, von ihrer Umgebung negativ oder böswillig behandelt zu werden. So sind sie häufig geradezu auf der Suche nach möglicherweise feindlich gemeinten sozialen Signalen. Sie neigen in viel höherem Maß als andere Kinder dazu,, dem neutralen Verhalten eines Gegenübers eine feindselige Absicht zu unterstellen, ja sie nehmen oft sogar ein freundliches Kontaktangebot als möglichen Angriff wahr – ein freundliches Lächeln wird etwa als „blödes Grinsen" interpretiert usw. Oft reagieren sie dann mit einem Gegenangriff, einem „Präventivschlag". Natürlich zeigt das so angegriffene Gegenüber sich nun nicht mehr freundlich, sondern ebenfalls eher feindlich und so bestätigt sich der Wahrnehmungsfehler von selbst. Wenn Kinder oder Jugendliche längere Zeit unter den beschriebenen Bedingungen leben, sammeln sie Erfahrungen, auch die Erfahrung, dass sie sich gewaltsam durchsetzen können. Nun kann es passieren, dass sie beginnen, die Menschen in ihrer Umgebung danach zu betrachten, ob diese möglicherweise für sie gefährlich werden können oder ob sie ein mögliches Opfer vor sich haben, an dem sie ihr wackelndes Selbstwertgefühl wieder aufrichten können. So gibt sich die Gewalttätigkeit von selbst weiter und durch diese Mechanismen werden Teufelskreise der Gewalt stabilisiert.

Das Buch von Michael Heilemann und Gabriele Fischwasser-von Proeck zeigt auf, dass diese Teufelskreise besonders unter bestimmten Randbedingungen entstehen können, nämlich in einer Kultur der Entwertung und Abwertung des anderen. Aggression und Gewalt ist sozusagen die Verlängerung dieser Kultur. Um dagegen anzugehen, braucht es daher nicht nur Mittel, ein gewalttätiges Kind zu stoppen, sondern es braucht eine Veränderung der Rahmenbedingungen. In diesem Buch wird eine Kultur des Lobens vorgeschlagen. Je deutlicher wir einander Anerkennung und Wertschätzung geben, je deutlicher wir lernen, einander positive, nicht misszuverstehende Signale zu übermitteln, desto weniger wird ein feindseliger Wahrnehmungsfehler auftreten und die Chancen steigen, dass Teufelskreise sich auflösen. Das Zauberwort dabei heißt „Ich-Optimierung" oder, noch einprägsamer: „Ich-Führerschein". Jeder Mensch hat die Möglichkeit, damit zu beginnen, seine eigene Persönlichkeit zu entwickeln und auszubauen – und so vielleicht langsam aber doch sicher die Wahrscheinlichkeit zu erhöhen, dass ihm oder ihr konstruktive Möglichkeiten der Konfliktlösung zur Verfügung stehen als die Sprache der Gewalt. Die Botschaft ist sehr klar: Du hast mit etwas Glück 80 Jahre, um Dein Leben zu gestalten. Nimm es in die Hand und mache etwas daraus. Ich wünsche diesem engagierten und facettenreichen Buch viele Leser, die von der reichen Erfahrung der beiden Autoren profitieren.

Arist von Schlippe

Einstimmung

Wer kennt sie nicht, die Einwand-Scouts, die Bedenken-Träger, die Menschen, die überall ein Haar in der Suppe finden? Du hast eine gute Idee, Du sprichst sie spontan aus – sofort kommt das große ABER. Sind diese Menschen nur geboren, um Deine Gedanken zu killen? Sind sie geboren, um Deine Anfangseuphorie und Deine Erstmotivation in den Staub zu treten? Was treibt sie? Geht es ihnen nur gut, wenn sie Dir in die Parade fahren und Dir von hinten die Beine wegtreten? Sie reißen Dir das Herz heraus und Du kannst noch nicht einmal protestieren, denn es ist NORMAL.

Das ganz normale alltägliche Verhalten in der **Kritik-Kultur**. Wir wissen, dass es kommt, wir erwarten es quasi, wir nehmen es hin, wir protestieren nicht mehr. Wir sind schon als kleines Mädchen oder als kleiner Junge damit groß geworden: „Glaubst Du, Du bist die Einzige, die das kann? Glaubst du, die anderen sind nicht genauso gut wie du? Du glaubst wohl, du bist etwas Besonderes?“ Alles Sätze und Parolen, die uns eigentlich töten, die uns letztlich dazu bringen, unsere „Persönliche Reichweite“ **selbst zu beschränken**:

- „Man muss ja nicht gleich sagen was man denkt ...
- Ich bin ja hier nicht allein für alles verantwortlich ...
- Es ist besser, wenn man sich erst einmal ein klein wenig zurückhält ...
- Wer hoch steigt, der tief fällt ...
- Eigenlob stinkt ...
- Jeder hat noch seinen Meister gefunden ...“

Ich-Optimierung in der Lobkultur bedeutet:

Ich und nur ich allein bin für das Ambiente **in** meiner Person und **um** meine Person **herum** verantwortlich.

Anders ausgedrückt: Jeder Mensch muss sich entscheiden: Bin ich jetzt hier und heute ein Bestrafer oder bin ich ein Belohner für meine Mitwelt? Jeder kann sich immerzu entscheiden – keiner ist festgelegt, weiterhin ein bis zum Äußersten kleinkarierter Einwand-Scout zu sein.

Das Geheimnis der Reichen und Superreichen lautet: Wir coachen und unterstützen unsere Brut zu 100 Prozent. Wir loben mit Worten und wir säugen mit Fachkompetenz – aber alles unter dem Mantel der Bescheidenheit. Diese vornehme

Zurückhaltung ist der äußere Schein – das gierige Total-Coaching ist die sozialisationstechnische Wirklichkeit. Nur: Die Ausbeutbarkeit der Vasallen darf nicht verloren gehen. Sie dürfen hiervon nichts erfahren. Dies muss hinter den Schlossmauern und in den Vorstandsvillen erfolgen. Lobkultur ist die revolutionäre Erziehungswirklichkeit für jedes Kind: Für Millionen Kinder, die sonst der feinen Anpassungsbotschaft des Ausbeuters (des Patrons) weiter aufsitzen würden…

Steig **jetzt** ein – lass es Dir nicht gefallen. Du hast nur 80 Jahre um **Dein Ich** zu verwalten: Jede Minute, die ein Einwand-Scout Deine Handlungsmotivation killt, bedeutet eine verlorene Stunde. Er hat nicht das Recht dazu. Deine Mutter hat Dich nicht dafür geboren, dass Du es zulässt ...

Was werden wir hier vorfinden? Zuerst wird **ein Bild vom Ich** entworfen (Kapitel 1), das dann im Kapitel 4 (Der Mensch macht sich die Wissenschaft untertan – nicht der Mensch ist Beute der Forscher) und dann abschließend in Kapitel 8 abgerundet wird: Für meinen Ich-Auftrag gibt es definitiv keinen Ersatzspieler. Das **Surrounding**, das soziale Umfeld und eben die Veränderung des „Trainingsgeländes für das Ich“ in den einzelnen Epochen wird in Kapitel 2 dargestellt: Wir leben jetzt im Zeitalter der Aufmerksamkeit und müssen zusehen, dass wir genügend Beachtung finden und wir nicht so schnell „weggezappt“ werden. In Kapitel 3 lassen wir uns von der **Lobkultur** verführen: Wenn ich **deinen** Geniepunkt suche und finde und ihn anbete, werde **ich** glücklich.

Die Lobkultur als Veredelung von „**Globalisierungschancen**“ (Kapitel 7) wird noch von einem speziellen Anliegen dieser „**Handlungsanweisung für ein friedliches Ich**“ ergänzt:

Konfrontationsarbeit und **Wachstumstraining** im **Anti-Aggressivitäts-Training** und spezielle Chancenauslotung für die Emanzipation des Gewalttäters (Schlägers) von seiner Zerstörungssucht (im Kapitel 6) dienen zur Abrundung der Mission: Ackern statt jammern, nachsetzen statt resignieren, danken statt um Geschenke bitten, loben statt strafen und optimieren statt versanden: Es ist die **erste Stunde** nach dem allmorgendlichen Aufwachen, die die Geschichte des Ichs maßgeblich bestimmt ...

1. Der Mensch als Architekt seines Ichs

Das eigene Ich erkennen, um es zu optimieren: Keiner der Aufträge, die je ein Mensch erhalten hat, ist wichtiger – und kein Auftrag kann schwerer auf andere delegiert werden. Der Mensch als Architekt und als lebenslanger Verwalter seines Ichs: Die Regeln der Ich-Optimierung als lebenslanges Sollbuch und die Lobkultur als Ambiente, das der Mensch sich um sich herum als konkret sinnlich wahrnehmende soziale Umgebung jeden Tag wieder neu erschaffen kann und muss, damit er seinen Ich-Auftrag einlösen kann: Dieser Job liegt in unserer Hand. Kein Mensch sucht sich den Ort aus, in den er hineingeboren wird, kein Mensch sucht sich die Eltern aus, kein Mensch sucht sich die Kultur aus, kein Mensch sucht sich die Zeitepoche aus und kein Mensch kann am Anfang seines Lebens steuernd auf die Bedingungen Einfluss nehmen, die ihn prägen. Ich-Optimierung geht immer von einem Statusquo, vom Istprofil, von der Ausgangslage, von der Lebensplattform, die ich dann erkennen, beschreiben und bewerten kann, wenn ich „bewusstseinsfähig" bin, aus: Mit dieser Phase startet mein Job für mich:

> *„Die Menschen machen ihre Geschichte nicht freiwillig, aber sie machen sie selbst!"*
>
> (Rosa Luxemburg)

Dein Leben bekommst du geschenkt – die Ausgestaltung obliegt dir, du bist **dein Verwalter**. Es gibt kein noch so herbes Handicap, keine noch so „unwirkliche Kriegslandschaft", in die ein Mensch hineingeboren wird und die er dann als „Ausrede" für seinen Trainingsverzicht, seine Resignation und für seine Anstrengungsbehinderung in bezug auf eigene Kompetenzen wählen könnte: Die mit dem größten Nachteil sind oftmals – gerade in dem Bereich, wo sie den Nachteil haben – die Genialsten von uns. Als Architekt des eigenen Ichs muss der Mensch sich entscheiden: Suche ich die Gründe für meine Wirksamkeit (oder eben auch für meine **fehlende Wirksamkeit**) eher in äußeren Erklärungsmuster, wie Glück und Zufall oder komme ich immer wieder auf mich zurück: Auf meine Begabung und auf meine Willenskraft? Diese sogenannte „internale Attribuierung" bietet die Chance, meine Ressourcen nicht nur wahr zu nehmen, sondern sie auch täglich auszubauen. Raum ist auch in der kleinsten Hütte. Kreativität und Genialität ergeben sich nicht ohne weiteres aus „Gedankenblitzen“ des Ich-Verwalters“: Sie hängen mit täglicher Wiederholung, täglicher Routine und täglicher Arbeit an sich selbst zusammen. **Ich** muss Entscheidungen treffen, worauf ich bei mir stolz sein will und welche Kompetenzen in meinem Ich oberste Priorität haben.

Ich-Optimierung ist ein emanzipatorischer Versuch, dass der Mensch bei sich selbst ankommt und während seiner „**Verweildauer**“ auf der Erde einen Plan hat, wie er **aus eigener Kraft** sein Ich „als Werkstück“ moduliert.. Der Charme dieser Dialektik zwischen Ich-Optimierung und Lobkultur (zu der ich mich auch jeden Tag neu überreden muss) ist die Grundlage von wirklicher Autonomie und Emanzipation von den Parolen des Patrons: „Du musst; du solltest; es wäre doch schön für dich, wenn ...“. Der Architekt lässt sich nicht so ohne weiteres beirren. An seinem Reißbrett entwirft er einen Plan, er checkt die (Energie-) Kosten, er beauftragt das Bauunternehmen (die Trainer) und er kontrolliert die Baufortschritte: Eigentlich ein schöner Beruf ...?

Welche Rolle spielt die Wissenschaft? Forschung von Außen – Forschung für Innen: **Noch** ein erheblicher Widerspruch! Forschung von Außen erkundet die Persönlichkeit des Menschen, fragt nach dem Zustandekommen von Charakteren (kulturelle Einflüsse, familienspezifische Einflüsse, ernährungsphysiologische Einflüsse) oder auch nach den Persönlichkeitsfaktoren, die die Einstellungen, das Empfinden, das Denken und letztlich das Verhalten des Menschen beschreibbar aber auch vorhersagbar (manipulierbar, kontrollierbar) machen. Forschung von Außen versucht auch, über Beobachtung und Befragung Vorhersagen über konkretes, aktuelles Verhalten von Menschen in bestimmten Situationen abzusichern. Oftmals ist „Forschung von Außen“ umständlich und hängt der aktuellen Wirklichkeit (gerade in der turbobeschleunigten Globalisierung) hinterher: Umständliche Studien und Zusammenfassung dieser umständlichen Studien (Metastudien) werden eher einem kleinen Kreis von Wissenschaftlern und Forschern zugänglich gemacht, die ihrerseits „geil darauf sind“, hieraus neue Fragestellungen und noch raffiniertere „experimentelle Untersuchungsdesigns“ abzuleiten. Forschung von Außen geht zumeist über den Menschen hinweg, hat immer noch einen sehr begrenzten, ausschnitthaften Erkenntnisanspruch, vermittelt (**wenn überhaupt**) Erkenntnisse meist mit großer zeitlicher Verzögerung und verharrt zumeist in der Beschreibung, selten in der Erklärung von Motiven. Die Quintessenz (was kann ich als einzelner Ich-Inhaber damit anfangen) für Verhaltenskorrektur und Verhaltensteuerung des eigentlich betroffenen Auftraggebers (des einzelnen Ichs, das diese Forschung finanziert) bleibt dann zumeist auf der Strecke: im Bermudadreieck der Zitationskartelle.

Bei „**Forschung für Innen**“ fragt sich der Einzelne grundsätzlich: In wie fern betreffen mich Erkenntnisse, wie kann ich sie verfügbar machen, wie kann ich sie für meinen eigenen Optimierungsauftrag einbinden und verwenden? So gibt es z.B. das „Fünf-Faktoren-Modell“ der Persönlichkeitseigenschaften, wonach der Einzelne über die Faktoren und die zugeordneten Eigenschaften sein aktuelles Selbstbild etwas präzisieren und einordnen kann, um dann über entsprechende Vorsatzbildung das eigene Ich noch ein bißchen voranzubringen (vgl. Sachse, 2005, S. 133).

Faktor I: Extraversion

Gesprächig, bestimmt, energisch, aktiv, offen, dominant, enthusiastisch, sozial, abenteuerlustig

Faktor II: Verträglichkeit

Mitfühlend, nett, bewundernd, herzlich, warm, großzügig, vertrauensvoll, freundlich, kooperativ, feinfühlig

Faktor III: Gewissenhaftigkeit

Organisiert, sorgfältig, planend, effektiv, verantwortlich, praktisch, vorsichtig, zuverlässig, überlegt

Faktor IV: Offenheit

Breit interessiert, phantasievoll, intelligent, originell, wissbegierig, intellektuell, künstlerisch, gescheit, erfinderisch, geistreich, weise

Faktor V: Emotionale Labilität

Gespannt, ängstlich, nervös, launisch, besorgt, empfindlich, reizbar, furchtsam, sich selbst bemitleidend, unstabil, mutlos, verzagt

Der Versuch, über sich selbst ein „Realbild“ (Istzustand meines Ichs) zu beschreiben, ist notwendiger Anspruch von „Forschung nach Innen“ Hierfür kann, muss und soll das Ich „Forschung von Außen“ benutzen. Ich-Optimierung dreht die Machtverhältnisse einfach um: Nicht der Mensch (seine Persönlichkeit) ist Objekt der Forschung – die Forscher werden zu bereitwilligen und eilfertigen „Zulieferern“ für das Ich deklariert.

Dieser Leitfaden für Ich-Optimierung in Zeiten der Globalisierung (in Zeiten globaler Ich-Entfremdung) ist ein Navigationssystem für jeden Einzelnen. Das Ich findet zurück: Den Weg nach Hause ..... Dieses „**Navi**“ sorgt dafür, dass das Ich bei sich selbst ankommt.

1.1 Durchlauferhitzer der Evolution

Was ist der Mensch? Was will der Mensch? Wie wird der Mensch? Einer der schlaueren Menschen hat einmal gesagt: Du sollst eine Sache so einfach wie irgend möglich machen – nur nicht einfacher. Viele von uns tendieren dazu, einfache Sachen kompliziert zu gestalten, um das Puzzle dann mühsam wieder aufzulösen: Die Erleichterung, die Lösung für ein komplexes Problem gefunden zu haben, ist groß – ebenso die Freude und der Stolz auf meine Lösungskompetenz. Einfache Sachen zu verkomplizieren kann jeder – komplizierte Dinge in einfache „Substitute" zu untergliedern und sie dann „einzeln aufzulösen" und handhabbar zu machen: Nur das erleichtert den Alltag und damit die Lebensführung. Denn: Leben ist immer nur Alltag, der Moment ist immer nur das, was gerade gelingt. Warum? Weiß ich, ob ich den nächsten Moment noch erlebe; sicher bin ich mir nur dieser einen Minute, die ich hier gerade jetzt gestalte!

Das Primat der Gegenwart gegenüber der Zukunft, das Primat des Vereinfachens statt des Komplizierens und letztlich der Gestaltungsauftrag des Menschen für seine 60, 70, 80 Jahre, die er hier verweilt, gilt es zu verstehen, zu erklären und zu optimieren. Nur wenn der Einzelne „sein Ich im Griff hat" (und kein anderer kann es für ihn tun), nur dann können mehrere Ichs miteinander harmonisch, friedlich und „lebenswert" parallel existieren. Dieses parallele Existieren – mit meinen **konkreten** Mitmenschen, die am selben Ort und zur selben Zeit leben – ist letztlich der zweite große Auftrag: Ich muss mich verwalten, um meinen zeitlichen und sozialen Raum für mich und die zufällig Anwesenden (diese und nur diese sind meine **Mit-Menschen**) lebenswert gestalten zu können. Dann und nur dann gibt es Sinn, dass man mich geboren hat, dass ich hier war, dass ich diesen Weg während dieser ca. 80 Jahre gegangen bin. Ansonsten hätte man auch auf mich verzichten können.

Das optimierte Ich hat die Kompetenz und den (Überlebens-) Willen zum Leben:

Von der Einsicht → zum Willen
Vom Willen → zum Ich
Vom Ich → zum Du
Vom Du → zum Wir
Vom Wir → zum Ihr
Vom Uns → zum Frieden

Von der Einsicht → zum Frieden

Etwas bedingen, etwas hervorrufen und selbstwirksam sein, ist die Grundlage, dass Du Dein Leben liebst. Schaffst Du es nicht, Dich als **Kontrollorgan** der Dinge um

Dich herum zu erleben, wird Du resignieren und es bleibt Dir nur noch eine Verursacherquelle: Das Zerstören. Zerstören statt aufbauen: Die eingestandene gelebte (zugegebene) Unfähigkeit: Ich habe mein Ich nicht im Griff. Ich habe versagt. Meine Lebensbilanz wird am Ende scheiße aussehen.

Jeder (kleine) Mensch liebt das Leben – wenn er den Tod (das Zerstören) liebt, ist er auf der Wegstrecke im Morast hängengeblieben, im Schlamm steckengeblieben, falsch abgebogen und eben gescheitert. Es ist möglich, dass Du an Deinem Lebensauftrag (an der Verwaltung Deines Ichs für ca. 80 Jahre) scheiterst – es ist aber auch möglich, dass Du spürst: Es gibt **mein** Leben vor dem Tod.

Auf den Grabsteinen in Deutschland stehen meistens drei Dinge:

Der Name, das Geburtsdatum und das Todesdatum.

Drei Dinge sind es auch, auf die sich das Leben in seinem **Verlauf** reduziert: Du bekommst den Staffelstab, Du trägst ihn, Du gibst ihn weiter.

Das Weitergeben ist **immer** mit einem Wunsch an deine Nachfahren verbunden: Mein Leben soll den Sinn gehabt haben, dir den ersten Abschnitt Deines Weges zu bereiten. Du sollst nach meinem Tod vielleicht noch ein wenig an mich denken, ein wenig dankbar sein und ein wenig profitieren. Dann kann ich mit dieser Hoffnung oder gar Gewissheit leichter Adieu sagen.

> *„Uns gehört nur die Stunde.*
> *Und eine Stunde,*
> *wenn sie glücklich ist, ist viel“*
>
> (Theodor Fontane)

Die geschichtliche Einbindung der „kurzen Verweildauer“ des Menschen in seinem (umgrenzten, umschriebenen) Lebenskontext mit dieser zeitlichen und räumlichen Zuschreibung kann eine Optimierung der Ich-Konstruktion und damit eine möglichst autonome Selbstgestaltung dieses (kurzen) Lebensweges nur dann ermöglichen, wenn die Ausgangsfaktoren dieses „Kurzzeitlebens“ bedacht und berücksichtigt werden. Aspekte wie Demut vor meinem Zustandekommen (das ich überhaupt konzipiert wurde), Dankbarkeit für die „genetische Vorleistung“ meiner Vorfahren, Identifikation mit meinem bisherigen Entwicklungsverlauf (meinen Lebensphasen und Lebenseindrücken gerade in der frühen Kindheit und Jugend) definieren letztlich das Ausmaß meiner **Ich-Identifikation**.

Nur bei hoher Ich-Identifikation ist auch eine hohe Anstrengungsbereitschaft und Willenskraft zur täglichen Optimierung meines Ichs möglich: Ich habe nur über einen einzigen Menschen auf der Welt wirklich Macht und Kontrolle: **Über mich**. Nur ein einziger Mensch wird mich lebenslang wirklich ständig und dauernd begleiten: Ich. Nur ein einziger Mensch weiß alles über mich (der zweitmeiste Wisser hat extrem viel weniger Wissenselemente): Ich. Nur ein einziger Mensch wird mein Ich ständig, unmittelbar und direkt im Sinne der Ich-Architektur (Ich-Definition, Ich-Verwaltung, Ich-Stabilisierung) optimieren können: Ich.

In einer dankbarkeitsverleugnenden und treuenegierenden Kultur, in der der „energetische Input“ der Vormenschen und Mitmenschen nicht erkannt und damit nicht gewürdigt wird, ist der Zerstörung Tor und Tür geöffnet. Solidarität mit dem Kollektiv, Loyalität mit den anderen Menschen und der belebten Welt, Ehrfurcht vor meinem eigenen Handeln, mit mir und mit Dir und Ausbreitung meiner konzentrischen Verantwortungskreise vom Ich zum Du über das Wir sind nur möglich, wenn Demut, Dankbarkeit und Treue erkannt, emotional zugelassen und verhaltenstechnisch gelebt (nach außen ausgedrückt, inszeniert) werden. Ansonsten gibt es für das Einzelwesen keinen Grund gut zu sein: Gut zu sich und gut zu seiner Um-Welt.

Wer keinen Grund zum Gutsein hat, ist jederzeit gefährdet, destruktiv, zerstörerisch und gewalttätig zu sein. **Eine dankbarkeitsverleugnende Kultur kann von daher niemals eine friedensanleitende Kultur sein**. Humanistische Philosophie – auf Selbstverantwortung und ständige Selbstoptimierung des Einzelwesen ausgerichtet – ist dem gegenüber die **notwendige** Grundlage einer „Friedensoptimierung des Ichs“.

Die Beliebigkeit des Ichs und der fehlende Kurs auf selbstfestlegende, philosophische Kenntnisse öffnet der Beliebigkeit des Tuns die Tore. Wer beliebig ist im Tun, hat **nicht** die Gnade erkannt, dass **er und speziell er** zum (mittleren) Träger des Staffelstabes auserkoren wurde.

Die Wahrscheinlichkeit, dass ausgerechnet meine Ei-Samen-Konstellation fruchtete (also **meine Existenz** hervorbrachte), ist bei ca. 100 männlichen Samenausstößen pro Jahr (über ca. 50 Jahre) – wobei ca. 500 Millionen Samenfäden pro Ausstoß freigesetzt werden – in Kombination mit dem Zusammentreffen des **einen Eis** (bezogen auf Hunderte, die in den beiden Eileitern verfügbar sind) schon recht gering. Anders ausgedrückt: Dafür, dass ich zustandegekommen bin, sind einige Millionen potentielle Brüder/Schwestern **nicht** entstanden. Jeder von uns „Anwesenden“ ist also Mandatsträger für die anderen: Winke ihnen zu, sei dankbar für dein Zustandekommen, mach deinen Job mit dir (auch als Stellvertreter für sie) so gut als irgend möglich. **Du** bist der zum Leben Auserwählte – **Du** hast einen verantwortungsvollen Job!

1.2 Die offensiven und defensiven Jobs des Ichs

Jeder Mensch wird sich mehrfach im Leben die aus dem Inneren gewachsene Identitätsfrage stellen: Wer bin ich eigentlich? Wofür bin ich unterwegs? Was ist mein Ich? Woher kommt mein Ich?

Die Antwort auf die Frage nach dem Ich ist zunächst einmal einfach zu geben: Jeder Mensch ist der Architekt seines Ichs, kein anderer kann ihm diese Aufgabe abnehmen und: Jedes Ich hat während des gesamten Lebensverlaufes **offensive und defensive Aufgaben** zu erledigen.

Die zentrale offensive Aufgabe ist es, Selbstwirksamkeit oder auch Ich-Wirksamkeit herzustellen. Ich-Wirksamkeit stellt der Mensch in der Form her, dass er Instrumente (Wenns) entwickelt, um notwendige und erwünschte Effekte (Danns) zu verursachen.

Um diese notwendigen adäquaten Instrumente entwickeln zu können, muss der Mensch sich täglich trainieren, hart arbeiten und sich in seinen eigenen Schweiß verlieben. Erst wenn der Mensch mit seinen Wenns die gewünschten Danns erreicht, Dinge verursacht, etwas bewirkt und durch dieses Bewirken eine Spur hinterlässt, hat er den lebenslangen Auftrag der Ich-Wirksamkeit durch das Kontrollerleben als Grundlage von Selbstwirksamkeit erreicht. Die offensive Aufgabe des Ichs funktioniert auftragsgemäß und der Mensch erlebt ein Zufriedenheitsgefühl.

Die defensiven Jobs des Ich bestehen darin, die **Ich-Grenzen**, die Bestandteile des Ichs sind, punktgenau zu händeln, d.h. sie je nach persönlichem Bedarf entweder zu öffnen oder zu schließen.

Sind die Ich-Grenzen **zu weit offen**, kann sich der Mensch vor ungerechter Kritik oder Mobbing o.ä. nicht schützen und er ist stärker verletzlich als andere. Wenn dem Menschen über zu **weite** Ich-Grenzen Impulse und Informationen gegeben werden, die er nicht unterbinden und nicht stoppen kann und die ihm auch nicht gut tun, wird eine besondere Verletzbarkeit – die letztlich zur Ich-Diffusion, zum Ich-Zerfall und damit zu dem Gefühl von Sinnlosigkeit aber auch von Hilflosigkeit führt – entstehen.

Wenn die Ich-Grenzen **zu stark geschlossen** sind und keine Informationen von draußen mehr in das Ich eindringen können und somit auch der Austausch mit der Außenwelt nicht mehr stattfinden kann, wird sich der Mensch zu einer starren, rigiden und sehr engen Persönlichkeit entwickeln, die letztlich Realitätsverlust erleidet.

Wichtig – für das emotionale Gleichgewicht sogar lebenswichtig – ist, dass der Mensch über ein optimales **Ich-Grenzen-Management** verfügt. Dies besteht dann, wenn der Mensch seine Ich-Grenzen immer dann aufmacht, wenn er die Informationen, die der andere ihm geben möchte, benötigen oder verwerten kann, oder wenn er sie selbst abruft, dem Gegenüber ein Mandat als Sender gibt.

Über das punktgenaue Handhaben der Ich-Grenzen (Unterscheidung zwischen Ich und Nicht-Ich) kann der Mensch die Inhalte, die durch diese Ich-Grenzen umschlossen sind und damit Ich-definierend sind, bestimmen. Ich-Inhalte sind Eigenschaften, die zur Person gehören. Ich-Inhalte definieren sich aus der Stolzhitliste (auf welche Fähigkeit und Eigenschaft ist der Mensch bei sich besonders stolz oder möchte besonders stolz sein) und können als „Psychischer Fingerabdruck“ des Individuums bewertet werden.

Erst wenn der Mensch über ein optimales Ich-Grenzen-Management verfügt, wenn er Ich-Inhalte für sich geklärt hat, kann der zweite Teil des defensiven Jobs vom Ich, nämlich das Herstellen von **Ich-Immunität**, erfolgen. Ich-Immunität heißt, die Fähigkeit, den „Einen-Meter-Abstand“ (d.h. der Intimraum, der persönliche Hoheitsraum, die persönliche Schutzzone) mental und physisch verteidigen zu können. Erst wenn das Ich des Menschen von außen gegen den Willen des Ich-Inhabers wenig angreifbar ist und die Ich-Immunität gesichert ist, kann der Mensch seinen Lebensweg optimal gehen.

Die Instrumente des ICHS	
1.	**Die ICH-Grenzen** Unterscheidung zwischen ICH und Nicht-ICH
2.	**Die ICH-Inhalte** Die Stolzhitliste als“Psychischer Fingerabdruck“ der Person
3.	**Das ICH-Wachstum** Das Neue wird zum neuen ICH-Bestand durch Wiederholung

Um den Auftrag des Ichs lebenslang einlösen zu können, ist ein Funktionieren in drei Bereichen notwendig: Ich muss selbst stolz auf mich sein und mein „**Größen-Ich**“ spüren – ich muss wissen, dass es Sinn gibt, dass ich und gerade ich lebe und dass ich in meiner Art und Weise unverwechselbar, einzigartig und eben „lebensberechtigt“ bin. Ich selbst muss mir durch das Erarbeiten und tägliche Trainieren meines Größen-Ichs (der wichtigen Kompetenzen in meiner Stolzhitliste) meine „Wichtigkeit“ ständig beweisen und nachweisen. Darüber hinaus muss ich mich um meine Einbindung in der Gemeinschaft und eben um mein **Geborgenheitserleben** kümmern: Habe ich das Gefühl von Ausgegrenztsein, Einsamkeit und Isolation, entsteht extreme Hilflosigkeit und Hoffnungslosigkeit.

Diese beiden zentralen Funktionen des Ichs (Größen-Ich herstellen; Geborgenheitserleben entwickeln) haben einen Jahrtausende alten Ursprung in der Menschwerdung (menschlichen Evolution): Der einzelne Hordenmensch musste mindestens ein Merkmal nachweisen, in dem er besonders „gut“ war. Er musste entweder in exklusiver Weise gut hören, gut sehen, gut als Köder – vornewegrennen, gut den Stein werfen oder gut Tierlaute imitieren können – dann war er wichtig für das Überleben der Horde (Als einzelner zu schwach; mit einer gut gesicherten Position, die auf den jeweiligen Stärken des Individuums basiert, innerhalb der Gemeinschaft stark genug, um jeden einzelnen Tag des Lebens zu meistern, das war Aufgabe der Menschen). Das Gefühl, nicht mindestens ein exklusives Ich-Merkmal (Größen-Ich) zu haben und dadurch vielleicht auch für die Horde nicht mehr wichtig zu sein (nicht mehr integriert zu sein, keine Geborgenheit mehr zu spüren) hatte letztlich zu Resignation und Tod geführt.

Diese beiden zentralen Ich-Funktionen werden von einer dritten ergänzt: Noch nie hat jemand bewiesen, dass es Gott gibt – noch nie hat jemand bewiesen, dass es ihn nicht gibt. Es gibt also eine „menschengerechte" 50 Prozent **Gotteshoffnung** (Hoffnung, dass es Gott gibt und Hoffnung auf Leben nach dem Tod), die von den bisher existierenden Weltregionen in den letzten Jahrtausenden nicht verkleinert oder vergrößert werden konnte. Wenn es Gott denn wirklich gibt, ist er so anders, dass der einzelne Mensch (die Menschheit) ihn nicht ergründen und beschreiben kann. Menschliche Spekulationen können nicht weiterführen und sind anmaßend. Diese dritte Ich-Funktion (Hoffnung auf Leben nach dem Tod, ohne dies mit „dem kleinen Menschengehirn" weiter ausgestalten zu wollen bzw. zu müssen) ist ein wichtiger Baustein, um die tatsächliche (irdische) Existenz zu optimieren und das Ich während der „geschenkten 80 Jahre" gut verwalten zu können.

Die Funktionen des ICHS
1. Größenich Stolzerleben, Exklusivitätswahrnehmung und Nachweis der eigenen Lebensberechtigung
2. Geborgenheitserleben Zugehörigkeitsempfinden und Wir-Gefühl
3. Gotteshoffnung Hoffnung ist weniger als Glauben – Glauben ist weniger als Wissen. Es hat noch nie jemand bewiesen, dass es Gott gibt – Es hat auch noch nie jemand bewiesen, dass es ihn nicht gibt.

Der Mensch ist also sowohl der Architekt wie der Verwalter seines Ichs. Die Aufgaben des Ichs bestehen vor allem in der Ich-Wirksamkeit (Offensive), zum anderen in der Ich-Immunität (Defensive) und zum dritten in der Ich-Integrität (Synthese): Wann habe ich genug Energie und Kraft getankt, wann habe ich genug Wissen und Kompetenz, wann befinde ich mich zum richtigen Zeitpunkt am richtigen Ort, um **etwas bewirken** zu können? Wann muss ich mich zurückziehen, wann muss ich mich schonen, wann muss ich gesunden, wann muss ich Angst haben, wann muss ich weglaufen, um mein „Über-Leben" zu sichern? Die in der **Lobkultur** definierte „Rein-Raus-Methode" bezieht sich letztlich auch auf das optimale Ich-Management: Wann gehe ich rein in eine Situation und wann gehe ich aus ihr wieder heraus? Zulange zu viel zu essen oder zu lange zu fasten – beides wird zu einem asymmetrischen „schiefen“ Ich.

Die Aufgaben des ICHS	
1.	**ICH-Wirksamkeit = Offensives Ich** Der lebenslange Auftrag, Instrumente (Wenns) zu entwickeln, die notwendige und erwünschte Effekte (Danns) verursachen. Kontrollerleben als Grundlage von Selbstwirksamkeit.
2.	**ICH-Immunität = Defensives Ich** Die Fähigkeit, den „Einen-Meter-Abstand“ (Intimraum, Hoheitsraum, persönliche Schutzzone) mental und physisch verteidigen zu können.
3.	**ICH-Integrität = Integratives Ich** Die Fähigkeit, eine Balance zwischen Offensivität und Defensivität so herzustellen, dass sowohl die Aufnahme von Neuem als auch die Optimierung des Angestrebten (vorhandenen) gelingt.

Dein Ich ist letztlich die „Menschliche Substanz“, die du selbst stylen und verwalten musst – du bekommst die Anfangsbedingungen (wir Menschen sind Nesthocker und werden erst einmal künstlich am Leben erhalten und verwöhnt) geschenkt – zum Ende der Zeit wird dir die Hoheit über dein Ich durch den Tod wieder weggenommen und du kannst, solltest und musst vielleicht Bilanz ziehen. Der Verwalter entscheidet, wie die Bilanz ausfällt... Zur Ich-Optimierung gibt es keine Alternative. Die Ich-Optimierung ist immer „Chefsache“: Kein Mitarbeiter wird mir diesen Job wirklich abnehmen. Ich kann um Hilfestellung bitten – manchmal werde ich sie ehrlich, manchmal unehrlich erhalten – die Entscheidungen und die Arbeit mit mir muss ich selbst tun: „Wenn ein anderer ins Fitness-Studio geht und seine Muskeln trainiert, gibt es keinen Synergieeffekt. **Meine** Ärmchen bleiben dünn....“

Hinweise zur Ich-Optimierung können helfen, diesen Job erst einmal zu erkennen und ihn als exklusive Herausforderung anzunehmen.

Ich-Optimierung

1. **ARCHITEKT**

   Der Mensch als Architekt seines Ichs.

2. **STAFFELLÄUFER**

   Der Mensch ist ein Durchlauferhitzer der Evolution.

   Der Mensch ist der mittlere Staffelläufer: Er bekommt den Staffelstab von seinen Eltern, er trägt und modifiziert ihn ein Stück, er gibt ihn an seine Nachfahren weiter.

3. **STATIONEN**

   Der kleine Mensch muss die Welt kennenlernen, der junge Mensch muss seine Begabungen entwickeln. Der erwachsene Mensch muss in der Umwelt etwas verursachen, hervorrufen und der alte Mensch muss würdevoll sein „Ausleiten aus dieser Welt“ vorbereiten.

4. **MACHTMONOPOL**

   Der einzige Mensch, über den du in deinem Leben wirklich Macht hast, bist du selbst. Bei keinem anderen Menschen kannst du wirklich über sein Denken und Fühlen bestimmen.

5. **VERWALTER**

   Der einzige Mensch, der dein Ich konstruiert (Ich-Architekt) und der dein Ich verwaltet (Ich-Coach), bist du selbst.

6. **STÄNDIGER BEGLEITER**

   Der einzige Mensch, der dich während deines ganzen Lebens begleitet, bist du selbst: Am Anfang, in der Mitte und am Ende des Lebens gibt es immer wieder Lebensabschnittsbegleiter – es sind unterschiedliche Menschen.

7. **EXPERTE**

   Die meisten Informationen über dein Ich in der senkrechten und in der horizontalen Ebene hast du. Kein zweiter Mensch auf der Welt weiß auch nur annähernd soviel über dich wie du selbst. Du bist der Wissensexperte über dein Ich. Du bist der beste Beurteiler deiner Person.

8. **INFO-AUFNAHME**

   Du weißt am besten, welche Informationen du von welchem Spezialisten zu welchem Zeitpunkt zusätzlich „aufnehmen“ musst, um deinen Realitätsbezug noch mehr zu verbessern.

9. **VISIONEN**

   Du selbst weißt am besten, worauf du bei dir in Zukunft noch mehr Wert legen möchtest (Ich-Entwicklung): Du kennst das Sollprofil deines Ichs, du kennst deine Träume und deine Visionen für dich selbst.

10. STOLZHITLISTE

Du verfügst über eine positive und über eine negative Stolzhitliste: Du kennst deine größten Stärken und du kennst deine größten Schwächen.

11. ABGEBER

Wenn du dein Ich täglich optimierst, kannst du wirklich sozial, loyal und solidarisch sein: Du kannst das erst an deine Mit-Menschen abgeben, was du bei dir selbst an Kompetenz erarbeitet hast.

12. DANKBARKEIT

Deinen Körper bekommst du geschenkt, Deine Grundbegabungen bekommst du geschenkt – durch die von dir täglich neu anzufachende Willenskraft und Anstrengungsbereitschaft musst du diese Geschenke entwickeln. Dies ist das erste und oberste Gebot der Dankbarkeit dafür, dass du zustande gekommen bist.

13. CHARISMA

Deinen Status bekommst du nicht geschenkt. Du bekommst Genie und Charisma nicht geschenkt – um so mehr kannst du stolz sein, wenn du ein effektiver Förderer deiner Ich-Kompetenzen bist: Die Grundlage für deine Ausstrahlung.

14. ZWEI FUNDAMENTE

Deine Kompetenz-Selbstförderung und die Pflege deiner Kontakte (Geborgenheit) sind die beiden Fundamente deines Ichs.

15. VERFÜHRER

Wenn du dich nicht liebenswert machst und dich dann natürlich auch nicht liebst, gibt es nur wenige Gründe für andere, dich zu lieben.

16. AUFMERKSAMKEIT

Wenn du dir nicht Wert bist, dir selbst Aufmerksamkeit zu schenken, warum sollten jemals andere Menschen dir Aufmerksamkeit schenken, wenn du selbst für dich zu uninteressant bist?

17. GESCHENK ...

Nimm das Geschenk deines Ichs an – es gibt wahrscheinlich kein zweites für dich ....

In verschiedenen Lebensabschnitten gibt es unterschiedliche Aufgabenschwerpunkte und damit unterschiedliche „Optimierungsaufträge“: Der „Mensch als System“ muss Schwerpunkte setzen, um mit seinem Modell **vom Ich seinem Ich** „gewachsen“ zu sein:

„Es gibt einen Weg von Autorität ohne Gewalt, der immer dann funktioniert, wenn „ein Modell die Optionen der Personen, denen es angeboten wird, eher vergrößert als begrenzt, wenn es also einen Raum von Möglichkeiten öffnet und wenn es auf der Basis einer beweglich konstruktivistischen Sicht auf die Dinge beruht" (Omar u. v. Schlippe, 2004, S. 16).

1.3 Ich-Integrität: Das funktionierende Ich als Systemaufgabe

Erfolgreiche Ich-Steuerung und erfolgreiches Ich-Coaching setzen Kenntnisse über die Lebensabschnitte, Lebensphasen und die damit einhergehenden „Lösungsaufträge" des „System Mensch" voraus. In jeder der vier Hauptlebensphasen ergeben sich somit auch unterschiedliche Erfolgskriterien und „Lebenszwischenprüfungen", wobei die Endabrechnung (Lebensbilanz vor dem Tode) quasi als Zusammenfassung der „Zwischenprüfungen" gelten kann. Auch hier ist der Mensch sowohl Schüler als auch sein eigener Lehrer, Qualifikant als persönlicher Zensierer und letztlich nicht nur „Gestalter seiner eigenen Wirksamkeit und Lebenswirklichkeit" sondern auch „Generator seiner Wertschöpfung".

Der Mensch		
I.	Aufnehmendes System	0-10
II.	Verdichtendes System	10-20
III.	Abgebendes System	20-60
IV.	Ausleitendes System	60-80

Als **aufnehmendes System** ist der Mensch Wahrnehmer, der sämtliche Dinge von außen befühlt, beschnuppert, anschaut, gewichtet und taktil erkundet. Er hat nur einen Job: Das, was außerhalb seines Ichs ist (Nicht-Ich) als Gegenstand der realen Welt in seinem Kopf abzubilden und eine „kognitive Mappe" (Weltatlas) aufzubauen. Die symbolische Repräsentation der einzelnen Dinge aber auch ihrer Beziehungen zueinander sind die Hauptaufgabe dieser Lebensphase bis (immer grob gerechnet) zum 10. Lebensjahr. Das aufnehmende System muss noch nicht wirklich etwas können und schon gar nicht wirklich etwas bewirken: Es darf den spielerischen Umgang mit den Dingen der Welt einüben.

Als **verdichtendes System** bist du der Teenager, der seine Kompetenzen (Referat halten, gut Fahrrad fahren können, schwimmen und tauchen lernen, vielleicht das Autofahren und das Flirten begreifen, letztlich schon mal ein Werkstück herstellen und vielleicht eine erste Beziehung definieren) in den Griff bekommen muss. Tägliches hartes Kompetenztraining (wiederholen, wiederholen, wiederholen) führt letztlich zu einer Reihe unterschiedlicher Instrumente (je nach der Stolzhitliste werden unterschiedliche Bauphasen für unterschiedliche Instrumente vorgehalten), so dass das „Sich verdichtende System" irgendwann einmal „scharfgemacht" (eingesetzt) werden kann.

Als **abgebendes System** im Alter von 20-60 Jahren bist du ein reproduktives Element, das das eigene Leben reproduziert (die Kartoffeln anbaut, die du essen musst; das Wasser filtert, das du trinken musst; das Dach baut, das dir Schutz vor Angriff und Kälte gibt) – gleichzeitig bist du aber auch unterstützendes System für die, die noch nicht (Kinder) oder nicht mehr (Alte) ihr eigenes Leben reproduzieren können. Als abgebendes System schleppst du ca. vier bis acht oder mehr Mitmenschen mit durch – in der Hoffnung, dass dann, wenn du später im Sinne der Normalverteilungskurve menschlichen Funktionierens wieder abbaust, als alter Mensch dann auch wieder „mitgeschleppt" wirst.

Die letzte Phase der Ich-Definition – der Mensch als **ausleitendes System** – definiert eine gewisse Ruhe, Beschaulichkeit, Achtsamkeit und sollte von Wohlwollen und Abschiednehmen („Winke-Winke") getragen sein: Der Mensch sitzt in seinem Schaukelstuhl, betrachtet im Frühjahr, wie sich die Knospe entwickelt, wie sie aufgeht, wie sie blüht, wie sie verblüht. Er lächelt den aufnehmenden Systemen (den kleinen Knirpsen) zu und freut sich an ihrer Experimentierfreude, er unterstützt die sich verdichtenden Systeme (Teenager) in ihrem Bemühen, cool und geil zu sein und er ist stolz auf die abgebenden Systeme (seine unmittelbaren Nachfolger), die als Jungmanager die Geschicke des Kollektivs (der Gesellschaft) in die Hand nehmen. Als ausleitendes System kann und darf der Mensch manchmal noch eingreifen – wenn er gerufen wird – letztlich hat er ja noch nicht alles verlernt – aber er muss nicht mehr. Er kann sich wohlfeil-bilanzierend zurücklehnen und denken: Das war dein Weg, du hast den Staffelstab angenommen, du hast ihn ein bisschen optimiert und es ist jemand da, der ihn weiterträgt. Danke dafür ....!

In allen vier **Hauptlebensphasen** muss der Mensch jeweils die drei Kernaufgaben mehr oder weniger gleichzeitig „unter einen Hut bringen" (in seinem Ich realisieren):

1. Persönliches Kompetenzwachstum, persönliches Größenerleben und Stolzempfinden (Wahrnehmung der eigenen Unverwechselbarkeit, der Exklusivität, der Lebensberechtigung) auf Grundlage des täglichen Kompetenztrainings für Kopf, Seele und Körper.
2. Erleben von Zugehörigkeit, Wir-Gefühl und Geborgenheit als Grundlage seines sozialen Austausches, seines Sozialbezuges, seiner sozialen Einbindung, seiner Integration und zur Vermeidung von Empfindungen wie Isolation, Ausgegrenztsein, Alleinsein und „Hilflosigkeit des Individuums".
3. Erarbeitung von „Hoffnungsphantasien" für ein – wie auch immer geartetes – Leben nach dem Tod.

Die Integration aller drei Aufgaben ist letztlich der dreidimensionale Auftrag, der mit dem Konzept eines „**Lebenslangen Ich-Coachings**“ gemeint ist.

Bei der Betrachtung des Ichs als „sich selbst organisierendes System“ sind sowohl Aspekte der „Kybernetik erster Ordnung“ (der Mensch strebt Kontrolle, Steuerung, persönliche Wirksamkeit und Regelung seiner Sozialbezüge an) wie auch Aspekte einer „Kybernetik zweiter Ordnung“ (der Mensch macht sich selbst als Beurteiler und Betrachter des eigenen Ichs zum Gegenstand der Betrachtung und überprüft die Normen, die er an sein Ich anlegt) wichtig, um ständiges, lebenslanges Wachstum und eine „optimierte persönliche Endabrechnung zum Zeitpunkt des Todes“ erlangen zu können (vgl. hierzu auch Boeckhorst, 1988). Wenn der einzelne Mensch sein „Ich als System“ wahrnimmt, von allen Seiten betrachtet und zu optimieren versucht, muss ihm also gleichzeitig klar sein, dass die Wirklichkeit (also auch die Wirklichkeit des Ichs) nicht loslösbar vom Beobachter (also von ihm als Beurteiler) sein kann: Der Mensch bringt die Normen, nach denen er sich – streng oder weniger streng – beurteilt, selbst hervor und kann (und muss) sie sowohl lebensphasenbezogen wie auch kontextbezogen (bezogen auf die jeweilige Herausforderung bzw. auf die hierfür von ihm konzipierte „Trainingshantel“) ständig überdenken und reformulieren (vgl. hierzu auch von Förster, 1993). Der entscheidende Auftrag jedes Menschen bei der „Konstruktion seines Ichs „ (der Mensch als Architekt seines eigenen Selbst) besteht jedoch aus zwei „Jobs“:

1. Welche Merkmale, Eigenschaften, Kompetenzen und Eigenheiten gehören mengentheoretisch zu meinem Ich und welche nicht (welche gehören also zum Rest der Welt – zum Nicht-Ich)?
2. Wie kann ich aus eigener Kraft meine Ich-Grenzen so öffnen und schließen (flexibel, permeabel gestalten), dass ich immer gerade die Informationen „in mein Ich hineinhole“, die ich zu meinem jetzigen Wachstumsauftrag benötige und jene Informationen, die mich diffus, depressiv oder hilflos machen, „an den Ich-Grenzen abwehre“?

Anders ausgedrückt: Das Ich definiert sich über eine wahrnehmende Ordnung bzw. Anordnung von Merkmalen, die durch Grenzen (Ich-Grenzen) zur Diffusion und Beliebigkeit gegenüber dem „Nicht-Ich“ abgegrenzt und geschützt werden. Hierdurch und erst hierdurch wird das Ich für den Betreiber (die Person selbst) und für die soziale Mitwelt in gewisser Weise vorhersagbar, planbar und verbindlich. Zuviel Offenheit (Offenheit der Ich-Grenzen für Neues) kann zur Diffusion führen – zu wenig Offenheit, zu Rigidität und Zwanghaftigkeit. Die ständige phasengerechte und situationsgerechte Steuerung der Durchlässigkeit der Ich-Grenzen ist letztlich „das Geheimnis des Genies“, das an seinem ständigen Wachstum bis zum eigenen Tode „bastelt“.

Die Möglichkeit, auf vielen Hochzeiten zu tanzen und in vielen Bereichen hohe Kompetenzerwartung und hohe Kompetenzaneignung sicherstellen zu wollen, führt zur Überforderung und Diffusion. Das „Durchhalten in einem Bereich“ durch Wiederholung immer derselben „Basistechniken“ führt hingegen zu einer ständigen Kompetenzstabilisierung, die sich in der „Geniepyramide“ positiv auswirkt: Das Erklimmen der wenigen bis einzigen „Spitzenplätze“ ist nur durch ständige (vielleicht lebenslange) Wiederholung der Basistechniken bei gleichzeitig steigender Fähigkeit zur „freien Kombination“ derselben realistisch. Das ständige Wechseln der Schauplätze, der Kompetenzbereiche, der Trainingsaufgaben und die „Angst vor Wiederholung“ (gespickt mit Angst vor scheinbarer Langeweile) wäre der Dolchstoß für jede Genieentwicklung und damit die Basis für Beliebigkeit und lebenslanges Mittelmaß. Andererseits: Wer in einem Bereich – in dem vielleicht besondere Begabungswahrnehmungen vorliegen – durchhält, kann durch seine „Genie-Performance“ auch in einem zweiten oder dritten Bereich schneller als andere vorankommen und hohe Leistungen (vielleicht ebenfalls fast Höchstleistungen) einlösen.

Ein Ich-System lebt also von einer selbstdefinierten Ich-Grenze, wobei der Mensch mit sich selbst „Vereinbarungen treffen muss“, wann und in welchem Bereich er die Membran eher öffnet und durchlässig gestaltet und wann er sich zum „Vertiefungstraining“ in sich selbst zurückzieht. Die Einlösung der Geborgenheitsaufgabe (Wir-Gefühl, Zusammengehörigkeits-Gefühl, Integrations-Gefühl) hängt letztlich auch mit der Fähigkeit zusammen, die Ich-Grenzen (Ich-Membran) phasengerecht durchlässig zu gestalten. Der Rückzug auf das eigene Ich (Askese, Trainingsvertiefung) als Plattform für Entschleunigung, Entspannung, Meditation und vertiefter Ich-Wahrnehmung steht von daher im ständigen dialektischen Wechsel mit dem Austauschbedürfnis: Das System als Manager von „Informationszufluss, Austauschintensität und Nähevolumen“.

Die Kunst des Systemmanagers, der sein eigenes Ich-Wachstum organisiert, besteht also darin, nicht zu starre und nicht zu weite (Diffusität herbeiführende) sondern klare und flexible Ich-Grenzen-Öffnung herstellen zu können.

Ein funktionierendes, wachstumsorientiertes und „bilanzsicheres“ Ich unterscheidet sich von einem diffusen Ich letztlich auch dadurch, dass der Mensch mit sich selbst, für sich selbst klare explizite (von ihm selbst immer wieder überprüfbare und transparente) Regeln aufstellt, die für sein Ich verbindlich sind. Hierbei kann, muss und soll er sich dem Rat kompetenter Mitmenschen (z.B. zeitlich und räumlich parallel lebender Individuen – vielleicht aber auch längst verstorbener Philosophen) bedienen, wobei er allein das Ausmaß des „Informationszukaufes“ in den jeweiligen Wachstumsphasen bestimmen soll und muss.

1.4 Das Lastenbuch des Ichs: Die menschliche Entwicklung als Full-Time-Job

Wie entsteht das Ich?

„Aus einem Dickicht von Milliarden Nervenzellen wächst im Wechselspiel von Genen, Erfahrung und Erziehung die Persönlichkeit. Fürsorgend und einfühlsam können Eltern die Biologie im Kopf ihrer Kinder unterstützen. Dabei dürfen sie gelassen bleiben – die Evolution hat 500 Millionen Jahre geübt" (Ochmann und Schels, 2002, S. 77). Die menschliche Entwicklung ist ein Full-Time-Job: Erst kommen die vorgegebenen biologisch-genetischen Abläufe – gebaut wird von hinten nach vorn und von unten nach oben (also von den älteren Teilen des Gehirns über das limbische System bis hin zur Großhirnrinde) – und es wird schnell gebaut: „Ein Jahr nach der Geburt hat sich die Dicke der kindlichen Großhirnrinde durch die Verschaltung bereits verdreifacht. In Spitzenzeiten entstehen in Babys Kopf fast zwei Millionen neue Nervenverbindungen pro Sekunde. Viel zu viele, was sich bald herausstellt. Ginge es der Evolution darum, uns auf keinen Fall zu kurz kommen zu lassen, wird im Gehirn zu Anfang alles mit allem verstrippt." (Ochmann und Schels, 2002, S. 80).

Nach dem „Baby-Tuning in der Fruchtblase" geht es in den ersten 10 Jahren rasant voran: Mit einem Jahr erreicht die Sehschärfe schon die von Erwachsenen, mit 2 Jahren beherrscht das Kind nicht nur einzelne Worte sondern schon seine erste Grammatik (Zwei-Wort-Sätze): Es kennt schon in etwa 200 Begriffe. Mit vier Jahren entsteht der eigene Wille. Mit 6 Jahren ist der Wortschatz schon fast komplett (13000 Wörter) und mit 10 Jahren entspricht die Wahrnehmungsgenauigkeit schon der von Erwachsenen (das aufnehmende System: Es hat ja auch 10 Jahre geübt!).

Die Basics erlernen und dann auch noch die harte Entwicklungsarbeit als Sieben-Tage-Job lebenslang fortsetzen. Das Leben ist schon eines der schwersten.

Entwicklungsarbeit: Sieben-Tage-Job

1. **Vertrauensentwicklung (1. Lebensjahr)**
   Die Umwelt als regelhaftes System
2. **Autonomieentwicklung (2.-3. Lebensjahr)**
   Erlernen der physiologischen Grundfähigkeiten nach eigenem Tempo
3. **Selbstinitiative (4.-5. Lebensjahr)**
   Eigenständige Kontaktaufnahme, Experimentierfreude und Ausprobieren der Dinge
4. **Durchhaltevermögen (6.-11. Lebensjahr)**
   Erlernen von Wiederholung und Hartnäckigkeit als Grundlage von Effektivität (Selbstwirksamkeit)
5. **Identitätsfindung (12.-18. Lebensjahr)**
   Aufbau der Ich-Grenzen und Definition der Ich-Inhalte (Stolzhitliste)
6. **Beziehungsfähigkeit (19.-30. Lebensjahr)**
   Sich ausliefern können, sich hingeben können, sich anvertrauen können, um selbst Verbindlichkeit zu schenken
7. **Generativität (30.-60. Lebensjahr)**
   Zeugungsfähigkeit und Stolz darauf, das Glück anderer auch anonym mittragen zu können, ohne selbst Vorteile aus der Unterstützungsleistung zu ziehen
8. **Integrität**
   Die Fähigkeit loszulassen, wohlwollend zu beobachten, aus der Entfernung zu unterstützen und akzeptierend Bilanz zu ziehen. Die Fähigkeit, Danke zu sagen ...

Wir kommen wieder zum Ende der Bilanz: Generativität als Fähigkeit, etwas zu verschenken, ohne etwas wiederhaben zu wollen und Integrität als Fähigkeit, loslassen zu können, ohne zu verkrampfen, gehen zu können, sind letztlich die „höchsten Entwicklungsziele“, auf die der Mensch lebenslang hinarbeitet. Alles was er mühsam trainiert, ist letztlich die Grundlage dafür, dass er es wieder aufgeben kann. Paradox? Nein. Einfach die Veredlung des Ichs vom Entstehenden zum Vergehenden ...

Auf der anderen Seite gibt es in der Phase des „Abgebenden Systems“ auch einen produktiven „Overboost“, in dem vieles gelingt und noch mehr gelingen soll. Hier trennt sich die Spreu vom Weizen: Hier kann man sehen, ob das ganze Üben, das ständige Trainieren, das Wiederholen einfachster Basics letztlich zu einem verdichteten Geniepunkt (meistens hat ein Genie nur einen Bereich in dem es wirklich Überflieger ist) oder eben zum Charisma reicht...

Von daher ist der Unterschied zwischen Führungs-Ich und Mitarbeiter-Ich, also zwischen den Häuptlingen und den Butlern gar nicht so groß: Der Auftrag ist für alle „Ich-Verwalter“ der gleiche – von einigen wird er eben ernster genommen.

Fazit: Letztlich gibt es keine Unterschiede im „Wachstumsauftrag“ beim Führungs-Ich (Führungspersönlichkeit) und beim Mitarbeiter-Ich: Die Universalität des Ich-Auftrages ist abgeleitet und nachgewiesen. Die Vereinbarung zwischen Führungs-Ich und Mitarbeiter-Ich lautet demnach: In einer vernetzten informationstheoretisch durchlässigen und Ich-technisch aufgeklärten Gesellschaft gibt es keine Unterschiede zwischen den „Philosophischen Aufträgen“. Bestenfalls kann und muss das Führungs-Ich dem Mitarbeiter-Ich diesen jeweiligen „Optimierungsauftrag“ immer wieder darlegen und einfordern. Hierzu ist es wichtig, dass das Führungs-Ich auf allen drei Trainingsebenen (Kopf, Gefühl, Körper) und in allen drei Basisaufträgen (Stolzerleben, Geborgenheitserleben, Weiterlebenshoffnung) als präsentes Dauervorbild gilt. Sowohl der Informationsvorsprung (noch besseres Wissen über Ich-Coaching) wie auch der Konsequenzvorteil (beim eigenen Ich all das realisieren und inszenieren, was dem Mitarbeiter-Ich abgefordert wird) wie auch der Machtvorteil (über Sanktionen verfügen, wenn Ich-Aufträge nicht eingelöst werden) machen letztlich noch den Restunterschied vom Führungs-Ich zum Mitarbeiter-Ich aus (vgl. auch Brandes, 2002).

Trotzdem gibt es die „genetische Hypothese“, die behauptet, dass mindestens 50 Prozent der Persönlichkeitseigenschaften per Geburt determiniert seien. Dies gilt auch für die schwerpunktmäßige Entwicklung der maßgeblichen Persönlichkeitsfaktoren (manchmal wird von sechs, manchmal von acht, oftmals nur von fünf ausgegangen):

1. Extraversion vs. Introversion
2. Gewissenhaftigkeit vs. Oberflächlichkeit
3. Offenheit vs. Verschlossenheit
4. Neurotizismus vs. Emotionaler Stabilität
5. Verträglichkeit vs. Streitsucht (Querulantentum).

Offenbar über viele Kulturen und über viele Altersbereiche gilt, dass Frauen extravertierter, gewissenhafter, offener und verträglicher – aber eben auch „neurotischer“ – sind als Männer. Unabhängig davon ist der Mildeeffekt im Alter: Auch hier werden neurotische Frauen unkomplizierter.

Wie dem auch sei: Das Lastenbuch des Ichs liegt nicht mehr in der Hand der Psychiater, der Ärzte, der Pharmazeuten, der Psychotherapeuten oder gar der Lehrer und Pastoren – es liegt in der Hand desjenigen, der das Ich zu verwalten hat. „Wir essen zeitig“ oder „Die schnelle Erledigung ist die Seele des Geschäfts“ sind die

Grundregeln des Geniepunkt-Scoutes, der als **Eigentrainer in der Lobkultur** das Geschenk seines Lebens in dankbarer Weise ernst nimmt:

- Bestimme Deine Stolzhitliste
- Trainiere morgens täglich ab 5.00 Uhr
- Mache lieber einen Weg mehr als einen zu wenig: Der muskulöse Sklave überholt den fetten Kaiser, weil er dessen Aufgaben mit erledigt und somit ständig im Fitness-Center ist, während der fette Kaiser nur durch das „Fensterchen" guckt und selbst nur noch Zuschauer in der eigenen Kompetenzhütte ist
- Verliebe dich in die Wiederholung und verliebe dich in die kleinen Fortschritte: Ein halbes Prozent Zuwachs pro Tag – dies täglich – ist die Grundlage der Zuschreibung: „Du bist ein Genie"
- Vertraue deiner eigenen Beurteilung und hole Urteile anderer Menschen nur dann ein, wenn du sie wirklich brauchst: Der Meister in dem Fach, das du anstrebst, darf dir nur dann Ratschläge geben, wenn du ihn fragst, zu dem Zeitpunkt an dem du ihn fragst und zu der Spezialfrage, die du stellst.
- Vertraue, dass du nur dieses eine Leben hast und das du keine zweite Chance bekommst: Optimierst du dein Ich in diesem Lebensweg, ist es das Einzige was du überhaupt jeweils tun kannst – vielleicht gibt es ja ein Leben nach dem Tod, aber darüber wollen wir nicht spekulieren. Das wäre Gottes Sache.
- Du hast wenig Zeit – nutze sie: Während andere noch quatschen oder reden, fängst du an zu handeln, nimmst während der Handlung neue Informationen auf, bewertest diese Informationen und benutzt sie für ein besseres Handeln – deine Kompetenz in dem Bereich, in dem du handelst, wird es dir danken. Außerdem gibt es noch colaterale Synergien – auch in anderen Bereichen hast du Zuwachs, ohne dass du etwas wolltest und ohne dass du es wusstest
- Sei gierig auf Erfolg – kein anderer wird stellvertretend für dich gierig auf deinen Erfolg sein. Erfolg heißt, minimaler und ständiger Zuwachs bis zum Lebensende. Erfolg heißt auch, noch mit dem letzten Atemzug etwas zu bewirken, was gerade noch geht, ohne dass es etwas Grandioses ist, aber es ist das, was du in dieser Sekunde, in diesem Moment, bei diesem letzten Atemzug willst.
- Verliebe dich in dein Ich und sage: „Es ist ein Wunder, dass ich auserwählt worden bin zu leben. Ich werde immer dankbar sein, dass ich es bin. Ich werde den Jungs und den Mädels, die auf Grund meines Zustandekommens nicht gezeugt und geboren wurden, zuwinken und als ihr Mandatsträger versprechen: Ich werde das Beste tun, was ich kann. Ich hoffe, Ihr seid mit mir zufrieden."
- Menschen, die über mein Ich spekulieren, können dies tun, ohne dass ich es beachten muss: Psychiater, Psychologen, Philosophen und andere Schlaumeier

sind bestenfalls Weggefährten und Mit-Menschen, die gleichzeitig mit mir leben – sie sind jedoch niemals Meister meines Ichs oder Chef meiner Persönlichkeit: Ich kann sie nur als Co-Informations-Quellen nutzen, ohne dass ich mich auf sie verlassen darf.

- Es gibt weder Philosophien noch Religionen, die mir Auskunft über den letzten weitergehenden Sinn des Lebens geben: Wenn es Gott gibt, ist er so anders, dass ich ihn nicht ergründen kann. Dies entlastet mich auch von diesem Auftrag, es tun zu wollen oder tun zu müssen.
- Wenn mein Ich mein Heiligtum ist, ist das Ich meines Mit-Menschen sein Heiligtum: Alles was ich mir an Wachstum schenke, kann ich – auf Grund meines Geborgenheitswunsches und meiner Wir-Sucht – auch dem Nächsten (dem Jüngeren, dem Gleichaltrigen, dem Älteren) schenken und mich dabei gut fühlen. Nur wenn ich etwas verschenken kann, habe ich mir vorher etwas durch viel Mühe angeeignet. Der Faule ist illoyal und unsolidarisch, weil er keine Kompetenz weitergeben kann. Er verweigert sich der Gemeinsamkeit der zufällig gleichzeitig Lebenden. Er ist ein Pharisäer, ein Phlegmatiker, ein Verpisser und einer, den man in der eigenen Zeit lieber nicht als Weggefährten (parallel zum eigenen Weg) um sich hätte. Vielleicht kann man ihn ja antreiben, dass er sein Ich doch noch ernst nimmt – und dann von **seinem Geniepunkt** profitieren ....

Verweigern ist nicht neutral sondern Feindseligkeit: Sowohl gegen mich selbst wie gegen meine Mitmenschen, wie gegen den Gott, auf den wir alle hoffen und der – wenn es ihn gibt – uns letztlich auserwählt hat, leben zu dürfen und ein Ich aufbauen zu können ...

2. Die gesellschaftliche Epoche als Auftraggeber für das Ich

Der Mensch im Jahr 2005 befindet sich als Sonde im Universum des Internets auf einer undefinierten Bühne: Er weiß weder, wo die Zuschauerränge sind, noch von wo der Beleuchter den Scheinwerferstrahl auf ihn richtet, noch in welchen Ausmaßen und Dimensionen sich die Bühne erstreckt ...

Die Bühne zur Inszenierung des einen, des individuellen, des konkreten, des mit Ich-Grenzen umzäunten Ichs ist heute diese globalisierte Welt. Globalisierte Welt heißt grenzenlose Welt. Eine Welt, in der nur ein Satz gilt: Nichts bleibt – alles fließt! Das einzig Sichere ist die Veränderung – die Veränderung der Vergleichsnormen und des normativen Rahmens.

Generalfolgen der Globalisierung
• Die Anforderungsimpulse werden stärker (Explosion der Inputs) • Das Ich wird schwächer (Schwächung der Organisationseinheit Mensch) • Die Ich-Verweigerung nimmt zu (Verlust des Selbstcoachings) • Der allgemeine Lebensausstieg verbreitet sich (Kompensation durch Destruktivismus)

Die Globalisierung ist eine Bedrohung für die zurückgebliebenen Systeme und für die zurückgebliebenen Kulturen: Keiner, der sich in seinem dogmatischen Gefängnis einzäunt, kann heute mehr sicher sein, dass die anderen mit ihrem Laserstrahl nicht doch die Mauer durchbrechen: Die DDR ist zerfallen, das Sowjetregime ist zerfallen, Chinas Mauer ist zerfallen und die vermummten Gesichter der verschiedenen Religionsbetreiber werden auf dem virtuellen Bildschirm reproduziert. Keiner kann sich mehr verstecken, keiner kann sich mehr schützen. Die Globalisierung ist der Angstmacher der Traditionalisten, der Bewahrer und der Zäunebauer. Die Globalisierung ist also ein Feind derer, die ihre Kinder im alten Brauch erziehen wollen und hoffen, dass dies auch gelingt. Gleichzeitig eröffnet die Globalisierung den Traditionalisten aber auch weltweit Angriffsziele für ihren **dezentralen Rachefeldzug**: Das globalisierte Systen ist überall und jederorts zu treffen, da es liberal, weltoffen und per Definition ungeschützt ist.

Fazit: Globalisierung bedeutet Bedrohung für die zurückgebliebenen Systeme und Einladung zur Zerstörung der neidverursachenden Globalisierungsbetreiber. Anschläge in Istanbul, Anschläge in Madrid usw. – der dritte Weltkrieg hat am 11. September 2001 begonnen. Der dritte Weltkrieg ist eigentlich der **erste Weltkrieg**, denn die anderen beiden Weltkriege waren keine sich weltweit globalisiert erstreckenden Kriege. Der „Erste Weltkrieg" ist deswegen nötig, weil die Rückständigen ihren Rückstand (300 bis 400 Jahre) nun schon gar nicht mehr aufholen können, aber auch nicht mehr aufholen wollen. Sie haben nur noch ein Ziel: Schützt die „bewährte" Tradition vor der Allmacht dieser neuen, zerfasernden Epoche.

Das Ich in der globalisierten Welt kann sich nicht strukturieren. Die Ich-Grenzen sind porös und überdurchlässig, unendlich viele Informationen strömen herein und der einzelne Ich-Betreiber (die Person) schafft es nicht mehr, ihre Exklusivität, ihre Einzigartigkeit und den Sinn für ihr spezielles individuelles Leben (Nachweis meiner Lebensberechtigung für mich)) zu tätigen. Die Diffusion des globalisierten Ichs führt zu zwei Kompetensationsformen:

- Esoterik bis hin zum Okkultismus
- Dezentraler politischer Widerstand bis hin zum Terrorismus.

Globalisierungs-Kompensations-These (G=E/T)
Globalisierung bedeutet Verlust des tatsächlichen Größen-Ichs (Ich-Exklusivität) und Verlust der Ich-Geborgenheit (Wir-Einbindung) und damit Ich-Verelendung (Ich-Verlust). **Fazit I:** Für G.-Teilnehmer entsteht ein „Virtuelles Ich". Für G.-Nichtteilnehmer entsteht Ich-Diffusion (Esoterik-Affinität bis hin zum Okkultismus und Gewalt-Affinität bis hin zum Terrorismus). **Globalisierung** beschleunigt **Esoterik** und **Terrorismus** (G=E/T) **Fazit II:** Je mehr Globalisierung umso mehr Kompensations-Bedarf (E/T) und umso weniger Spielraum für das „Einzel-Ich" (Individuum).

Die esoterischen **Kopfkinder** versuchen, ein **eigenes Theoriesystem** aufzubauen, das von keiner Macht der Welt (also auch nicht von dem globalisierten, rationalen und realen Korrektiv „rationaler" Wissenschaften) falsifiziert werden kann. Sie sind immer einen Schritt voraus. Sie reiten die Welle als beste Surfer der Welt ab, bevor sie zusammenbricht. Sie fahren vor der Schubkraft der globalisierten Erkenntnis, weil ihr Theoriesystem **selbstgemacht** und **immunisiert** ist. Keiner kann es widerlegen, weil sie endlos Axiome hinzufügen können. Diese nicht widerlegbare **Kunstwelt**, dieser Ausweg in den erst individuellen und dann kollektiven Wahnsinn kann im Okkultismus, im Teufelskult und im Zersägen und Zerstören von Leibern münden. Egal, wie er endet, das Resultat dieser Art von Kompensation der Ich-Diffusion ist immer extremster Realitätsverlust: **Leben in einer Eigenwelt.**

Der Protest der **Körperkinder** – der Menschen, die ihre eigene Realität immer noch selbst bestimmen wollen – geht über die ökologische Bewegung und gemeindenahe Projekte hin zu globalem Protest (attac), um dann in konkrete Widerstandshandlungen (terroristische Schwerpunktaktionen) zu münden. Der Realitätsverlust des hier kompensierenden, diffusen Ichs ist ähnlich groß: Du hast keine Chance gegen die Globalisierung – du nimmst sie aber wahr.

	G Globalisierung	E Esoterik	T Terrorismus
Gesell-schaftliche Ebene	Generalisierter Vergleich Ich-Diffusion Neid-Überflutung	Verursachererleben durch Abtauchen in eine Wunschwelt (Traumwelt) Flucht in die Magie (Mystik)	Verursachererleben durch manifestes, tatsächliches Zerstören der als übermächtig und unerreichbar erlebten Steuerungssysteme
Ich-Ebene	Verlust der Ich-Exlusivität Verlust der Geborgenheit Verlust der direkten Selbstwirksamkeit	Realitätsverlust Flucht in eine künstliche „selbst-konstruierte" Welt	Herstellen „Einfacher Wirksamkeit" durch Behindern des Beneideten und durch Inszenieren und Zelebrieren extremer Feindseligkeit
Fazit	Ich-Diffusion	Virtuelles Ich	Destruktives Ich

Gibt es einen Ausweg für das Ich? Kann sich das Ich trotz, wegen und vielleicht gerade durch die Globalisierung strukturieren? Gibt es die Chance auf optimale Ich-Grenzen mit optimalen Ich-Inhalten? Die Lobkultur ruft: „Hier – Ich bin's!" Die Grundlagen der westlich-christlichen Zivilisation sind als Vorstufe einer globalisierten Welt zu beschreiben. Sie ist der evolutionäre Pfad, auf dem das „aufgeblühte" Ich bisher gewandert ist. Die Globalisierung zeigt die nächste Wegstrecke – macht vielleicht die Lobkultur diese begehbar?

Warum nicht? Durch das Sympathieambiente und durch die emotionale Friedensaura um das eigene Ich herum, definiert der Lober „Friedvolle Zonen" um sein Ich, die es ihm erlauben, im Sinne „Dezentraler Akzentsetzung" konstruktive, belebbare „Ich-Inseln" in dem globalisierten Kosmos zu entwerfen, zu inszenieren und lebenslang durchzuhalten. Die persönliche Ausstrahlung ist vielleicht nur mit einer „Zehn Meter Reichweite" ausgestattet: Soweit, wie mich andere Menschen direkt hören, direkt sehen, direkt riechen und dann – wenn sie ganz nahe rankommen – auch direkt anfassen und fühlen können, ist mein Friedensambiente wirksam. Die Lobkultur als „Ich-Retter" in der globalisierten Welt? Ja, vielleicht, denn die Summe dieser Ich-Inseln mit friedlicher Ausstrahlung verhindert letztlich den Kompensationsbedarf eines diffusen, aufgelösten und gestörten Ichs und ist somit ein Gegengewicht bezüglich der hilflosen Zerstörer, die die Zerstörung ihres eigenen Ichs indirekt (Esoterik) oder direkt (Terrorismus) den **Globalisierern** heimzahlen. Heimzahlen durch Realitätsverlust (Esoterik) und durch Realitätszerstörung (Terrorismus). Aber warum heimzahlen, wenn es doch anders geht? Der „Lober" zeigt: Es geht doch ...

2.1 Grundlagen der westlich-christlichen Zivilisation

Sicherlich ist unsere westlich-christliche Zivilisation durch viele unterschiedliche aufeinander aufbauende historische Epochen, die durch grundlegende Veränderungen der Lebensweisen der Menschen, der Regierungsformen, der gesellschaftlichen Strukturen aber auch der Wissenschaft, der Kunst und der Philosophie bestimmt sind, geprägt.

Dennoch kann davon ausgegangen werden, dass die drei grundlegenden Eckpfeiler, die die Welt, die Ideen und die Menschheit verändert haben, in der **Magna Charta**, der **Französischen Revolution** und in der **Deutschen Aufklärung** (und hier insbesondere durch Kant) zu finden sind und somit auch als Grundlagen der westlich-christlichen Zivilisation angesehen werden können.

Die Magna Charta (auf Deutsch auch die „Große Freiheitsurkunde" bzw. „Großer Freibrief") ist 1215 als zweiseitiger Herrschaftsvertrag bzw. Vereinbarung mit dem revoltierenden englischen Adel vom damaligen englischen König Johann unterzeichnet worden. Sie gilt als das wichtigste englische Staatsgrundgesetz und ist heute immer noch Teil des englischen Gesetzes, wobei allerdings bestimmte Paragraphen im Laufe der Zeit abgeschafft oder ersetzt worden sind, so dass sie letztendlich nur noch eine historische bzw. symbolische Bedeutung hat. Die Magna Charta schränkte die königliche Allmacht insbesondere zu Gunsten des Adels bzw. zu Gunsten der Kirche ein. „Feudale Vorrechte" wie u.a. Sicherung gegen willkürliche Einziehung von Lehen, persönliche Unversehrtheit und ein ordentliches Verfahren nach den Gesetzen des Landes bei Verhaftungen sind in der Magna Charta bekundet worden. Durch kontinuierlich festgelegte Änderungen bzw. Ergänzungen wurden – im Laufe der Jahrhunderte – des weiteren Bevölkerungsschichtenrechte eingestanden und letztendlich wurde die konstitutionelle Monarchie eingeläutet.

Hier wird der Wunsch der Menschheit nach Emanzipation, Selbstbestimmung und Loslösung vom „Patrone" deutlich. Ein enger Zusammenhang zwischen dem Wunsch nach persönlicher Freiheit und dem persönlichen Auftrag des Ich-Coachings eines jeden Menschen kann hier hergestellt werden.

Im 17. Jahrhundert, als der Konflikt zwischen Krone und Parlament sich erheblich zuspitzte, nahm die Bedeutung der Magna Charta, die zwischenzeitlich in den Hintergrund getreten war, wieder zu. Sie wurde dann in ein Dokument für englische Freiheitsrechte umgedeutet.

Die bei den Menschen vorhandenen und auch wahrgenommenen Ansprüchlichkeiten, Wünsche, Visionen und das Gefühl, dass ich selbst verantwortlich bin für mein Handeln, mein Tun und mein Denken, wird in den formulierten Forderungen deutlich. Auch wenn durch verschiedene politische, gesellschaftliche und herrschaftsbedingte Faktoren spezielle Rahmenbedingungen und Vorgaben festgelegt wurden, war der Anspruch auf persönliches Wohlergehen in jeder gesellschaftlichen Schicht vorhanden und jeder Mensch strebte – seinen Möglichkeiten entsprechend – danach. Letztendlich kann die Magna Charta – insbesondere ab dem 17. Jahrhundert – als Geburtsstunde der bürgerlichen Freiheiten angesehen werden.

Als weitere wesentliche Grundlage der westlich-christlichen Zivilisation kann die „**Französische Revolution**" (1789-1799) als Epoche der französischen Geschichte, in der die Feudalherrschaft gewaltsam abgeschafft und eine bürgerliche Republik etabliert wurde, genannt werden. Die Revolution als politisch-geistig-militärische Freiheitsbewegung führte zur Abschaffung aller Feudalrechte und zur Verkündung der Menschen- und Bürgerrechte. Der Begriff „Menschenrecht" beruht letztendlich auf der im 18. Jahrhundert entstandenen Grundhaltung und Überzeugung, dass jeder Mensch allein aufgrund seiner Existenz bestimmte natürliche Rechte habe. Diese sogenannten „Naturrechte" wurden in der Erklärung der Menschen- und Bürgerrechte als „Freiheit, Eigentum, Sicherheit und das Recht, sich Unterdrückung zu widersetzten" definiert und festgeschrieben. Die in den Menschen- und Bürgerrechten festgelegten Erklärungen haben sich allerdings in erster Linie auf den Menschen in der Gesellschaft bezogen und weniger auf den Menschen als Individuum. Der wesentliche Erfolg bzw. das für die Menschen verheißendste Resultat bzw. Ergebnis der Französischen Revolution lag sicherlich darin, dass ein Volk gezeigt hat, dass es sich aus eigener Kraft und mit eigener Energie aus seiner desolaten, einengenden Lebenssituation befreien, aus eigener Kraft mit seiner Vergangenheit brechen und eine neue Gesellschaft aufbauen kann. Der revolutionäre Umsturz, der für alle eine gleiche Besteuerung, Chancengleichheit und Gleichbehandlung durch die Justiz einführte, machte deutlich: Eine neue Zeit, eine neue Epoche bricht an. Das überlieferte Denken, dass jeder ein Untertan mit einem festgelegten Platz in einer streng hierarchisch gegliederten Gesellschaft sei, glich sich nun mehr der Vorstellung, dass alle Menschen vor dem Gesetz gleich seien.

Jede politische Revolution hat zwar ihren ganz eigenen und unverwechselbaren Charakter, jedoch macht die fast immer mit Gewalt durchgesetzte plötzliche Umwälzung der politischen Ordnung und dadurch radikale Veränderung der Machtverhältnisse deutlich, wie wichtig jedem Menschen ein Leben in Eigenverantwortlichkeit, Freiheit und dem Streben nach „Glückseligkeit" ist und wie groß die Bereitschaft ist – bis hin zum eigenen Tod – diese sogenannten persönlichen Rechte zu erkämpfen. Diese gesellschaftliche Epoche der Revolution gibt die Aufträge für den „Ich-Inhaber", das eingeengte, zerstörte, enge, ängstliche, gedemütigte

Verhalten aufzugeben und in ein kämpferisches, offensives, starkes, gerechtes und letztendlich friedliches Verhalten umzuändern.

Zweifellos haben die französischen Philosophen des 18. Jahrhunderts es geschafft, dass Ideen die Geschichte vorantreiben, dass Bücher den Lauf der Politik mit beeinflussen, dass die Philosophie in der Lage war, den Boden zu bereiten, aus dem die Französische Revolution aufgekeimt ist. Die Werke der Philosophen, die sich schnell – trotz staatlicher Zensur – über Europa verbreiteten, beruhten letztendlich auf dem unerschütterlichen Glauben an die Macht und den Nutzen der menschlichen Vernunft. Alte und überlieferte Traditionen, Aberglauben und Vorurteile wurden absolut schonungslos kritisiert. Ein wesentliches Merkmal der Aufklärung ist im Glauben an die Wissenschaft, an die experimentelle Methode und an den Gebrauch der Vernunft, um damit Probleme zu lösen, zu finden. Damit einhergehend waren die Philosophen der Aufklärung nicht mehr bereit, unreflektiert die Berufung auf die Autorität von Aristotele zu akzeptieren, so dass letztendlich nicht nur die Rechtfertigung der Monarchie sondern auch die Überlegungen bezüglich der Existenz Gottes nicht mehr so klar gewesen waren. **In der deutschen Aufklärung**, in der insbesondere der Philosoph Immanuel Kant als Hauptvertreter gilt, ist das Erwachen des Menschen aus seiner selbstverschuldeten Unmündigkeit ein wichtiges Merkmal. Auch die hohe Bewertung der Vernunft – die das Wesen des Menschen ausmacht – zeichnet die Idee der Epoche der Aufklärung aus. Ein philosophischer Grundsatz lautet: „Die Welt ist in ihrer Gesamtheit vernünftig angelegt und kann von der menschlichen Vernunft erkannt werden. Die Vernunft ist die einzige und letzte Instanz, die über Wahrheit oder Falschheit eines Erkenntnisses entscheidet.“ Allein die Vernunft, die aus der Natur des Menschen entspringt, sollte auch sein Handeln lenken.

Kants Theorie, die in seiner „Kritik der reinen Vernunft“ dargestellt wird, besagt u.a., dass die Menschen die Welt anhand verschiedener Kategorien festmachen. Das bedeutet, dass die Menschen die Dinge in sich nicht direkt sehen, sondern die Welt nur von ihrem jeweils individuellen Standpunkt aus begreifen. Als Beispiel: Drei Menschen (ein Bauer, ein Architekt, ein Künstler) betrachten eine Landschaft. Es wird keiner diese Landschaft objektiv sehen, sondern der Bauer wird sich die Möglichkeiten für Getreideanbau und Viehzucht, der Architekt die Möglichkeiten Häuser zu bauen und der Künstler die unterschiedlichen subtilen Farben und Formen ansehen und erleben. Es wird also deutlich, dass die philosophischen Aussagen der Aufklärung – und insbesondere der deutschen Aufklärung – ein gewisses Vertrauen in die Integrität des Individuums und dadurch natürlich auch in die sogenannte Ich-Struktur des Individuums legt. Die **Aufklärung** stellt den Höhepunkt einer gesellschaftlichen Bewegung dar, die definitiv mit der Autorität und dem Dogmatismus des Mittelalters gebrochen hat. Mit diesen „**Aufträgen**“ kann sie als wesentliche Grundlage der westlich-christlichen Zivilisation betrachtet werden.

Wo treffen sich die Begriffe Zivilisation, Kultur und Epoche? Leben wir im Jahre 2004 mit insgesamt jetzt ca. 6,4 Milliarden Menschen in einer **insgesamt** zivilisierten Welt? Sind nur regionale Teile dieser Welt in unserem Sinne zivilisiert und andere „weit zurück“ (vielleicht auf dem Stand, den „wir“ vor drei-, vier- oder fünfhundert Jahren hatten)? Wird sich dieser „Zivilisationskontrast“ in vierzig Jahren noch verschärfen, wenn dann (hochgerechnet) ca. ein Drittel mehr Menschen die Erde bevölkern (ungefähr 9,4 Milliarden)? Kann es zu **einem** Zeitpunkt **eine** Zivilisation geben? Gibt es überhaupt noch Raum für Spezialkulturen in bestimmten Regionen, die dort über Jahrhunderte gewachsen sind? Oder heißt Globalisierung auch, dass es die eine weltweite, konsumglobalisierte Kultur für alle gibt oder zumindest geben soll: „Werbekampagnen propagierten auf dem gesamten Globus die gleichen Werte und den gleichen westlichen Lebensstil und erreichten mit der Verbreitung neuer Informationstechnologien zunehmend auch fremde Kulturkreise. Standardisierte Produktpaletten und eine allgegenwärtige oberflächliche Pseudokultur in Gestalt von Marken lassen keinen Raum mehr für die Kultur jenseits wirtschaftlicher Interessen. Kulturen sind einfach zu schwach, um am globalen Markt zu bestehen....“ (Balser und Bauchmüller, 2003, S. 202).

Die von den Marketingabteilungen propagierten Wertetransfers (kaufe meine Produkte und du kaufst den Wert, den du benötigst) werden über die „Spirit-Idee“ transportiert: Wer Coke kauft, trinkt den „Spirit of America“.

Die Frage, ob es einen **westlich-christlichen** kulturellen Wertehintergrund zu einem Zeitpunkt für eine größere Region wirklich geben kann, bleibt offen, denn ein „Schutz ursprünglicher Kulturen“ ist schon aufgrund der ständigen Fluktuation und Modifikation von Lebensstilen nicht einlösbar. Auch „ursprüngliche Kulturen“ sind zusammengewürfelte Kulturen aus einem ständig wandelnden Fluß unterschiedlichster Weltbilder, Gottesbilder, Menschenbilder und speziell äußeren Lebensgegebenheiten, die von den jungen Menschen immer wieder aufs neue vorgefunden und **von ihnen** modifiziert werden: „Das einzig Sichere auf dieser Welt ist die Veränderung“. Diese Macht des Faktischen – die vorgefundene Lebensumgebung ist die Grundlage für meine Modifizierungsbemühungen – relativiert eine semantisch verklärte und Sicherheit gebende „Kulturenkonstanz“ zu einer **nicht** einlösbaren Vision.

Trotzdem lassen sich fast alle beschreibbaren und damit vergleichbaren Kulturen unserer heutigen Zeit auf der **Dimension Individualität / Kollektivität** einordnen und beschreiben: Während arabische, islamische und asiatische Kulturkreise noch stärker kollektivistische Ideale „festschreiben“, ist der christlich-westliche Kulturkreis seit ca. 250 Jahren von einer Stärkung der **individuellen Rechte des einzelnen Menschen** geprägt.

Dieser Ratgeber für Ich-Optimalisierung sagt: Du musst zumindest an zwei „Jongliertellern“ gleichzeitig drehen: Deine persönliche Exklusivität (Individualität) und deine Geborgenheitssicherheit (kollektive Einbindung). Letztlich stehen diese beiden Kulturformen als These und Antithese zur Verfügung, damit der einzelne Mensch für sich in seinem (begrenzten) Lebensweg eine Synthese findet. Danke dafür!

Zur optimalen Ich-Entwicklung benötigt der Mensch – als Fazit dieser Überlegungen – ein Schichtenmodell von Nah- und Fernkulturen: Regionale (nationale, religiöse) Identität wird durch die kulturellen Austauschflüsse nicht eliminiert, sondern im Sinne einer „dezentralisierten Selbstverwaltung von Kleinkollektiven" zugelassen und gefördert. Globale Vereinheitlichung der Teilhabe an (z.B. gesundheitsfördernden oder lebensverlängernden medizinischen) Entwicklungen liegt als „Globalisierungsschicht" über diesen dezentralen Lebenswurf. Der Austausch zwischen beiden kann funktionieren: Das, was dezentral erdacht und entwickelt wird, kann über die induktive Schiene (von unten nach oben) in die globalen Systeme einfließen; das, was sich oben „für die ganze Welt" bewährt hat, kann durch die deduktive Berieselung (von oben nach unten) jedem Einzelkollektiv zu Gute kommen. Dieser **„Induktiv-Deduktive Paternoster"** ist letztlich die Synthese von dezentraler Selbstverwaltung und globalisierter Vereinheitlichung von Konsumgüterzugriff. Der Modebegriff **„Glokalisierung"** entspricht insofern einer Verbindung von Globalisierung und Lokalisierung, also von weltweiter Umspannung und dezentraler Selbstregulation. Hierbei werden Unterschiede zwischen einzelnen Lebensentwürfen auf dem Lande sicherlich spürbarer sein als in den Metropolen: Globalisierung bewirkt **auch**, dass **Städte** wie Berlin, New York, Paris, London, Buenos Aires, Istanbul und Marrakesch sich im **Erscheinungsbild** immer mehr annähern, gleichen und ineinander zerfließen ...

Vor diesem Hintergrund steht der Mensch mit seinem Ich nun wieder als Figur, als Präsentator seiner zu verwaltenden „80 Jahre auf der Bühne des Geschehens", weil **er und nur er** seine menschlichen Ansprüche erspüren und einlösen kann und muss: „Menschenrechte sind Rechte, die jedem Menschen zu eigen sind und jede öffentliche Gewalt binden, will sie legitim sein. Es sind Gattungsrechte, die Gattung dadurch schützen, dass jedem Einzelnen Schutz gewährt wird. Menschenrechte stehen vor und über der staatlichen Territorialgewalt. Sie binden souveräne Staaten" (Di Fabio, 2003, S. 43).

Nach dieser Definition kann z.B. in der deutschen Verfassung die politische Leitidee der „angeborenen Menschenrechte" als Grundlage einer **jeden** menschlichen Gemeinschaft in den Mittelpunkt des Denkens gerückt werden. Der Schutz der besonderen Menschenwürde ist danach einheitliche Ausgangsquelle aller Herrschaftslegitimationen und Gesetzgebungen. Die Formalisierung dieses „Teil-Axioms" zivilisierten Miteinanders spiegelt sich in der allgemeinen Menschenrechtserklärung der Generalversammlung der Vereinten Nationen vom 10. Dezember 1948 und kann als „Internationales Wertebekenntnis" verstanden werden. Sie ist **Grundlage aller westlichen Zivilisationsideen** und kann seit dem Zeitalter des Humanismus als Grundlage für alle weiteren „Wertkonstrukte" (Grundrechte, Freiheitsanspruch, Gleichheitsanspruch, Demokratieverständnis, Gewaltenteilung) verstanden werden: Der **Eigenwert des Einzelnen** gegenüber dem Kollektiv ist unantastbar.

Nach diesem Gedanken steht der Mensch im Mittelpunkt mit seinem Auftrag, sich selbst zu entwerfen und seine eigene Existenz (seine eigenen Ich-Grenzen, seine Ich-Inhalte) zu suchen: „Die neue, moderne Ordnung stellt kühn den einzelnen Menschen in den Mittelpunkt als konkrete Person, als Rechtsobjekt und abstrakt als Repräsentant der Gattung“ (Di Fabio, 2003, S. 45).

Die sogenannte „reifemoderne Gesellschaft“, die auf der Freiheit des Menschen und seinem ihm eigenen Entwicklungsauftrag basiert, ist von daher „**selbstreflektorisch**“ (entwickelt sich permanent aus sich selbst heraus weiter) und „**komplementär**“: Die ergänzenden **Funktionskreise** bilden den gesellschaftlichen Rahmen für die Entwicklung dieses einzelnen Menschen, ohne dass eine normative oder wertbezogene „Einheitsinstanz“ existiert. Die Selbstverständlichkeit und Normen als Regulativ für das Zusammenleben (auch die Geborgenheit des Einzelnen) entfällt zunehmend, ein „Vorrat an gemeinsam geteilten Selbstverständlichkeiten“ wird blasser. Was bleibt: Der Universalitätsanspruch der Menschenrechte im Sinne des absoluten „**Vorranges des Eigenwertes jedes einzelnen Menschen**“. Dieses „Menschenrechtsaxiom“ spiegelt sich dann in den Institutionen der Rechtsprechung (Rechtsentscheidungen), in den politischen Parteien (Machtinteressen) oder auch in den religiös-philosophischen Vorgaben (ethische Diskurse) wider. Vorteil: Die Gemeinschaft freier Menschen immunisiert sich gegen Verheißungen kollektivistischer Glücksanbieter durch die Fähigkeit aufgeklärten, rationalen und nachfragenden Denkens. Diese Form von Freiheit zum eigenen Lebensentwurf definiert dann auch Gleichheit. Wenn jeder frei ist, sich zu entwickeln, sind **in diesem zentralen Ausgangspunkt** auch alle Menschen gleich. Zur Freiheit und Würde des Menschen gehört von daher die Anerkennung der motivationalen Ungleichheit im Anstreben verschiedener Ziele, damit auch die mögliche materielle Ungleichheit (Ausruhen, sich Zurückziehen, Phlegmatismus im Gegensatz zum „gierigen Keulen“ und ständigem sich Bemühen) und die Freiheit zur Verschiedenheit: Jeder Mensch entwirft sich selbst individuell und einmalig und erhält seine Exklusivität auch aus den Orten und den Zeitperioden, in denen er sein Ich „verwaltet“. Die grundlegende Rechtsgleichheit zwischen allen Menschen ergibt sich also immer wieder aus dem „gesetzten Gattungsmerkmalen“, die ausnahmslos für jedes einzelne menschliche Wesen gelten: Die Freiheit zur Entscheidung für **sein** spezielles, exklusives, einzigartiges Ich!

Die Festlegung auf die Entwicklungsfreiheitsgrade des Einzelnen (Menschenrechte) ist in der westlichen Zivilisation gelungen, weil durch ein „rationales Korrektiv“ Traditionen hinterfragt, aufgebrochen und in ihrer Verbindlichkeit gelockert wurden: Soziale Selbstverständlichkeiten, die Macht des jeweiligen Kollektivs (Religion, Partei, Dorf) aber auch dic Autoritätshörigkeit gegenüber „althergebrachten Guts-Herren“ sind zerbröselt. **Westliche Zivilisation** ist vielleicht das **größte aller sozialen Experimente**, wobei der eingeläutete Kulturrelativismus und damit das Zurückstellen überlieferter Weisheiten, ethischer Prinzipien, mediativer Abläufe und ritueller Handlungen – oftmals auch basierend auf religiösen Bindungen – als kollektives Band zunehmend wegfallen.

Diese Ideen angeborener, unveräußerlicher und kulturkreisübergreifender Menschenrechte als „westliches Axiom“ werden von daher als Grundlage der Zivilisation (und eines zivilisierten auf den einzelnen Menschen zugeschnittenen Rechtssystems) erlebt. Herrschaftssysteme, die wegen kollektiver Bedürfnisse den Einzelnen entrechten, verlieren hier ihren Platz. Folter, Unterschiede zwischen Rechtsansprüchen von Mann und Frau und Sklaventum sind damit überholte Fragmente der Geschichte – trotzdem glaubt und fordert diese „Weltgesellschaft“ kulturell eigenständige Einzelgesellschaften (mit Erhalt nationaler Traditionen): Globalisierung **und** dezentrale kollektive Selbstverwaltung auf Grundlage dieses „philosophischen Überbaus“. Der Preis, den das selbstverwaltete, „freie“, sich auf seine Menschenrechte berufende **ICH** bezahlt, geht einher mit den Annehmlichkeiten: Die bequeme allgegenwärtige Selbstverwirklichung und Genussbefriedigung, die allgegenwärtige Unterhaltung, die Informationsvernetzung, die ständige Erreichbarkeit und der allgegenwärtige Informationszugriff (der Mensch stellt sich selbst ins „Netz“) „bezahlt“ man mit weniger Geburten von Kindern, mit verringerten Erziehungsaufträgen und Erziehungsidealen und einem „Vergessen des Generationenvertrages“ nach hinten (zu den Eltern) und nach vorne (zu den Nachfahren). Die Frage, in wie fern der Einzelne sich selbst will und in wie fern er sein Surrounding (sein Kollektiv, seine Gemeinschaft, seine Wertekultur) in Absprache mit anderen als erhaltenswert erlebt, wird zurückgestellt: Der Mensch inszeniert sich für seine 80 Jahre – aber nicht darüber hinaus! Der dialektische Widerspruch zwischen Individualität und Kollektivität löst sich in der westlichen Zivilisation zu Gunsten der Ich-Optimierung hoffentlich auf: Globalisierung der Märkte und Dezentralisierung der kleinen selbstverwalteten (kulturellen, religiösen, politischen) Kollektive führt zu einem „Wabennetz von Lebensräumen“, die alle in dem Format der „selbstgestalteten freien Entwicklung des Einzelnen“ (Menschenrechte) verbunden sind. Der Optimismus für diese „selbstreflektive Ich-Adaption im Kollektiv“ resultiert dann auch aus einem Werteaustausch zwischen christlichen und islamischen Überzeugungen: Es gibt **verbotene Handlungen**, die für alle Zeiten, alle Menschen und alle Gesellschaften gesperrt sind. Es gibt **vorgeschriebene Handlungen**, die für den Erhalt der Schöpfung und die Aufrechterhaltung friedlicher menschlicher Beziehungen unerlässlich sind: „Jeder Mensch, zu jeder Zeit, an jedem Punkt der Welt kann sehr genau zwischen Gut und Böse, zwischen schlechten und guten Taten unterscheiden.“

Auf seiner „Suche nach der Ethik“ der Zivilisation formuliert dies Mohagheghi (2003, S. 58) wir folgt: „Wenn man eine schlechte Tat sieht, sollte man versuchen, sie zu verhindern. Wenn dies nicht durch Tat möglich ist, dann sollte man es durch Worte versuchen. Wenn dies auch nicht möglich erscheint, sollte man sich im Herzen und im Gedanken von ihr entfernen.“

Die ultimative moralische Richtlinie für das „Neue Ich“ könnte auch wie folgt lauten:

1. Wenn ich einen Vorteil haben und kein anderer keinen (nennenswerten) Nachteil: Dann mache ich das!
2. Wenn ein anderer einen Vorteil hat und ich keinen (nennenswerten) Mehraufwand: Dann mache ich das!

Das selbstreflexive und komplementive ICH als „Synthese der Gattungsrechte...“

2.2 Die Nachkriegsära und ihre jüngeren Schwestern

Epochen in bestimmten Kulturkreisen oder gar konkreten Ländern (Deutschland) sind schwer abgrenzbar und gehen oft ineinander über. Im Deutschland der Nachkriegszeit – quasi ab dem 8. Mai 1945 – kann man trotzdem verschiedene Epochen – die sich jeweils im Zwanzig-Jahres-Rhythmus abwechseln – abbilden:

- Zeitalter des Geldes (1950 bis 1970)
- Zeitalter des Wissens (1970 bis 1990)
- Zeitalter der Aufmerksamkeit (1990 bis 2010)
- Zeitalter der kontrollierten Genreproduktion (2010 bis 2030)
- Zeitalter eines „Geläuterten Gottesbegriffes“ (2030 bis 2050)

Die jeweils vorgeordneten Epochen bleiben in ihrer Wertematrix, in ihrer „Bewusstseinsprägung“ und in dem Handlungsauftrag, den sie für den einzelnen Bürger implizieren, teilweise erhalten und fließen in die jeweils nächste Zeitära mit ein. Trotzdem ist gerade das Zeitalter der Aufmerksamkeit in seinem ultimativen Auftrag für das Einzelwesen, die Firmen, die politischen Parteien und das Gemeinwesen als solches streng und fordernd: Wer es nicht schafft, die Aufmerksamkeit der Zuhörer (Empfänger) in Konkurrenz zu anderen Sendern auf sich zu ziehen, ist der Verlierer dieser Epoche.

Die Zuordnung und der Stolz auf das eigene Ich, von Status aber auch von „Geborgenheit“ (Zugang zu sozialen Kontexten) aber eben auch die monetäre Belohnung für entsprechendes „epochengerechtes Verhalten“ definieren letztlich die Regeln der jeweiligen Ära.

Von Mitte 1945 bis 1950 – also in der Besatzungszeit – regierten die Trümmerfrauen, der Pioniergeist und letztlich der Optimismus der Rückkehrer aus den Gefangenenlagern.

Trotz Vertreibung, materiellem Verlust und extremer „völkischer Statusbeeinträchtigung“ war ein unbändiger Tatendrang zu spüren, der letztlich das Zeitalter des Geldes (Wirtschaftswunder) in Gang setzte.

Mit der bedingungslosen Kapitulation der deutschen Wehrmacht am 9. Mai 1945 und der Berliner Erklärung über die Niederlage Deutschlands und der Übernahme der obersten Regierungsgewalt durch die vier Siegermächte vom 5. Juni 1945 ist letztlich sowohl das „offizielle Schuldgefühl" wie die extreme machtpolitische Abhängigkeit Deutschlands definiert. Zudem wurden zahlreiche Deportationen und Produktionsbeschränkungen zur extremen Bürde für die kriegsgebeutelte und „zerbombte" deutsche Wirtschaft (z.B. beschließt der Alliierte Kontrollrat am 26. März 1946 Produktionsbeschränkungen für die deutsche Wirtschaft auf ca. 50 Prozent, bezogen auf den Stand von 1938). Erst Ende 1946 – mit der Wende der amerikanischen Deutschlandpolitik – gibt es mehr Freiheitsgrade und einen ersten wirtschaftspolitischen Innovationsschub. Die Parallelgründung der Deutschen Demokratischen Republik am 7. Oktober 1949 sollte aus Sicht der alliierten Gewinner eine spätere Vormachtstellung von „Gesamt-Deutschland" auf lange Zeit verhindern – dies ist möglicherweise trotz der Wiedervereinigung am 3. Oktober 1990 in einem umfassenderen Sinne gelungen. Deutsche Leistungsbereitschaft und deutsches Schuldgefühl haben sich zu einer extremen Liberalität gegenüber „Unverfrorenheit und Unverschämtheit" vereinigt, so dass noch ca. 60 Jahre nach Kriegsende eine „extreme Selbstausbeutung" des – inzwischen wiedervereinigten – Deutschlands vorfindbar ist.

Neben der Dankbarkeit für die alliierte Unterstützung während der Aufbauphase sind insbesondere Restriktionen in der militärischen Wehrfähigkeit und „ideologische Reparationen" Grundlage für eine überaus demütige und teilweise unterwürfige, extrem nachgiebige und selbst gegenüber „Aggressoren" liberale humanistisch-demokratische Grundhaltung, die den Selbstschutz (Ich-Immunität, nationale Immunität) – im nachhinein beurteilt – eher als Farce haben erscheinen lassen.

Hektische Betriebsamkeit, emsiges Schaffen und „suchtähnlicher Aufbauwunsch" haben das Gefühl für eigene Ehre, für eigene Würde und für das „Fundament im Menschen" in starker Weise verdrängt. Im Zeitalter des Geldes (Wirtschaftswachstum, Wirtschaftswunder) zählte der Ertrag. Der Gewinn und der persönliche Status (fetter Bauch, fettes Konto) wurden weder über die eigene Körperlichkeit noch über die „realen persönlichen Kompetenzen", sondern mehr über den nachgewiesenen materiellen Erfolg zugeschrieben und zugewiesen.

Schon in dieser Phase ist die Vernachlässigung der körperlichen Basis (körperliche Ausdauer, körperliche Kraft, körperliche Beweglichkeit) und teilweise die Vernachlässigung von bewusster körperlicher Sinnlichkeit in diesem Zeitalter „des schlechten Gewissens" zugrunde gelegt worden. Schaffen bis zur Erschöpfung und kompensatives Genießen bis zur Verfettung: Das war das Credo dieser deutschen Epoche.

Das Zeitalter des Wissens (1970 bis 1990) hat andere Wertzuschreibungsmechanismen definiert: „Kind lerne was und du wirst etwas sein". Die Zurückstellung des Trainings der körperlichen Basis als Grundlage aller kognitiven und emotionalen Selbstakzeptanz wurde noch weiter „geschürt“: Erst lernen – dann spielen. Oder: „Wenn du deine Schularbeiten gemacht hast, darfst du dich bewegen.“

Die Entstehung der „dünnarmigen Kopfkinder mit dem großen Wasserkopf“, die auf die Überlegenheit des Gedankens und des Wortes setzen und die den Elternbotschaften glaubten („Wenn du deinen Bewegungsdrang weit genug zurückstellst und ständig sinnlos Silben auswendig lernst, wird dir die Welt gehören“) führte letztlich zu einer Entkernung der Persönlichkeit und später – durch das Kontrastprogramm der zugewanderten Körperkinder „zu extremer Hilflosigkeit und Hadern mit den Erwachsenen: „Ihr habt mir eine falsche Fährte gewiesen, ich darf weder in die Jugendfreizeitheime noch in die Diskotheken gehen. Ich muss die Straßenseite wechseln. Ihr habt mir versprochen, dass – wenn ich viel lernen würde – ich der Herrscher der Welt werde und nun darf ich noch nicht einmal auf öffentlichen Plätzen Mädchen anschauen, weil andere mir das verbieten.“ Die Erwachsenenwelt hat sowohl durch unzulängliche Sozialisationsaufträge (Körperlosigkeit, Liberalität, Selbstverleugnung) sowie durch fehlenden Schutz in einer sich verändernden „Jugendkultur“ (Akzeptanz von Chauvinismus bei jugendlichen Zuwanderern – fehlende Unterstützung des liberalen Pazifisten und den eigenen Nachkömmlingen) eine umfassende Hilflosigkeit definiert, die sich letztlich auch demografisch (fehlende Vermehrungsbereitschaft bei Abkömmlingen dieser Wissensgesellschaft: Den Jung-Akademikern) in massivster Weise ausgewirkt hat.

Die Verlogenheit und Feigheit in Bezug auf Körpertraining hat sich auch in den Geschlechtsrollendefinitionen (Feminismus) niedergeschlagen: Der kleine Junge – aufgewachsen ohne sein gleichgeschlechtliches Geschlechtsrollenvorbild – wurde von weiblichen Sozialisationsagenten und gut entwickelten weiblichen Mitschülerinnen dominiert, ohne dass er einen „Ansprechpartner“ oder gar eine Anklageperson identifizieren konnte. Die Doppelmoral der weiblichen Softi-Befürworter (letztlich verehrten und liebten sie doch Typen wie Burkhard Driest) hat zu einer zusätzlichen Geschlechtsrollen-Schizophrenie des „kleinen Jungen“ im Zeitalter des Wissens geführt.

Mit der Maueröffnung im November 1989, mit der Öffnung des Brandenburger Tores am 22. Dezember 1989, dem Sturm auf die Stasi-Zentrale in Ost-Berlin am 15. Januar 1990 und dem Abriss der Mauer in Berlin ab dem 13. Juni 1990 sowie dem Beitritt der DDR in den „Geltungsbereich des Grundgesetzes“ am 3. Oktober 1990 hat sich trotz „Wiedervereinigung“ keine Wiedererstarkung des Selbstschutzes der Ich-Immunität und der Reorganisation eines nationalen Ehrgefühls ergeben: Weiterhin stand Gesamt-Deutschland – nun erst recht – unter internationaler Beobachtung und musste ähnlich wie der hochbegabte Schüler, der alles weiß aber stotternd vorliest, um nicht den Neid der anderen auf sich zu ziehen, die Tarnkappe künstlicher Selbstbescheidenheit weiter kultivieren. Die Aushöhlung der Sozial-, Renten- und Gesundheitssysteme durch „Fremdentnahmen“ (Millionen von Menschen, die keinen Beitrag eingezahlt, aber einen hohen Betrag herausgenommen haben) hat letztlich als Spätfolge des nationalen Schuldgefühles auch im Zeitalter der Aufmerksamkeit (1990-2010) eine extreme Wirkung auf ein vermindertes kollektives Ehrgefühl (insbesondere verminderter kollektiver Zusammenhalt) gehabt, so dass die Organisation eines „starken, selbstbewussten, stabilen und gerechten Ichs“ unter dieser Glocke liberalistischer, letztlich undemokratischer und „inländerfeindlicher“ Gesetzmäßigkeiten gerade bei den reflektierten, bewußten und „kognitiv differenzierten“ jungen Menschen (insbesondere jungen männlichen Menschen) auf der Strecke blieb. Die jetzige Elterngeneration (die jetzt 30- bis 60-jährigen) haben ihre Kinder verraten, haben ihnen sowohl Orientierung wie Schutz verwehrt und haben nichts anderes verdient als das Vorfindbare: Extrem-Distanz der Jugendlichen zu den Vorfahren – globalisierte Enteignung familiärer Bande und Distanzierung nicht nur räumlich und ideologisch sondern auch moralisch-ethisch: Die Generation der individualisierten Bildschirmbetrachter und „Tasten-tipper“ hat durch extreme Entsinnlichung die evolutionäre Einbindung verloren und öffnet sich für diktatorische Programme extrem autoritärer Gen-Medizin: Nicht nur **wer** sich fortpflanzen darf, wird vorgeschrieben, sondern auch unter **welchen „flankierenden Bedingungen“** DNA und DNS als „sozialkompatibel“ für die Reproduktion des Individuums freigegeben werden, wird kontrolliert. Wir nähern uns dem Zeitalter der **Gen-Kontrolle** (2010-2030) als einer Epoche der fremdbestimmten „optimierten“ Fortpflanzung, indem die biologische Reproduktion des Menschen (sein genetisches Weiterleben) – wiederum als höchstes Privileg – federführend ist. Machtausübung und Statusdefinition greifen erstmals direkt in die Evolution ein!

Das **Zeitalter des Geldes**, das **Zeitalter des Wissens** und das **Zeitalter der Aufmerksamkeit** definieren nun erst einmal das Konzept eines zersplitterten Ichs, das weder in seiner Funktion als Einzelwesen noch in seiner Befähigung zur kollektiven Solidarität (Wir-Gefühl, Geborgenheit, Geschichtsbewusstsein, Dankbarkeitsbefähigung) existenzfähig ist. Wofür lohnt es sich jetzt noch zu kämpfen? Soll solch eine – hier projizierte – unwürdige Existenz geschützt werden? Von wem, wofür ....?

2.3 Das Zeitalter der Aufmerksamkeit

Das **Zeitalter der Aufmerksamkeit** von ca. 1990 bis ca. 2010 reguliert die aktuelle Verteilung von Aufstiegschancen und von Status. Dies gilt sowohl für Individuen („Selbstdarsteller“) als auch für Firmenkonzepte, wobei die Sendereichweite (Visionsfähigkeit) im Rahmen globalisierter Vernetzung die Grundlage der Expansion darstellt. Mit dem auslaufenden Zeitalter der Aufmerksamkeit kündigt sich für die Zeit von 2010 bis 2030 das **Zeitalter der Reproduktion** an: Mächtig wird der, der über die Zulassung zur Vererbung verfügt und der damit die Definitionsmacht über den genetischen Code – Reproduktionsmedizin, Gentechnologie, Kloning – lizenziert (vgl. z.B. Loch u. Heitmeyer, 2001).

Die Grundregel in der Aufmerksamkeits-Epoche lautet: Soviel Aufmerksamkeit wie möglich einnehmen – so gezielt, so kontrolliert und so „strategisch" eigene Aufmerksamkeit abgeben wie notwendig. In der informationsüberfluteten Welt docken unterschiedliche Sender mit „aufgestylten Programmen" an jeder Ecke an: „Schau auf mich, hör auf mich, glaube mir!" Die Verführung, die **nur einmal zu vergebende** eigene Aufmerksamkeit an diesen oder jenen wegzuschenken, stellt die größte Gefahr für die „psychische Gesundheit" des Menschen dar. Ich-Optimierung im Zeitalter der Aufmerksamkeit heißt vor allen Dingen, diesen Verführungen zu widerstehen: Also **möglichst wenig** aufzunehmen. Die Generalformel für das gesunde Ich muss **jetzt** lauten: „Erstmal will ich gar nichts hören und gar nichts sehen. Ich benötige überhaupt keine neuen Informationen. Lasst mich bitte alle in Ruhe. Sollte ich doch spüren, dass ich an einer Stelle noch irgendeine Ergänzungsinfo benötige, werde ich Euch das mitteilen. Bitte niemals ungefragt Werbeprospekte in meinen Briefschlitz einwerfen. Schnauze halten, setzen. Jeder, der mich mit seinem Informationsbedürfnis „zumüllt", ist mein Feind. **Außer ich frage ihn gezielt und er antwortet gezielt**: Dann ist er mein Freund. Labert er um die Ecke, quatscht er mich zu, muss ich mich vor ihm schützen."

Die Pseudoregel der Verführer (Dozenten, Anbieter, Verkäufer, Missionare, Oberlehrer) lautet: Sei offen für alles, sei interessiert an jedem, verschenke keine Informationen, prüfe tausendmal, bevor du dich entscheidest. Hiermit soll deine Empfängerbereitschaft maximiert und dein Empfängerkonto „weichgeklopft" werden. Schütze dich davor!

Im Zeitalter der Aufmerksamkeit verkümmert der Mensch zum informationsaufnehmenden System – **Informationsaufnahme um seiner selbst willen**. Er hat kaum noch Verfügungsgewalt über das „Anstellen seines Kofferradios" und über das „Ausrichten der Antenne seines Kofferradios" – ferngesteuerte Minimotoren machen dies alles stellvertretend für ihn. Ist er mal nicht „on air", wird gleich nachgefragt: „Warum schaltest du dich ab, willst du verkümmern, bist du nicht an Neuem interessiert, willst du etwa die Entwicklung verpennen?"

Die Verfügungsgewalt über die eigene Informationsaufnahme ist keine Askese sondern minimaler Selbstschutz für psychisches Überleben, um irgendwann wieder in eine rationale „Informationsverwertung" hineinzukommen. Rationale Informationsverwertung heißt, dass Informationen nicht um ihrer selbst willen sondern nur als Mittel zum Zweck (für **meine** Entscheidung, für **meine** Handlungen) dienen. Nicht ich diene denen, die mir Informationen schenken, sondern die Information dient mir!

Rationale Informationsverwertung

Informationsaufnahme, Informationsbewertung, Entscheidungsfindung

Umsetzung, Handlung, Verhalten

Handlungsbewertung

Im Zeitalter der Aufmerksamkeit dreht sich alles nur um die Informationsaufnahme: Informationen aufnehmen, vielleicht noch Informationen bewerten, um wieder zu entscheiden, welche neuen Informationen aufgenommen werden müssen. Zur Handlung kommt es kaum noch, denn Handlung würde heißen, sich festzulegen, möglicherweise deswegen Fehler zu machen, weil man noch **zu wenig** Informationen hat und auch dadurch evtl. fehlerhaft handeln könnte. Das Vermeiden fehlerhaften Handelns ist das Credo im Zeitalter der Aufmerksamkeit – und damit der Tod für den lebendigen Menschen.

Die Formel für die Ich-Optimierung **gerade** im Zeitalter der Aufmerksamkeit lautet hingegen: Informationen aufnehmen, sofort den ersten Handlungsschritt umsetzen, während des Handelns neue Informationen aufnehmen und sie fortlaufend – prozessual bewerten, um hierdurch Grundlagen für den nächsten und übernächsten Handlungsschritt „während des Tuns“ zu erlangen.

Im **Zeitalter der Aufmerksamkeit** gibt es einen extremen Anpassungsdruck sowohl für das Individual-Ich wie auch für das Kader-Ich – letztlich für das Missions-Ich – um die Aufmerksamkeit der Zuhörer (Konsumenten) unter Aufbietung unterschiedlichster Sinnesqualitäten trotz umfassender Impulskonkurrenz (Konkurrenz anderer „Sender“) maßgeblich „einzufahren“. Das um Aufmerksamkeit bemühte Ich ist der ständigen Gefahr des „Weggezappt-Werdens“ ausgesetzt – auf der anderen Seite kann der „Empfänger“ auch die inneren Jalousien herunterlassen und sich gedanklich abwenden bzw. die eigenen Wahrnehmungsorgane innerlich abschalten. Beide Gefahren (Aufmerksamkeitsverlust durch Senderkonkurrenz; Aufmerksamkeitsverlust durch innere Empfänger-Abschaltung) müssen durch entsprechende Optimierung der „Sender-Raffinesse“ bzw. der Senderqualität minimiert werden (vgl. Sprenger, 1999; Huber, 2001).

Im Zeitalter der Aufmerksamkeit als Hochblüte des inszenierten Auffallens ist mithin die eingenommene Aufmerksamkeit das Maß aller Dinge für Erfolg und letztlich auch wiederum für hohes Einkommen. Die knappe Ressource Aufmerksamkeit – sie ist nicht unerschöpflich, sie ist innerhalb des Individuums nicht reproduzierbar oder vervielfältigbar – ist zur Zeit das begehrteste Einkommen überhaupt. Im Zeitalter der Industrialisierung (Zeitalter des Geldes, Zeitalter des Wissens) ging es um die Ökonomisierung der körperlichen Kräfte – heute geht es um die Ökonomisierung der geistigen, bewusstseinssteuernden Reserven.

Die Grundregel lautet: Jeder will unsere kostbare Aufmerksamkeit und wir wollen die der anderen. Je knapper eine Ressource desto systematischer werden die Anstrengungen ihrer Einnahme. Aufgrund der Knappheit kann jeder, der über die Aufmerksamkeit anderer gebietet, auch gut verdienen. Die Aufmerksamkeitsökonomie bestimmt die Geldökonomie. Das Geld hat somit als lebenspraktische Leitwährung verloren – die Aufmerksamkeitskontrolle über andere läuft ihr den Rang ab. Die Aufmerksamkeitssteuerung gilt mithin als stärkste Produktivkraft in der Geschäftswelt. Gab es früher Tantiemen dafür, dass ein Wirtschaftsführer in der medialen Welt seine Kenntnisse weitergab, zahlt die Prominenz heute dafür, dass sie in Talkshows und Konferenzschaltungen „auftreten darf". Der Ex-Ministerpräsident von Niedersachsen (Gabriel) hatte hierfür einen persönlichen Berater, der die Quantität und Qualität seiner Fernsehauftritte maximieren sollte.

Aufgrund der Fülle vorgehaltener Einzelimpulse (Informationen) entsteht ein Zwang zur Prägnanz und Optimierung der Informationen – niemand hat mehr Zeit für Langatmiges. Genaue Beratung und präzise Anleitung sind die Qualitätskriterien dieser Epoche (vgl. z.B. Crozier u. Friedberg, 1993).

Für das Individuum (für den Wert des Ichs) heißt dies, dass das immaterielle Einkommen an Aufmerksamkeit – der Eindruck, den wir bei unseren Mitmenschen erzeugen und nachhaltig hinterlassen – dass Maß unserer Wertattribution darstellt. Die Beachtung als Kriterium der intersubjektiven Wertschätzung wird empirisch gemessen. Die Beachtung (Blickrichtung, Ausrichtung der Körperachse, Haltungsleistung der verbalen Botschaft) ist die Messlatte für „Menschliche Sendeleistung".

Diese Gütekriterien werden in immer neuen Informationsmaßen festgelegt: Wie oft wird eine Website im Internet besucht, wie hoch sind die Einschaltquoten einer Sendung, wie verändert sich die Auflage der Zeitung und welchen Zitationsindex hat der eine oder andere Wissenschaftler? Eine Verfälschung dieser Maße ist im Prinzip das Geschäft der Hochstapler dieser Epoche: Zitationskartelle von Wissenschaftlern, die sich gegenseitig benennen, gelten als Beispiel für moderne Fälscherwerkstätten.

Die Selbstbeurteilung des Individuums (Selbstwert) hängt zu einem großen Teil von der Wertschätzung anderer ab, also von dem „ausreichenden Einkommen an Beachtung und Aufmerksamkeit". Hieraus resultiert in dieser Epoche der Zwang, ein entsprechendes Einkommen zu erzielen und öffentlich nachzuweisen. Im Rahmen von asymmetrischen Austauschbeziehungen (Führungs-Ich / Mitarbeiter-Ich) kann es zu einem entsprechenden Gefälle in den Austauschbeziehungen von Aufmerksamkeit kommen, die letztlich als Machtindex verwertbar sind: Macht wird somit in dieser „Aufmerksamkeitswährung" wie folgt definiert: Ich entziehe jemandem die Aufmerksamkeit, ich schneide ihm das Wort ab und meine Zeitzuwendung ihm gegenüber ist deutlich geringer als diejenige, die ich von ihm abfordere. Der Machtindex in der Austauschbeziehung (Machtüberhang) wird dadurch deutlich, dass eine asymmetrische Aufmerksamkeitsleistung existiert und trotzdem kein Konflikt entsteht – der Unterlegene übt sich in „geringer Aufmerksamkeitseinnahme“ (vgl. König, 1998, McClelland, 1975).

Die Verzinsung von Aufmerksamkeit geht über die direkte wechselseitige Tauschbeziehung hinaus: Wir beachten, wie andere Menschen einem Dritten Aufmerksamkeit schenken und bewerten damit deren Wert. Ist man selbst Gesprächsthema in eigener Abwesenheit, bezieht man ein Einkommen über „indirekte Aufmerksamkeit“. Diese indirekte Aufmerksamkeit ist eine Verzinsung ursprünglich hergestellter direkter Beachtung. Denn: Viel Aufmerksamkeit zieht viel Aufmerksamkeit nach sich. Wenn bekannt wird, dass jemand besonders viel Aufmerksamkeit erhält, erhält er dafür noch einmal **zusätzlich** Aufmerksamkeit. Es wächst neben dem erarbeiteten Stand an Aufmerksamkeit noch ein weiteres, **leistungsfreies** Einkommen in dieser Währung. Im besonderen Fall führt diese verzinste Aufmerksamkeit im Sinne eines indirekten und generalisierten „Einkommens“ auch zu einer „Rente über den Tod hinaus“. Prominente wie Lady Diana und andere beziehen nach ihrem Tod ein massives Aufmerksamkeitseinkommen als Tertiärzins ihrer damaligen direkten und indirekten Einkünfte. Es bleibt jedoch richtig: Jeder Aufmerksamkeit, die ich als Einkommen habe, geht **ursprünglich** eine Arbeitsleistung (als Sender) voraus.

Verkaufsförderer für Waren und Stimmenmaximierer für zu wählende Politiker sind somit die Gewinner dieser Epoche. Aufmerksamkeitsoptimierung – jenseits der qualitätsgeprüften Ware und der ausgewogenen politischen Absicht – definiert einen neuen Zwang zur Übertreibung: Wer nicht zuviel verspricht, wird nicht gewählt.

Übergeordnet gesehen ist die Aufmerksamkeitsökonomie unser kollektives Unbewusstes: Ein riesiger Markt, auf dem ausgehandelt wird, was jeder von uns an narzisstischer Zuwendung bekommt oder auch nicht. Es gibt keine Menschenseele, die nicht sehnlichst darauf aus wäre, eine bestimmte Rolle im Seelenhaushalt und damit im Bewusstsein anderer Menschen zu spielen. Letztlich ist die Fähigkeit zur reversiblen Perspektive und somit die Übernahme des Blickwinkels des anderen die Voraussetzung dafür, dass ich mich in sein Bewusstsein einniste und für ihn interessant bleibe: Nur wenn ich mich wirklich für den Empfänger interessiere, kann ich seine Antennen (seine Aufmerksamkeit) tatsächlich auf mich polen. Gelingt es mir nicht, bin ich verzweifelt, bekomme Angst, werde unsicher und erlebe Kontrollverlust (vgl. auch Etcoff, 2001).

Auf der einen Seite muss ich mich also vor Manipulation schützen, dass andere meine Aufmerksamkeit „anzapfen“ bzw. meine Aufmerksamkeitsvergabe steuern: Ich muss Herr / Frau über meine Zuwendung bleiben (mehr als in anderen Vorepochen). Auf der anderen Seite bin ich „verpflichtet“, Regeln der Aufmerksamkeitseinnahme nicht nur zu kennen, nicht nur zu beachten, sondern sie auch strategisch zu benutzen: Nur dann, wenn ich in dem Moment, in dem ich es will, auch die

Aufmerksamkeit der anderen bekomme, habe ich eine Chance, stolz auf mich, zufrieden mit mir und glücklich in mir zu sein.

Zeitalter der Aufmerksamkeit (Hochblüte des „inszenierten Auffallens“)	
1.	**Kontrolle über *Empfänger* (Konsumenten):** Optimale Sendeleistung
2.	**Kontrolle über Sender (Sprecher):** Optimale Zuhörerposition
3.	**Direkte persönliche Wertschöpfung:** Betrag der „Eingenommenen Aufmerksamkeit“
4.	**Verzinste Aufmerksamkeit:** Andere machen dich zum Thema (auch über den Tod hinaus)
5.	**Neuer Machtindex:** Jemandem asymmetrisch die Aufmerksamkeit entziehen oder ihm seinen Sendeanspruch untersagen zu können
6.	**Neue Elite:** Massenhaftes „Einkommen von Aufmerksamkeit“ oder unmittelbares Einkaufen durch erbrachte (Sender-)Leistung.
7.	**Neue Form der Askese („Die höchste Form von Luxus“):** Partieller Rückzug vom Informations-Fluss.

In jeder Epoche wird der Begriff der „Elite“ neu definiert. Elite im Aufmerksamkeitszeitalter bedeutet, dass sich Besitzer eines leistungsfreien und gleichzeitig massenhaften Aufkommens von Beachtung nicht mehr mit einer direkten, unmittelbaren Leistung „einkaufen“ müssen. Auch der Psychotherapeut, Unternehmensberater und der Personalcoach bekommen einen neuen Stellenwert: Sie sind nunmehr Betriebsberater im schwierigen Geschäft der Aufmerksamkeitsvergabe und insbesondere der Aufmerksamkeitseinnahmen.

Die Fähigkeit, die eigene Mitte zu finden, „bei sich zu bleiben“, mit sich selbst im Reinen zu sein und sich auch aus dem „Globalisierten Informationsgeflecht“ zurückziehen zu können und zu wollen, ist von daher die moderne Form der Askese und die größte Form des Luxus. Aufmerksamkeits-Askese – z.B. definiert über Teile der buddhistischen Lehre – aber auch bewusste Medienaskese können als neuer spiritueller Snobismus verstanden werden. Die Distanzierung von undifferenziertem Massenerfolg („Holt mich hier raus – Ich bin im Dschungel des Informationsgeflechts innerlich verkommen“) entspräche dann einer Schutzfunktion des

Ichs vor kulturell-epochaler Überforderung und einer Rückkehr zur dezentralen Kommunikation, in der der Mensch dem anderen Menschen noch direkt ins Auge schauen mag.

Führungsstärke bedeutet in diesem Zeitalter letztlich die Erkenntnis der hier dargestellten Mechanismen und ihrer Anwendung in Bezug auf die persönliche Psychohygiene: Mein Ich ist dann gesund, wann immer ich die Effekte anzusteuern vermag, die mir im Moment gut tun: Masseneinkünfte von Aufmerksamkeit dann, wenn ich selbst den Vorhang der Bühne hochziehe; konkrete, vertiefte und fundierte Kommunikation immer dann, wenn es gilt, das direkte Gegenüber zu überzeugen, für mich zu gewinnen, an mich zu binden und damit auch das Bedürfnis nach persönlicher Nähe und kollektiver Verbindlichkeit (Firmenverbindlichkeit) einzulösen; Rückzug vor Informationsstrom und Besinnung auf die eigenen inneren Bilder immer dann, wenn das Ich neue Energie tanken muss (vgl. Erikson, 1976; Löhr, 1999; Nuber, 2002

Diese Differenzierung in ein „Anschalten des Charismalasers", die Entfaltung der persönlichen Attraktivität und die Optimierung der Ich-stärkenden Meditation sind die Geheimnisse des Führungs-Ichs im Zeitalter der Aufmerksamkeit; Geheimnisse, die dem Mitarbeiter-Ich vorgelebt und im Rahmen einer umfassenden Präsentation des eigenen Ichs sinnlich nahegebracht werden müssen. Kommunikationsgewinner sind Menschen, die die Kommunikation in ihrem eigenen Ich perfektionieren, die die Aufmerksamkeit auf ihre Themen und ihr Wachstum zentrieren und **dann** als Identitätsvorbild sich für andere in den sozialen Raum erstrecken. Im Zeitalter der Aufmerksamkeit muss das Führungs-Ich strahlen, um als „Metapher auf Führerebene" erkannt und identifiziert zu werden.

Mein Ich als „strahlender Stern am Firmament" des globalisierten Aufmerksamkeitswettbewerbs? Wie kann mein Ich dort strahlen? Wie kann mein Stern dort strahlen, ohne zu verglühen? Strahlen heißt: Aufmerksamkeit einnehmen. Verglühen heißt: Keine Kontrolle mehr über die eigene Aufmerksamkeitsvergabe zu haben.

Gibt es eine Lösung, gibt es eine Formel, gibt es ein Motto, gibt es Verhaltensrichtlinien?

Der Versuch einer Antwort:

Auf der einen Seite muss ich mich auf meine Regeln und Urteile, auf meine Klassifikationen, auf die Summe und Ergebnisse meiner Erfahrungsbildung verlassen können. Ich kann und darf nicht jede Einzelheit immer wieder aufs Neue selbst prüfen. Dann würde ich verrückt werden. Auf der anderen Seite muss ich im Moment des Tuns in der Gegenwart, in der Sekunde meines Handelns achtsam, behutsam, aufnahmefähig, **interaktiv** und präsent sein. Ich muss 100-prozentig im Moment anwesend sein. Ich muss mit allen Fasern meines körperlichen, meines geistigen und meines gefühlsmäßigen Ichs (also auch mit meiner freischwebenden Aufmerksamkeit aber auch mit meinem Energie-Laserpointer) anwesend sein.

Präsent, präsent, präsent. Der scheinbare Widerspruch zwischen Achtsamkeit auf der einen Seite und starrer Vorurteilsbildung auf der anderen Seite (vgl. von Stern, 2004) kann und muss von mir aufgelöst werden. Gerade weil ich auf die zusätzlichen Anforderungen und **Angebote** des Alltags schnell mit Faustregeln, Formeln und „festgefahrene Kategorien" reagieren kann und muß, bleibe ich für den Moment (für die Sekunde des Handelns, für mein einziges wirkliches wahres Leben) offen und kann achtsam, präsent agieren (eben nicht reagieren). Nur wenn ich über Abstraktionen und „symbolische Abbildungen der Dinge der Welt" auf dieser Metaebene verfüge und mich darüber freue, dass ich diese Kategorien gebildet habe, habe ich Restenergie für diese momentane aktuelle Achtsamkeit. Dann und nur dann stimmt der Satz vom Stern: „Es ist prinzipiell immer möglich, achtsam zu bleiben und zu erkennen, was uns beeinflusst und was mit uns passiert" (Seite 22). Die Faustregel für Achtsamkeit im Moment des Handelns ist der so genannte **Induktiv-Deduktive Paternoster**:

Ständiges Durchleben einzelner Sequenzen und umfassende maximale Aufnahme von Einzelinformationen als Grundlage von „Regellernen": Aufbauen, verfügen und verwenden von Verallgemeinerungen und Abstraktionen (Regeln, Formeln) um nicht mehr jede einzelne Möglichkeitssequenz aufs Neue bewerten und um nicht in jeder Sekunde des Lebens das „Rad neu erfinden" zu müssen. Die Optimierung des Regelwerkes durch Hierarchiebildung (welche Regeln sind übergeordnet, besonders gültig, besonders hilfreich, besonders funktional) ist die Grundlage, um über ein Metaebenensystem von Lebensregeln (Faustregeln, Lebensweisheiten) zu verfügen.

Hierdurch glingt die Erarbeitung von Freiheitsgraden für den Moment, für die Sekunde, für die wirkliche Gegenwart, für das einzig wahre Leben, das ich habe (die Vergangenheit kann ich nicht mehr, die Zukunft noch nicht – weiß ja nicht, ob ich noch im nächsten Moment leben – beeinflussen).

Im Zeitalter der Aufmerksamkeit den Kopf freizuhaben für den aktuellen Moment: Dies ist das Hauptziel – und gleichzeitig ist es paradoxerweise nur durch Akzeptanz von „Vorurteilshaftem Vorgehen mit dem Rest des Informationsflusses" möglich!

Wenn Achtsamkeit eine Verfassung ist, in der wir offen und sensibel für das Momentane, für das Neue und für das „gerade Passierende" sind, bedeutet Achtsamkeit auch, die Wahrnehmung für das zu schärfen, was als Nuance und Veränderung in dieser Sekunde passiert, auch wenn ich glaube, dass es (im Sinne meiner deduktiv gebildeten Regeln) das Bekannte ist: „Wer achtsam ist, ist ganz bei der Sache und verschafft sich dadurch immer wieder neu ein unvoreingenommenes Bild der Realität. Er kann flexibel und langfristig erfolgreich reagieren. Achtsamkeit ist aber mehr als nur Konzentration – also die Fokussierung auf einen Gedanken oder ein Objekt. Im Zustand der Achtsamkeit bleiben wir offen für alle Aspekte einer

Situation, einen Zustand der .... freischwebenden Aufmerksamkeit ....“ (von Stern, 2004, S. 23).

Neben dem Induktiv-Deduktiven Paternoster gibt es ein zweites Prinzip, um als „handelndes Ich“ im Zeitalter der Aufmerksamkeit (Über-)Leben zu können: Das Prinzip der konzentrischen Handlungskreise.

Männer agieren von außen nach innen – Frauen von innen nach außen: Maximierung meiner eigenen Reichweite, die Fähigkeit, „politisch“ weit weg von mir manipulieren, bestimmen, durchsetzen, veranlassen und eben verursachen (hervorrufen) zu können, ist das männliche Lebensprinzip. Der Mann vermeidet oftmals, auf sich selbst zu gucken: Es ist ihm viel zu mühsam! Besser dort hinten, für alle anderen weit weg von meinem Ich etwas zu regeln, um dann das Gefühl großer Reichweite, großer Macht und großer Verursacherpotenz zu haben.

Das weibliche Prinzip der Regulierung von innen nach außen (erst Ich-nahe und dann Ich-ferne Handlungen) entspricht dem der konzentrischen Kreise: Die Frau reguliert also erst den eigenen Körper, das eigene Aussehen, die eigene Person. Danach wird das Nest – die unmittelbare, direkte Wohnumgebung – optimiert. Später folgt der Garten, die Nachbarschaft und vielleicht das, was in der näheren Umgebung (Straße) optimiert werden kann. Erst danach wird überlegt, ob man vielleicht im Elternrat, Kommunalparlament oder im Kirchenkreis ein „kleines Mandat“ übernehmen kann. Wenn Frau spürt, dass noch weitere **zusätzliche** Energie vorhanden ist, kann sie auch mal den nächsten konzentrischen Kreis besetzen: Stadtrat, Landtag, Europaparlament ...? In der Sekunde, wo Frau im Zeitalter der globalisierten Verfügbarkeit spürt, dass Ich-nahe Funktionen beeinträchtigt sind (mein Kind, das ich geboren habe, wird krank) geht sie sofort ein, zwei oder drei konzentrische Kreise zurück: Von der Ich-fernen auf die Ich-nahe Etage! Induktiv-deduktiver Paternoster und das Prinzip der konzentrischen Kreise (von innen nach außen) sind die beiden Überlebensregeln, die Achtsamkeit in der Sekunde, die Maximierung von Aufmerksamkeitseinnahme im Gesamtleben und Kontrolle über eigene Aufmerksamkeitsvergabe erlauben. Ich-Optimierung im Zeitalter der Aufmerksamkeit ....

2.4 Humanistische Philosophie als Entwicklungsbeschleuniger

Behandle andere so, wie du willst, dass sie dich behandeln. Denke über andere so, wie es dir gefallen würde, wie sie über dich denken würden. Oder – mit den Worten von Kant gesprochen – beherzige den kategorischen Imperativ: „Handle nur nach derjenigen Maxime, durch die du zugleich wollen kannst, dass dies allgemein Gesetz werde“.

Kant als Protagonist von Lebensleitlinien in der Informationsgesellschaft, einer Gesellschaft im Übergang, in der die alten Institutionen nicht mehr funktionieren und die neuen noch nicht am Start sind? Die Gleichzeitigkeit verschiedener Veränderungen, die sich wechselseitig katalysieren, hängen mit den Stichworten Globalisierung, Digitalisierung, Wissensgesellschaft, Geschlechterdominanz, Migration aber eben auch Zeitalter der Aufmerksamkeit und Gebot der Achtsamkeit zusammen. Diese Gleichzeitigkeit entindividualisierender, Lebensraum fressender, orientierungsverzehrender und Ich-Diffusionen hervorbringender Effekte überfordert das Einzelwesen mehr als jede andere Epoche der Menschheit.

Kant mit seiner humanistischen Philosophie trotzdem als Protagonist aktueller Leitideen? Die aktuelle Wertemaxime , wie bereits erwähnt, lautet:

„Wenn ich von einer Handlung oder einer Sache einen kleinen Vorteil habe und kein anderer Mensch einen größeren Nachteil – dann mache ich es.“ Und gleichzeitig:

„Wenn ein anderer von meinem Handeln einen Vorteil (Mitnahmeeffekt) hat und ich keinen größeren Mehraufwand – dann mache ich es.“

Dieses neue humanistische Motto definiert die Selbstverpflichtung und die Fremdverpflichtung in der ewigen humanistischen Dialektik: „Ich sehe Dich als Du.“

Die psychologischen Protagonisten einer auf Progression programmierten „innovativ-experimentellen Persönlichkeit“ vergessen, dass nicht die Zukunft, sondern die Gegenwart das Ich definiert: Immer und ewig ist der der Gewinner, der 10-prozentig in der Vergangenheit, 80% in der Gegenwart und 10-prozentig in der Zukunft lebt. Das Vergangene, das Erfahrene, das Durchlebte zu verleugnen, hieße Undankbarkeit und Geschichtslosigkeit – die Vision auf ein neues Ziel **gänzlich** dem Gegenwartsbezug unterzuordnen würde heißen, dass es keine Vision und keine Hoffnung gäbe. Alles aber wird definiert durch das gegenwärtige Handeln:

Das Ziel ist der nächste Schritt.

Es gibt keine Ziele aus 10 oder gar 20 Einzelschritten, die ich im Hier und Jetzt planen kann, ohne dass ich mich des Hier und Jetzt beraube. Das aktuelle Handeln ist wichtiger als das ständige Planen, Durchdenken, Antizipieren, Vorhersagen und Reflektieren: Handeln führt – Denken folgt.

Das Leben des Menschen, der sich im Zeitalter der Globalisierung den transformierten Anforderungen so stellt, dass er **trotzdem** sein Ich definiert, programmiert, steuert und kontrolliert, ist mit dem Schicksal einer „**Welle**“ zu vergleichen:

Eine Welle entsteht tausende Kilometer vor dem Ufer – inmitten des kosmischen Weltmeeres. Sie kann planen, vorhersehen, bedenken, wünschen – sie muss sich immer den nächsten hundert Metern stellen. Sie wird von der Erdanziehung angesogen, sie wird von den Winden durchpustet, sie wird von den Mitwellen bedrängt – sie muss sich ihrer kleinen Ich-Grenze als Welle unter allen Bedingungen im Zeitverlauf und in den verschiedenen zu durchfließenden Regionen „bewusst" bleiben, bis sie als große Flutwelle oder als seichtes Auslaufmodell „endet". Es liegt nicht in ihrer Macht, die finale Bestimmung aus eigener Kraft schon im Ursprung oder im Verlaufe der Durchflutung der Weltmeere zu definieren. Sie kann, muss, darf und soll aber den nächsten Moment überstehen, definieren und gestalten!

Die humanistische Philosophie für das „Globalisierungs-Ich" heißt vor allen Dingen Verbindlichkeit und Vertragstreue mit sich selbst: Wieviel Energieaktien habe ich schon in eine bestimmte Tätigkeit oder Verhaltensdimension investiert? Wie weit bin ich gekommen? Was ist mein jetziges Trainingsergebnis? Wo liegt das Kompetenzlevel, das ich mir **bis jetzt** mühsam erarbeitet habe? Wieviel Treue zu meinem bisherigen Weg habe ich mir bisher gegönnt und wieviel kann ich mir jetzt noch leisten? Erst nach der Beantwortung dieser Verbindlichkeitsfrage zum eigenen Ich kann die Verbindlichkeit zum Du, die Verbindlichkeit zum Wir und die Verbindlichkeit zum Ihr erstellt werden. Humanistische Philosophie heißt, dass ich mein Selbstmanagement ernst nehme, Verantwortung für mich durch ständiges, hartes, schweißtreibendes Training annehme und **dann** mich dem Du (was kann ich dir bieten, was erwarte ich von dir) zuwende. Humanistische Philosophie kann nicht heißen, dass ich zuviel vom Du erwarte: Du hast nur über einen einzigen Menschen auf der Welt Macht – über dich selbst.

Informationsangebot und ständiges Entscheidungsdilemma bedroht das Ich in der globalisierten Welt ständig mit Diffusion: Ich-Grenzen aufbauen und halten ist wichtiger denn je. Trotzdem müssen Lebensumwelten und Lebensräume immer wieder zu einem „Ich-Kollektiv-Abgleich" neu erobert und gestaltet werden: „Wer heute jung ist, hat ein anderes Leben vor sich. Ein Leben mit riskanten Freiheiten und formalen Risiken; ein Leben, in dem er oder sie immer wieder neu anfangen kann und auch muss. Übergänge werden zu den kritischen Punkten im Leben. Alles in allem: Der Lebensverlauf der meisten Menschen verändert sich: Von einem linearen Pfad des Lebens hin zu einem zyklischen Leben, von der Lebenstreppe hin zu einer Art Kreislauf von Leben, wo junge Leute früh viel Geld verdienen und dann aus der Bahn geworfen werden können, wo Junge nie und Alte wieder heiraten ..." (Sperber und Riegger, 2004, S. 8).

Stichworte wie „Gesellschaft im Übergang" oder „Missmatch" (fehlende Passung zwischen Menschen und Institutionen) definieren einen Teil des kollektiven Dilemmas: „Kein Land der Welt kann auf Dauer Wohlfahrt und Wohlstand sichern, wenn jede Generation um ein Drittel kleiner ist als die vorhergehende" (Sperber und Riegger, 2004, S. 8).

Wo liegen die Chancen eines funktionierenden, dezentralen, s**elbstverwalteten** Kollektivs in der Epoche der Globalisierung und im Zeitalter der Aufmerksamkeit?

Das all verfügbare Wissen – über Internet und Realtime jederzeit und überall abrufbar – verändert die Logistik von Produktionsstandorten: Nicht nur die flexiblen Kapital- und Informationsflüsse, nicht nur die Immobilität des Individuums, sondern insbesondere die Freistellung des Einzelwesens vom Arbeitsprozess definieren das Identitätsproblem in einem „standortverwahrlosten Kollektiv“: Nationalität, Region, Herkunft, Familie, familiäre Abstammung oder „Bindung an die Region“ verfallen zu wertlosen Aktien: „Globalisierung kann man verstehen als einen weltweiten Wettbewerb der immobilen Produktionsfaktoren (Standorte) um die mobilen Produktionsfaktoren Wissen und Kapital“ (Sperber und Riegger, 2004, S. 8).

Was bleibt? Der „Apostel der Pflicht“ (Kant) hat kurz vor seinem Tod – vor gut 200 Jahren – den Irrglauben an die objektive Beherrschbarkeit von Problemen kritisiert. Schon für ihn war Identitätsentwicklung „wellenförmig“: „Erkenntnis bezieht sich für ihn nicht auf die unmögliche Erkenntnis der Welt, sondern auf die Grenzen des Erkenntnisvermögens. Kant sieht die Welt durch die Augen des Menschen und er stellt ihn in den Mittelpunkt seines Universums. Wie wir leben, bestimmen wir selbst“ (Böhm, 2004, S. 1).

Die Idee, die nützliche Last des täglichen Kompetenztrainings auf sich zu nehmen, um dadurch und nur dadurch den „Platz in der Welt selbst bestimmen zu können“, entspricht der moralischen Selbstverantwortung, die die Globalisierung im Sinne des „humanistischen Imperatives“ von uns jetzt mehr denn je abfordert. Loben statt Schlagen, Ich-Optimierung, Präscnz für mich als Grundlage des Geschenks an dich sind Wahrheiten, die ein „Stubenhocker“, der aus dem Königsberger Raum kaum hinausgekommen ist, der ein pedantisches Leben führte, der kaum Leidenschaften, außer „Geselligkeit mit anderen“, entwickelte, schon vor mehr als 200 Jahren „ultimativ“ einforderte. In der diffusen, überfordernden und „informationsverseuchten“ Lebensumwelt ist das gelungene Aufmerksamkeitscatching, die Leitformel bzw. Strukturformel für ein „Funktionierendes Ich“.

Die Anbeter und Nachbeter der ständigen Veränderung, der ständigen Anpassung und der „zielorientierten Innovation“ **verkennen** den **wirklichen Schwierigkeitsgrad** von Kompetenzentwicklung und „Ich-Größe“: Nur aus der ständigen Weiterentwicklung meines alltäglichen, routinemäßigen „Standardtrainings“ entwickelt sich Genie und Ich-Exklusivität. Nur die **Wiederholung** der Basics, meiner Mission, meiner Kunst, meines Geniepunktes ermöglicht mir Ich-Optimierung. Permanentes Hin- und Herspringen zwischen Zielen, permanentes Überdenken von Nah-, Mittel- und Fernzielen und ständiges Aktivieren von Planspielen verhindert mein tägliches schweißtreibendes Handeln und damit meinen **wirklichen** Kompetenzzuwachs. **Planer sind Looser – Handler sind Gewinner**! Wer während des Handelns weiter bewertet und weiter plant, kommt voran – in seinem Ich, mit seinem Ich für das Du! Die dumme Frage „Was will ich wirklich?“ (Wolf, 2004, S. 24) als Ausweg aus der Langeweile und als Verheißung, verschüttete Lebensziele und verdrängte Wünsche wieder ins Bewusstsein zu holen, erkennt, dass meine Wünsche Verhinderer der Erfüllung meiner Größe sind: Nur aus meiner Geschichte, aus meinem ständigen Wiederholen, aus meinem ständigen Üben entwickelt sich mein spezielles Ich, mein Geniepunkt, meine Exlusivität, meine Verheißung, meine Mission, mein Lebensauftrag und am Ende die Chance für eine befriedigende Lebensbilanz. Hin- und Herspringen, Phantasieren, Visionieren und Vorstellen ist das Gegenteil von Ich-Größe und das Gegenteil von stolz sein zu können auf den selbst hervorgerufenen, durch eigene Willenskraft und Begabungswahrnehmung verursachten Kompentenzanstieg. Jeder kleine Kompetenzanstieg ist die wahre Verheißung – niemals der Kompetenzsprung oder die Hoffnung auf Glück, Zufall, Chance oder „Gottesgeschenk". Das einzige Geschenk, das Gott mir macht, ist, dass ich mich täglich anstrengen darf, erst für **meine Kompetenz** und dann für **mein Geschenk**, das ich dir **dadurch** überreichen darf.

Die Surfer im eigenen Unbewussten, die Spekulationsgewinner im eigenen Phantasiereich, die Esoteriker, die mehr wissen als jeder andere, sind letztlich die Aussteiger aus dem täglichen Kampf um „Kompetenzzuwachs". Der Meister im eigenen Ich ist der Wiederholer der Basics, der nicht zweifelt und nicht in Frage stellt, dass **dies sein** Metier ist und der dankbar dafür ist, dass ihm eine solche Zuordnung zu einem „Spezialfach" gelungen ist. Nur die Wiederholung der Basics, die Automatisierung und Routinebildung erlaubt, die Basics frei zu assoziieren und zum geniehaften Handeln zu verdichten (Karatemeister, Klaviervirtuose, Ballettstar, „Nurejew"). Der Protagonist der Wiederholung, der Liebhaber des eigenen Schweißes, derjenige, der morgens um fünf aufsteht, um die Wiederholung des täglichen Trainings zu zelebrieren, ist letztlich der Missionar der eigenen Größe: Du kannst ihm alles wegnehmen, die Kleidung, die Wohnung, den Status – das, was er sich über Jahrzehnte täglich antrainiert hat, ist in ihm – das kannst du ihm nur rauben, indem du ihn „tötest".

Wer seinen Geniepunkt durch Anstrengungsbereitschaft, Willenskraft, Wiederholungsgeilheit und Glauben an den ständigen, kleinen und stetigen Kompetenzzuwachs huldigt, ist letztlich nicht nur Verfechter der Gegenwart, sondern auch der dankbare Nutzer der (eigenen) Vergangenheit und der realistische Surfer in der eigenen Zukunft – aber immer nur auf der Welle, die gerade konkret greifbar ist, auf die man wirklich aufspringen kann, die tatsächlich da ist. Der Sprung von Null auf Hundert bleibt Illusion – der Sprung von Null auf Eins ist das einzig wahre, aktuell gegenwärtige, realistische Größenwachstum und damit der einzige „menschliche Größenwahnsinn", den wir mit unseren menschlichen Mitteln (mit unseren Bordmitteln) tatsächlich erreichen können. Das menschliche Leben ist wie eine Welle – sie wird ankommen, aber sie muss ca. 80 Jahre „bei sich bleiben" ....

2.5 Der Ich-Inhaber als Künstler auf der Bühne der Selbstinszenierung

Der Zwang zur „Anpassung durch Integration" für den menschlichen „Ich-Inhaber" geht schon auf das überlieferte Anforderungsprofil – also den Überlebenskampf und die sich daraus entwickelnden Chancen – der Urhorde zurück: Jeder Mensch war gezwungen, ein exklusives Merkmal parat zu halten, damit die Urhorde ihn aufnimmt – gleichzeitig war die Summe dieser Geniepunkte des einzelnen Ichs die Kraft, die das menschliche Lebewesen den durchsetzungsstärkeren Mitbewerbern um „fressen und gefressen werden" die Metaüberlegenheit (den Overkill) ermöglichte.

Die Integration verschiedener Ansprüche im eigenen Ich ist erst möglich, seitdem der Mensch weiß, dass er ein Ich hat. Die **Wahrnehmung** der eigenen Fähigkeiten und die Erkenntnis, dass **ich** die einzige Instanz bin, die mein Ich durch Anstrengungsbereitschaft, Willenskraft und Wiederholungsmotivation in den wichtigen Eigenschaften (Kompetenzen) verbessern kann, ist der revolutionäre und „weltsprengende" Entwicklungsbeschleuniger. Tiere werden trainiert, Tiere trainieren sich nicht selbst. Tiere trainieren schon gar nicht Menschen. Das Ich des Menschen hat die vornehme, exklusive und einzigartige Möglichkeit, eine Begabungsanalyse (suche deinen Geniepunkt) durchzuführen, ein Trainingsprogramm aufzustellen, über Zeit, Plätze und Anstrengungsbereitschaft zu verfügen, um die eigenen Dispositionen, den eigenen Charakter, die eigene Wirksamkeit zu verbessern. Kein anderes Wesen dieser Welt verfügt über dieses Selbstcoaching und diesen eingebauten Servomechanismus zur Optimierung der vorhandenen Potenziale.

Der Ich-Inhaber als Künstler auf der Bühne der Selbstinszenierung ist erst einmal der Malocher im eigenen Trainingszentrum: Jeden Morgen wieder den alten Vorsatz herauskramen, ihn auf den heutigen Tag neu programmieren, nicht denken: irgendwas an **Ich-fernen** Tätigkeiten ist wichtiger als dieser heilige **Ich-nahe** Auftrag: „Ich trainiere mich".

Die Erweiterung der Selbstwahrnehmung hat die Erkenntnis, dass **Selbsttraining** die **Grundlage für Solidarität** zu meinen Mitmenschen ist, durch die humanistische Philosophie befördert: Angst vor Fremdbeurteilung, Bereitschaft, sich **scheinbaren** Autoritäten zu unterwerfen und ständiger Selbstzweifel an den eigenen Fähigkeiten und insbesondere an den eigenen Wachstumsmöglichkeiten wurden von der humanistischen Bewegung über den Haufen geworfen. Nicht nur eine Befreiung von Mythen (Mystifizierung des scheinbar Überlegenen) sondern auch diese **extreme Selbstverpflichtung** ist Ausgangspunkt **der „Ich-Emanzipation"**: Es gibt keinen anderen, der dich statt deiner trainieren kann. Trainiert ein anderer, bekommt er Muskeln, aber nicht dein Ich. Du hast deine 80 Jahre (nach heutiger Zeitrechnung Männer 80, Frauen 87) geschenkt bekommen – verwalten musst **du**

und nur du sie. Kein anderer kann die Ausarbeitung deiner dir geschenkten Begabungen stellvertretend für dich durchführen."

Die These der Befreiung und die Antithese der Verpflichtung führt zur Synthese der Selbstverwaltung: Du bekommst das Leben geschenkt, du erkennst langsam die Konturen deines Ichs (Identitätsbildung, Identitätsfindung), du verwaltest dein Ich, du bewertest zwischendurch und besonders am Ende (Lebensbilanz) die Ergebnisse deines Weges (für wen war ich eine Bestrafung, für wen war ich eine Belohnung) und du verabschiedest dich mit deinem Ich von der Bühne, auf der dieses Ich für eine geborgte Zeitspanne agieren durfte und agieren musste.

Der Künstler auf der Bühne der Ich-Inszenierung muss immer wieder 3 Balancierteller – geschickt mit seinem Künstlerstab – andrehen und flockig-locker in Bewegung halten: **Größen-Ich, Geborgenheits-Ich** und **Weiterlebens-Ich**.

Alle drei „Teller" müssen sich mehr oder weniger gleich schnell drehen – der letzte Teller (Weiterlebens-Ich) kommt erst relativ spät (40. bis 80. Lebensjahr) ins Spiel. Das Zentrum des Lebens spielt sich zwischen dem 20. und dem 60. Lebensjahr ab: Das **Erwachsenensein** (der Mensch als „abgebendes System") definiert dein produktives Output, die Grundlage deiner Lebensbilanz und letztlich „dein Ergebnis": Gab es Sinn, dass du da warst, dass du deine Lebensberechtigung während deiner produktiven Phase nachweisen kannst, warst du austauschbar oder tatsächlich „exklusiv"? Aber was ist Erwachsenensein in der medial-globalisierten Welt?

In der Spaßgesellschaft gibt es keine Erwachsenen mehr und erwachsen zu sein ist nicht mehr nach Phasen klar definiert – ist eine Lebensaufgabe abgeschlossen, beginnt sie aufs Neue. Dies gilt für die Berufsrolle, für die Freizeitrolle und für die Geschlechterrolle. Die Fragen, „Wer bin ich?"; „Wohin gehe ich?"; „Wo ist mein Platz?", müssen zyklisch (fast täglich) immer neu beantwortet werden. Der Einzelne steht unter Druck – mehr denn je.

Viele tun so, als wüssten sie, was Erwachsensein bedeutet – warum sollten sie ihre eigene Verunsicherung auch noch zugeben. Damit würden sie die Verunsicherung der anderen (die ja auch nicht Bescheid wissen) eher noch verstärken. Erwachsensein könnte heute also bedeuten, zu wissen, dass es diese „**Zielerreichung**" nicht gibt – zumindest nicht wirklich.

Die Forderung: Wir benötigen Schulen für 40-jährige, in denen das Schulfach „Meisterung der Lebenszyklen" vermittelt wird. Der moderne Erwachsene ist ein Analphabet bezüglich der existenziellen Fragen – insbesondere aber auch bezüglich der Verhaltenssicherheit: Welcher Trend, welche Sprache, welches Verhalten, welcher Blick, welche Geste, welche Ideologie, welcher Mythos, welche Religion und damit welcher Gott ist aktuell? Das einzig Sichere ist der Wandel ...

Ein amerikanischer Psychologe (Hudson, 1999) zeigt auf, was einen „Erwachsenen" **heute** ausmacht: Er muss anderen interessiert zuhören können, er muss fähig sein, Dankbarkeit und Anerkennung auszudrücken, er muss zwischen Wichtigem und Unwichtigem unterscheiden, er muss seine eigene Autorität spüren und sein

Licht nicht unter den Scheffel stellen. Er muss sowohl Informationen aufnehmen, als auch Rückmeldungen abgeben können. Aber so, dass es ihm und allen anderen dabei gut geht. Er denkt viel über den Sinn des Lebens nach. Er baut sich seine eigenen Rituale und Gewohnheiten auf und erfreut sich täglich daran. Er sorgt dafür, dass die Freude in seinem Leben nicht zu kurz kommt. Er ist fähig, sich anderen zu öffnen und wahre Freundschaften einzugehen. Er kann „Nein" sagen. Er weiß: Das einzig sichere im Leben ist die Veränderung. Er sucht immer wieder nach neuen Lösungen und er ist dann manchmal auch ungeduldig. Er hat keine Angst, Fehler zu machen, sondern er sieht Fehler als Durchgangsstadium – also als Trainingshantel. Er ist immer auf der Suche nach neuen Informationen, die ihm helfen, das, was er gerade bewältigen will, auch bewältigen zu können.

Früher war man mit 21 Jahren volljährig – heute ist man es schon mit 18. Mit 18 Jahren ist aber weder die Berufsausbildung abgeschlossen, noch liegt die eigene Familiengründung schon vor Dir. Das **tatsächliche Erwachsenwerden** verschiebt sich irgendwie vom 20. Lebensjahr zum 30. Lebensjahr. Beispiel: Das durchschnittliche Heiratsalter in Deutschland lag im Jahr 1970 bei Männern bei 25 ½ Jahren, 1999 liegt es bei 31 Jahren.

Insgesamt stehen sieben Kernaufgaben für den modernen Erwachsenen im Auftragsbuch:

1. **Geduld**

   Das Meistern von „Lebensübergängen" ist oft keine kurze Periode: „Die Entwicklung von dem Menschen, der man ist, zu dem, der man sein wird, braucht Zeit." Dieses jetzt geltende „Zyklische Modell" von Lebensläufen benötigt viel Geduld, um immer wieder neue „Lebensübergänge" zu meistern. Lebensübergänge geduldig zu überschreiten bedeutet: Rollen verändern sich, unsere Identität löst sich auf und definiert sich neu, und wir lernen neue Dimensionen unseres Selbst bei uns kennen. Die eigenen Gefühle und Bedürfnisse zu erkennen, auszusprechen und in Übereinstimmung mit ihnen zu leben, bedeutet Autonomie. Autonomie bedeutet, die Eigenständigkeit und Unabhängigkeit des eigenen Wesens zu erkennen und lieb zu haben und zu wissen, dass alle anderen Menschen wiederum einzigartig sind und „unabhängig von mir" existieren. Das wichtigste Gebot hierbei ist: „Ich bin hier und du bist dort." Bedeutet auch: Erwachsene müssen sich nicht ständig mit anderen vergleichen – sie müssen ihren Wert auch nicht dadurch definieren, dass sie anderen zu Gefallen sind.

2. **Bewertung**

   Du bist gelassen und hast ein starkes Gefühl für dein „Positives Selbst" auch, wenn du von anderen angegriffen oder herabgewürdigt wirst. Du kennt dich, du magst dich, du bleibst bei dir und **du** vergibst die Tickets für die Bewertung durch andere. Ohne dein Mandat **darf** dich keiner beurteilen.

3. **Reifung**

Wie die Jahresrinden beim Baum signalisieren die Geburtstage des Menschen einen Zuwachs an Erfahrung, an „abgeschichtetem Wissen", an Gewissheit über das eigene Selbst und somit auch bezüglich der Gelassenheit hinsichtlich der eigenen Existenz. Die Achtung vor dem „ehrlichen Kompetenzzuwachs", der Stolz auf das Erreichte und die „Bilanz des Gewonnenen" geht einher mit Körperfürsorge, Gesundheitspflege und intellektuellem Fitnesstraining. Das Empfinden, „sich gut gehalten zu haben" hängt ab vom eigenen Trainingsfleiß, von der Willenskraft und vom Wohlwollen für das eigene Ich. Die Souveränität des Älterwerdens umfasst auch die Gewissheit, gehen zu müssen. Die Sicherheit, dass sich etwas geändert hat, **weil ich** da war: Durch meine Existenz hat sich nicht viel in der Welt verändert – aber es hat sich **etwas** verändert. Ich habe eine Spur hinterlassen. Ich löse mich auf und bilde damit eine Grundlage für die Existenz des „Nachmirwachsenden".

4. **Verantwortung**

Die Verantwortung für das eigene Tun übernimmt der Mensch **gänzlich** – nicht die Situation, nicht der Vorgesetzte, nicht die Eltern oder die Lehrer sind Schuld an meinem Dilemma – ich selbst habe **noch nicht** die „Ideallinie" gefunden. Es gibt kein Schicksal, dem du dich ergeben musst – solange wie du atmest. Fange nie an aufzuhören – höre nie auf anzufangen. Auf der Suche, die anderen, die dich beeinflusst haben (z.B. deine Eltern) in ihrem „damaligen Kontext" zu verstehen und zu achten, übernimmst du Verantwortung für das, was dich selbst generiert hat, was dich ausgemacht hat und was die Grundlage für das schuf, von dem du nun selbst „modulierst".

5. **Generativität**

Generativität bedeutet, gerne für die Generation nach dir zu sorgen. Die Generativität beinhaltet die Lust, etwas, was sich in mir „verdichtet hat" an andere weiterzugeben, ohne dass ich etwas dafür verlange. Es ist noch nicht einmal wichtig, dass der andere spürt oder bemerkt, dass er es „von mir hat". Die Selbstlosigkeit als Grundvariable von Generativität ist gleichzeitig auch der „Super-Egoismus": Ich überlebe im anderen, indem ich ihm das weitergebe, was sich in meiner Lebenszeit für mich als Extrakt erwiesen hat. Grundsätzlich kann man vier Formen der Generativität unterscheiden:

- Biologische Generativität (eigene Kinder großziehen)
- Elterliche Generativität

(sich auch um fremde Kinder kümmern – z.B. als Erzieher oder Lehrer)

- Technische Generativität (Fertigkeiten und Wissen weiter vermitteln)
- Kulturelle Generativität (Religion, Philosophie und kulturelle Güter weiter vermitteln)

Gelebte Generativität ist die Grundlage für die Fähigkeit, „gelassen gehen zu können".

6. **Geschlechtsrolle**

Das Bekenntnis zur eigenen Geschlechtsrolle ist die Grundlage dafür, davon zu abstrahieren und sich von den engen Normen der „Muttersprache" bzw. „Vatersprache" der traditionellen Rolle zu emanzipieren. Mädchen haben es einfacher als Jungen, das „primäre Gerüst" der Geschlechtsrolle in sich aufzunehmen – die weiblichen Vorbilder in der Kindheit überwiegen bei weitem in Bezug auf die männlichen Modelle. Besonders der kleine Junge benötigt also ein „Overcoaching", um gleichschnell „loslassen" zu können. Jedoch: die Integration gegengeschlechtlicher („verbotener") Verhaltensmodelle macht die Ganzheitlichkeit des Menschen aus. Andererseits ist der Stolz auf das Spezifische eine wichtige Grundlage der Selbstakzeptanz. Geh deinen Weg und suche, was deine Vorfahren als das typisch Männliche oder das typisch Weibliche vorgelebt haben – schau dir an, was du davon gebrauchen kannst und verwende es exzessiv. Das andere Geschlecht wird es dir danken.

7. **Sicherheit aus Unsicherheit**

Der lange gewundene Weg zum reifen Erwachsenen (der „Neue Erwachsene") beinhaltet die Fähigkeit, Unsicherheit auszuhalten. Die Fähigkeit, Ungewissheit und Geheimnisse auszuhalten oder gar zu mögen, im Zweifel zu verharren, ohne sofort nach „Auflösung" zu gieren, beschreibt diese neue „Ambivalenz-Toleranz" oder „Ambiguitäts-Kompetenz". Orientierungslosigkeit mit dem Gefühl „Alles wird gut", zu ertragen, ist die beste Versicherung gegen Hysterie und Hilflosigkeit. Ohnmacht, Kontrollverlust und das Empfinden, „verraten und verkauft zu sein", entsteht weniger, wenn zeitweise Unsicherheit als „das Normale" erlebt wird. Das Credo des „Neuen Erwachsenen" lautet: Das einzig Sichere in deinem Leben ist die Veränderung – hab sie lieb, solange du sie erlebst. Erst dann, wenn du sie nicht mehr mitbekommst, bist du „raus aus dem Spiel" ...

Die Fähigkeit, allmorgendlich aufzuwachen und die „Unsicherheit für **diesen** Tag" zu akzeptieren, führt letztlich erst zu der Trainingsgeilheit, die dein Ich veredelt. Die Übernahme von Verantwortung für dein eigenes Ich, für das Du, für das Wir und dann für das Ihr geschieht letztlich in fünf traumativethischen Phasen, die kaum ein einzelner Mensch alle in dieser „Hauptphase“ durchlebt – die aber bekannt und „anstrebenswert“ sein sollten:

Verantwortungsübernahme des Erwachsenen-Ichs
1. Stufe: Normierung Eine Verantwortung wird durch eine Normierung gesetzt; soziale, konventionelle, rechtliche und moralische Normen werden reaktiviert oder ausgehandelt.
2. Stufe: Akzeptierung Die Zuschreibung von Verantwortung wird durch Zustimmung zu der Norm oder der Regel anerkannt.
3. Stufe: Übernahme der potenziellen Handlungsverantwortung Man erklärt sich als verantwortlich für bestimmte typische Situationen.
4. Stufe: Aktualisierung des Verantwortungsanspruches Die Verantwortlichkeit wird konkret und folgenrelevant im Planen und Handeln selbst realisiert.
5. Stufe: Verantwortlichkeitsbeurteilung Das Verantwortungssubjekt hat sich und anderen Rechenschaft für sein Handeln zu geben (ex ante oder ex post).

Der Mensch als „sich selbst regulierendes System“, als Künstler auf der Bühne der „Ich-Inszenierung“, als Dompteur seiner eigenen lebenslangen Optimierung? Die Standardpsychologie versucht die Identität und das Ich zu erklären – in der Lobkultur geht es hingegen darum, dem Menschen das eigene Ich in die lebenslange Obhut zu überantworten. Nicht die Psychologie, nicht die Theorien, nicht die Erklärungen, sondern die „Handhabbarkeit“ der Ich-Prozesse, der Ich-Steuerung und der Ich-Optimierung sind zufriedenheitsstiftend oder selbstmordprovozierend.

Natürlich ist es richtig, dass sogenannte „Hyperreflexionen“ oder „Hyperinterventionen“ im Sinne eines verkrampften Anstrebens von „Partialzielen“ hinderlich sind. Natürlich sind der Tunnelblick und das „Erzwingenwollen“ im Sinne eines „Maschinenparadigmas“ der Optimierung von Selbstgestaltung abträglich. Als Künstler der Ich-Optimierung trauen wir unserem eigenen Gefühl für unseren Geniepunkt, für unsere Begabungslinien und spüren, „was in uns steckt“: Der innere Lehrer ist wichtiger als der äußere Lehrer. Trotzdem hat der liebe Gott vor den Erfolg die Mühe gesetzt: Das Empfinden dafür, was wann wie oft trainiert werden **müsste**, gehört zum Coachingsystem, das jeder Mensch als **ultimatives** Ich-Gesetz erlebt. Ohne Training läuft eben gar nichts. Wiederholung ist die Grundlage von spielerischer Leichtigkeit, von assoziativer Kombination der Einzelelemente – alles andere wäre Mythos, Selbstlüge und Selbsttäuschung.

Es gibt keinen Widerspruch zwischen „hochautomatisierten Verhaltensabläufen" einerseits und den Leitprinzipien der kreativen Selbstorganisation des Menschen: „Vertrauen geschehen und wachsen lassen, Geduld, spielerische Gelassenheit, Akzeptanz, minimale Intervention und ganzheitliche, systemisch-dialektische Denkmuster als die Kunst des gekonnten Umgangs mit Gegensätzen – nach dem Aikido-Prinzip, bei dem Eigenenergie eines Systems nicht gebrochen, sondern durch Umsteuerung nutzbar gemacht wird – (Hansch u. Haken, 2004, S. 40) sind Ergebnisse und nicht Kontrapunkte von „harter Arbeit mit mir selbst". Gerade die Aspekte von Synergie (These: Kreativität – Antithese: Hartes Arbeiten) sind Grundlagen von Achtsamkeit für mein eigenes Größen-Ich als „Multiplikationsmodell" zwischen selbstwahrgenommenem Begabungsschwerpunkt einerseits und täglich „draufgelegter" extremster Willenskraft, Anstrengungsbereitschaft und schweißtreibendem Training andererseits. Das „Entweder-Oder" von Pseudo-Systemikern verkennt die Chancen, aber gleichzeitig auch die Verpflichtung des Ich-Akrobaten: Nur dein Quälen bedingt deine Ästhetik, nur dein Wiederholen entfaltet die freie Assoziation deiner Genieperformance.

Von nichts kommt nichts – das „Entweder-Oder-Modell" ist ein Holzweg. Dein Ich wird dir in die Hände gelegt – **du** musst es trainieren. Jede Form von Faulheit, von Nachlässigkeit, von Unverbindlich mit dir selbst, von Verschieben (auf Morgen) und von Verpissen (sollen es doch andere tun) **vermindert** dein tägliches Wachstum. Nur dieses in **Deine eigene Hand gelegte** tägliche Wachstum bringt dir Ich-Stabilität: Nur durch dieses „Magnetfeld für Automatisierung" entsteht „Robustheit gegen Störungen" und damit auch die höchst mögliche Flexibilität an Handlungsmöglichkeiten (agieren statt reagieren) als Ergebnis deines täglichen Trainings deiner Basics. Es ist entweder ein echter Künstler (Herbert Wehner) oder ein geborgter Künstler (Willi Brandt): Der Schauspieler, der Fassadenbeschöniger, der Herr der Potemkinschen Dörfer, der Blender, derjenige, der sich „Stärke borgt", kann weder vor der eigenen Geschichte noch vor der Geschichte der Menschheit bestehen: Seine Opfer, die er ausgesaugt und missbraucht hat, erhalten zumindest nicht **offiziell** den Platz, der ihnen zusteht.

Stellvertretend dafür erstrahlt sein Stern: „Nur Schein - Du Schwein!"

Der Künstler auf der Bühne der Selbstinszenierung hingegen ist der Mönch, der jeden Morgen so tut, als müsste er das Rad neu erfinden, der jeden Morgen so tut, als müsste er all das, was er schon fast perfekt beherrscht, neu erlernen – er ist die Verheißung der Menschheit und er ist die Verheißung seines persönlichen, ganz begrenzten, ganz individuellen Menschseins.

3. Lobkultur als Selbstdidaktik

Wir leben in einer Zeit, in einer Gesellschaftsform, in der die Kritikkultur unser gesamtes Leben, unseren Alltag aber auch unser Ich, unsere Persönlichkeit bestimmt. Jeder Mensch ist in der Kritikkultur darauf gepolt, sich zu entsolidarisieren, die Defizite des anderen aufzuspüren, sich darüber kurzfristig aufzuwerten und sich damit auf billige Art – also ohne Anstrengung – wohl und gut zu fühlen.

Wenn wir wegwollen von der Kritikkultur, wenn wir uns lösen wollen von ihr, wohin soll dann unsere Reise gehen: Das Zielkonstrukt heißt „Lobkultur". Um die Lobkultur, die uns allen noch so fremd ist, einzuleiten bzw. zu initiieren, müssen wir zwei wichtige Dinge beherzigen: Selbstlob üben, denn die Selbstbeurteilung ist das beste Informationsmaß, das der Mensch überhaupt hat. Zugleich müssen wir die Abhängigkeit vom Fremdlob aktiv und bewusst aufgeben. Nur darüber wird es dem Menschen möglich sein, zu einer integrativen Persönlichkeit zu gelangen, denn nur ich weiß, was gut für mich ist und ich meine es auf jeden Fall gut mit mir.

Die Emanzipation von der Fremdlobabhängigkeit ist allerdings für jeden einzelnen Menschen ein extrem weiter und schwieriger Weg, denn: Das Fremdlob hat weiterhin eine ultimative Macht über unsere Gefühle.

Deshalb muss täglich „Selbstlob statt Fremdlob" intensiv geübt und hart trainiert werden. Um die Grundsätze und Ideen der Lobkultur wirklich zu verinnerlichen, bedarf es natürlich einer langen Zeit, denn auch die Kritikkultur hat sich über einen langen Zeitraum in unser „Ich" eingeschlichen.

Also: Etwas zu können, bedeutet, etwas lange einzuüben, bis man es dann wirklich kann. Üben geht allerdings damit einher, dass man etwas wirklich können möchte. Dann müssen die einzelnen Schritte oft wiederholt werden, bis es eines Tages ganz von selbst und automatisch geschieht.

Kein großer Tennisspieler oder auch Fußballspieler oder auch Radprofi hat jemals ein Turnier gewonnen, nur weil er weiß, wie man Tore schießt, Bälle schlägt oder Fahrrad fährt. Es gelingt ihnen nur deshalb, weil sie unentwegt üben, auch wenn sie es schon längst können. Auch das ist das Geheimnis beim Einüben der Lobkultur: Sich in Wiederholungen und hartes Training verlieben. Und: Ein wichtiges Prinzip des Übens lautet, es so oft zu wiederholen, bis man es wirklich kann. Aus jedem Fehler lernt der Mensch und macht es beim nächsten Mal besser. Also: Keine Angst vor Fehlern, sondern die Fehler als Ansporn für weiterführendes Handeln nutzen.

Der Mensch als Autodidakt bzw. als Selbstdidakt auf dem Weg in die Lobkultur kann auf diesem Weg für sich, aber auch für seine Mitmenschen zeitlebens eine „Belohnung“ und ein Geschenk sein.

3.1 Der Zynismus der Kritikkultur

In der Kritikkultur beherrscht die Abhängigkeit vom Fremdlob das Verhalten der Menschen. Diese Abhängigkeit macht jeden Einzelnen extrem ausbeutbar. Sie entfremdet den Menschen nicht nur von seinen Mitmenschen und hat somit die Entsolidarisierung der Gesellschaft zur Folge, sondern sie entfremdet jeden einzelnen Menschen vom eigenen Ich. Das ist besonders fatal, denn: Ich-Wachstum, Ich-Coaching und Ich-Optimierung sind die vordringlichsten lebenslangen Aufgaben eines jeden Menschen. Und gerade die Lösung dieser Aufgabe wird durch die Gegebenheiten der Kritikkultur nicht nur behindert, sondern fast unmöglich gemacht. Meine Selbstaufwertung und mein Ich-Management können sozusagen auf laue Art geschehen, wenn ich mich künstlich auf Kosten anderer aufwerte. Denn: Auch wenn meine Fähigkeiten in einem bestimmten Bereich nur etwas höher ausgeprägt sind als die meines Mitmenschen, kann ich mich auf dessen Kosten aufwerten, mit dem fatalen Ergebnis, dass meine Kompetenz auch unter meinen Möglichkeiten bleibt und sich meine Mitmenschen in meiner Umgebung mies und abgewertet fühlen. Und wem nützt das Ganze: Einzig und allein dem Patrone, der Vorteile über die Kritikkultur für sich zieht.

Die Konsequenzen und die Auswirkungen aus der Kritikkultur sind uns allen bekannt, denn wir erleben sie ja häufig täglich: Mobbing, Vermittlung von „schlechter Stimmung“, Zerstörung einer kooperativen, friedlichen Atmosphäre, Anschwärzen des Mitarbeiters beim Chef oder Vorgesetzten, insgesamt Stillstand bei der Weiterentwicklung von Kompetenz. So führt z.B. auch Felix von Kube in seinem Buch „Führen durch Fordern“ (2003) auf, dass es bei dem Wunsch, andere zu übertreffen, sich Rang und Anerkennung zu verschaffen, im allgemeinen nicht sehr zimperlich zugeht, „die Mittel sind oft genug unfair, hart, brutal“. So hat sich im wesentlichen eine Kritikkultur entwickelt: Für Fehler wird man kritisiert, bestraft, herabgesetzt, für erbrachte Leistungen nur selten anerkannt. Das ist schon in der Schule so: Fehler werden angekreidet, Lob ist ausgesprochen selten. Was wir brauchen, ist eine verhaltensgerechte Anerkennungskultur ... Das weitverbreitete Mobbing in zahlreichen Unternehmen bedeutet im Grunde ein Defizit an unternehmerischer Anerkennungskultur ....

Mit einer Anerkennungskultur als niederschwelligem Einstieg in die Lobkultur wird der Gedanke der Abwertung der Mitmenschen erst einmal minimiert. Aber der Zynismus der Kritikkultur geht weiter, denn sie macht sich z.B. das Neidgefühl der Menschen zu eigen, um weiter existieren zu können. Neidisch ist man nie auf das Schlechte, das man beim anderen Menschen sieht, sondern immer nur auf das

Gute. Wenn man sich ständig mit anderen Menschen vergleichen muss, um abzuchecken, wer wirklich die oder der Bessere ist, macht man sich selbst das Leben unnötig schwer, wobei der Vergleich an sich nichts Schlechtes ist, solange beim Vergleichen nicht das nagende Gefühl entsteht, schlechter wegzukommen oder schlechter zu sein als der andere. Auch politische Versuche, dem Neid die Grundlage zu entziehen durch eine Gesellschaft, in der alle Menschen gleich viel besitzen, ist fehlgeschlagen, denn der Neid ist auch dort geblieben. Es ist ein verheimlichtes, aber sehr hartnäckiges Laster, das nicht nur den Neidischen, sondern auch denen, die beneidet werden, das Leben schwer macht. Und: Der Patrone in der Kritikkultur nutzt den Neid weiterhin aus, um durch den Vergleich der Mitmenschen untereinander Nährboden zu schaffen und so den Abwertungsgedanken zu düngen, denn schließlich will jeder das Lob des Patrons bekommen, will Anerkennung bekommen, will befördert werden, will der bessere Mitmensch sein. Schließlich hat auch der Patrone bzw. die Kritikkultur-Gesellschaft uns lebenslang suggeriert: Nimm immer erst Rücksicht auf andere, sei kein Außenseiter, sondern ordne dich ein, ordne dich unter und versuche, dich anzupassen. Diese Doppelmoral macht uns das Leben in der Kritikkultur schon sehr schwer; macht sie uns vielleicht sogar krank?

3.2 Defizit-Scouts entsolidarisieren sich mit sich selbst

Der Mensch, der in der Kritikkultur lebt, sieht seinen Hauptjob darin, ausschließlich nach den Defiziten des anderen zu schauen, um sich aufgrund seiner vergleichsweise minder ausgeprägten Eigenschaften künstlich aber auch billig aufzuwerten. Ein weiteres wesentliches Axiom in der Kritikkultur ist das ständige Warten auf das Fremdlob vom Vorgesetzten, vom Chef, vom als wichtig eingeschätzten Mitmenschen. Daraus resultiert letztlich die Abhängigkeit vom Fremdlob und die Distanz, ja vielleicht sogar die Angst vor der Selbstbeurteilung.

Wenn wir uns nun der Frage nähern, warum der Mensch, der in der Kritikkultur lebt, also der Defizit-Scout, sich mit sich selbst entsolidarisiert, müssen wir uns zunächst einmal die grundlegende Frage stellen: Was ist überhaupt der Hauptjob eines jeden Menschen, den er, möglicherweise über 80 Jahre und mehr zu leisten hat?

Jeder Mensch muss sein Ich organisieren – er ist sozusagen der Architekt, der Designer der eigenen Persönlichkeit. So muss er sich z.B. die Fragen stellen: Welche Eigenschaften gehören eigentlich zu meinem Ich? Welche sollen zu meinem Ich gehören? Gibt es möglicherweise eine Hierarchie? Wie weit ist die von mir wahrgenommene Ausprägung der entsprechenden Eigenschaft (Real-Selbst) von meinem Wunsch-Ich (Ideal-Selbst) entfernt? Wie und wann kann ich die Durchlässigkeit meiner Ich-Grenzen selbst steuern? Wann öffne ich die Ich-Grenzen, um neue Informationen zu erhalten? Wann muss ich die Ich-Grenzen schließen, um nicht den Überblick und die Orientierung zu verlieren? All dies sind Fragen, die für die Aufgabe einer lebenslangen Ich-Konstruktion und für die Ich-Pflege von größter Bedeutung und Wichtigkeit sind.

Mit dem Lösen dieser Aufgaben ist der Mensch so stark beschäftigt – es ist sozusagen eine Arbeit rund um die Uhr –, dass Ablenkungen wie ständiger Vergleich mit den Mitmenschen, um sich aufzuwerten, Warten auf die Fremdbeurteilung und möglicherweise auf das Lob des Vorgesetzten, um sich dadurch gut zu fühlen, dazu führen, dass die Spezialaufträge des Ichs nur noch unvollständig erledigt werden können.

Sich in der Form zu bereichern, heißt letztendlich, ich hemme mich selbst bei meiner Lebensaufgabe, ich verweigere meinem Ich die Energie, die es zur Entwicklung dringend benötigt. Ich nehme mich und meine Ich-Entwicklung nicht ernst, ich entsolidarisiere mich mit mir selbst, obwohl ich genau weiß: Der Mensch hat nur über einen einzigen Menschen in seinem Leben Macht – nämlich über sich selbst. Für den Menschen gibt es nur einen Einzigen, der ihn lebenslang begleitet und der lebenslang die Verantwortung für ihn übernimmt und die Lebensberechtigung tagein tagaus immer wieder neu nachweisen muss, nämlich er selbst.

Die in der Kritikkultur fehlende Möglichkeit und Einsicht, die Aufgaben bei der Ich-Entwicklung punktgenau, mit Anstrengungsbereitschaft und mit dem Blick „in sich Selbst" umzusetzen, führt allerdings nicht nur zu einer Entsolidarisierung mit sich selbst, sondern birgt auch noch die Gefahr, das persönliche Wachstum nach und nach einzustellen. Eine Verweigerung von persönlichem Wachstum (warum auch immer) führt zu Neid, Zerstörungswunsch, Feindseligkeit und schlimmstenfalls zum Absprechen der Lebensberechtigung anderer Menschen.

Entsolidarisierung in der Kritikkultur bedeutet, dass jeder sich freut, die Defizite des anderen aufzuspüren und sich dadurch kurzfristig aufzuwerten. Aber: Der Effekt der Ausgrenzung oder Abwertung des anderen ist das kleinere Übel, das größte Übel ist die Ausgrenzung und Entsolidarisierung des Menschen von seiner eigenen Person.

3.3 Die Sucht nach Fremdlob

Uns Menschen – aus fast allen sozialen Schichten – fällt es enorm schwer, die Fremdlobabhängigkeit abzubauen. Aufgrund des übermäßigen Anpassungsdruckes an gesellschaftliche Normen, berufliche und soziale Vorgaben, politische Gegebenheiten und Vor- und Einstellungen der Mitmenschen, ist es extrem schwierig, den eigenen körperlichen und auch seelischen und emotionalen Interessen Beachtung zu schenken, für sein eigenes Ich zu sorgen und seine eigene Person in den Mittelpunkt zu stellen, um letztendlich auch die gewünschte Aufmerksamkeit auf sich zu ziehen.

Die Tatsache, dass in der Kritikkultur ein strenges Selbstlobverbot nach dem Motto „Eigenlob stinkt“ herrscht, der Wunsch nach Beurteilung der eigenen Person, ihrer Wirkung, ihrer Kompetenz, ihres Handels aber dennoch bei jedem Menschen vorhanden ist, hat zur Folge, dass sehnsüchtig auf das Fremdlob des „Patrons“ gewartet wird, d.h. auf das Lob der Eltern, der Kindergärtnerin, der Grundschullehrerin, des Ausbilders, des Professors, des Vorgesetzten, des Chefs. Das Ziel dabei: Ich möchte hören, dass ich besser bin als mein in diesem Punkt relevanter Mitmensch, dass ich kompetenter bin, dass ich potenter bin, dass ich meine Arbeit flüssiger und produktiver verrichte als mein Kollege. Der Wettlauf um das Fremdlob des „Patrons“ hat begonnen, und sobald ich in diesem Geschäft als Kritik-Scout verankert bin, ist mein Blick ausschließlich darauf ausgerichtet, die Schwachstelle des anderen zu finden und diese möglicherweise ganz dezent dem so genannten „Chef“ mitzuteilen, um im Vergleich immer die bessere Position inne zu haben.

Das Verlangen, sich zu spüren, das Verlangen nach Geborgenheit, nach Ich-Exklusivität und nach einer Lebensberechtigung muss täglich gestillt werden, wenn es dem Menschen über Selbstlob und Selbstbeurteilung verboten wird – was bleibt dann noch übrig außer dem Warten auf das Fremdlob?

Die Sucht nach Fremdlob korrespondiert mit dem Wunsch nach Lebenszufriedenheit. Der Wunsch nach Zufriedenheit ist oberstes Lebensmotto eines jeden Menschen. Um diesen Wunsch in der Kritikkultur auch umsetzen zu können, bedarf es jeder Menge Fremdlob, zwar gut dosiert, aber das Feuer muss immer am Brennen gehalten werden. Die Sucht nach Fremdlob steigt deswegen an, weil das Lob – in diesem Fall das Fremdlob – Treibstoff für das menschliche Leben ist.

Unter Sucht versteht man ein bestimmtes Verhaltensmuster, das mit einem unwiderstehlich wachsenden Verlangen nach einem bestimmten Gefühl und Erlebniszustand beschrieben wird. Jede Form menschlichen Verhaltens – in sofern auch das Warten auf Fremdlob – kann zur Sucht werden. Jede Sucht entsteht über den Prozess Erfahrung (das Fremdlob tut mir gut, ich spüre, dass ich besser bin als mein Mitmensch), Wiederholung (das erneute Fremdlob macht mich sicherer, ich werde cleverer im Abmobben meiner Mitmenschen, die für mich eine Konkurrenz werden könnten) und Gewöhnung (ohne Fremdlob geht es mir schlecht, ich bin bereit, alles zu tun, um zum Ziel zu kommen, ich brauche diesen Gefühlszustand).

Die Sucht nach Fremdlob und die damit verbundenen Aktivitäten besetzen den Alltag sowohl zeitlich als auch inhaltlich so stark, dass die Nähe zum eigenen Ich verloren geht. Damit werden wir dann mehr und mehr Spielball derjenigen, die an der Kritikkultur festhalten wollen.

3.4 Okkupationsstrategien der „Machtspieler" und „Ich-Enteigner"

Stellen wir uns nun die Frage, wie gehen sie vor, die Machtspieler, die Ich-Enteigner, die Patrone, die Inhaber der Investitionsgüter, die Chefs, die Manipulatoren?

Das Hauptziel ist es, uns über ihre Fremdbeurteilungen, auch über Fremdlob und darüber hinaus über Manipulationen, das Selbstbestimmungsrecht aber auch die Selbstbeurteilung zu entreißen. Der Machtspieler versucht es mit allen Mitteln, so dass die Beurteilungshoheit über das eigene Ich auf gar keinen Fall zurückgeholt werden kann. Das Instrument, mit dem versucht wird, den Menschen zu manipulieren, ist der Vergleich mit anderen in vielfältigen Variationen. Fremdbewertungen, ob offen oder raffiniert getarnt, sind ein sehr erfolgreiches Rezept, mit dem die so genannten Ich-Enteigner dem Menschen ihre Maßstäbe aufdrängen wollen und das alles nach der einfachen Formel: Kritische Bewertungen, Fremdbewertungen, Vergleiche mit den Mitmenschen und insbesondere Kritik bewirken Schuldgefühle, mit diesen Schuldgefühlen lassen sich die Menschen leichter lenken. So schreibt auch Josef Kirchner „Die 100 Schritte zum Glücklichsein": „So wie es aussieht, gibt es keine gerechte Kritik und auch kein gerechtes Lob. Beides sind nur bewährte Instrumente, mit denen andere Sie veranlassen wollen, sich noch mehr anzustrengen, um Ziele zu erreichen, auf die sie nicht den geringsten Einfluss haben. Denken Sie daran, ehe Sie sich maßlos über eine Anerkennung freuen, mit der andere Sie für Ihre Leistungen loben."

Um ein guter Architekt des eigenen Ichs zu sein, um ein guter Konstrukteur, ein guter Verwalter des eigenen Ichs zu sein, ist der Mensch aufgefordert, sich den Okkupationsstrategien der Menschen, die ihn bewerten wollen, die ihn manipulieren wollen, zu entziehen.

Solange die Menschen süchtig sind nach Fremdlob, solange sie sich wohl fühlen, ja vielleicht sogar Lust empfinden, sozusagen „auf lau" in Abgrenzung zum Mitmenschen und ohne auf ihr eigenes Ich zu achten, gefeiert werden, läuft der Mensch Gefahr, manipuliert zu werden, allerdings nicht in seinem Interesse. „Mit dem Gewähren von Lust kann man den Menschen trefflich steuern. Wie dankbar und zu allem bereit sind Menschen, denen man einen höheren Rang verspricht oder verleiht und sei es nur ein ideeller als „Auserwählter" oder „Herrenmensch" ... . Lustvergabe ist der Köder der Diktatoren" (Kube, 2003, S. 30)

Gleichzeitig neben der Fremdbestimmung verfügt der Patrone aber auch über den Einsatz, den Wirkungskreis und den Wirkungsgrad der Sozialisationsagenten, die bereits im Kindergarten den kleinen Jungen und das kleine Mädchen auf das System „Kritikkultur" einschwören können. Auch der weitergehende Einfluss der Kritikkultur wird über das Agieren von Lehrer, Ausbilder, Chefs deutlich.

Die so genannten Experten werden als Handlanger dafür eingesetzt, die Menschheit zu manipulieren und in der Kritikkultur zu halten, denn in vielen Situationen lassen wir uns Expertenmeinungen aufdrängen (der Ernährungswissenschaftler weiß am besten, wie wir uns gesund halten; der Sexualwissenschaftler weiß am besten, wie man richtig liebt; der Modemacher weiß am besten, was wir zu tragen haben), ohne dass wir ein Beratungsmandat abgeben, ohne dass wir überhaupt Beratung haben wollen, ohne dass wir das spezielle Thema zum jetzigen Zeitpunkt besetzen wollen. Mit subtilen Methoden werden Dinge an uns herangetragen, mit denen wir uns auseinandersetzen müssen, nur damit wir im Vergleich bestehen können, nur damit wir unsere Position, unseren Platz in der Gesellschaft überhaupt behalten dürfen.

3.5 Das Grundgesetz der Lobkultur: Vereinfachen

Die Einfachheit, das Vereinfachen ist für sich genommen immer ein Grundbedürfnis der Menschheit gewesen und ist es auch heute noch. Allerdings ist aus dem Streben nach Einfachheit letztendlich in vielen Bereichen eine Dynamik entstanden, die viele Lebensbereiche komplizierter macht und dem Urbedürfnis der Menschheit nicht mehr entspricht. Auch hierbei haben die „Machtspieler" und die „Ich-Enteigner" ihre Hand mit im Spiel. Die Kritikkultur ist kompliziert: Bevor ich mich überhaupt auf mich besinnen kann, bin ich schon wieder dabei, meine Mitmenschen zu beurteilen, zu bewerten, um mich im Abgleich zu ihnen wieder besser zu fühlen, kompetenter zu fühlen und dies möglichst auch noch dem „Patrone" dezent unterzujubeln.

Misstrauisch sein, den anderen klein machen, Schadenfreude haben, gleichzeitig Zweifel an der eigenen Größe haben, nicht um Unterstützung bitten können, nicht gut abgeben können, dem Fremdlob ausgeliefert sein, unter ständig anbrandenden Neidgefühlen leiden, ein heimlicher Verhinderer sein, viel Ironie verbreiten, sich im noch so kleinen Vorteil sonnen, alles festhalten wollen und eine ängstliche Lebensgrundhaltung haben, immer mit dem Gefühl, jemand anderes könnte mich überholen, ich könnte etwas verpassen – all diese Verhaltensweisen machen das Leben kompliziert, entfremden den Menschen vom eigenen Ich und entfremden ihn dadurch auch von seinen Mitmenschen. Der Mensch versucht über diese Verhaltensweisen – und um einige Ecken gedacht – einen Grad an Zufriedenheit zu erreichen, der allerdings letztlich mit seinen ureigensten Grundbedürfnissen, seinen Wünschen und seinen Lebenszielen nicht im geringsten zu tun hat.

Unterm Strich nützt diese Grundhaltung ausschließlich dem „Patrone".

Wie einfach hingegen ist es, sich entsprechend der Maxime in der Lobkultur im normalen Alltag zu verhalten: Das heißt, Lob-Scout werden, wohlwollend den Mitmenschen unterstützen, sich mit anderen über seinen Erfolg freuen, zunehmend stolz auf sich selbst sein, zunehmend Selbstlob trainieren, sich in der eigenen Größe des Abgebens sonnen können, heitere Gelassenheit ausstrahlen und die Gewissheit haben, mir täglich meine Lebensberechtigung über intensives Training nachweisen zu können.

Vereinfachung in der Lobkultur heißt, ich konzentriere mich – entsprechend meiner originären Aufgabe – voll auf mich. Ich komme meinem Job nach, mein Ich zu konstruieren und mein Ich zu pflegen. Ich trainiere die Elemente und die Eigenschaften, die zu meinem Ich gehören oder die zu meinem Ich gehören sollen. Ich versuche, mich meinem Ideal-Selbst, meinem Wunsch-Ich immer mehr anzunähern. Ich versuche, die Durchlässigkeit meiner Ich-Grenzen so zu steuern, dass ich einen intensiven und effektiven Austausch mit der Realität, mit dem Nicht-Ich eingehe, einen Austausch, der für mich gut ist. Wenn ich ergänzende Informationen über meine Person haben möchte, werde ich diese ausschließlich über aktive Vergabe von Beurteilungstickets einholen. Unaufgeforderte Fremdbeurteilungen werde ich nicht zulassen.

All diese Jobs, die in der Lobkultur an erster Stelle stehen, sind für den Menschen absolut einfach umzusetzen, denn: Jeder Mensch kennt sich selbst am allerbesten, weiß, was für ihn selber gut ist und kann letztendlich für sich die Gewißheit haben: Der Mensch hat nur über einen einzigen Menschen in seinem Leben Macht: Über sich selbst. Vereinfachen heißt: Zum Ursprung zurück.

3.6 Die drei Vorteile des Lobers

Die Lobkultur stellt den einzelnen Menschen und sein persönliches Wachstum in den Mittelpunkt. Lebe ich in der Lobkultur, bin ich ein Lober, ein Geniepunkt-Scout. Wir fokussieren nun unseren Blick auf die Vorteile, die persönlichen Vorteile des Lobers, der sich ab sofort nicht mehr um die Defizite des anderen kümmert, sondern der sich insbesondere auf die ein oder zwei maßgeblichen, prägnanten und herausragenden Supramerkmale des anderen konzentriert. Denn eins ist doch gewiss: Wer sich auf seine eigenen Stärken oder auf die Stärken seiner Mitmenschen konzentriert, kann grundsätzlich Schwächen vernachlässigen. Schwächen zu bekämpfen ist völlig sinnlos: Wenn ich meine eigenen Schwächen bekämpfen will, werde ich – dadurch, dass ich meine Stärken vernachlässige – lediglich durchschnittlich, wenn ich mich nur mit meinen Schwächen beschäftige, werde ich unweigerlich demotiviert. Eine derartige Herangehensweise kann weder zur Zufriedenheit noch zum Erfolg führen. Konzentriere ich mich bei meinen Mitmenschen ausschließlich auf ihre Schwächen, werte ich sie ab, schaffe eine schlechte Atmosphäre und sorge weder für Wachstum meinerseits noch ihrerseits.

Schauen wir uns nun einmal die drei wesentlichsten Vorteile des Lobenden bzw. der Loberin (Geniepunkt-Scout) an, die aus einer lobenden Grundhaltung auf jeden Fall resultieren:

1. Kompetenzzuwachs

Indem ich den Geniepunkt, die Super-Eigenschaft des anderen erkenne, bewundere, lobe, ja sogar anbete, kann ich mich von der Eigenschaft inspirieren lassen, kann von dem anderen etwas lernen und kann damit mein eigenes Wachstum weiter ausbauen. Dann, und nur dann, kann ich von seiner Kompetenz profitieren. Das geht auf keinen Fall, wenn ich nur auf seine Defizite, auf seine Fehler achte.

2. Sympathiezuwachs

Dem anderen wird das, was er sowieso schon über sich weiß (jeder ist schließlich der Experte über die eigenen Stärken und Schwächen), durch meine positive Rückmeldung, durch mein Lob und vor allem durch meine Präsentation als eine die Selbstsicht stabilisierende Botschaft (Mitteilung) überbracht, um die er in der Kritikkultur ansonsten oftmals erfolglos gerungen hat. Die Kongruenz seines wahrgenommenen Selbstbildes zum übermittelten Fremdbild führt bei meinen Mitmenschen zu einem Glücksgefühl, mit dem zusätzlich eine positive Sozialatmosphäre vermittelt wird, ein akzeptierendes und auch friedenstiftendes Klima wird definiert.

3. Souveränitätszuwachs

Der Lobende, die Loberin erlebt sich selbst als großzügig, wachstumsfördernd und vor allen Dingen friedensstiftend, weil durch das Lob gezeigt wird, dass er/sie es nicht mehr nötig hat, kleinlich, engstirnig, feindselig und mobbend das Lebensgefühl des Mitmenschen zu beeinträchtigen und somit auch nicht mehr Botschafter des „Misstrauens zwischen den Abhängigen" bleibt. Schon jetzt kann der Geniepunkt-Scout auf Kritiksucht verzichten, während seine Mitmenschen häufig noch in diesem alten Dilemma stecken.

So wie in der Kritikkultur der „Patrone" der Gewinner ist, wird in der Lobkultur der Lober, die Lobende als Sieger hervorgehen.

3.7 Verhaltensrichtlinien für den Lober

In der Lobkultur entscheidet sich also der Mensch dafür, ein Unterstützer seiner Mitmenschen und damit auch eine Belohnung für sie zu sein. Diese Lobkultur drückt der/die Lobende durch Grundhaltungen und Aktionen aus, nämlich: Der Lober lächelt, er lobt, er unterstützt, er berührt.

Insbesondere das Lachen, oder auch Lächeln ist für den Menschen fast lebensnotwendig. Nicht nur die Tatsache, dass, wie es auch in einem chinesischen Sprichwort heißt, „Ein Lächeln, das ich aussende, hundertfach zu mir zurückkommt", ist wichtig, aber eben doch nur ein kleiner Nebeneffekt. Vorrangig ist, dass das Lachen oder Lächeln wichtige Auswirkungen auf den Menschen selber hat: Lachen verändert messbar unsere innere Chemie. Stresshormone werden reduziert, die Anzahl der natürlichen Viruskillerzellen erhöhen sich, es werden Endorphine freigesetzt, also Hormone, die einerseits schmerzhemmend wirken, aber andererseits dafür sorgen, dass wir uns fabelhaft und gut fühlen. Also: Lachen ist wirklich eine gute Medizin.

Auf die Vorteile des Lobers beim Loben als weitere Grundhaltung ist bereits intensiv eingegangen worden. Den Mitmenschen unterstützen, aber auch selbst um Unterstützung bitten zu können, dokumentiert die Souveränität des Lobers und die Achtung vor seinen eigenen Bedürfnissen und dem ständigen Streben nach Ich-Coaching. Die vierte Verhaltensrichtlinie, nämlich den Mitmenschen zu berühren, im Gespräch sanft den Oberarm, die Schulter des Gegenübers berühren, um dadurch die verbale Botschaft zu unterstreichen, ist als körpersprachliches Element mit einem großen Wirkungsgrad ausgestattet. Damit zeige ich meinem Mitmenschen: Du bist mir sympathisch, ich möchte keine Distanz sondern Nähe zu dir aufbauen, du bist mir wichtig, ich möchte mit dir in Frieden leben.

Neben dem persönlichen Wohlempfinden, dem guten Gefühl, das ich als Lober habe, kann z.B. auch über das nachfolgend beschriebene Experiment die sofortige Auswirkung meines lobenden oder aber meines kritisierenden Verhaltens transparent gemacht werden. Bei diesem sogenannten Zustimmungsexperiment handelt es sich um eine Vertiefung und um eine experimentelle Reflektion (empirischer Nachweis), der Wirksamkeit einer konsequent zustimmenden und unterstützenden Lobhaltung.

Die Versuchsanordnung besteht aus folgenden Variablen:

1. Pro Experiment werden drei Versuchspersonen (ein Redner, ein Zustimmer – Lobscout – und ein Widersprecher – Einwandscout-) benötigt.
2. Der Bekanntheitsgrad der drei Versuchspersonen soll sich auf einer mittleren Ebene befinden: Alle drei Personen sollen sich kennen, ohne miteinander besonders vertraut oder gar befreundet zu sein (z.B. nach eintägiger gemeinsamer Seminarerfahrung).
3. Vor Versuchsbeginn soll der Redner jeweils ein Sympathierating von 1 (sehr unsympathisch) bis 10 (super sympathisch) in Bezug auf beide Zuhörer (deren Rolle er nicht explizit kennt) abgeben.
4. Der Redner soll eine zufällig ausgesuchte (ihm zugeloste) Kurzrede von höchstens 3 Minuten halten.
5. Der Lobscout und der Einwandscout sollen anhand „vorgeschriebener Items" ihre Rolle im Wechsel durchspielen (beide werden diesbezüglich in Abwesenheit des Redners entsprechend instruiert).

6. Nach Absolvierung der Rede (Zeitkontrolle wichtig) soll der Redner erneut ein Sympathierating für den Lobscout und für den Einwandscout abgeben.
7. Die Instruktion für das Sympathierating beim Redner lautet: „Bitte beurteilen Sie, wie sympathisch Ihnen diese Person in diesem Moment ist."

Zur Standardisierung der Ausgangssituation ist die Kontrolle von Geschlechtsrolleneffekten und von Alterseffekten sinnvoll. In den durch uns bereits durchgeführten Versuchsanordnungen wurden die Rollen des Lobscouts und die Rollen des Einwandscouts jeweils gleichgeschlechtlich besetzt – zur Hälfte Übereinstimmung mit dem Geschlecht des Redners und zur Hälfte im Kontrast dazu. Gleichzeitig sollte es möglichst zwischen den Lobscouts und den Einwandscouts keine größeren Altersunterschiede und eben auch keine Bekanntheitsunterschiede (im Verhältnis zum Redner) geben.

Das Experiment eignet sich – unabhängig empirischer Evidenznachweise – auch für Rollenspielsituationen, in denen die Nachhaltigkeit positiver Gefühle durch den Lober und energieraubender Empfindungen durch den Einwandscout plastisch (sinnlich spürbar) nachvollziehbar gemacht werden sollen.

Die Ausgangshypothese diesbezüglich lautet, das systematische Unterschiede zu Gunsten des Lobscouts in der spontanen Sympathieeinschätzung zu erwarten sind. Diese Hypothese konnte in den jeweiligen Versuchsreihen bestätigt werden. Im folgenden werden noch einmal die möglichen Items für den Zustimmer (Lobscout) und dem Widersprecher (Einwandscout) aufgelistet:

Lobscout-Items

- Das sehe ich ganz genau so wie du.
- Das ist wunderbar formuliert.
- Genauso ist es.
- Das ist ja hoch interessant.
- Kannst du mir das noch einmal sagen, das finde ich klasse.
- Das habe ich bisher noch nie so klar formuliert gehört.
- Du hast dich unwahrscheinlich lange damit auseinandergesetzt.
- Deine Meinung ist sehr differenziert – ich habe eben sehr viel gelernt."

Einwandscout-Items

- Meinst du, dass das wirklich Sinn gibt?
- Kann man das nicht auch anders formulieren?
- Hast du dir das ganz genau überlegt?

- Glaubst du nicht, dass es dazu auch noch andere Meinungen gibt?
- Kann es sein, dass wir beide darüber noch einmal gemeinsam neu nachdenken sollten?
- Gibt es denn hierzu nicht auch einige Gegenmeinungen?
- Kannst du mir das noch mal genauer erklären?
- Hast du das wirklich bis zu Ende gedacht?
- Siehst du das nicht viel zu optimistisch?
- Glaubt du nicht, dass du dich verrennst?

Dieses kleine Zustimmungsexperiment kann problemlos und ohne große Vorarbeit in den unterschiedlichsten Gruppen mit unterschiedlichsten Menschen durchgeführt werden. Die Ergebnisse bzw. die Auswertungen der Einschätzungen zeigen in eindrucksvoller Form die Auswirkungen der beiden unterschiedlichen Interventionsstränge und –inhalte (Zustimmen versus Widersprechen) bei den einzelnen Individuen: Ein überzeugendes Argument für die Lobkultur.

3.8 Lobkultur als Friedenschance im humanistischen Miteinander

Wir Menschen, die wir von je her in der Kritikkultur leben, haben mit der Vision Lobkultur sicherlich eine Idee entwickeln können, wo es „hingehen soll" und wie im humanistischen Miteinander die Friedenschance für die Menschheit aussehen kann. Der Weg dahin ist weit, aber jeder Mensch kann sich täglich neu entscheiden: Will ich nun eine Belohnung oder eine Bestrafung für meine Umwelt sein. Die Entscheidung kann jetzt in diesem Moment gefällt werden: Ja, ich bin Belohner, ich bin Unterstützer, ich bin Lob-Scout. Und dann kann es mit kleinen Schritten losgehen. Üben und trainieren kann ich in allen Segmenten meines Lebens, zuerst einmal mit mir, mit meiner Familie, meinen Nachbarn, meinen Kollegen. Auf jeden Fall ist es wichtig, die Chance zu ergreifen, das Gute an der Lobkultur zu erkennen und sich im Verhalten zu ihr bekennen. Dann, und nur dann, kann die Lobkultur als Chance, nicht nur als Vision, sondern durch Verhalten und Handeln für ein friedliches Leben miteinander etabliert werden, denn mit der Rückerlangung der Beurteilungshoheit als Ausgangspunkt von Ich-Konstruktion und Ich-Pflege kann der Mensch seine 80 Jahre, die er auf der Welt zu gestalten hat, belohnend für sich und andere leben.

4. Lobkultur und Ich-Optimierung

„Das Organisieren des eigenen Ichs" ist der kleinste gemeinsame Nenner für alle Menschen. Das eigene Ich als Kunstwerk, als Skulptur und als ständig zu veränderndes und zu verbesserndes Arbeitsobjekt: Du bist nie fertig, es gibt immer etwas zu tun. Das Ich ist die Instanz, die das eigene konkrete, momentane Verhalten (Handeln) erklären (theoretisch begründen) und bewerten (was ist wichtiger, was kann ich vernachlässigen) muss: Die einzige Instanz, die das kann, die das muss und die das Milliardenmal während des gesamten Lebens tut. Das ganze Leben: Letztlich gibt sich das Ich selbst seinen Sinn und letztlich ist das Ich auch die letzte Instanz, die eigene Effektivität prüft: War und ist mein Leben glücklich? Bin ich mit mir und meinem Ich zufrieden? Bin ich für mich und die gleichzeitig vorhandenen Lebewesen gut (unterstützend, wohlwollend, erheiternd, „weiterbringend") oder gibt es (zumindest im Moment) eigentlich gar keinen Sinn, dass es mich gibt, das „Ich" existiere ...? Begründungsinstanz (für das Handeln) und Bewertungsinstanz (für das Leben) sind die beiden vornehmen Aufgaben.

4.1 Der Mensch als sein eigener „Erfinder" – Selbstregulation durch Ich-Immunität und Selbstwirksamkeit

Menschen, die sich einreden lassen, wer sie sind (suggestiv, manipulativ, Bewertungsinstanz außerhalb des eigenen Ichs) oder Menschen, die ihr Verhalten von anderen steuern lassen (Marionetten, Handlager, von Menschen mit „Machtüberhang"): Sie wollen nicht nur sich sondern auch andere regieren, haben die Kontrolle über das eigene Ich verloren und damit die Kontrolle über den Verlauf des Lebensweges, sofern er überhaupt von Menschen kontrollierbar ist. Der Lebensweg ist in weiten Teilen kontrollierbar, aber er ist nicht gänzlich kontrollierbar: Deswegen das Ich als „ständig zu modulierende Skulptur".

Oder: Das was ich am Ich ausbauen kann, muss ich auch – das was außerhalb meiner Kraft (Schicksal, Zufall) liegt, wird als Unwegbarkeit hingenommen. Oder noch einmal anders: Das, was ich kann, soll ich – das, was ich nicht kann, muss ich nicht: Jeder Mensch spürt, wie weit er noch optimieren und perfektionieren kann (am eigenen Gebäude) – jeder Mensch spürt, wo loslassen oder zulassen (zumindest im Moment) von außen abgefordert wird: Spätestens wenn das Leben dann erlischt und damit auch der Auftrag am eigenen Ich.

Jeder Mensch auf der ganzen Welt zu allen Zeiten weiß und wusste auch, was gut und böse ist. Der Mensch, der es „verdrängt", vergisst und nicht wahrhaben will, steht neben seinem Ich und hat den Auftrag der Ich-Optimierung verfehlt.

Das Ich optimieren heißt, die optimale und großtmögliche Macht über sich selbst haben: In jeder einzelnen Lebensphase, die jeweils zu gestalten ist. Zunehmender Machtanspruch über andere (in deren Ich hineinregieren) führt **immer** weg von der Optimierung des eigenen Ichs: Eine zweite Baustelle ist eine Baustelle zuviel.

Machtplayer sind Menschen, die den Auftrag des anderen (organisiere dein Ich) behindern und ihrem eigenen Auftrag (ich organisiere mein Ich) Kraft abziehen. Machtspieler infiltrieren oder durchbrechen die Ich-Grenzen des anderen, **ohne** dass sie von diesem einen entsprechenden Auftrag haben. Manchmal tun sie so, als hätten sie diesen Auftrag, manchmal tun sie so, als wüsste der andere nicht, dass er überhaupt ein Ich hat oder das es seine Aufgabe wäre, dieses Ich (mit den Ich-Grenzen) zu verwalten. Das ist die größte Sünde dieser Übergriffe, der Eindringlinge, der Durchdringer, der Besetzer, also der Okkupierer eines fremden Ichs. Das Jahrhunderte alte Geheimwissen dieser Machtspieler kann in 15 Regeln zusammengefasst werden

Die 15 Gebote der Machtspieler	
1.	Stelle nie den Meister in den Schatten
2.	Vertraue deinen Freunden nie zu sehr – bediene dich deiner Feinde
3.	Halte deine Absichten stets geheim
4.	Scheue Bindungen wo immer es geht
5.	Mache Menschen von dir abhängig
6.	Lass andere Menschen für dich arbeiten, doch streiche die Anerkennung dafür immer selbst ein
7.	Ansteckungsgefahr: Meide Unglückliche und Glücklose
8.	Spiele den Deppen, um Deppen zu überlisten. Gib dich dümmer als dein Opfer
9.	Gib dich wie ein Freund aber handele wie ein Spion
10.	Versetze andere in ständige Angst: Kultiviere die Aura der Unberechenbarkeit
11.	Vernichte deine Feinde vollständig
12.	Plage den Hirten und die Schafe zerstreuen sich
13.	Befriedige das menschliche Bedürfnis, an etwas zu glauben und fördere einen Kult um deine Person
14.	Lass andere mit den Worten spielen, die du austeilst
15.	Spiele mit den Träumen der Menschen

Fazit: Ein globaler „Machtgambler", der diese Empfindungen berücksichtigt, entwickelt sich grundsätzlich zum Menschenfeind. Da er auch selbst ein Mensch ist, entwickelt er sich auch zum Feind des eigenen Ichs.

Führung kann von daher immer nur bedeuten: Durch das ständige Feilen an den Kompetenzen so nachhaltig wirksam bei **meiner** „Ich-Konfiguration" sein, dass andere bei ihrem Auftrag (**ihre** Ich-Konfiguration) mich als Vorbild wählen und bei mir anfragen, ob ich ihnen Entwicklungshilfe leisten mag. Dann müssen beide entscheiden: Ich, ob ich abgeben kann und will – der andere, ob er das dann Gelieferte annehmen möchte. Jeder hat in jeder Situation immer wieder die Freiheit, den Lieferungsstopp auszusprechen oder die Annahme weiterer Lieferungen zu verweigern: Da beginnt und endet eben das Hoheitsgebiet jedes eigenen Ichs, genau das ist das Wichtigste der Ich-Hoheit an sich.

Die Leitmotive, die die Menschen in den letzten Jahrhunderten entwickelt haben, lassen sich ebenfalls in gewisser Weise standardisieren, wobei die **Schwerpunktsetzung im einzelnen Ich** aber auch das Weglassen oder das Verengen auf einige wenige „Ich-Ansprüche" gerade diesen einmaligen exklusiven psychologischen Fingerabdruck des jeweiligen Menschen (seines Ichs) ausmachen.

Viele Ich-Inhaber setzen in bestimmten Phasen der Geschichte (epochenabhängige) **Schwerpunkte**, wobei das früher eher unbewusst und nun – nach der „Besetzung des Ichs durch das Ich" – direktiver, bewusster und verantwortungsvoller geschieht. Z.B. **„Bedürfnis nach Ruhe"** wird in der Erlebnisgesellschaft (Informationsüberflutung) als wichtiges Instrument zur defensiven Regulierung der Ich-Grenzen (Ich-Grenzen zuhalten, bloß keine neue Informationen reinlassen, nicht noch mehr diffus gemacht werden) erlebt. Was ist Ruhe? Was bedeutet den Menschen (den Ichs) heute Ruhe, innere Einkehr, bei sich selbst sein, sich mit dem begnügen, was innen ist, sich ein Weilchen (ein paar Minuten, ein paar Stündchen) mit dem begnügen, was innen ist, was von innen kommt? „Ruhe" ist von daher eine defensive Ich-Funktion, die dem Menschen hilft, sein Fundament zu sichern, seinen Ausgangspunkt immer wieder (minütlich, stündlich täglich) zu stabilisieren, um von dort aus dann „Ausritte in die Welt" zu wagen. Im Gegensatz dazu steht als eher offensives Motiv das „Bedürfnis nach Status": Sich spüren, etwas bewirken, etwas verursachen, Aufmerksamkeit anderer erregen und vielleicht am Ende des Lebens eine Skulptur oder ein identitätsspezifisches „Produkt" hinterlassen ....?

Zentrale Leitmotive von „Ich-Inhabern“

EHER DEFENSIVE MOTIVE

1. *Ruhe*: Streben nach Entspannung und emotionaler Sicherheit
2. *Familie*: Streben nach einem Familienleben und besonders danach, eigene Kinder zu erziehen
3. *Beziehungen*: Streben nach Freundschaft, Freude und Humor sowie nach Anerkennung, sozialer Akzeptanz, Zugehörigkeit und Geborgenheit
4. *Ernährung*: Streben nach Essen und Nahrung
5. *Ordnung*: Streben nach Stabilität, Klarheit und guter Organisation
6. *Sparen*: Streben nach Anhäufung materieller Güter und Eigentum
7. *Rückzug*: Streben nach Einsamkeit, innerer Einkehr, auf die innere Stimme hören, allein sein , Besinnung

EHER OFFENSIVE MOTIVE

1. *Status*: Streben nach Erfolg, Leitung und Wirksamkeit, nach Reichtum, Titeln und öffentlicher Aufmerksamkeit
2. *Unabhängigkeit*: Streben nach Freiheit, Selbstgenügsamkeit und Autarkie
3. *Neugier*: Streben nach Wissen und Wahrheit
4. *Ehre und Idealismus*: Streben nach Loyalität und moralischer, charakterlicher
5. Integrität sowie Streben nach sozialer Gerechtigkeit und Fairness
6. *Körperliche Attraktivität*: Streben nach Fitness und Bewegung
7. *Romantik*: Streben nach einem erotischen Leben, Sexualität und Schönheit
8. *Rache*: Streben nach Kampf, Aggressivität, Wiedergutmachung und Unterwerfung

Den defensiven Ich-Funktionen kommen im Zeitalter der Aufmerksamkeit, der Reizüberflutung, des Flexibilitätsdrucks auch gerade unter dem Aspekt der „Informationsbeschränkung“ Ich-schützender und überlebenssichernder Wert zu. Die Ambivalenz zwischen Hektik und Aufgeregtheit muss von dem heutigen Ich zu Gunsten des Rückbezugs auf sich selbst (inneres Fundament) entschieden werden. Denn es gilt: Zwei Dinge machen uns unglücklich: Ein Wunsch, der nicht erfüllt wird und ein Wunsch, der erfüllt wird. Die Gier nach dem „**erfüllten Wunsch**“ hängt mit der Verknappung des Gutes und der Schwierigkeit des Erreichens zusammen: Also mit dem „Anstrengungsbetrag“ den das Ich aufbringen muss. Der Preis ist oftmals die Entfremdung vom eigenen Ich, die ständige Überschreitung der Gesundheitsgrenzen, des Verlieren des inneren Friedens: Der Mensch erkennt nicht mehr die eigene innere warnende Stimme des Balanceerhaltes. So ist z.B. ein

Ausruhtag (Sonntag) in der jetzigen Epoche ein größerer Stressor als die „Werktage“. Seitdem König Konstantin vor ca. 1700 Jahren diesen Ausruhtag zur seelischen Erbauung verordnete, hat er sich jetzt zum Tag des besonderen Erlebnisses emanzipiert, also ins Gegenteil verkehrt. Die „neue Unübersichtlichkeit“ führt zu Entscheidungsstress: Unsere Lektionsfähigkeit (alles ist möglich) führt zu ständigen Hin- und Herreaktionen und „Flutsch“, ist der Sonntag vorbei. Freizeitforscher erkennen, dass insbesondere der Sonntagnachmittag (es waren ja viel mehr Erwartungen da, was ist denn heute wirklich gelaufen) zum inneren Krisengipfel führt. Gerade der innere soziale Kreis, die Familie, wird als langweilig und als „Schuld an der Misere“ erlebt: Es kommt zu Zerwürfnissen und **zusätzlichen** Konflikten. Die Erkenntnis von Langeweile und Wiederholung wird oftmals auch auf den Partner projiziert, so dass Neid zu anderen Partnerschaften (die sich am Sonntag genauso langweilen) entsteht. Die ursprüngliche Sonntagskultur von innehalten, Musse, spielerischer Leichtigkeit des Umgangs und der Genehmigung an sich selbst, Unnützes und Überflüssiges tun zu dürfen, ist der Weg, den das Ich benötigt, um sich nicht selbst aus dem Auge zu verlieren. Hierbei kann auch das Ruhigsein und das Schweigen eine Voraussetzung für die Wahrnehmung der inneren Wirklichkeit sein: „Im Ausruhen arbeitet der Körper nach seinem Sinn für Grenzen. Wer im Erlebniszeitalter bestehen will, ... muss lernen, abzuschalten, nicht nur den Fernseher, auch die eigene Ungeduld“ (Krüger, 1997, S. 63). Die „Sonntagsneurose“, geprägt durch das Gefühl der inneren Leere und des Hohlseins und somit der Ich-Entleerung, führt letztlich auch zum Hadern mit dem gesamten Leben: „Das Leben ist eine Mogelpackung, es hält nicht, was es verspricht.“

Das besondere Dilemma von uns Glücksrittern in dieser Erlebnisgesellschaft liegt in der fehlenden Gefühlssicherheit, in der fehlenden Prognosesicherheit, welches Verhalten und welche Situation zu welchem Gefühl (immer angestrebt: Glücksgefühl) **tatsächlich** führt. Das Motiv und das Andauern von Gefühlen wird sowohl in bedrohlichen Situationen (Jobverlust, Trennung, Operation) wie in positiven Situationen (Heirat, Sieg in einem Turnier, Gehaltserhöhung) vorher wesentlich stärker eingeschätzt: Das Wohlfühlparameter pendelt sich selbst nach der Erfüllung langgehegter Wünsche aber auch nach Überwindung eines gravierenden Schicksalsschlages schnell wieder auf dem Standardniveau (Null-Niveau) ein. Das Problem bleibt: Jeder Mensch muss entscheiden, was ihn glücklich macht, um diesen Zustand dann anzustreben – die Frage, ob er sich das Richtige wünscht, also auf das richtige Pferd bei seinen Bemühungen setzt, ist die quälendste und lebenslang andauernde Zweifelsfrage des Menschen in der Postmoderne überhaupt. Mehr Gelassenheit und Souveränität – auch die anderen wissen nicht, was glücklich macht, auch die anderen treffen täglich Fehlentscheidungen in Bezug auf ihre angeblich höchsten Ziele – führt dann zur inneren Ruhe und zum Fundament von „Kontakt des Ichs mit dem Ich“. Die Überschätzung von Katastrophenängsten oder Euphorieanlässen hat aber auch in dem Sinne des defensiven Schutzes einen wichtigen Stellenwert: Je höher die Gefahr überschätzt wird, um so mehr lebenserhaltende Vorsicht entsteht im Verhalten – je mehr die Beglückung durch eine angestrebte Wunschbefriedigung überschätzt wird, um so mehr Leistungsmotivation entsteht. Letztlich kommt der „mangelnden Prognosefähigkeit für Gefühle“ auch eine wichtige Anpassungsfunktion zu (vgl. auch Schäfer, 2004). Netto ist der Aufbau einer gewissen Gefühlsstabilität, einer Gefühlsbalance, das Vermeiden von Launenhaftigkeit und emotionaler Labilität die Grundlage, um sich mit dem eigenen Ich anzufreunden und sich immer wieder mit dem eigenen Ich zu versöhnen. Freundschaft und Versöhnung auch mit dem „Nächsten-Ich“ (Mitmenschen) ist die vornehmste defensive Aufgabe.

Die **offensiven** Motive im „Zeitalter der Aufmerksamkeit“ definieren eine Aufforderung und einen Handlungsimperativ für das „Ich“: Mensch, werde der, der Du werden kannst. Das Selbsttuning zur Ausschöpfung der eigenen Ressourcen und Begabungsreserven führt dazu, dass der Einzelne als eigener „Life-Coach“ oder Veränderungsmanager ständig nach Entwicklungsnischen sucht. In dieser Zeit der „neuen Unübersichtlichkeit“ steht von daher auch immer wieder die Gefahr eines Entstehens einer sogenannten „Bastel-Existenz“, wo der einzelne Mensch sein gewünschtes Ich nach den momentanen Erfordernissen der Situation „zusammenzimmert“. Während früher das Bedürfnis nach Selbstfindung und Selbsterfahrung, nach permanenter Analyse von allen und allem im Vordergrund stand, muss der Mensch heute im Sinne eines digitalen Scanners seinen Anpassungsturbo anschmeissen. Das neue Motto (Agieren statt Analysieren) ist von daher der **einzige** Weg zur Selbstoptimierung, wobei die einzelnen selbstoptimierten Kompetenzanteile des Ichs sich zur „**Selbsterfindung**“ verdichten. Das unübersichtliche Leben (oft wissen wir noch besser was wir nicht wollen, als dass wir wissen, was wir wollen) führt letztlich immer wieder zu ein- und demselben Zweifel: Wenn ich mich für die eine Handlungsweise (das eine Kompetenztraining) entscheide – was verpasse ich dann auf der anderen Seite? Die **offensiven** Motive ermöglichen nun schnelles Soforthandeln, **ohne Dissonanz**: Diese Handlung im Moment ist das Heiligtum, sie interpretiert sich selbst, sie leitet sich selbst weiter und (konkrete Mini-Effizienz) kann sofort gemessen werden. Offensivität heißt, sich auf die Einwirkungsmöglichkeiten in diesem konkreten Moment zu begrenzen, darin aufzugehen, diesen Moment als den einzig wahren, erlebbaren, realen Lebensmoment überhaupt zu feiern und den kleinen Fortschritt (meine kleine Wirksamkeit in dieser Situation) als euphorisierend zu erleben. Selbstbestimmung heißt dann: Du hast keinen Manager, du bist dein Manager; du benötigst keinen Vergleich mit anderen, du benötigst den Vergleich mit der Vorsituation und die Hoffnung auf die Verbesserung des nächsten Momentes. Erlebniskultur, Aktionskultur, Handlungskultur ist dann auch „additive Identitätskultur“: Mein Ich setzt sich aus jedem einzelnen kleinen Fortschritt **in den von mir gewählten** Kompetenzbereichen zusammen – ich muß nicht in Frage stellen, ob andere Kompetenzbereiche für mich „passender“ wären! Offensivität heißt: Es ist nicht wichtig, dass ich sein will oder was ich noch werden könnte, sondern wichtig ist, was ich im Moment werde.

Kompetenzzuwachs, Zielstrebigkeit, Willenskraft, spezialisierte Einzelkompetenz ist **nur ein Beispiel** dafür, dass mein Ich funktioniert und dass meine Identität sich stückweise ganzheitlich abrundet. Stellst du diesen, deinen jetzigen aktuellen Weg ständig in Frage, ist das Leben auch vorbei – **ohne** dass dein Ich je Kontur gewonnen hat.

Die zentrale Befürchtung unserer Zeit (ich könnte etwas verpassen) wird von daher offensiv gekontert: Indem ich konkret an mir arbeite, verpasse ich nicht, mit mir voranzukommen. Hierbei ist es egal, ob der Stabhochsprungkandidat auch Klavier-Virtuose hätte werden können oder nicht – er sollte nur nicht ständig zwischen beiden Künsten wechseln, um sein Ich nicht letztlich doch in eine „diffuse Beliebigkeit" zu steuern. Entscheide dich, bleibe dabei, schnelle Erledigung ist die Seele des Geschäfts, wir essen zeitig, handele sofort und bewerte fortlaufend und prozessual, sei anwesend, präsent und prägnant und du fängst an: Dein Ich zu lieben.

Die zentrale Frage zur Optimierung der offensiven, wirksamen Anteile des Ichs lautet von daher nicht: Wer will ich sein, sondern:

Wie kann ich das so schnell wie möglich optimieren, was ich **im Moment** sein will?

Das Gefühl, Kontrolle über die eigene Zeit und den eigenen „Job" zu haben, ist dann die Grundlage von Freude und Glück: Selbstwirksamkeit als Glaube an das eigene Können, vertreibt Zukunftsängste immer aus der Erfahrung heraus, dass die momentane Situation meisterbar ist. Das Erfolgsrezept offensiver Selbstwirksamkeit besteht aus mentaler Zuversicht, mentaler Disziplin und einer spielerischen Grundhaltung: „Vorausgesetzt, im Kopf ist kein zweifelndes Grübeln, sondern ein klares inneres Vorstellungsbild – die Handlung und ihr gedachter Erfolg werden mental gebahnt. Die Bewältigungsphantasie bereitet quasi den Weg zum Ziel" (Pscherer, 2004, S. 25). Die unmittelbar bevorstehende Schwierigkeit wird in ein direktes und sofort umsetzbares inneres Bild der Lösung verwandelt, so dass die Vorstellung der Bewältigung über das konkrete Handeln sehr schnell in die Zielerreichung (Zwischenziel erreicht) mündet. Solch eine „Technik der Zukunftsbahnung" (bildhaftes Vorstellen von Erfolg) kann sich dann auch über mehrere Einzelzielsegmente zu einer Wahrnehmung des Erreichens des „Gesamtzieles" verdichten, wobei der Rückgriff auf die konkrete Ist-Situation immer wieder den Erfolgssponsor (Wirksamkeitsturbo) darstellt. Selbstwirksamkeit und Offensivität wird gesteigert , wenn sich die handelnde Person sowohl die Begabung als auch die Willenskraft für die jeweilige Zielerreichung (internal) zuschreibt. „Ich war da, ich habe das geschafft, ich habe die Kraft dazu, ich bin gut ausgestattet, ich werde auch die nächste konkrete Anforderung wunderbar erfüllen."

Diese direkten eigenen Handlungserfahrungen – unterstützt durch Modellernen, erfolgreicher Parallelhandler – führen letztlich zu einer Bewältigungsüberzeugung, die die Aufgabe nicht als Problem sondern als Bewährungschance (kognitive Hantel, emotionale Hantel, körperliche Hantel) und damit als Abenteuer und Herausforderung spüren lässt.

Der Mensch als sein eigener Bestimmer, als sein eigener Berater? Das Idealziel: Die Beraterbranche boomt – allein an die katholischen Ehe- und Familienberatungsstellen wenden sich ca. 100.000 Menschen pro Jahr aufs Neue. Allein in dieser Trägerschaft gibt es ca. 360 Beratungsstellen und nochmals 240 Erziehungsberatungsbüros: Nur hier sind 2500 BeraterInnen tätig. Im Mittelpunkt der Verunsicherung stehen oft Beziehungsprobleme: Beziehung zu meinem Ich (Wer will ich sein?) und Beziehung zu meinem Partner (Was kann er für mich sein, was bin ich ihm wert?). Die Vereinsamung, die Kontaktschwierigkeiten, das Misstrauen und letztlich die Frage nach Verbindlichkeit – Unverbindlich (Treue übergeordnet gesehen) erfordert oftmals den Menschen als „Berater für das eigene Ich". Aber woher soll der externe Berater mehr wissen? Wodurch qualifiziert sich das „**Du**" zum Berater für mein „**Ich**"? Niemals ist es möglich, dass jemand für andere „der Berater" ist, wenn er sich selbst nicht optimiert. Gerade im Psychotherapeuten- und Beratergewerbe ist die Selbstoptimierung die Grundlage für Führungsaufgaben: Erst muss ich mich selbst führen und dann kann ich andere (auf den richtigen Weg) leiten. **Führung ohne Selbstführung ist Irreführung**! Der Mensch in der Postmoderne: An wen kann er sich wenden? Wahrscheinlich wird der Mensch immer mehr zum „Philosoph in eigener Sache". Er selbst führt mit sich das sokratische Gespräch, er selbst leitet den Prozess der Beratung an, er erörtert verschiedene Aspekte, die im Spiel sind, die er im Spiel sieht und er entscheidet sich (superschnell) für die momentane Handlungsaktion. Der Mensch muss das Heft für sein „opperatives Vorgehen" selbst in der Hand behalten. Er allein verantwortet sein Tun und sein Nichttun. Die „Philosophie" als Wissenschaft ist dann vielleicht ein „Chatroom für Fragen", den der einzelne Philosoph bei seiner individuellen Erörterung mit sich selbst zusätzlich anzapfen kann. Die Grundsätze festlegen, die Normen ableiten, die Werte in Handlung umsetzen: Das alles bleibt auf der **Antwortebene** jedem Einzelnen überlassen: „Ist dieses Leben, das Individuelle, das Gesellschaftliche auf dem richtigen Weg? Was ist Leben für mich? Was halte ich für wichtig? Wie kann ich mein Leben führen? Welchen Sinn können Lüste, Ängste, Schmerzen, Krankheit, Leid haben? Welches Verhältnis habe ich zum Tod? Woran kann dieses Leben orientiert werden? Was ist schön und bejahenswert für mich, was sind die Werte, denen ich in meinem Leben Bedeutung geben will? Was ist in meinen Augen Glück, was ist der Sinn des Lebens?" (Schmid, 2004, S. 76).

Die zunehmende Differenz zwischen dem einzelnen Ich und seiner belebten Umwelt – bei gleichzeitigem Bedürfnis, täglich, stündlich und minütlich Fragen an „die Anderen" stellen zu können, zu dürfen und zu müssen – wird auch durch die neuen Kommunikationsformen der Beratung (Internettherapie) verdeutlicht: Wenn du als Einzelwesen www.expertenzentrale.de anklickst, kommst du in Beratungsportale, die anonym, übersichtlich und „vollständig“ sind: Die Fragen nach deinem opperativen Geschäft (Wie coache ich **heute** mein Ich) werden dir sekundenschnell auf dem Bildschirm beantwortet. Schöne, neue Welt ...

4.2 Führen durch Verführen: Individual-Ich und Privat-Ich vereinen sich zum Kader-Ich

Wer andere Menschen führen will, muss sich zuerst umfassend **selbst** führen. Wer sich selbst führen will, muss sich allmorgendlich selbst verführen, die optimale Gier auf Anstrengungsbereitschaft und Tageseffektivität abzurufen. Hierzu gehört auch die Kraft, sich Zeitplätze für Besinnung zu reservieren, also ab und zu Mal pro Tag an der „Seelischen Tankstelle“ anzuhalten. Während Körpertraining (Körperhanteln) auch und gerade im Sinne von Ausdauersport zu diesen physiologischen Regenerationsritualen gehören, sind kognitive Leistungen (intellektuelle Handeln) zumeist die Intelligenzfunktionen, die persönliche und kollektive Führung ermöglichen. Körper führt: Geist folgt, heißt demnach: Tanke durch Körpertraining in der Früh die Kraft, die du im Tageswerk für deine Führungsaufgaben benötigst. Automatisch stellt sich emotionale Kompetenz (Euphorie, Fröhlichkeit, lösungsorientierte Leichtigkeit, sympathische Ausstrahlung) als „intermittierende Variable“ ein, so dass du sowohl bei der Selbstführung wie bei der Fremdführung erfolgreich bist.

Überträgt man die Ich-Psychologie auf eine „Dialektik des Berufserfolges“, so ergibt sich aus der Verzahnung von Privat-Ich und Berufs-Ich das Lebens-Ich. Im generellen Leben wird die Identität des Menschen auf der einen Seite und sein Karriere-Anspruch auf der anderen Seite im günstigsten Fall zu einer Lebensmission, die sich letztlich auf seinem Grabstein verewigen könnte. Im aktuellen Berufsleben geht das Individual-Ich mit dem Betriebs-Ich eine Verbindung ein, die sich letztlich (für die Firma) im günstigsten Fall zum Kader-Ich verdichtet. Führung hingegen bedeutet, dass ich vom Kunden-Ich kommend (Welches Produkt benötige ich?) über das Mitarbeiter-Ich (Wie kann ich dieses Produkt für mich und andere herstellen?) mich zum Führungs-Ich emanzipiere: Wie kann ich anderen Mitarbeitern beibringen, dass das gemeinsam gewünschte und produzierte Produkt optimiert wird?

Dialektik des Berufserfolges			
	Privat-Ich	**Berufs-Ich**	**Lebens-Ich**
Generelles Leben	Identität	Karriereanspruch	Lebensmission
Aktueller Beruf	Individual-Ich	Betriebs-Ich	Kader-Ich
Spezieller Führungsanspruch	Kunden-Ich (Teilnehmer-Ich)	Mitarbeiter-Ich (Trainer-Ich)	Führungs-Ich (Dozenten-Ich)

Der führende Manager einer Firma oder der Lehrstuhlinhaber als Oberdozent für seine Fakultät haben sich letztlich im „eigenen Ich hochgedient", um so Verführungsqualität (Berufsfeldcharisma) für andere zu erlangen. Das Führungs-Ich strahlt einen Sog auf die restlichen Mitarbeiter aus: Ich will so werden wie er / sie.

Mitarbeiterführung als **Mitarbeitermanipulation** hat von daher den **Wert höchster Transparenz**: Das Führungs-Ich **deklariert**, wie es sich selbst optimiert und im Sinne von extremer Leistungsfähigkeit und extremer Lebenszufriedenheit als „Ich-System" ständig selbst manipuliert und anfeuert – dieselbe Erfolgsgier in Bezug auf die eigene Ich-Entwicklung im persönlichen und beruflichen Entwicklungsbild und Leistungsbild wird auf das Mitarbeiter-Ich „gnadenlos" übertragen: Es gibt weder bei der Selbstzensur (Führungs-Ich) noch bei der Fremdzensur (Mitarbeiter-Ich) unterschiedliche Regeln oder unterschiedliche Toleranzspielräume. Entzieht sich das eine oder das andere Ich diesem „Dauerauftrag", müssen Sanktionen (entweder Selbstsanktionen oder Fremdsanktionen) **sofort** greifen. Die Manipulation zum „Besten-Ich" ist von daher der Konsens zwischen Führungs-Ich und Mitarbeiter-Ich (vgl. z.B. Shapiro, 1995).

Die Regeln, die für die Optimierung des „Systems Ich" stehen, gelten auch für die Optimierung institutioneller (betrieblicher) Systeme: Die Führungkraft (das Führungs-Ich) hat kein anderes Ziel, als das Ich des Mitarbeiters ständig zum Wachstum zu animieren, damit es kompetenter und effektiver (wirksamer) als das Ich des Mitarbeiters der Konkurrenz ist. Bleibt also richtig: Die Wachstumsgier der Führungskraft selbst wird von ihr auf die zentralen Mitarbeiter übertragen, so dass bei diesen sowohl die Lebenszufriedenheit (Ich-Balance) wie auch die Effektivität (Wunsch nach Wirksamkeit) und das Kontrollerleben (ich habe etwas persönlich verursacht, ich habe etwas persönlich hervorgerufen, ich bin Quelle und Faktor von etwas) bewußtseinsmäßig ständig präsent ist und anwächst. Effektive Führungskommunikation erhebt also das „Funktionierende Ich" zur Chefsache und definiert damit das wichtigste (und vielleicht sogar einzige) „Management-Gesetz". Diese Gier nach Ich-Optimierung hat also letztlich zu einer übergangslosen Auflösung von **Individual-Ich** und **Betriebs-Ich** geführt: Es entsteht ein (wünschenswertes) **Kader-Ich**, das nicht mehr zwischen Privatsphäre und Beruf trennt: Der Mensch ist unteilbar, das Ich ist sich selbst gegenüber ständig rechenschaftspflichtig und optimierungsbedürftig, der Mensch hat von der Geburt bis zum Tod „nie Ruhe", sondern wird sich (auch unter Zuhilfenahme von Meditation und Ruhephasen) ständig an seiner optimalen Entwicklungsgrenze orientieren. Das Stolzerleben und das Zufriedenheitserleben (Sinnerleben) ergibt sich aus der Wahrnehmung, immer (zu jedem Zeitpunkt des Lebens) bei optimaler Anstrengungsbereitschaft das Geschenk des Lebens und die Herausforderung des Lebens ernst genommen zu haben: „Es gibt Sinn, dass **Ich** und gerade **Ich** lebe, dass ich auserwählt bin, dieses mein Leben führen, coachen, verwalten und letztlich beurteilen zu dürfen" (vgl. auch Golemann, 1995).

Kader-Ich bedeutet, dass ich mit mir selbst und meinem sozialen Umfeld (und damit auch mit meiner beruflichen Aufgabe) eins bin, dass ich nicht mehr trennen will und kann, sondern dass ich jede (private und berufliche) Aufgabe als persönliches Geschenk, nämlich als persönliche Trainingshantel wahrnehme und benutze. Freiheitsgrade zur Auswahl meines Berufsfeldes, meiner beruflichen Ansprechpartner (Lieferanten, Kunden) und meiner institutionellen beruflichen Einbindung sind begrenzt – letztlich aber auch begrenzt durch meine eigene Wahrnehmung, mein eigenes Bemühen, meine eigenen Qualifikationszuwächse und mein nach außen abbildbares Wachstumskontingent. Kader-Ich als Synthese zwischen Privat-Ich und Berufs-Ich bedeutet letztlich, dass ich immer unterwegs im Auftrag des Herrn (meines eigenen Ichs) einem möglichen Schöpfer (wenn es ihn denn hoffentlich gibt) nachweise, dass ich das Optimale aus mir (aus dem mir geschenkten Leben) herausgeholt habe und herausholen werde.

Diese Verpflichtung in Bezug auf das eigene Ich und dieses Versprechen an das eigene Ich führen letztlich zur nächsten (und höchsten) Ich-Stufe: „**Missions-Ich**".

Das Missions-Ich ist sich selbst darüber bewusst, einen lebenslangen Auftrag erhalten zu haben, diesen Auftrag zu modifizieren, zu verändern und in der Umsetzung zu optimieren, um dann – am Ende des Lebens – die Bewertung der persönlichen Mission (Stationen und Erfolge des Lebensweges) selbst beurteilen zu können und zu müssen. Der Mensch als Durchlauferhitzer der Evolution – er bekommt den Staffelstab von seinen Eltern, er modifiziert ihn und er gibt ihn an seine genetischen oder ideellen Nachfahren weiter – ist letztlich die Inkarnation der Idee des „Missions-Ichs" (vgl. Enkelmann, 1999).

Die Gleichsetzung von Führungs-Ich und Mitarbeiter-Ich (im Missions-Ich) führt letztlich in allen sozialen Kontexten (überall da, wo Menschen sich zu einer gemeinsamen Aufgabe verabreden und ihre Wirksamkeitslinien im Sinne von Synergie fusionieren) zu ein- und derselben Fragestellung: Was ist deine Mission, wie weit bist du, wo können wir uns in unseren Kompetenzen ergänzen?

„Der Weg zum besseren Ich ist mühsam, wenige schaffen ihn allein. Wir müssen uns entwickeln lernen, wie wir schreiben und lesen lernen. Dabei geht es um die Frage: Unter welchen Bedingungen ist persönliches Wachstum möglich?" (Weber und Wegner, 2003, S. 106).

Im Gegensatz zu den Negativ-Scouts (eine Krise, ein Konflikt ist eine Chance) definiert die Lobkultur auf Grundlage der humanistischen Philosophie das ständige menschliche Wachstum als „edelsten Auftrag, der aus der gesunden Person heraus als solcher“ gespürt wird – außer die Person wurde zu sehr verletzt, zu sehr gedemütigt, zu sehr gekränkt und zu sehr gemobbt.

Führung bedeutet aber immer – egal welche Voraussetzungen das Mitarbeiter-Ich mit einbringt – auch Geduld: Der Begriff „Verführung“ impliziert, dass eine Neigung des zu Verführenden auf Umstellung seiner Vorlieben langsam anwächst und das diese Dauer der emotionalen Veränderung bei dem Geführten letztlich für das Führungs-Ich eine erhebliche Geduldsherausforderung beinhaltet. Vor allem Ängste, Misserfolgsbefürchtungen und Katastrophenvorhersagen führen zu einer Selbstblockade des Mitarbeiters, die das Führungs-Ich in „optimistische Bilder“ verführerisch verwandeln muss. Hierbei steht der Chefmanager sich selbst oftmals im Wege, da er die Chance zur echten Selbstreflektion (Was macht mich machtgeil? Was macht mich führungsgierig?) nicht wirklich sieht: Der Druck auf starke sendungsbewußte Führungspersönlichkeiten, ein idealisiertes Bild abgeben zu müssen und Fehlerlosigkeit inszenieren zu sollen, ist stärker als der Mut, sich als ständig entwickelndes Vorbild-Ich mit Ecken, Kanten und Widersprüchen zu präsentieren. Dies gilt insbesondere für zwei „Führungstypen“:

Den narzisstischen Führer, der durch folgende Merkmale gekennzeichnet werden kann:

- Extremes Bedürfnis nach Macht
- Prestigesucht
- Gefühl für dramatische Situationen
- Hang zu intensiven aber kurzlebigen Beziehungen
- Extremer Unabhängigkeitswunsch
- Freude am Ausprobieren
- Freude am direkten Wettbewerb
- Stärke, sich nicht von anderen einschüchtern zu lassen
- Angst, gekränkt und ausgegrenzt zu werden
- Angst, das Label der Unbesiegbarkeit zu verlieren
- Misstrauen gegenüber „Erbschleichern“
- Unemphatisches und aggressives Verhalten bei kleinsten Zurückweisungen.

Auch und gerade beim obsessiven Führer lähmen sich Stärken und Schwächen oft gegenseitig:

- Extrem systematisches Vorgehen
- Fähigkeit zu hoher Selbstdisziplin

- Berechenbarkeit in Regelerstellung und Regelbefolgung
- Hoher Kontrollanspruch und hohe logistische Kontrollbefugnis
- Perfektionismus im Produktionsprozess
- Labiles Ich mit ständig wechselnden Schwerpunktzuschreibungen
- Überstarke Anpassungsfähigkeit
- Extreme Fähigkeit, Bedürfnisse des anderen zu analysieren.

Die Bereitschaft, sich dem idealisierten Führer hinzugeben, ihm blind zu vertrauen, sich ihm unterzuordnen und ihn nicht mehr in seinem „täglichen Kampf um eigenen Kompetenzzuwachs" als gleichberechtigten Ich-Mitbewerber zu sehen, wird mit dem Bedürfnis nach „kindlicher Geborgenheit" vieler Mitarbeiter erklärt: Erinnert an die Strafpredigten der geliebten Mutter oder an die Heimlichtuerei des ebenfalls idealisierten Vaters werden dem Führer in völlig unrealistischer Weise Kräfte und überlegene Eigenschaften zugeschrieben, die letztlich nur dem Behütungsbedürfnis und dem Geborgenheitswunsch des Kindes (Mitarbeiters) entspringen. Die Enttarnung dieser symbiotischen Scheinwelt zwischen idealisiertem Führer und geborgenheitssuchendem Mitarbeiter obliegt dem Führungs-Ich: Zeig dein wahres Gesicht. Dies führt letztlich auch zu einer extremen Entkrampfung und Entlastung im Selbstmanagement dieser Führungspersönlichkeit (vgl. auch Kets de Vries, 2004). Das Bedürfnis nach schönen Bildern und optimistischen Vorstellungen – deklariert als solche – ist trotzdem ein probates Mittel des Führungs-Ich, Mitstreiter für die gemeinsame Sache zu gewinnen. Hierzu gehört die Fähigkeit des Führers, Mythen, Märchen und Fabeln aus der Vergangenheit als soziales Transportmittel für die Problemlösung der Gegenwart zu einer „Verbrüderungsgeschichte" zwischen Führungs-Ich und Mitarbeiter-Ich zu entwickeln. Der Führer (Erzähler) ist die Identifikationsfigur, die Zieldimensionen aufbaut aber auch die Mithilfe des Einzelnen bei der Lösung vorschlägt und so Aufbau und Abfuhr von Spannung bei den Zuhörern reguliert: „Führung ist ein geistiger und somit auch kultureller Prozess, der das Vermögen einschließt, Geschichten zu erfinden, zu verstehen und sich der Spannungen zwischen ihnen bewusst zu sein. Erzählungen sind keine einfachen Schlagzeilen, sondern es handelt sich um Dramen oder Epen, die sich in der historischen Zeit entfalten und in denen der Führer und sein Publikum die Hauptrollen übernommen haben" (Gartner, 1997, S. 27). Als charismatische Führer und Führer mit visonärer Kraft werden insbesondere die großen Religionsstifter (Moses, Konfuzius, Jesus, Mohammed) eingeordnet: Sie waren in der Lage, Herkömmliches mit Wegweisendem zu verbinden und so Verhaltensrichtlinien und Handlungswege aufzuzeigen. Gleichzeitig sind solche Führungspersönlichkeiten in der Lage, „Identifikationshäuser" aufzubauen, wodurch die Frage für die Mitarbeiter (Gefolgsleute) nach dem „Woher" und dem „Wohin" im Sinne der Stiftung einer Geborgenheitsklammer beantwortet wird. Die Antwort auf die Frage nach der Alltagsgestaltung des effizienten Führungs-Ichs wird damit eingebettet in die beiden übergreifenden Bedürfnisse nach Gerechtigkeit und Leben nach dem Tod. Jeder dieser Führer weiß: Es gibt nichts, was stärker ist, als eine Idee, deren Zeit gekommen ist. Das heißt: Zu früh formuliert wirkt die Idee utopisch und unverfroren – zu spät ist sie altbacken und überholt.

Führung heißt immer, Vergeltung von Unrecht zu versprechen, Überlegenheit der eigenen Gruppe auszudrücken und einen gemeinsamen Aufbruch zu einer Pioniertat zu starten. Und auch und gerade bei den „traditionellen" Führungspersönlichkeiten wird deutlich: Die Kraft zum Sofortstart, die Energie zum Wandeln des Bedrohlichen in das Erfreuliche müssen „personalartikuliert", also im Moment der Rede, der Erzählung oder des Führungsgesprächs sinnlich ausgestrahlt werden. Moderne Führer wie Clinton, Willi Brandt, Martin Luther King oder auch Gandhi erzählen sehr einfache Geschichten aus ihrem Leben und begeben sich damit in den Dialog zum Mitarbeiter-Ich: „Folge mir nicht, weil ich Ich bin, sondern folge mir in deinem Verhalten, weil ich mit meinem Verhalten das Problem gelöst habe, das auch du lösen willst."

4.3 Das integrative Ich: Der Mensch als sein eigener Philosoph, Psychologe und Coach

Die Organisation des eigenen Ichs ist Ausgangspunkt und Ziel des individuellen Daseins. Der einzelne Mensch hat keine andere Aufgabe, als sein Ich zu definieren (Architekt) und sein Ich zu verwalten (Coach). In der Erstreckung von Zeit (ca. 80 Jahre) und in der Erstreckung von Raum (all die Orte, die der Mensch in diesem Zeitverlauf betritt) organisieren sich die Entwicklungsaufgaben in verschiedenen Phasen, die jede ihre eigene Wichtigkeit hat. Die Aufgaben sind vorgegeben – die Realisierung liegt bei jedem einzelnen. Nur bei ihm. Schafft es der Mensch, sich exklusiv (für sich einzigartig) und sympathisch (soziale Nähe und die Geborgenheit der anderen sich versichern) zu organisieren, hat er eine gute Chance, das dritte Ziel (zufriedenstellende, glückliche Zwischenbilanz und Endbilanz seines Lebensweges) zu erreichen. Die Hoffnung auf ein Weiterleben nach dem Tod darf er entwickeln.

Der Anspruch, das eigene Ich perfekt zu organisieren, ist die Grundlage für solidarisches, unterstützendes und somit friedliches Verhalten: Nur das funktionierende Ich und nur das zufriedene Ich ist friedlich. Nur das funktionierende Ich kann etwas von der gewonnenen Kompetenz abgeben. Nur das stetig in der jeweiligen Phase sich Kompetenz erweiternde Ich ist nützlich für die Umgebung: Sächlich wie belebt. Ein stagnierendes, ein marodes, ein vernachlässigtes, ein sich nicht anstrengendes Ich ist **immer** eine Belastung für die Umwelt: Dies gilt funktional und **nicht** moralisch.

Wer sozial und friedlich sein will, muss die Organisation seines Ichs ernstnehmen. Er muss die Aufgaben und die Phasen kennen, er muss die Wege zur Aufgabenerfüllung kennen und lieben lernen, er muss sich in seinen eigenen Schweiß verlieben und er muss täglich arbeiten: An sich – für die anderen! Wissenschaften schaffen Wissen für diesen persönlichen Job jedes einzelnen Menschen: Jeder Mensch ist zum einen ein kompletter Wissenschaftler – zum anderen kann er das geschaffene Wissen der anderen (der Wissenschaften seiner Mitmenschen) für seine Ich-Optimierung benutzen.

Der ganze Frieden
hängt vom Ich ab:
Ist das Ich
mit sich zufrieden,
gibt es keinen Krieg.

Jeder einzelne Mensch ist **Philosoph** (sucht und stiftet nach dem Sinne des Lebens insgesamt), ist **Psychologe** (erklärt und begründet die Motivation des Handelns seiner Person und anderer Personen) und **Angewandter Wissenschaftler** (optimiert die alltäglichen Handlungen, so dass sie leichter von der Hand gehen).

Es gibt keine Wissenschaft außerhalb des einzelnen Menschen – das geschaffene Wissen ist sein „**Induktiv–Deduktiver Paternoster**“, an dem er sich hochbeamt (von der konkreten Alltagshandlung über die Erklärungen zur Sinnstiftung) und über den er sich dann wieder von der Theorie zum Speziellen (deduktiv) das Leben erleichtert und so durch Anwendung der gewonnenen Theorien sein konkretes Verhalten und seine konkreten Handlungen (die im Moment, im Augenblick, in der konkreten Situation ablaufen und die sein einzig verfügbares Lebenswerk in der Summe ihrer Einzelabläufe darstellen) verbessern kann.

Die **Vergangenheit** prägt die Kerben im Baum meines Ichs – sie sind vorhanden, ich kann sie benutzen, ich kann sie nicht wirklich verändern. Die **Zukunft** ist die Verführerin, die mich von der Gegenwart ablenken will: Vorbeugen, sparen, im aktuellen Jetzt verzichten, um für Später gerüstet zu sein. Die **Gegenwart** ist der einzig belebte Ort, an dem es zu optimieren, zu verwalten, zu perfektionieren geht. Wie geht das?

1. Vorläufige Zielanalyse
2. Spontane und sofortige Informationsaufnahme
3. Vorläufige Entscheidungsfindung
4. Unmittelbares und direktives Handeln und Verhalten
5. Vorläufige Ergebnisbewertung
6. Vorläufige Zielkorrektur
7. Sofortiges Weiterhandeln

Woran kann der einzelne Mensch, der sein Ich konstruiert und sein Ich verwaltet, die Effizienz seines Selbstmanagements messen? An der Kürze der Zeit (Latenz), die zwischen vorläufiger Zielbestimmung und erster Handlungsumsetzung benötigt wird: Je kürzer desto effektiver! Die Fragestellung des modernen Menschen lautet unter dieser Prämisse **dann** nicht mehr: Wie bekomme ich immer etwas mehr als ich gerade habe? Sie lautet dann hoffentlich: Wie kann ich das begehren, was ich habe, was ich gerade tue, was ich in der Situation lebe und erlebe?

Die tiefe Verunsicherung und der tiefe Zweifel in Bezug auf die jetzt lebenden Menschen besteht in der Unsicherheit, ob sie genug bekommen haben: Genug Glück, genug Zufriedenheit, genug Akzeptanz, genug Liebe, genug Ansehen, genug Wichtigkeit? Die meisten Menschen glauben: Da sie fast genug von all dem haben, was sie gerne haben würden, würde noch ein klein wenig mehr davon sie wirklich glücklich machen. Die Suche und die Sucht nach diesem „klein wenig mehr" ist letztlich das Ticket zur persönlichen Unzufriedenheit. Der Verführer, der dem Esel glauben macht, er könne die vor dem Kopf am Stab hängende Möhre irgendwann einmal wirklich erreichen (bis zu seinem Eselstod wird dies nie passieren), ist letztlich der effektive Helfer des Patrone.

Wenn man die letzten Epochen analysiert, wird deutlich, dass die Epoche des Geldes, die Epoche des Wissens und die Epoche der Aufmerksamkeit sich langsam von einer Orientierung am Überleben (Sicherheitsdenken) zu einer Orientierung des Erlebens (Gier auf Neues) entwickelt. Während die Menschen in der sogenannten „Moderne" noch an den Menschenrechten, an der Autonomie, an der Verteidigung ihrer Person und eben an ihrer Sicherheit interessiert waren, sind die rastlosen Menschen der „Postmoderne" (der Jetzt-Zeit) nur noch am ultimativen „guten Leben" orientiert. Das ständige Kalkulieren neuer Chancen und das Visionieren von Größenerlebnissen ist die ultimative Definition von Glück. Das Ziel besteht darin, Begrenzungen, Traditionen und Einengungen zu überwinden, Anpassung zu negieren, keine Autorität außer dem eigenen Glücklichsein anerkennen zu müssen: Jeder Mensch , jedes Ich gibt sich selbst das Versprechen des „**Guten Lebens**". Die allgegenwärtige Angst vor Langeweile; die Angst, etwas zu verpassen; die Angst, etwas nicht mitzubekommen; die Angst, abgehängt und ausgegrenzt zu werden, ist mithin das treibende Motiv der Menschen in der Postmoderne. Quälende Frage: Gibt es Normen und Maßstäbe, um das individuelle Lebensglück zu messen? Gibt es Vergleichsparameter meines Lebensglücks, mit dem desjenigen, der zufällig parallel (zeitlich und regional) mit mir durch die Welt lustwandelt? Wie kann ich defensive Sicherheit (nicht übertroffen zu werden) und offensive Sicherheit (in einigen Punkten doch besser zu sein als der andere) auf dieser postmodernen Glücksskala raten? Die Freiheit von den Zwängen definiert gleichzeitig die Unfreiheit der vergleichenden größenwahnsinnigen Glücksjagd: „Die Versuche, gut zu leben unterliegen einer Steigerungslogik: Es kann keine zweitbeste Lösung geben, Perfektion ist das Ziel. Schöner wohnen war gestern. Heute ist das

Ziel: Noch schöner wohnen!“ (Ernst, 2004, S. 29). Wie kommt der Mensch (das Ich) der Postmoderne heraus aus dieser Falle? Sehen wir uns zwei Schaubilder an:

Moderne (Sicherheitssucher)		
	internal	*external*
offensiv	Selbstverteidigung trainieren	Heere um sich versammeln
defensiv	Nicht negativ auffallen wollen	Immer auf der richtigen Seite sein

Postmoderne (Glückssucher)		
	internal	*external*
offensiv	Das Ich trainieren	Stars verfolgen
defensiv	Nach „Neuem“ suchen	Sich einbinden lassen

Wie lautet also der Auftrag des „**Ich in der Postmoderne**“?

Du bist dein eigener Wissenschaftler, dein Philosoph, dein Psychologe, dein Alltagscoach.

Du weißt, dass nur dein eigenes Training dein Ich optimiert: Das Training des anderen optimiert sein Ich aber nicht deins.

Du weißt, dass nur tägliches Training Kompetenzzuwachs bringt und das nur Kompetenzzuwachs die Wahrnehmung von Stärke, Attraktivität, Autonomie aber auch Cleverness und Pfiffigkeit (wo ist das Glück – such, such) ermöglicht.

Du bist der einzige Massstab für dein Glück – der andere Mensch ist der Maßstab für sein Glück. Maßstäbe für dessen Glück sind nicht deine Maßstäbe.

Du legst deine Stolzhitliste fest. Die Bereiche, in denen du Kompetenz antrainierst und in denen du auf Kompetenz stolz bist.

Du hat das Recht und die Kraft, den Augenblick und den Moment höher zu bewerten als die Vergangenheit und die Zukunft. Du kannst es schaffen, der „Verführerin Zukunft“ zu entgehen, indem du im Moment hart arbeitest, konkret handelst und dein Verhalten wichtiger nimmst als dein Spekulieren (Antizipieren, Planen, Vorausdenken). Du bist derjenige, der weiß: **Sofort** handeln und **dabei** bewerten und denken.

Du bist derjenige, der weiß: Körper führt – Einstellung folgt: Ohne Körpertraining kann weder der kognitive IQ noch der emotionale IQ wachsen.

Du bist derjenige, der weiß, dass die Optimierung des Ichs die Voraussetzung für soziales, solidarisches und loyales Verhalten gegenüber den zeitgleich existierenden Lebewesen ist.

Du weißt, dass deine Theorie (Philosophie) und dein Begründungswissen (Psychologie) durch dich immer mehr verbessert werden können, so dass letztlich dein Handeln sicherer, klarer und befriedigender wird.

Du weißt, dass du der Hauptwissenschaftler bist und das alle anderen Wissenschaftler dir nur dann Ergänzungsinformationen geben können, wenn sie im Sinne deiner Ich-Struktur forschen – es gibt keine Wissenschaft an sich, sondern nur Wissenschaft für mich.

Du weißt, dass auch Theologie nur von Menschen gemacht sein kann: Den Nachweis über eine bestimmte Konfiguration von Gott hat noch keine der (fünf oder mehr) Weltregionen erbracht. Der Wunsch auf Gott, die Hoffnung auf Gott, die Hoffnung auf ein Leben nach dem Tod wird jedoch z.B. durch diese „Existenz der Weltregionen" als weitverbreitetes Phänomen nachgewiesen. Die Hoffnung, die du haben darfst, gibt dir Kraft für das, was du konkret gestalten darfst, mußt und sollst. Gestaltest du es nicht, wäre es in jedem Fall Gotteslästerung, wenn es Gott in irgendeiner Form gibt. Schade wäre es auch dann, wenn es Gott nicht gäbe, denn dann hättest du das einzige, was du zur Verfügung hast (diese Lebensjahre, diesen deinen Weg), nicht dankbar verwaltest.

Also: Der jetzige Moment ist heilig, mein jetziges Bemühen veredelt mein Ich, es gibt dazu keine Alternative.

5. Friedensambiente als gesellschaftlicher Auftrag der Lobkultur

Die sogenannte demografische Entwicklung zeigt gegenläufige Kurven für die westlich „entwickelten“ Länder (insbesondere Deutschland) einerseits und „die Welt“ andererseits: Während die „überalterte“ deutsche Bevölkerung bis 2050 nach jetzigen Schätzungen um 12 bis 17 Millionen abnehmen wird (ohne Zuwanderungsrückgang um 23 Millionen), kommt es zu einer entsprechenden Zunahme der Weltbevölkerung von jetzt 6,4 Milliarden auf dann 9,3 Milliarden in den Hochrechnungen. Während in der jetzigen Epoche der „Krieg der Kulturen“ zwischen einem fundamentalistisch orientierten Islam und einem technologisch-säkularen Westen im Sinne eines „unerklärten dritten Weltkrieges“ auf dezentralisierten Schauplätzen heraufzieht und teilweise schon wütet, wird für die nächsten Epochen ein „Krieg der Generationen“ vorhergesagt: Die Alten wollen nicht lassen und die Jungen können nicht können (vgl. u.a. Schirrmacher, 2004).

Frieden geht immer von innen nach außen: Vom Ich über das Du zum Wir. Egal, wieviel einzelne Ich-Kulturen sich auf der Welt tummeln und wieviel Menschen mit unterschiedlichem Alter oder verschiedenen Gottesbildern **Architekten** und **Verwalter** ihres Ichs sind: Die Optimierung dieser molekularen „Personeneinheit“ im Sinne von eigenem Wachstum, Optimismus und Sinnstiftung ist immer die **Grundlage** von Frieden.

Ich-Optimierung kann man mit dem lebenslangen Aufbau und Ausbau eines Hauses vergleichen: Das Haus des Ichs ist niemals fertig. Der Architekt hat Ideen, bildet sie in der Zeichnung ab, kontrolliert und inspiriert die Bauleitung. Der Bauherr als „lebenslanger Verwalter dieses Hauses“ erkennt immer wieder neue Wohnbedürfnisse, ergänzt Raumschnitte, verändert Fassaden, überbaut neue Flächen, aber baut zum Ende des Lebens auch Räume zurück, um damit wiederum die bewohnte (vom Ich besetzte) Fläche zu reduzieren. Der Mensch als Konstrukteur (Architekt) und Bauherr (Verwalter) seines Ichs wird sein **mühsam gestaltetes, erbautes** und **modifiziertes** Haus niemals einreißen – er wird es aber lebenslang optimieren. Es ist sein ganzer Stolz, es ist Ausdruck seiner Potenz nach außen (offensives Ich) aber gleichzeitig auch seine Trutzburg für den persönlichen Zurückzug (defensives Ich), sein Fundament, seine Startplattform und gleichzeitig seine operative Basis für alles, was er außerhalb der Wohnung „draußen in der Welt“ bewirken möchte.

Niemals würde ein Mensch lebenslang an seinem Haus „weiterwerkeln“ und sich in jeder Lebensphase die optimale Wohnsituation mühsam erarbeiten, wenn er sein Haus nicht lieben würde. Wann liebst du etwas? Wenn du selbst und andere es wahrnehmen, akzeptieren, anerkennen und vielleicht bewundern. Wenn du es lobst und wenn sie es loben. Wenn die positiven Merkmale wahrnehmungstechnisch prägnanter sind als die Nachteile. Wenn du optimistisch bleibst und den schwierigsten Umbau in kurzer Zeit mit deinen Mitteln (also auch deinen Helfern) bewerkstelligen kannst: Vom Gartenhäuschen über das Einfamilienhaus zum Bungalow, zur Villa, zum Schloss und dann – im Alter – der langsame Rückbau zur Eigentumswohnung und dann später in die Integration ins „Betreute Wohnen“ in der Altenwohngemeinschaft.

Niemals kommt ein Mensch darauf, das Haus des anderen zu zerstören oder es auch nur ständig kritisch zu beäugen und in Misskredit zu ziehen, wenn er **sein Lebensbauwerk** ständig adaptiert: Er hätte und hat keine Zeit für die Abwertung der anderen Bauwerke – bestenfalls holt er sich beim Sonntagsspaziergang Anregungen von dort für seine eigene Optimierung. Zufriedenheit heißt, die Teile des Bauwerks des anderen zu bewundern, möglicherweise einige Ideen zu importieren aber ständig die eigene Architektur zu verbessern und immer wieder den „kleinen Stolz auf das jetzt aktuell gerade Geschaffte“ zu erleben. Bleib’ bei dir, du hast genug mit deinem Haus zu tun. Selbsternannte Ordnungsamtsspitzel, formalistische Zentimeternachmesser (der Dachüberhang ist zu lang, er reicht zu nah an deine Grundstücksgrenze heran), Leute mit der Abrissbirne, Zerstörer die am Zerstören Spaß haben, demonstrieren eines: Sie haben die Hoffnung auf „ihr Haus“, also auf die Gestaltung ihres Lebens und ihres Ichs, längst aufgegeben. Sie sind scharmützelnde Wegelagerer mit destruktiv verengtem Blick und mit dem gierigen Abrissblick: Ihre Hand ist ständig zur Beschädigung bereit, denn nur dies lindert ihren Neid.

Lobkultur ist gleichzeitig Bewunderung für die Kleinen („die Siebenjährigen“) und tiefer Respekt vor den Alten (denen, die gerade dabei sind, ihr Haus langsam zu verkleinern und zurückzubauen): Die einen – von Neugier getrieben – und die anderen – von dem Wunsch, den Staffelstab übergeben zu dürfen – sind die „Begrenzungspfähle“ unseres Lebens. Dazwischen wird geackert und gerackert. Am Anfang wird gestaunt – am Ende wird gehofft; dazwischen wird wirklich hart gearbeitet. Lobkultur bedeutet, jede einzelne dieser „konstruktiven Regungen“ zu fühlen, zu spüren, zu bewundern, anzuerkennen und „laut zu loben“. Jeder kleine Fortschritt muss innerlich laut oder äußerlich laut kommentiert werden: „Wieder ein kleiner Schritt voran, gut gemacht, war ganz schön anstrengend, hat sich aber gelohnt.“ Die Neugier und die Aufbruchstimmung der „**Siebenjährigen**“ (es wird hoffentlich immer wieder neue Siebenjährige geben) gibt den Mut aber auch Gewissheit für die **Alten**, dass sie nicht umsonst in „ihrem Haus“ gewirtschaftet haben: Wer sonst sollte das Kribbeln, die Unruhe, das „mit den Füssen scharren“ der Siebenjährigen sonst verstehen? Wer sonst sollte diese ungeduldige Neugier sonst befriedigen? (vgl. auch Elschenbroich, 2001, S. 28 - S. 32):

Einzelne Beispiele: „Das Weltwissen der Siebenjährigen“	
1.	**Exklusivität** Die eigene Anwesenheit als positiven Beitrag erlebt haben. „Wenn du nicht wärst ...“. „Da hast du uns gefehlt ...“.
2.	**Eigenliebe** Die eigene Singstimme finden. Den eigenen Namen gesungen haben. Vogelstimmen, Tierstimmen imitieren können. Kanon singen – Verwirrspiel und Ordnungserlebnis. Einen Dialog auf Instrumenten (Duett) inszenieren, ein E-cho hören, auslösen. Diesen Rhythmus spüre ich in den Füßen, und bei dieser Lautstärke ist meine Schmerzgrenze erreicht!
3.	**Verbindlichkeit** Die Erinnerung an ein gehaltenes Versprechen.
4.	**Willensstärke** Gewinnen wollen und verlieren können.
5.	**Geborgenheit** In einer anderen Familie übernachten. Mit anderen Familienkulturen, Codes in Berührung kommen. Einen Familienbrauch kennen, der nur in der eigenen Familie gilt.
6.	**Staffelstab** Wunderkammer Museum: Die Botschaft der Dinge. Ihre Aura, ihr Altern, ihr Fortbestehen nach unserem Tod. Eine Burg kennen. Ein Gefühl haben dafür, dass sich die Welt verändert. Dass die Großmutter anders aufgewachsen ist. Ein Ding aussondern zum Behalten und Weitergeben, an die eigenen Kinder.
7.	**Körperlichkeit (Körper führt – Geist folgt)** Elementare Krankenpflege: Hochlagern, Eis oder Wärme? Atmen, „Schmerz annehmen“. Ruhe oder Bewegung? Handberührung tut gut, wo? (in der Ellenbeuge, am Haaransatz?) Erste Massage-Handgriffe. Sich ausruhen können. Was gut tut: Meinen Augen. Den Ohren. Der Haut. Den Füßen. Was ist Gänsehaut? Stolz auf überwundene Krankheiten und: „Krankheit gehört zum Leben“.
8.	**Wirksamkeit** Die Erfahrung, dass ein eigener Verbesserungsvorschlag in die Tat umgesetzt wurde. Eine Erinnerung: Ich als die Weltverbesserin, der Weltverbesserer.

9. **Stärke**
   Die eigene Kraft dosieren können.
10. **Phantasie**
    Bilder für seelische Bewegung kennen.
    „Wie wenn ein Luftballon platzt....", „ein Fass überläuft".
11. **Großzügigkeit**
    Einem Erwachsenen eine ungerechte Strafe verziehen haben.
12. **Stolz**
    Stolz empfunden haben, „ein Kind" zu sein. Nur Kind.
13. **Dankbarkeit**
    Ich, ein Ankunftswesen: Die Monate und Wochen vor der Geburt – phantasiert, „erinnert".

Lobkultur erlaubt auch, die „Sieben Weltregionen" (vgl. Wehr, 2002) unter einen Hut zu bringen: Das Bedürfnis nach Gott ist so alt wie das Kämpfen des einzelnen Menschen um seinen „**Ich-Wert**". Die Anerkennung dieses Bedürfnisses bei mir führt zu der Anerkennung dieses Bedürfnisses bei dir: Der Wunsch für ein Leben nach dem Tod ist allumfassend (zeitübergreifend, religionsübergreifend) – er äußert sich in immer anderen, oft aufeinander aufbauenden und modifizierten Hoffnungsbildern. Die Hoffnungsbilder des Du zu kritisieren, obliegt dem Ich nicht: Wenn es Gott gibt, würde ihm dies nicht gefallen. Lobkultur heißt also auch, diesen dritten Ich-Auftrag (Ich-Exklusivität, Geborgenheit und Hoffnung auf Gott) sowohl im eigenen Ich wie im Ich des anderen wohlwollend zu unterstützen (zu loben). Lobkultur ist von daher die Grundlage für friedliches Verhalten. Mehr kann der einzelne Mensch auf seinem Weg, in seiner Zeit (in diesen zur Zeit ca. 80 Jahren) nicht leisten – dies aber muss er. Sonst kommt sein Haus nicht zustande oder es bröckelt und er steht ohne Dach über dem Kopf da: Er steht im Regen ....

5.1 Gewalt: Erst stoppen – dann therapieren. Opferschutz vor und durch Tätertherapie

Besonders im Regen steht der Mensch, der Opfer eines destruktiven Übergriffes durch einen anderen Menschen geworden ist: Das Eindringen in den Hoheitsraum (Intimraum – Einen-Meter-Abstand um das Ich herum), das Berühren des anderen Menschen, **ohne** vorher Einvernehmlichkeit hergestellt zu haben, das Stören dieses Menschen und Zerstören seiner Gesundheit, nennt man **Körperverletzung**.

Körperverletzung führt **immer** zu Seelenverletzung: Das Opfer ist nicht mehr „Herr im eigenen Hause". Dies wirkt sich besonders Ich-zerstörend bei Kindern und Jugendlichen aus, deren Ich noch nicht „durchdefiniert“ ist. Die Opfer sind häufig **männliche** Kinder und Jugendliche – die Täter ebenfalls.

Diese Tendenz wird in der polizeilichen Kriminalstatistik 2003 (vgl. BKA, 2004, S. 148) mit den nachfolgenden Opferzahlen beleg, wobei hier das immens hohe Dunkelfeld in keiner Weise berücksichtigt ist und demnach nur ein ganz geringer Anteil von Opfern überhaupt zahlenmäßig erfasst werden kann.

Opfer nach Alter und Geschlecht						
Straftaten-gruppe	Opfer insgesamt 100%	m	w	Alter		
				Kinder (b. 14 J.)	Jugendl. (14-18 J.)	Heran-wachsende (18-21 J.)
Raubdelikte insgesamt	67989	66,9%	33,1%	8,2%	18,5%	10,1%
Körper-verletzung	513752	63,4%	36,6%	8,6%	13,3%	11,8%

Aus der Tabelle entnehmen wir die ganz erheblichen geschlechtsspezifischen Unterschiede. Es sind wesentlich mehr männliche Opfer in den beiden Straftatengruppen registriert worden. Hinzu kommt, dass bei beiden Straftatengruppen generell ein Anstieg der Opferzahlen registriert worden ist, bei Raubdelikten gibt es einen Anstieg vom 2002 zum Jahr 2003 um 2,9%, bei dem Delikt Körperverletzung gibt es einen Anstieg von 2002 auf 2003 von insgesamt 6,0%.

Analog dazu wird auch der unterschiedliche Gefährdungsgrad der Geschlechtsgruppen in Bezug auf die Opfergefährdung deutlich. D.h. also, dass insgesamt das Risiko der männlichen Bevölkerung das der weiblichen in Bezug auf Opferstatus ganz erheblich übertrifft. Jugendliche und Heranwachsende sind insbesondere bei Körperverletzung und Raum überproportional gefährdet.

Opfergefährdung insgesamt (Opfer pro 100.000 Einwohner bezogen auf die jeweilige Altersgruppe)				
Straftaten-gruppe	Opfer insgesamt	Alter		
		Kinder (b. 14 J.)	Jugendl. (14-18 J.)	Heran-wachsende (18-21 J.)
Raub, räuberische Erpressung pp	82,4	49,0	330,6	244,2
Körperverletzung	622,5	387,4	1795,4	2145,6

Opfergefährdung männlicher/weiblicher Personen (Opfer pro 100.000 Einwohner bezogen auf die jeweilige Altersgruppe)								
Straftaten-gruppe	Opfer insgesamt		Alter					
	m	w	Kinder (b. 14 J.)		Jugendl. (14-18 J.)		Heran-wachsende (18-21 J.)	
			m	w	m	w	m	w
Raub, räuberische Erpressung pp	112,7	53,4	78,2	18,3	569,0	78,8	388,6	93,0
Körperverletzung	807,7	445,3	506,9	261,5	2391,0	1166,5	3028,2	1221,3

Was die geschlechts- und altersspezifische Verteilung der Opferzahlen angeht, kann im Zusammenhang mit den Tatverdächtigen-Zahlen betrachtet werden. Die Fall- und Tatverdächtigenentwicklung zeigt auf, dass die Gewaltkriminalität insgesamt vom Jahr 2002 zum Jahr 2003 um 3,4% angestiegen ist (bei den Raubdelikten liegt ein Anstieg von 1,6%, bei der gefährlichen und schweren Körperverletzung ein Anstieg von 4,5% und bei der vorsätzlichen leichten Körperverletzung ein Anstieg von 6,2% im Vergleich zum Vorjahr vor.

Gewaltkriminalität wird in der Regel von männlichen Tatverdächtigen begannen (vgl. BKA, 2004, S. 148). Auffallend ist, dass der Anteil der minderjährigen Tatverdächtigen insbesondere bei dem Delikt Raub am höchsten ist.

Geschlechts- und Altersstruktur						
Straftatengruppe	Tatverdächtige					
	insgesamt 100%	m	w	Kinder (b. 14 J.)	Jugendl. (14-18 J.)	Heranwachsende (18-21 J.)
Raubdelikt	38322	90,6%	9,4%	7,1%	29,5%	18,9%
Körperverletzung (insgesamt)	421201	84,3%	15,7%	4,1%	13,9%	11,3%

Die Zahlen machen deutlich, dass Frauen sich relativ selten an Raubdelikten betätigen. Ein sehr hoher Anteil der Raubdelikte sind die Raubüberfälle auf Straßen, Wegen oder Plätzen (16096), davon 91,1% männliche Tatverdächtige und 8,9% weibliche Tatverdächtige, d.h. 41,1% der 14.-18jährigen sind die Aggressoren im Straßenraub, der größtenteils im Zusammenhang mit Gruppenangriffen gesehen werden muss, wobei häufig Altersgenossen oder auch Jüngere Opfer bei diesen Straftaten sind; das wird durch Angaben der Kriminalstatistik (vgl. BKA, 2004, S. 148) bestätigt, da beim Strassenraub zahlenmäßig männliche Jugendliche (bezogen auf ihren Bevölkerungsanteil) am häufigsten Opfer wurden.

Die Straftatengruppe Körperverletzung beinhaltet u.a. die gefährliche und schwere Körperverletzung auf Straßen, Wegen und Plätzen; hier war jeder zweite Tatverdächtige ein Minderjähriger oder Heranwachsender. Eine gefährliche Körperverletzung liegt z.B. auch dann vor, wenn mehrere Täter gemeinschaftlich handeln. Derartige Gruppentaten sind insbesondere bei Minderjährigen stark verbreitet.

In jedem Fall zeigen diese Angaben, dass in erster Linie männliche Täter auch männliche Opfer produzieren und dass die Opfer häufig sehr jung sind. Das Opfer ist ahnungslos und oftmals ahnet es nicht, dass es gleich für Monate und Jahre (manchmal lebenslang) **traumatisiert** wird. Traumatisiert heißt: Den Glauben daran verlieren, dass ich mein eigenes Ich steuern, kontrollieren, lenken, coachen und eben beherrschen darf. Traumatisierung heißt: Die **Hoheitsrechte am eigenen Ich** weggenommen zu bekommen – **ohne** dass ich vorher gefragt wurde!

> „Körperverletzung und Seelenverletzung bei Kindern wird in **sehr großem Umfang** von (älteren) Kindern und Jugendlichen durchgeführt; die Erwachsenen schauen in stummer Toleranz zu"

Was bedeutet das für den einzelnen **schulpflichtigen** („ausgelieferten") Schüler in seinem Schulalltag? Das wichtigste Schulfach in der Schule ist die „**Idee vom Ich**": **Lernen ohne Sicherheitsgewähr** ist unmöglich. Kindliche **Entwicklung**

ohne Schutzraum ist ein schizophrener Auftrag. Selbstachtung und Selbstbestimmung als Grundlage von Lernfähigkeit und Lernbereitschaft wird insbesondere über das neue Schulfach „Körperorientierung und Körpertraining“ vermittelt: Körpertraining bedingt Geisteszuwachs – wer joggt wird schlauer, wer Ballett tanzt oder Karate lernt, steigert seinen IQ, wer als Kind täglich Selbstverteidigung trainiert, macht sich die Lebensräume mehr und mehr untertan und spürt, dass er in seiner (erst kleinen oder später grösseren) Welt wirklich zu Hause ist. Die Idee vom Ich bedeutet, dass ich weiß, wer ich bin und dass ich weiß, warum ich wichtig bin, so dass ich spüre, dass es ein besonderes Geschenk ist, dass **Ich und gerade Ich** lebe und dass ich zunehmend erkenne, welche Möglichkeiten und Eigenschaften zu meiner Persönlichkeit gehören und welche eben nicht. Nur wer in sich selbst zu Hause ist, kann auch Neues lernen. Um Neues lernen zu können, muss das Kind vor der Opferrolle (vor gewalttätigen Übergriffen, vor Eindringlingen) geschützt werden. Hierzu muss auch und gerade im Schulalltag (denn es ist ja auch das Interesse der Lehrer, dass das Kind überhaupt lernfähig ist und somit das berufliche Handeln der Lehrer „durchdringt“) dem Kind ermöglicht werden, bestimmte Gewissheiten über sein eigenes Ich zu erlangen. Hierzu muss es lernen, sich selbst seines Wertes zu versichern. Diese Selbstversicherung gelingt u.a. auch durch das Aussprechen und zunehmenden Glauben an **Ich-Sätze**.

Sätze zur Selbstachtung
• Ich mag mich gern. • Ich mag meine Familie. • Ich mag das Haus, in dem ich lebe. • Ich mag meinen Körper. • Ich kann gut denken. • Ich sehe schön aus. • Viele andere Kinder mögen mich gern um sich haben. • Ich kann viele Spiele gut spielen. • Ich bin wertvoll. • Ich bin dankbar, dass meine Eltern mich lieben. • Ich lebe gern. • Es ist wichtig, dass es mich gibt. Wenn es mich nicht geben würde, würden viele Menschen mich vermissen. • Ich muss gut auf mich aufpassen, dass ich mich nicht verletze. • Kein anderer Mensch hat das Recht, mich zu verletzen. • Wenn ein anderer Mensch mich verletzen würde, würde er auch meine Eltern, die wollen, dass ich gesund bin, mit verletzen.

Erst wenn ich mich selbst akzeptiere und die Selbstachtung als **„Wichtigste Aufgabe meines Lebens“** verinnerlicht habe, empfinde ich auch **Empörung**, wenn diese „Ich-Essentials“ verletzt werden.

„Ich-Essentials“
• Das Gefühl, leben zu dürfen und leben zu „müssen“ • Das Gefühl eigener Ehre und Würde • Das Gefühl der Berechtigung auf Unverletzlichkeit • Das Gefühl der Berechtigung einen Meter Abstand zum eigenen Körper als „eigenes Hoheitsgebiet“ erleben zu dürfen und verteidigen zu können.

Grundlage von Solidarität und „Fremdachtung“ liegt also in der Selbstachtung. Man kann erst mit dem Leben anderer Menschen solidarisch werden, wenn man sich **vorher** mit sich selbst solidarisiert hat. Nur wer sich selbst ernst nimmt, kann **später** andere ernst nehmen. Der Beziehungs-Dreischritt lautet: „Erst eine Beziehung zu mir, dann eine Beziehung zu Dir und danach eine Beziehung zum Wir.“ Ein Täter ist solange gefährdet, weiter Täter (zerstörerisches Übergriffs-Schwein am Ich eines anderen) zu sein, solange er seine Ich-Essentials nicht spürt und lebt. Erst wenn er dazu in der Lage ist, dann kann sich der Täter zum Opferfreund emanzipieren.

„Du-Essentials“
• Nur wer sich mag, wer sich feiert, wer die Berechtigung seines „Lebendürfens“ aber auch seines „Lebensollens“ in sich spürt und in sich trägt, kann auch Fürsorge für andere, Solidarität, Loyalität und Einfühlsamkeit entwickeln. • Wer sich selbst gegenüber nicht einfühlsam ist, dem geht die Sensibilität für andere erst recht ab. • Wer sich selbst keine Kompetenz aneignet, kann keine Kompetenz vermitteln. • Wer bei sich selbst nicht für Kraft sorgt, kann anderen keine Kraft geben. • Ich kann erst etwas verschenken oder abgeben, nachdem ich es bei mir „angehäuft“ habe. • Selbstversorgung und Selbstachtung ist die Grundlage der Achtung der Würde des anderen Menschen.

Opferschutz bei Kindern und Jugendlichen hat auch deswegen Vorrang vor Tätertherapie, weil nur dann, wenn man den zerstörerischen Arm des Täters erst einmal festhält (Gewalt stoppt), Opfertherapie (Enttraumatisierung des zerstörten kindliches Ichs) **für das Opfer** glaubwürdig ist. Solange der Täter an Mediationsprogrammen als Schulfach teilnimmt – in der Pause aber weiter unbeaufsichtigt mobbt und schlägt – solange kann sich die kleine Opferseele niemals optimistisch reorganisieren. Solange dem Täter nicht wirklich (durch ein Paket an Schul-Security) der schlagende Arm festgehalten wird, fragt er nicht wirklich nach Entwicklungsalternativen für sein Ich und wird er nicht wirklich an „Anti-Gewalt-Programmen" teilnehmen:

Erst nach dem **Stoppen** ist Therapiebereitschaft und Täterveränderung möglich.

Erst nach dem **Stoppen** ist Opfer-Enttraumatisierung denkbar.

Erst nach dem **Stoppen** wird die Berufsehre der Lehrer als Schülerschützer wieder hergestellt.

Erst nach dem **Stoppen** kann sich die „Gemeinschaft der Ichs" (Opfer-Ich, Täter-Ich, Lehrer-Ich) unter **einem** „Wachstumsmantel" solidarisieren.

Erst nach dem **Stoppen** entsteht Glaubwürdigkeit für pädagogisches Handeln von der Erwachsenengeneration zur – **anvertrauten** – Kindergeneration.

Erst nach dem **Stoppen** muss man dieses Buch der Ich-Optimierung weiterlesen ...

Stoppen – aber wie? Zuerst muss man die Täter verstehen: Aus welchem Holz sind sie geschnitzt? Was treibt die Täter bei (Schul-) Gewalt?

Die hilflosen Körperkinder unterdrücken die gutgläubigen Kopfkinder: Die Erwachsenenwelt schaut zu. Die Maxime bei Schulgewalt heißt: Erst stoppen – dann therapieren. Angst killt Pisa: Solange Schüler in einem körperlich-schutzlosen Raum lernen sollen, kann weder Konzentration noch Lernmotivation aufgebaut werden. Das vermehrte Burnout der Lehrer durch „erzwungenen Aufmerksamkeitsverzicht" der gutwilligen Schüler durch die Schulverweigerer ist hier eine weitere fatale Folge.

Was treibt die Täter?

1. Geteiltes Menschenbild
2. Verschobene Neidproblematik (rächen ihren „armen" Vater)
3. Kein Dankbarkeitsgefühl und keine Dankbarkeitsverpflichtung
4. Separiertes Wir-Gefühl: Elite der Darbenden
5. Erhöhte Leidensfähigkeit und erhöhte Anstrengungsbereitschaft als Grundlage von „Kontrollerleben durch Destruktivität": Wir haben nichts zu verlieren – Ihr aber schon"

6. Hohe Autoritätshörigkeit (Totalitarismus, Erfahrungen in der Gesellschaft und im Elternhaus)
7. Hohe passive Gewalterfahrung

Das Persönlichkeitsbild der Täter, die in der Lage sind, anderen Menschen ins Gesicht zu schlagen, in den Magen zu boxen, den am Boden liegenden Menschen zu treten und ihn vor aller Augen abzuwerten, ist meistens zusätzlich von folgenden „Defiziten" geprägt:

- Missachtung und Verpöhnung sozialer Verpflichtungen und Regeln.
- Extremer Mangel an Gefühlen (Empathie, Einfühlsamkeit) und herzloses Unbeteiligtsein für die Not anderer.
- Resistenz gegen Bestrafung: Freude über Bestrafung dadurch, dass das negative Selbstbild (die Erwachsenen sind ungerecht, sie sind gegen mich, ich muss mich rächen und selber durchsetzen) bestätigt wird.
- Extrem geringe Frustrationstoleranz, erhöhte Kränkbarkeit und dauernde Wahrnehmung von Demütigungen und Zurückweisungen.
- Neigung, andere für etwas zu beschuldigen, was diese nicht getan haben.
- Willkürliches, provokantes, provozierendes und „unterstellendes" Kommunikationsverhalten im Sinne ständiger Beschuldigungen.
- Misstrauische und von „Verfolgungsgedanken" geprägte Wahrnehmung: Ständiges Gefühl, ungerecht behandelt und übervorteilt zu werden.
- Unfähigkeit, Beziehungen aufrecht zu erhalten und stabiles und beständiges Verhalten gegenüber anderen Menschen zu zeigen.
- Fehlendes Schuldbewusstsein und ständiger Einsatz von (raffinierten) Legitimationsstrategien, die das unschuldige Opfer als „Auslöser" für die Gewalt des Täters diskreditieren.
- Andauernde Reizbarkeit und emotionale Labilität (Gefühlsschwankungen) und dadurch Unberechenbarkeit.
- Tendenz, Impulse ohne Berücksichtigung von Konsequenzen auszuagieren, um so sofortige Bedürfnisbefriedigung (Abbau von Ärger, Befriedigung von Wünschen) sicherzustellen.
- Freude an Streit und streitsüchtigem Verhalten: Der Täter spürt sich vor allen Dingen im Konflikt, in der Auseinandersetzung und in der Beschuldigung anderer.
- Interesse an körperlichen Auseinandersetzungen und kämpferischer Konkurrenz auf Grundlage hoher eigener „Trainingswerte" und entsprechend überdurchschnittlicher Erfolgshoffnung, den scheinbar gerechten Kampf zu gewinnen.

- Explosives, jähzorniges Wutverhalten (ausser in Situationen, in denen die körperliche Stärke des anderen offenkundig ist) als Grundlage für „Drohgebärden“, Ausrasten und Ängstigen des anderen.

Sicherheit in der Schule bedeutet also aus Sicht des **Lehrpersonals: „Erst stoppen – dann therapieren**“. Ohne die Gewährleistung von Sicherheit für Schüler sind angeblich didaktisch durchdachte Schulprojekte oftmals nur Alibiveranstaltungen. Der Schläger lacht die Lehrer und wiederum die Opfer aus: Nach außen tut er friedlich – in Wirklichkeit inszeniert er seine Übergriffe zur **Sicherstellung künstlicher narzißtischer Zufuhr** zu Ungunsten des Opfers weiter.

Erst wenn sein schlagender Arm von der „Schul-Security“ schon beim Ausholen festgehalten wird, wird er fragen: „Was kann ich denn nun machen, um meine Hilflosigkeit, meine Armseligkeit und mein diffuses Ich in persönliche, legale und sozial akzeptierte (friedliche) Wirksamkeit zu verwandeln?“

Die Schul-Security muß aus Selbstverteidigungslehrern (Uni-Ausbildung, Workshops, fortlaufende Supervision: Körperlehrern) mit Spezialauftrag, aus entsprechend geschulten Zivildienstleistenden (mental und körperlich superfit) und schulbezogenen Kontaktbereichsbeamten der Polizei bestehen und „headsetmäßig vernetzt“ agieren. Der Schläger versteht nur eine Sprache: Die der körperlichen Stärke. Erst wenn du dort sein „Alphatier“, das er bewundert, das er akzeptiert, dem er sich unterwirft) bist, kannst du auch mit deiner sozialen, emotionalen und wissens-inhaltlichen Botschaft bei ihm landen. Schul-Security als Einstieg für Schulfrieden hilft

- **dem Täter**, weil jedes weitere Schlagen auch eine weitere Persönlichkeitszerstörung bei ihm selbst bedingt,
- **dem Opfer**, weil es in seiner Hilflosigkeit und Depression ansonsten nicht lernfähig ist und Pisa noch weiter nach unten geht,
- **dem Lehrer**, weil es Burnout, Selbstwertverlust, Kontrollverlust und letztlich „Glaubwürdigkeit der Erwachsenenwelt“ überwindet.

Ein Problem mit eigenen Mitteln (Bordmitteln) zu lösen heißt: Ich muss mir diese Mittel mühsam, frühzeitig durch hartes eigenes Training schaffen. Bin ich dafür nicht bereit oder nicht in der Lage, muss ich mir „Hilfe von außen“ (Coaching, Expertenunterstützung) holen. Tue ich beides nicht, geht mein Unternehmen (Schule, Staat) zugrunde.

Nach Gewährleistung von Schulsicherheit durch Schul-Security – **Sicherheit von außen** – kann **Sicherheit von innen** entstehen:

Der einzelne Schüler lernt, Respekt vor seinem Körper, vor seinem Leben, vor seinem Ich und Achtung, Würde und Ehre in Bezug auf seine Eltern, seine Wohnung, seinen Herkunftsort, seine Sprache, seine Kultur und eben auch seine Schule zu entwickeln. Hierdurch entwickelt er eine Beziehung zu sich selbst, die die Grundlage für die Beziehung zu den Mitschülern und Lehrern und dann wiederum die Grundlage für seine Gruppenfähigkeit (Teamfähigkeit) wird.

Gruppenfähigkeit und Friedlichkeit (Frieden von mir mit anderen) müssen von daher auch immer als das „**Endprodukt**", das als Ergebnis meiner täglichen Arbeit an mir selbst und mit mir selbst und damit als „weitergehendes Ziel" (höheres Ziel) verstanden worden.

Der **Lehrer** als **Opfer-Beschützer** ist somit gleichzeitig auch ein **Täter-Schützer**: Jeder Täter, der vor einer weiteren (der nächsten) Gewalttat bewahrt (geschützt) wird, hat eine etwas bessere Chance, sein konstruktives Ich (Wachstums-Ich) aufzubauen. Jede weitere Tat ist ein „Selbstzerstörungs-Sargnagel" für das Täter-Ich.

Die größte Sünde der Erwachsenen-Welt (Lehrer, Eltern) besteht darin, den Binnenkonflikt des Täters (ein Konflikt, den er mit **seinem** Leben hat) zu einem angeblichen Zwischenkonflikt zwischen Täter und Opfer (das Opfer wird vom Täter ausgesucht, damit sich der Täter an dem Opfer machtmäßig bereichert) umzudefinieren . Von daher sind Buspaten und Streitschlichter eine Verschiebung des Schutzauftrages der Erwachsenenwelt auf die Schüler selbst – diese sind jedoch den „chaotischen Körperkindern" auf deren Ebene hilflos ausgeliefert. Ein Körperkind akzeptiert niemals Argumente – immer nur die Macht des Stärkeren. **Erst dann**
ist es auch für intellektuelle, moralische, ethische und emotionale Beeinflussung offen ...

Der Verrat der Erwachsenenwelt an den Kindern und Jugendlichen (Schülern) besteht darin, dass das verbriefte „Recht auf Beschützung" der Kinder nicht eingelöst wird.

Die Arroganz der Erwachsenenwelt besteht darin, sich dem Körperdiktat der Unterdrücker weder bewusstseinsmäßig noch faktisch zu stellen bzw. ihm Einhalt zu gebieten.

Forderung

1. Schutz-Lehrer mit besonderer Ausbildung (Körpertraining)
2. Anti-Gewalt-Zivildienstleistende mit besonderer geistiger und körperlicher Ausstrahlung und besonderem moralischen Auftrag
3. Besonders ausgebildete Kontaktbereichsbeamte der Polizei für Schulen
4. Ausbildung eines speziellen Jugend-Security-Dienstes der den speziellen Anforderungen von Jugendgewalt mit Deeskalationstechniken entsprechen kann.

Schutz-Lehrer schützen sich selbst (auch vor Schuldgefühlen und Angst, aber insbesondere vor Übergriffen), schützen das Team (Lehrer-Kollegium), schützen die Opfer und schützen die Täter (vor weiteren immer auch selbstabwertenden Übergriffen). Erst wenn der Täter nicht mehr zuschlagen kann, wird er nach sozialpädagogischen Angeboten (Wie kann ich denn ansonsten mein Ich spüren?) fragen ...

Ich-Optimierung von jugendlichen Gewaltopfern (im Umkreis der Schule) hängt also in erster Linie von der mentalen und körperlichen Ich-Optimierung der Lehrer ab, die dann den unmittelbaren Zugriff auf die Persönlichkeitsveränderung der Täter hätten. Schülersicherheit durch Stärkung von Lehrersouveränität kann letztlich zu einer Zertifizierung der jeweiligen „Friedfertigkeit" von Schule führen. Hierzu sind **Kurse für Lehrersouveränität** (Schutzkompetenz für Lehrer) Grundlage:

Zur Zurückeroberung der „körperlichen Hoheitsrechte" in der Schule können sich ausgesuchte LehrerInnen für einen besonderen Workshop „Körperliche Souveränität für LehrerInnen" bewerben. Hier werden schwerpunktmäßig körperliche Ausdauer, körperliche Kraft, körperliche Beweglichkeit und – in der Summe – Selbstverteidigungskompetenz vermittelt.

Die TeilnehmerInnen erhalten hierdurch vielfältige Kompetenzzuwächse:

1. Faktischer Selbstschutz für die Person des Lehrers.
2. Verbesserung des persönlichen Sicherheitserlebens.
3. Beschützerfunktion für den „anvertrauten" Schüler.
4. Verringerung von Schuldgefühlen durch Wegsehen.
5. Erweiterung des Autoritätsrahmens und der persönlichen Ausstrahlung.
6. Lehrer-Charisma insbesondere bei der Zielgruppe der „Körperkinder".
7. Erhöhung des Vertrauenserlebens potentieller Opfer-Schüler.
8. Verbesserung des „Standings" und der Performance des Lehrerkollegiums insgesamt gegenüber der Schülerschaft.

Neue Akzeptanz des Lehrerpersonals durch den Hausmeister durch dessen Entlastung von seiner „Reglementierungsfunktion". Das **Curriculum** des **Souveränitätstrainings** basiert auf drei Übungsbereichen:

- Körpertraining
- Offensivitätstraining
- Deeskalations- und Coolnesstraining.

Konkret werden die folgenden Expertentrainings eingeübt:

- Definitionskompetenz, Identifikationskompetenz und Argumentationskompetenz zum Gewaltkonzept.
- Wissen zur Traumatherapie und zur mentalen und physischen Identitätsstabilisierung (Durchsetzungstraining, Offensivitätstraining) bei der „seelischen Wiederbelebung von Gewaltopfern".
- Vermittlung von Kompetenz zur Gewaltabkehr und zum Persönlichkeitsaufbau von gewaltbereiten Schülern (Täterkonfrontation).
- Handlungskompetenz zur direkten „Schülerlenkung": Anti-Blamiertraining, Nähetraining, Entspannungstraining, Aufmerksamkeitstraining, Coolnesstraining, Deeskalationstraining, Wahrnehmungstraining und Sinnlichkeitstraining als Offensivitätstraining und zur direkten Beeinflussung aktueller Auffälligkeiten auf Basis provokativer „Direktkonfrontation der Täter".
- Mentaler Selbstschutz: Umgang mit Feindseligkeit, Mobbing, Verletzungsängsten, Statusverlustängsten und Überforderungsängsten durch „Ich-Stabilisierungsmethoden".
- Anleitung zum täglichen Selbstverteidigungs-Impulstraining auf Grundlage von „Raumkontrolle", Beweglichkeitstraining, Krafttraining und Wahrnehmungstraining.
- Strukturelle Vernetzung mit GPS-Notrufmeldern, Polizeidienststellen vor Ort, Schul-Security und Elternteams zur Sicherstellung von „Soforteinsatz bei Gewaltübergriffen".

Die teilnehmenden Lehrerteams würden einmal als Schutzteams und als Einzelpersonen zu zertifizierten „**Anti-Gewalt-Pädagogen**" ausgebildet werden. Nach den 3x3tägigen Trainingseinheiten würde ein zweistündiger Prüfungsblock sowohl die theoretischen , mentalen und die physischen Kompetenzen abprüfen. Das Kompetenzzertifikat erlaubt dem pädagogischen „Security-Team vor Ort" eine individuelle schulbezogene Strategieplanung zur Abwehr von Einzel- und Gruppengewalt. Gleichzeitig wird eine Verbesserung der Kommunikationsabläufe mittels einer Friedenskultur (Lobkultur) und die Schaffung eines „Transparenzgebotes" (gültig für Schüler und Lehrer) durch diese Teams installiert werden können.

Die Supervision durch das AAT-Ausbildungsteam wird über entsprechende „Hotlines" aber auch über Konfrontations- und Souveränitätsübungen vor Ort (auf dem Schulgelände) abgesichert. Hierbei handelt es sich sowohl um ein „Mobiles Einsatzkommando für Schulsicherheit" (Stützpunkt Kultusministerium: Psychologen, Deeskalationstrainer, Mentaltrainer) wie auch um ein umfassendes und prozessorientiertes Supervisionskonzept bezüglich der erfolgten Grundausbildung.

Der Souveränitätszuwachs bei Lehrern reduziert gleichzeitig Burnout, Gefühle von Hilflosigkeit und Empfindungen von Kompetenzmangel bei mentalen und körperlichen Auseinandersetzungen und dient somit zusätzlich der Berufszufriedenheit der Lehrer und der Absicherung der Eltern: Eine sichere Schule ist Grundlage von Lernbereitschaft und Lernmotivation – Eltern, die den „Sicherheitsquotienten" in Bezug auf den Schulalltag ihres Kindes wieder einschätzen können, geben der Schule dann auch ein bewusstes „Unterrichtsmandat".

„Schule gegen Gewalt" gewährleistet **erst** Sicherheit und **dann** Pädagogik: Angst verhindert Lernen! Eine angstfreie Schule sichert nicht nur die Unterrichtsbeteiligung der Gutwilligen (die oftmals Angst haben, eine gute Arbeit zu schreiben oder sich zu melden, weil sie dann bei den Schulversagern und Unterdrückern Neid hervorrufen), sondern auch die Lernbereitschaft der Verweigerer. Gleichzeitig wird das Burnout der Lehrer durch vermehrte Kontrollüberzeugung, Erfolgserleben und wiedergewonnene Freude am pädagogischen Vermitteln unterstützt.

Das subjektive Sicherheitserleben von SchülerInnen ist die Grundlage von Lernerfolg. Ein Klima von Bedrohung, Unterdrückung und Unsicherheit beeinträchtigt nicht nur die seelische Entwicklung von SchülerInnen und behindert dadurch eine reifungsgerechte Identitätsentwicklung – sie wirkt sich auch als „**kognitiver Stopper**" aus. Die Konzentrationsfähigkeit, die Gedächtnisleistung, das logische Denkvermögen und die Bereitschaft, sich Fachwissen zu öffnen, wird hierdurch **extrem** eingeschränkt. Die Angst vor Abwertung oder gar körperlicher Aggressivität in den unterrichtsfreien Zeitzonen (Schulhinweg, Schülrückweg, Schulpause) wird darüber hinaus von einer Angst der „Normalleister" in Bezug auf Schulverweigerer (Übergriffskinder) ergänzt: „Wenn ich mitarbeite, wenn ich mich am mündlichen Unterricht beteilige, wenn ich gute Klassenarbeiten schreibe und gute Zensuren erhalte, werde ich von den Schulverweigerern dafür bestraft." Sicherheitserleben geht vor Unterricht. Lernen ohne Angst ist die Grundvoraussetzung von Schulerfolg: Für die Schüler, für die Lehrer, für die Schule, für das Kultusministerium und somit für den Generationenvertrag in unserer Gemeinschaft.

Für die durch die jeweiligen Kultusministerien ausgeschriebene Zertifizierung „Schule gegen Gewalt" gibt es im Bundesland Niedersachsen bereits erste Überlegungen zu den Durchführungsmodalitäten. Auch ein „Zertifizierungsstempel" ist entworfen:

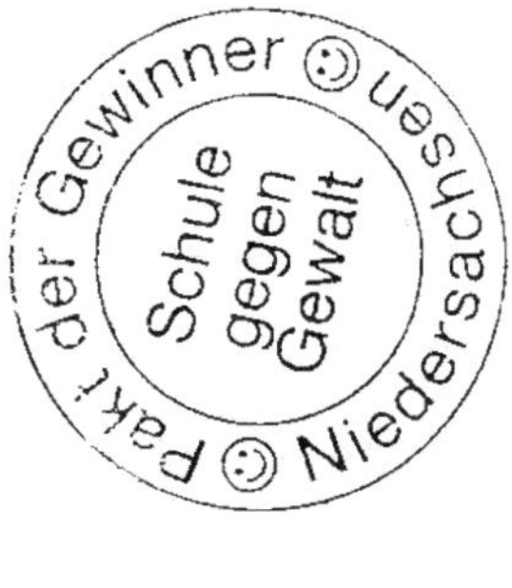

Eine „**Schule gegen Gewalt**“ fördert vor allen Dingen den Körper durch:

1. Atmungs- und bewegungsorientiertes Entspannungstraining, Meditation (Gehmeditation; Phantasiegeschichten)
2. Ausdauertraining (Laufen, Rudern, Schwimmen, Skilanglauf, Fahrrad)
3. Bewegungstraining im Raum (Karate, Qi Gong, Ballett)
4. Schnellkrafttraining (Hantel, Aerobic, Tae Bo)
5. Nähetraining (Streicheln, Massieren, Drücken)
6. Ringen und Rangeln (den eigenen Körper und den Körper des anderen spüren)
7. Anti-Blamier-Training (gemeinsam Tänze und „alberne Spiele“ ausprobieren)
8. Coolness-Training (den Einen-Meter-Abstand gegen Aggressoren / Attackierer /
9. Übergriffe verteidigen lernen)
10. Erste Hilfe-Training (lernen, einem Menschen in Not zu helfen und Achtung vor dessen
11. Versehrbarkeit zu erlangen)
9. Tanztraining (Spüren, wie man mit einem Partner zunehmend
12. ausbalancierte Bewegungsabläufe inszeniert).

Die Verbesserung von Konzentrationsfähigkeit, die höhere Integration von Wahrnehmung durch ständiges Aufrufen verschiedener Wahrnehmungskanäle, die Verbesserung der passiven und aktiven Aufmerksamkeitsreaktionen (wie muss ich mich als Empfänger oder als Sender optimal ausrichten), die Verbesserung der Kondition und damit der „Durchhaltefähigkeit“ in **jeder** Belastungssituation und die Verbesserung der allgemeinen Anstrengungsbereitschaft (unmittelbares Erleben von eingesetztem Willen und kontinuierlich verspürtem Kompetenzzuwachs) steigert die Lernhaltung des Schülers radikal.

Schule gegen Gewalt beginnt bei dir, wird durch dich selbst umgesetzt und endet bei dir. Du bist derjenige, der sich selbst die Zensuren gibt. Du bist derjenige, dessen Leben ab jetzt wieder – vielleicht zum ersten Mal richtig – Spaß macht. Schule gegen Gewalt führt zu Selbstachtung und gutem Körper – es ist ein Überlebenstraining in dieser Gesellschaft. Nur wenn du dich selbst täglich trainierst, kannst du dann auch das aufnehmen, was andere (Lehrerinnen und Lehrer) dir noch zusätzlich beibringen wollen.

Ein Schüler, der gierig ist auf eigene Kompetenz, sichert auch die Arbeitszufriedenheit des Lehr-Körpers. Ungefähr 90 Prozent aller Lehrer müssen sich vorzeitig pensionieren lassen, weil Schule nicht nur den Schüler sondern auch den Lehrer „schafft“. Wenn der Lehrer nicht nur das Körpertraining des Schülers, sondern auch **sein eigenes Körpertraining** während der Schulzeit (während er lehrt) ernst nimmt, dann ist der Lehrer auch nach 30 Jahren Schule nicht mehr so schnell entleert... **SCHULE GEGEN GEWALT** ist also auch und vor allem ein Fitness-Center für SchülerInnen und eine Körperschule für LehrerInnen.

Die konkrete Ausschreibung von Kompetenzkursen für Lehrersouveränität (AAT-Trainer) befindet sich in der Anlage I. Hierbei ist die Zusammenarbeit mit Körpertrainern (Selbstverteidigungstrainer von speziellen Sicherheitsdiensten für Schulen) vorrangig. Eine entsprechende Qualitätssicherung für Schul-Security (Security gegen Jugendgewalt in Institutionen und im Lebensraum von Kindern und Jugendlichen) ist eine weitere Grundlage des hier vorgestellten Schutzkonzeptes für Gewaltopfer unter Kindern und Jugendlichen (vgl. Anlage II.). Diese „didaktische Power“ (mentale und körperliche Überlegenheit des pädagogischen Personals gegenüber den zunehmend organisierten Tätergruppen auf Schulhöfen) wird durch ein „Sofort-Telefon gegen Gewalt“ (vgl. Anlage III.) ergänzt: Über elektronische Vernetzung ist es jedem teilnehmendem Schüler möglich, auch in abgelegenen Situationen (Schulweg) sofort seinen Standort zu melden und Hilfe von der „Schul-Security“ (Sicherheitszentrale) minutenschnell zu erhalten. Allein das Bewusstsein, nicht mehr ausgeliefert zu sein, verändert das Kontrollempfinden insbesondere von Schülern, die schon einmal (oder eben mehrmals) zu Opfern gemacht worden sind. Insbesondere für diese Schüler lohnt sich der hier dargestellte **„Aufwand der Erwachsenen“**. Ansonsten verlieren die Erwachsenen die Anbindung zur nächsten Generation: Das Wichtigste, was ihr Leben auszeichnet und letztlich auch die Sicherheit, später (im Alter) geachtet, geehrt und ebenfalls versorgt (gepflegt) zu werden ...

Motto:

Konfrontiere den Täter.
Schütze dadurch das Opfer.

5.2 Konfrontation des Täters: Qualitätssicherung für den „Heißen Stuhl“

Der „Heiße Stuhl“ hat nur eine Funktion: Der Täter muss durch das Nadelöhr der Gewaltabstinenz hindurch. Er schwört der Gewalt ab, er lässt sich von der Gewalt scheiden, er spuckt auf die Gewalt – alle Gewaltausübung widert ihn künftighin an, weil er weiß, dass dies die pure Schwäche des Täters ist. Jede wahrgenommene Gewalt von anderen widert ihn an, weil er spürt, dass der Mensch, der **diese** Gewalt ausübt, in **seinem** Ich schwach ist. Jede Gewalt widert ihn an, weil er weiß, dass Tausende von Stunden „Aufbauarbeit“ von Müttern, von Erziehern, von Lehrern, von Freunden, von Geschwistern durch einen einzigen Gewaltübergriff bei dem Gewaltopfer zerstört werden. Es widert ihn an, wie der Gewalttäter ein „Vernichter von Energietickets“ der Menschen ist, die das bis dahin lebensfrohe Opfer in seinem Lebenswillen beeinträchtigt und in seinem Ich-Kern zerstört hat.

*„Liberalität gegenüber dem Täter ist ein **zweiter Schlag** in das Gesicht des Opfers“*

Der „Heiße Stuhl“ ist eine zentrale Massnahme in der Konfrontationsphase von AAT®. Konfrontative Pädagogik und konfrontative Therapie müssen sich in besonderer Weise ethisch-moralischen, normativen Kriterien unterziehen, da hier die Gefahr der Grenzverletzung – also die Gefahr der erneuten, weitergehenden oder sogar höchst intensiven Störung oder gar Zerstörung des „**Rest-Ichs des Täters**“ besteht.

Diese Gefahr wird reduziert, wenn der Stellenwert des „Heißen Stuhls“ im Rahmen der AAT-Phasentheorie einer strengen psycho-logischen Einordnung folgt:

Der „Heiße Stuhl“ hat ausschließlich und nur die Funktion, den Täter zur Einsicht des Ausmaßes des von ihm **verursachten Leides** und – vor allem – der Art und Weise und des Ausmaßes seiner **Selbstblockade in Bezug auf sein Wachstum** zu vermitteln.

Wir arbeiten am Täter – im Auftrag der Opfer: Dieses Kernschlagwort des AAT bezieht sich auf die **Reversibilität der Täterperspektive**: Der Täter versetzt sich in die Situation des Opfers und erfährt stellvertretend dessen Demütigung, Kränkung und (virtuell) das erlebte Ausmass der physischen Verletzung, um sich so von erneuten Taten abzuwenden und sich zu ekeln und sich von der Gewalt scheiden zu lassen. Weiterhin ist der „Heiße Stuhl“ das „Nadelöhr zum Kompetenztraining“: Der Täter erfährt, über welche lebenslangen Elternbotschaften, durch welche neurotischen Fehlwahrnehmungen und durch welche normativen Verzerrungen er sich bisher auf das Wirkungsinstrument „Schlagen“ (Zerstören) begrenzt hat. Ihm wird klar, wo die Gründe für die Selbstblockade liegen. Er spürt, was ihn bisher daran gehindert hat, seine Begabungen im Sinne des eigenen Ich-Wachstums, im Sinne der eigenen Ich-Konstruktion, der eigenen Ich-Architektur und des eigenen Ich-Wachstum zu erkennen und täglich (durch Training - Anstrengungsbereitschaft, Willenskraft) zu fördern. Er spürt, wie er durch neu zu gewinnende Kontrolle über seine Ich-Grenzen und seine Inhalte tatsächlich zum Selbstcoach, zum Verwalter seines Ichs und zur „Lobby seines Restlebensweges“ wird. Erst wenn er sich in seine Begabungen, in seine Möglichkeiten und **seine** daraus resultierende **Selbstwirksamkeit** verliebt hat, kann er auch etwas abgeben.

Erst dann kann er solidarisch, loyal und wachstumsunterstützend für den Mitmenschen und für das ihn umgebende Sozialkollektiv werden.

Das **Aufheben der Selbstblockade** hat von daher einen noch etwas stärkeren Stellenwert auf dem „Heißen Stuhl" als die Übernahme der Opferperspektive.

Wenn AAT als konfrontative Pädagogik bezeichnet wird, aber z.B. in dem gesamten berufs-ethischen Normenkodex der „kassenzugelassenen Psychotherapeuten" (Psychologische Psychotherapeuten) kaum ein oder vielleicht gar kein Interventionsinstrument auch nur annähernd so stark in die Persönlichkeit des „Klienten" eindringt wie die Konfrontation (Heißer Stuhl), dann müssen **höchste Vorsichtsmaßnahmen**, intensive Kontrollen und letztlich verbindliche normative Anforderungen an dieses „**Therapieskalpell Heißer Stuhl**" gestellt werden . Die **Mindestvoraussetzungen** hierzu sind:

1. Zertifizierung durch die Psychotherapeutischen Berufsverbände.
2. Ausbildung der AAT-Trainer in die Konfrontationsphasee (Heißer Stuhl) durch fachlich-qualifizierte Psychotherapeuten zur Vermeidung von Grenzüberschreitungen und weiterer Ich-Zerstörung des Klienten (Gewalttäters) bei **gleichzeitiger** nachhaltiger Entwicklung der Opferempathie.
3. Systematische Supervision in der Konfrontationsphase für mindestens einen (vielleicht als besonders problematisch erlebten) Konfrontationsvorgang pro AAT-Gruppe.

In der Konfrontationsphase wird die Methode des „Heißen Stuhls" also noch nicht nach einheitlichen Kriterien im AAT angewandt. Was für die kassenzugelassenen und „zertifizierten" Psychotherapien als Mindeststandard gilt, muss auch auf dem „Heißen Stuhl" verbindlich sein. Die dort angelegten Richtlinienverfahren (z.B. auf Grundlage der Stellungnahme des Wissenschaftlichen Beirates Psychotherapie: WBP) müssen gerade in konfrontativen Trainings Berücksichtigung finden, weil:

1. Der Klient hier sogar noch mit **weniger Freiwilligkeit** als in den „regulären" psychotherapeutischen Maßnahmen einbezogen bzw. sogar „rekrutiert" wird,
2. Die Ausbildungsstandards für Sozialtrainer im AAT aufgrund der ausgiebigen „Vorlaufqualifikationen" in der Regel unter denen von approbierten Psychotherapeuten liegen.

Konfrontative Therapie wird bei regulären psychotherapeutischen Maßnahmen selten, gezielt und „sparsam" eingesetzt: Immer unter Supervisionsbedingungen. Zu den Grundprinzipien von therapeutischem Handeln gehört eine ethisch-moralische Festlegung auf entsprechende Handlungsabfolgen: Problemorientierung, Zielorientierung, Handlungsorientierung, Transparenz und Hilfe zur Selbsthilfe beim Klienten. Grundsätzlich muss ein Überschreiten des therapeutischen

Settings bemerkt, gestoppt und zum Schutze der „gesunden Anteile der Identität des Klienten" reversibel gemacht werden.

Beim AAT handelt es sich um eine störungsspezifische Trainingsmaßnahme **unterhalb** eigentlichen therapeutischen Vorgehens, wobei das Ausmaß in der Regel **oberhalb** therapeutischer Interventionsintensität liegt.

Die Kritik am AAT lässt sich deshalb – teilweise berechtigt – zu großen Teilen auf Kritik an teilweise überzogenem und teilweise unreflektiertem Vorgehen auf dem „Heißen Stuhl" darstellen, wobei „eigene Machtansprüche" der TrainerInnen manchmal durchzubrechen scheinen und professionellem, supportivem, unterstützendem und „heilendem" Verhalten dem Ziel (sich von der Gewalt lösen, um für eigenes Wachstums frei zu werden) entgegenstehen.

Eine Zertifizierung der konfrontativen Maßnahme „Heißer Stuhl" im Rahmen des AAT-Curriculums benötigt von daher wissenschaftlich erbrachte empirische Daten (u.a. über Dipl.-Arbeiten und Dr.-Arbeiten), die über den bisherigen, durchaus vorhandenen Forschungsstand hinausgehen und sich eben auch spezifisch mit den „Gütekriterien" für diese konfrontativen Aspekte des AAT's beschäftigen. Eine vorläufige Positivliste (Was ist erlaubt, was ist verboten?) kann Grundlage für entsprechend weitergehende wissenschaftliche empirische Überprüfungsansätze sein.

Durchführungsrichtlinien für den „Heißen Stuhl" müssen sich sowohl an diagnostischen wie an methodischen und an zielbezogenen Kriterien orientieren.

Die Arbeit mit einem Gewalttäter (Klienten) auf dem Heißen Stuhl muss immer als „Ressourcenorientierte Psychotherapie" verstanden werden: Begabungsreserven, Anstrengungsbereitschaft und letztlich „Friedlichkeitsgier" müssen geweckt werden – sonst nichts!

Die Grundsätze der „Psychotherapeutenkammer" (vergleichbar der Ärztekammer) zur Einrichtung von „**Qualitäts-Zirkeln**" müssen sich auf das AAT im Allgemeinen aber insbesondere auf das Vorgehen beim „Heißen Stuhl" (Konfrontationsphase) auswirken: Ein AAT-Dachverband muss eine entsprechende Fortbildungsordnung mit Fortbildungszielen, festgeschriebenen Fortbildungskriterien (Fortbildungsveranstaltungen) und entsprechenden Fortbildungsnachweisen für jeden einzelnen Konfrontierer (zertifizierten AAT-Trainer) festlegen. Entsprechende Fortbildungszertifikate – die bei einem approbierten Psychotherapeuten als Seminarleiter und Prüfer erbracht werden müssen – sind eine Grundforderung im Sinne von Patientenschutz und Einhaltung der Menschenwürde sowie der europäischen Menschenrechts-Richtlinien.

Positivliste: Was ist wichtig für den „Heißen Stuhl“?

- Es muss herausgearbeitet werden, welches Schamgefühl den Klienten blockiert.
- Mit Hilfe der Konfrontation soll der Klient unterstützt und nicht zerstört werden.
- Die persönliche Blockade des zu Konfrontierenden muss gefunden werden, d.h. es muss punktgenau gearbeitet werden.
- Ein Gefühl des ultimativen „Dranseins“ entsteht beim Klienten.
- Die Konfrontierer müssen ein offenes Ohr haben.
- Den Konfrontierern wird eine 100-prozentige Konzentration abverlangt.
- Fast während der gesamten Konfrontation ist eine warme Atmosphäre vorhanden; das ist gut für das Wachstum des Klienten.
- Unter den Konfrontierern besteht eine Grundsolidarität: Wir wollen nur eins, und das ist das Wachstum für den Klienten.
- Den Konfrontierern wird vorrangig eine intensive Zielstrebigkeits-Gier abverlangt.
- Besonders wichtig ist die Entwicklung einer wirksamen Kreativität bei den Wiedergutmachungsvorschlägen der Konfrontierer.
- Da es sich bei der Konfrontation um eine Ausnahmesituation handelt, ist die Fürsorglichkeit dem Klienten gegenüber ein absolutes Muss.
- Ein hohes Maß an Feinfühligkeit während der Konfrontation ist von großer Bedeutung.
- Da die Konfrontierer sozusagen Teamplayer sind, müssen sie sich gezielt die Bälle zuspielen und natürlich auch auffangen.
- Es sollte von den Konfrontierern möglichst vermieden werden, eigene Lebensentwürfe auf den Klienten zu projizieren.
- Für den Konfrontierenden sollten ermutigende Impulse durch die Konfrontationsrunde erfolgen, negative Verhaltensweisen sollten ihm in logischer Form gespiegelt werden.
- Die Schweigepflicht und die Verpflichtung zum gegenseitigen Vertrauen muss bekannt sein und von allen Seiten anerkannt werden.
- In einem kurzen Vorgespräch sollten die Konfrontierenden festlegen, wie die Wachstumslinie für den Klienten aussehen kann.

Verfahrens-Richtlinien für den „Heißen Stuhl“
1. Diagnostik
Störungsbeschreibung
Bedingungsanalyse
Verhaltensanalyse
Zielanalyse
2. Methodik
Selbst- und Fremdverstärkung (Operantes Lernen)
„Bestrafen“ (Aversives Konditionieren)
Löschung (Systematische Desensibilisierung)
Selbstkontrolle (Biofeedback)
Selbstinstruktion (Kognitive Steuerung)
Imagination
Modelllernen
Rollenspielen
3. Interventionsziele
Verhaltensveränderung (Selbstkontrolle)
Psycho-Physische Balance
Erkenntniszuwachs über „Gewaltauslöser“
Opferempathie
Wachstumsmotivation beim „Täter-Ich“

Worauf kommt es nun auf dem „**Heißen Stuhl**“ inhaltlich, methodisch und ultimativ an? Das wichtigste „therapeutische Axiom“ für diese konfrontative Methode ist die Auflösung eines „**geteilten Menschenbildes**“ zuerst bei den Therapeuten (beim Konfrontationsteam) und dann beim Klienten (beim Schläger). In beiden „Köpfen“ ist eine deutliche Trennung und Separierung von „**Wir**“ und „**Ihr**“ vorhanden: Selbst noch so einfühlsame, empathische, sozial aufgeschlossene, liberale und einem emanzipatorischen Menschenbild verhaftete Therapeuten **trennen** die Chancen für Menschen nach einem „unbewussten Schichtsystem“, auch wenn dies nicht zugegeben werden kann. Beweis: Werden Wachstumsziele für Klienten (Schläger, Körperverletzer, Gewalttäter auf dem „Heißen Stuhl“) formuliert, die „**eigentlich**“ für die „Klasse der Therapeuten“ (Mittelschicht, intellektuelle, epochal gut orientierte Menschen) „reserviert“ sind, entsteht bei dieser Gruppe (Therapeutenklasse, Trainerklasse) ein zweifelnder Blick, ein spöttisches Unwohlsein und eine ungläubige Miene; das Gleiche passiert im Ich des Klienten. Umgekehrt ist es für Schläger unvorstellbar, dass der „labernde Therapeut“ jemals auch nur annäherungsweise in seine Welt eintauchen, ihn „verstehen“ und seine Hilflosigkeit, seinen Ehrverlust, seine Angst, seine Hoffnungslosigkeit und letztlich auch das Ausmaß der Aufgabe des eigenen Lebensgefühls nachvollziehen kann. Zwei Gruppen von Menschen in einem Raum: Der Transferauftrag von der einen Gruppe (Therapeuten) zur anderen Gruppe (Schläger) als störbarer Drahtseilakt, weil beide „Völker“ unterschiedliche Bewußtseinssprachen sprechen.

Der Auftrag für den Trainer, sich in das Menschenbild (Lebensgefühl) des Täters „hineinzubeamen“ und für eine kurze Zeit „Er“ zu werden, also wie ein Schauspieler die Rolle so zu internalisieren, dass die Rolle nicht gespielt, sondern tatsächlich gelebt wird, ist die erste Therapeutenpflicht, um die Akzeptanz und damit auch die Mitarbeitsbereitschaft des Probanden zu gewinnen. Dies ist eine Bringeschuld der Therapeuten: Nicht der Täter versetzt sich in das Lebensgefühl des Therapeuten und seiner Schicht (der potentiellen Opfer, der Angepassten, der Gutwilligen, der Friedlichen) freiwillig hinein – zuerst muss der Auftrag umgekehrt ausgeführt werden. Dieses philosophische und methodische Axiom bedeutet konkret zusammengefasst folgendes:

1. Der Trainer beamt sich ins Täterbewusstsein ein (entwickelt Fragesucht und Verständnissucht statt Unterstellungssucht).
2. Der Trainer offeriert eigene Bewältigungsstrategien (die für seine persönliche Ich-Konzeptualisierung wirksam waren und sind) auf dem Tablett: Transparenzauftrag.
3. Der Trainer definiert den Transferauftrag für den Klienten im Sinne der Darstellung einer „konkreten Verhaltensbrücke“ durch Wiedergutmachungsaufträge: Sieben Aufträge, die durchgeführt und kontrolliert werden müssen, damit der kompensierende Unterschichtler zum kompetenz-trainierenden Mittelschichtler wird.

Die Handicaps für die Therapeuten liegen oftmals in der Geheimhaltung eigener Identitätslinien: Ich – als Therapeut – habe öffentlich (zumindest nicht in schichtübergreifender Weise) selten oder nie meine eigenen Männlichkeitsrituale, meine kognitiven Rituale, meine Liebesrituale oder auch nur meine Trainingsmethoden für „Kopf, Körper und Herz“ offengelegt. Der Transfer vom männlichen Schläger zum Trainer gelingt vor allem dann, wenn eine **Vielzahl** männlicher Trainer sich im Konfrontiererteam eine Mischung zwischen privater und professioneller Extremoffenheit zutrauen. Die Ergänzung dieses Trainerteams durch weibliche Konfrontiererinnen ist sehr wünschenswert – die Majorität bei männlichen „Identitätssuchern“ muss jedoch auch durch männliche Konfrontierer präsentiert werden.

Die eigentliche inhaltliche Kausalabfolge – die das Trainerteam dem Täter auf dem „Heißen Stuhl“ verdeutlichen und „in sein Gehirn hineinzwingen“ muss, also die eigentliche Konfrontation – sieht dann wie folgt aus:

1. Konfrontation des Täters mit seiner eigenen Unzulänglichkeit in Bezug auf seine bisher nicht offensiv durchgeführte Geborgenheitssuche (Nachfrage nach Liebe, insbesondere beim Vater) und in Bezug zu seiner „Stolzhitliste".
2. Konfrontation mit **seiner Art zu kompensieren**, also mit seiner Gewaltausübung, mit seinen widerlichen, menschenverachtenden, feindseligen und menschenzerstörenden Gewaltübergriffen gegenüber Unbeteiligten (die nichts dazu können, dass seine Ich-Funktionen bisher so minder ausgeprägt sind).
3. Konfrontation mit seinen Legitimationsstrategien in Bezug auf seine Kompensationshandlungen (seine Gewalthandlungen).

Keinesfalls ist es sinnvoll, die Kompensation als solche (unvermittelt) in Frage zu stellen oder – noch unverständlicher für den Täter – ihn permanent und ständig mit seinen Legitimationsstrategien (seinen Selbstlügen) zu konfrontieren, da diese ja zu **seinem jetzigen Ich-System** gehören und es unmittelbar ausmachen (sein jetziges Ich definieren): Du kannst einem Menschen erst was wegnehmen, wenn Du ihm etwas anderes (tragfähigereres) geboten hast.

Die heilige Aufgabe der Konfrontations-Therapeuten besteht also in der strikten Einhaltung dieser logischen Reihenfolge, wobei im konkreten Konfrontationsgeschehen durchaus erst die Gewalt als solche thematisiert werden kann, um einen Ankerpunkt für die weitergehenden aufdeckenden Konfrontationshandlungen gemeinsam zu definieren (Warum sitzen wir hier eigentlich zusammen – was willst Du eigentlich von uns oder von deinen Mitmenschen insgesamt?).

Die wichtigste bewusstseinsmässige Ausgangsrealisation des Trainerteams besteht von daher in folgenden Aufträgen:

1. Realisiere als Trainer, was der Täter in der Gewalthandlung erlebt und was er schützen will. Sein persönliches Schutzerleben geht bei körperlichen Auseinandersetzungen (Gewaltübergriffen, die er provoziert oder inszeniert hat) erst in eine defensive Richtung: Ich will meinen Körper (meine körperliche Unversehrtheit) schützen **und** ich will meine Ehre schützen. Das subjektiv erlebte Schutzbedürfnis des Körpers basiert auf einer Unzahl von – in seinem kurzen Leben bisher erlebter – passiver Gewalterfahrung, wodurch er seinen Körper immer wieder als extrem verletzt spüren musste. Sein Schutzbedürfnis in Bezug auf seine „Restehre" bezieht sich darauf, dass er kaum mittelschichtsadäquate Kompetenzen besitzt und von daher sehr wenig „Ehrzufluss" (außerhalb der Schlägersituation) erleben durfte. Im Gegensatz zum Trainer, der sein Selbstwertgefühl und seine Kontrollüberzeugungen durch ständige mittelschichtsorientierte narzisstische Zufuhr als Reservoir permanent aufbessern und auffüllen kann, hat der junge Schläger hier kaum „narzisstische Einnahmequellen". Beispiel: Der Täter redet, wenn er von Ehre redet, immer von der Ehre seiner Familie, die aber nicht da ist, wo der Vater weg lief, wo die Mut-

ter verzweifelt ist, wo der Bruder kriminell und die Schwester vielleicht subkulturell unterwegs sind...

2. Der Täter will sich durch seine Gewalthandlung (Kompensationshandlung) künstlich aufwerten und durch **Gewalt und nur durch Gewalt** erlebt er sich als wirksam, als Kontrollierer, als Hervorrufer, als Bedinger, als Verursacher von Effekten und somit als lebendig.
3. Er will die (notgedrungen wegen fehlender anderer Wirksamkeitsinstrumente) ausgeübte Gewalt **vor sich und dann** vor anderen legitimieren und entschuldigen: Er entwickelt Legitimationsstrategien, die so raffiniert sind, dass er sie selbst glaubt und dass sie in der Regel auch von den jeweiligen Opfern (vor den staatlichen Institutionen wie Polizei, Staatsanwaltschaft, Richterschaft) nur schwer widerlegt werden können.

Dieses „Paket“ an Gewaltmotiven sind die „erlebten Ziele“ des Täters, die das Trainerteam sich vor Beginn der Konfrontation ins Gehirn hineinmeißeln muss.

Erst **nach der Konfrontation** beginnt die Selbststeuerung, das **persönliche Wachstum** und die „Ich-Optimierung“ des Täters.

5.3 Täterwachstum als Opferchance: Friedlichkeit durch „Folgsamkeit“ und „Trainingsgier“

Die beste Versicherung gegen Rückfall in aggressives Verhalten und Gewaltbereitschaft liegt in der „Versöhnung des Täters“ mit seinem Ich.

„Gier auf Persönlichkeitswachstum ist der mindeste Wiedergutmachungsversuch des Täters im „Gedenken an seine Opfer“

Das Wachstum der Persönlichkeit von Gewalttätern ist ein „Spezialfall von Ich-Optimierung“: Auch der Täter ist Architekt seines Ichs und lebenslanger Verwalter seines Ichs – vorher steht aber die **Ich-Korrektur**. Das Anti-Aggressivitäts-Training (AAT®) ist im deutschsprachigen Raum die älteste und am meisten bewährte Methode, um für den Schläger den Weg zur Friedlichkeit zu ebnen (vgl. Heilemann, 1993). Das AAT wurde erst im Jugendstrafvollzug und später auch in anderen „Stationären Verwahreinheiten“ (Erwachsenenstrafvollzug, forensisch-orientierte Landeskrankenhäuser) angewandt – in den letzten 10 Jahren ist es zunehmend in der gemeindenahen ambulanten Versorgung eingesetzt worden: Jugendgerichtshilfe, Jugendämter und sozialpädagogische Vereine trainieren Schläger „vor Ort“ zu „Mutigen Pazifisten und Friedensscouts“.

Mit Beendigung des AAT muss der Täter seine neue Friedlichkeit im Alltag für sich selbst und für das Kollektiv (seine soziale Umwelt) unter Beweis stellen: Er setzt die neu gewonnene Kompetenz **auch** für das Wohl aller (Solidarität, Loyalität, Hilfsbereitschaft) ein und wird als „Guardian Body" insbesondere indirekt, passiv und defensiv (Deeskalationsprinzip) immer dann einschreiten, wenn irgendwer in seinem direkten **aktuellen** Umfeld von anderen bedroht wird. Hierbei handelt es sich **auch** um eine indirekte Wiedergutmachung bei seinen Opfern: Er hilft dem Bedrohten und denkt dabei an sein Opfer: „Ich kann es niemals direkt gutmachten aber ich kann durch viele einzelne 'Bekennerhandlungen' beweisen, dass ich jetzt ein anderer bin. Dieser Wandel macht mich stolz auf mich und dieser Wandel erlaubt der Gemeinschaft, mich wieder aufzunehmen. Ich selbst habe es in der Hand, meine Ausgrenzung (z.B. durch Strafvollzug) aufzuheben und mich für die Gemeinschaft wieder als „spielbares Mitglied" anzubieten. Dies ist eine **lebenslange** Aufgabe für mein „neues Ich". Diese vierte Phase der Realisation von neugewonnener **Kompetenz** und **Friedlichkeit** steht unter dem Motto „Beweispflicht" und „lebenslange Verpflichtung".

Der jugendliche Täter muss bei der Architektur seines „friedlichen Ichs" vor allen Dingen die folgenden Aufgaben bewältigen:

1. Trauerarbeit:

Warum hat das Schicksal mich in diese (zumeist aufgelöste, geschiedene) Familie „hineingesteckt", warum habe ich mehr Handicaps als andere (männliche) Kinder, wieso mutet man gerade mir so etwas zu ....?

2. Wunscharbeit:

Wie kann ich meine inzwischen verbarrikadierten Wünsche, nach liebgehabt- und gelobtwerden-wollen, nach gestreicheltwerden und Zärtlichkeit, nach „bei Papa auf dem Schoss sitzen können" und von „mit Mama den Weihnachtsbaum schmücken können" wiederbeleben, so dass ich sie selbst wieder spüren kann? Wie kann ich meinen Optimismus, später selbst einmal ein „Großer" zu werden, wiederbekommen? Wo kriege ich Anfeuerung und Unterstützung her, damit ich nicht müde werde, an meinen persönlichen Zielen (Ich-Wachstum) zu arbeiten.

3. Geschlechtsrollenarbeit:

Wie kriege ich es hin, dass ich meine Rolle als Mann „von der Muttersprache zum Slang" lerne? Wie kann ich die traditionelle, orginäre Männerrolle lernen, ohne dass ich von Frauen kritisiert werde, um mich **dann** von ihr zu emanzipieren und eine „geläuterte und ganzheitliche" (übergeordnet menschliche) männliche Position zu beziehen? Was muss ich als kleiner Junge können, wie muss ich es als junger

Mann weiterentwickeln und wie kann ich es dann als abgebender Mann fruchtbar benutzen, ohne dass ich mich ins Abseits stelle oder gar von Frauen als Bedrohung und von Kindern als „chauvinistischer Herrscher" erlebt zu werden?

Folgsamkeit in Bezug auf das Wissen der Trainer zur Ich-Verbesserung und Trainingsgier als Grundlage der Verantwortungsübernahme für mein Ich sind die Grundlagen der Täter-Emanzipation. Friedlichkeit hat einen Namen: Kompetenzzuwachs! Nur durch Kompetenzzuwachs entsteht Stolz auf die eigene Person und die Bereitschaft, den anderen „in seinem Profil" zu bewundern, seine Stärken zu erkennen, seine Stärken „anzubeten" und ihn – als Mit-Ich" – als wunderbare Ergänzung zu meinem eigenen Ich zu verstehen und zu erleben. Die Suche nach „kongenialen Partnern" erweitert meinen Erlebnisspielraum, meinen Handlungsspielraum und bereichert letztlich meinen Lebensweg. Nur wenn ich mich täglich anstrenge und wenn mein Nebenmann bzw. meine Nebenfrau sich täglich anstrengen, können wir auf uns (auf unser Wir, auf unser Team) auch gemeinsam stolz sein. Es geht nicht darum, der oder die Beste zu sein – es geht darum, dies lebenslang anzustreben.

Ich-Optimierung als Friedenschance für den Täter bedeutet in der Entwicklungsphase des Ichs (8. bis 16. Lebensjahr) vor allen Dingen Optimierung der Geschlechtsrolle und hier (die meisten Täter sind männlich) der Männerrolle.

Die Entwicklung von Männlichkeit, also die männliche Rollenaneignung, kann auch als „Rollenlernen in Abwesenheit des Rollenmodells" beschrieben werden:

1. Kleine Mädchen verfügen über eine Unzahl gleichgeschlechtlicher Rollenvorbilder: Von der Mutter über die Schwestern bis hin zu den Kindergärtnerinnen und Grundschullehrerinnen (jeweils über 90 Prozent): Sie können ihre „Muttersprache" – die weibliche Standardrolle – aus einem großen Reservoir von Rollenbildern frei verfügbar verknüpfen, erlernen und stabilisieren.
2. Der kleine Mensch kann erst ab dem 10. Lebensjahr symbolisch / abstraktlogisch denken und sich etwas „herbeiphantasieren", was in der Realität nicht verfügbar ist. Der kleine Junge muss seine männliche Standardrolle in **Abwesenheit** seines konkreten Rollenvorbildes erahnen und fragmentarisch erarbeiten. Er kann sich nur auf einige wenige – meistens vom Gegenpol (weiblichen Geschlecht) formulierte – Rollenanker einstellen. Verlass hierauf ist nicht. Die erwachsenen Frauen (Lehrerinnen, Kindergärtnerinnen, Mütter) sagen zu ihm: „Ich glaube, ein Mann verhält sich so und so ...."
3. Nur wer die Muttersprache schnell und präzise erlernt hat, kann auch von ihr abweichen und den Slang beherrschen. Der kleine Junge hat nur den Slang gelernt und wird niemals muttersprachlich an einer Hochschule (Universität) studieren können. Wer nur berlinerisch gelernt hat aber nicht hochdeutsch, scheitert im Studium und somit auch beim Rollenerwerb. Wer aber die Muttersprache präzise beherrscht, kann schnell abweichen und sich flexibel (sou-

verän) verhalten: Das kleine Mädchen kann sehr wohl Hosen anziehen, mit einem blauen Fahrrad fahren – der Junge würde sich totschämen, müsste er mit einem rosa Fahrrad zur Schule fahren oder gar in einem Röckchen.

4. Die Hilflosigkeit des Jungen – die ja auf der Abwesenheit der männlichen Rollenvorbilder basiert – wird nicht den „Vätern" sondern den gleichaltrigen gegengeschlechtlichen Menschen (Mädchen) zugeschrieben: Sie werden in ihrer Überlegenheit gefürchtet und gehasst, da ja die männliche Rolle angeblich die Überlegenheit des Jungen vorsieht, aber das Gegenteil (Mädchen sind größer, besser gebildet, können sich besser ausdrücken, sind souveräner) der Fall ist. Dadurch entsteht ein extremes Frustrationsaufkommen in Anwesenheit der Mädchen, das auf diese Mädchen bezogen wird. Sie werden deswegen nicht nur gehasst sondern auch beschimpft, geschubst, gequält, geschlagen – dies ruft wiederum die weiblichen erwachsenen Sozialisationsagenten (Erzieherinnen, Lehrerinnen) auf den Plan, die den Jungen abstrafen. Denn: Auch sie wurden damals schon aufgrund des gleichen Dilemmas von kleinen Jungs gequält und halten nun zu ihren Geschlechtsgenossinnen (kleinen Mädchen). Der kleine Junge wird also letztlich dafür bestraft, dass ihm sein Modell abhanden gekommen ist, dass er er sich unsicher fühlt, dass er dies ausgleichen möchte aber nicht weiß wie.....

Fazit: Seine Unsicherheit des kleinen Jungen wird durch die Macht der (weiblichen) Erwachsenen noch potenziert. Er wird noch gefährlicher. Für sich, für die Mädchen und für die Gesellschaft …

Der kleine Junge muss also zur Zeit unter widrigen Bedingungen seine männliche Ursprungsrolle (Muttersprache) erlernen und kommt anfangs kaum dazu, sich von ihr im Sinne rollenübergreifender Persönlichkeitsmerkmale zu emanzipieren.. Während das kleine Mädchen im Alter von ein bis zehn Lebensjahren eine Unzahl weiblicher Rollenvorbilder direkt „vor der Nase hat", muss der Junge entweder indirekt über das andere Geschlecht oder über die wenigen „männlichen Erfahrungszipfel", die er noch erhaschen kann, seine Rollen mühsam „zusammenstoppeln". Er hat einige wenige rudimentäre Ankerpunkte (nicht weinen, dominant sein, sich durchsetzen, kein rosafarbenes Fahrrad ohne Stange fahren, keinen Rock oder kein Kleid anziehen) auf die er sich zurückziehen kann und muss – die Mädchen fahren in der Zeit längst mit einem blauen Stangenfahrrad (Hosen tragend) durch die Gegend ...

Die weiblichen Erziehungsagenten bestrafen den Geschlechtsfremden, um die geschlechtseigenen Abkömmlinge (Mädchen) vor dem zu schützen, was sie selbst als kleine Mädchen schon erlebt haben: Übergriffe des neidischen, hilflosen, „unterentwickelten" und letztlich aggressiven und wenig unterrichtsaufmerksamen Jungen, der letztlich die bestraft, die ihn direkt bedrohen und derer er habhaft werden kann: Die gleichaltrigen Mädchen.

Die „männlichen **Förderer der verlorenen Söhne**“ sind noch nicht am Start – der „**Weiße Ritter**“ muss sich erst noch auf den Weg machen ... . Die Erwachsenen müssen dem Jungen Sicherheit geben, was er können darf, was er können soll und was er können muss – und sie müssen es mit ihm üben. Immer wieder und **mehr** als mit den (gleichaltrigen) Mädchen ...

Männliche Zivildienstleistende als Jungen-Coach („The first Boy-Scout“) müssen im Berufsfeld Schule und auch schon im Berufsfeld Kindergarten Eingang finden. Für **erwachsene Männer** soll es sich wieder lohnen, ihre **gleichgeschlechtlichen Mitmenschen** großzuziehen: In ihnen und vornehmlich in ihnen leben sie weiter...

In einem Workshop (Coolnesstraining für Jungen) wird im Sinne eines neuen „Vater-Sohn-Generationsvertrages“ Männlichkeit direkt eingeübt (vgl. Anlage IV.). Neben den Vätern sind es auch die „Großen Brüder“, die in einer informationsvernetzten, schnellebigen, globalisierten Welt noch präziser als die alten Männer angesagtes männliches Rollengefüge vermitteln können. Das Idealbild des „Großen Bruders“ wird von einzelnen Jungmännern verkörpert – um sie zu finden, benötigt jede Gemeinde und jede Stadt ihr spezielles Casting.

„Der ideale große Bruder“ Casting für männliche Rollenvorbilder
Als Grundlage für die Entwicklung der basalen (ursprünglichen, tradierten) männlichen Rolle (Ausgangsrolle) stehen Väter und Großväter nur noch indirekt zur Verfügung. Aufgrund der Globalisierung im Informationszeitalter wechseln sowohl die Grundfaktoren der (männlichen) Rollenkonstruktionen und vor allem die aktuellen Trends (teilweise drei- bis viermal pro Saison) so rasant, dass die Rollenvorbilder aus der Erwachsenenwelt kaum noch Beachtung finden und ihnen kaum noch Definitionsmacht zukommt. Der „Ideale große Bruder“ als männliches Rollenvorbild ist gefragt: Wo und wie kann sich der „kleine Junge“ orientieren, um Hinweise über seinen Job, seine Aufgabe (Übernahme der traditionellen Rolle als Grundlage für eine differenzierte und „emanzipierte“ Rollenauslegung) durchführen zu können? In einem „Jungmänner-Casting“ soll das Profil des idealen großen Bruders gefunden werden. Die Kriterien für „Männliche Rollenkompetenz“ sollen sich über vier Kategorien erstrecken: **1. Aussehen** Attraktivität des Gesichts; Attraktivität der Figur; Charisma und Ausstrahlung (Gang, Stimme usw.); körperliche Fitness (Ausdauer, Muskeldefinition, Beweglichkeit).

2. **Soziale Kompetenz**

   Attraktivität als Mann für Frauen; Einfühlungsvermögen; Empathie; Beherrschen von Künsten und Hobbies; Humor und Witz; Rhetorik.

3. **Intellektuelle Kompetenz**

   Logisches Denken; Gedächtnis- und Merkfähigkeit; Konzentrationsfähigkeit; kulturelles Wissen; Auffassungsschnelligkeit; Wahrnehmungsgenauigkeit.

4. **Emotionale Kompetenz**

   Fähigkeit, Trauer und Freude zu erleben; Fähigkeit, Trauer und Freude auszudrücken; Dankbarkeit, Treue und „Lebensphilosophischer Überblick"; Fähigkeit, Nähe geben und nehmen zu können; Fähigkeit zu Zärtlichkeit, Trost und Aufmunterung.

Der „Ideale große Bruder" soll im Rahmen einer „Mister-Wahl" im Kreis Hameln-Pyrmont gekürt werden. Als Initiator und „Preisverleiher" soll der für Friedlichkeit und Prävention (Jungen-Coaching) einstehende Verein „Gewaltfänger e.V., Hameln" fungieren. Sponsoren und Unterstützer könnten sein: Deutscher Kinderschutzbund; Präventionsrat; Junge Union; Jung-Sozialisten; Sportvereine, Stadt Hameln, Landkreis Hameln-Pyrmont.

Die Kernfrage für den kleinen Jungen, der nicht mehr Schläger sein will, lautet: Was kann ich tun, um mich wie ein mutiger Pazifist (Robin Hood, Arnold Schwarzenegger) zu entwickeln?

Der Schläger kann ein kleiner Held werden, wenn er sich wie ein kleiner Held verhält: Ein kleiner Held strengt sich dafür an, dass er **das** gut kann, was er **gut** können möchte. In erster Linie muss er seine eigene (männliche) Rolle kennenlernen, sich in sie verlieben und sie „haben wollen". Was gehört zur **Männerrolle**? Es gibt einige vorläufige Anworten:

1. Zielsicher Pinkeln
2. Anziehend
3. Gut aussehen
4. Körperlich fit
5. Wehrhaft smart
6. Charismatisch
7. Im Notfall durchsetzungsfähig
8. Mutig
9. Einfühlsam

10. Souverän
11. Willensstark
12. Anstrengungsbereit
13. Potent
14. Entscheidungsfähig
15. Teamfähig
16. Reich
17. Selbstbewusst
18. Clever
19. Erfinderisch
20. Erfolgsorientiert
21. Widerstandsfähig
22. Gesund
23. Witzbereit
24. Technisch begabt
25. Offensiv
26. Reaktanzfrei

Für den nachrückenden Mann, also für den Jungen im Alter von 8-16 Jahren, können die folgenden Trainingsaufgaben formuliert werden, damit er ein „toller Typ“ wird:

1. Ausdauer erlernen – mit sich selbst und mit anderen (Beispiel: Lauftraining).
2. Muskeln erwerben und Muskeln zeigen (Beispiel: Fitnesstraining und Erlernen von Abwehrtechniken bei Angriffen).
3. Eine Sportart besser beherrschen als viele andere (Beispiel: Geschicklichkeitstraining mit dem Ball oder beim Balancieren).
4. Redegewand sein und mit Sprache auf sich aufmerksam machen (Beispiel: Lernen, wie ich eine Rede halte).
5. Witzig sein und andere erheitern (Beispiel: Humortraining – Lernen, Witze zu erzählen).
6. Ruhe und Sicherheit ausstrahlen – „Alles wird gut“ – (Beispiel (Entspannungstraining: Ich grüße das Qi – Der alte Mann streicht seinen Bart aus – Den Himmel stützen – Den Bogen spannen und auf den Adler zielen).
7. Einfallsreichtum entwickeln, neue Lösungen vorschlagen, die mir und vielen anderen gefallen (z.B.: Kreativitätstraining durch Herstellen von Werbelogos; Denktraining; Bearbeiten von Intelligenztestaufgaben).

8. Lernen, sich angenehm und ästhetisch zu bewegen, zu gehen und zu tanzen und zu kleiden (Beispiel: Trendscouts; jemand, der anderen erklären kann, was gerade „in“ ist und wie man es sich aneignet, ohne dass man sich zwingt, es tun zu müssen).
9. Lernen, andere Menschen sympathisch, liebevoll und verführerisch anzuschauen (Beispiel: Flirttraining, Kontakttraining, Kommunikationstraining – ich lerne, andere so anzusprechen, dass sie sich angenehm berührt, gelobt und unterstützt fühlen).
10. Sexualitätskenntnisse auch über das andere Geschlecht erwerben und bereit sein, Lust und Befriedigung beim Sexualpartner hervorzurufen, um dort der eigenen Sexualität und der Sexualität des Mitmenschen zu dienen (Beispiel: Unterricht darüber, wie Mädchen wirklich fühlen und was ihnen wirklich Lust bringt).
11. Lernen, zu folgen. Lernen, etwas anzunehmen. Lernen, andere Menschen als „Vorbild“ lieb zu haben. Begierig sein, herauszubekommen, wer in der jetzigen Zeit z.B. als männliches Vorbild für viele Menschen bewundernswert erscheint (für Männer und Frauen). (Beispiel: Beifall- und Klatschtraining; Training, jemanden zu loben und jemanden anzubeten; Treuetraining).
12. Die Flexibilität, Verhaltensweisen kurzfristig auszuprobieren, die sonst nicht zu mir gehören. Flexibel werden. Gerade wenn ich beschimpft werde, lernen, die Situation oder den Beschimpfer nicht ernst zu nehmen (Beispiel: Schauspieltraining, Anti-Blamier-Training).

Die gesellschaftliche Aufgabe besteht also in der Überwindung der Verunsicherung von Jungs und der Überwindung einer „Jungen-Katastrophe“. Das Problem der „angeknacksten Helden“ bildet sich nicht nur in vergleichenden Schulstudien (Pisa), sondern auch in der gesellschaftlichen Wirklichkeit insgesamt ab: „Ärzte attestieren Jungen dreimal sooft das Zappelphilipp-Syndrom ADHS wie Mädchen; wenn Lehrer sich zur Klassenkonferenz versammeln, dann geht es in den meisten Fällen um einen männlichen Delinquenten; auch unter den Legasthenikern stellen Jungen die grosse Mehrheit. Ja, mehr noch: „In Klassen für Verhaltensauffällige überwiegen sie zu 90, unter Schülern mit Lernschwierigkeiten zu 75 Prozent“, berichtet die Oldenburger Pädagogikprofessorin Astrid Kaiser. Unterdessen steigen die Frauen von morgen auf. Seit 1992 schaffen mehr Mädchen als Jungen das Abitur – mit durchweg besseren Noten. Seit zwei Jahren überwiegen sie auch an den Hochschulen. 55 Prozent aller Gymnasiasten und 60 Prozent aller vorzeitig Eingeschulten sind weiblich“ (Der Spiegel, 21/2004, S. 82)

Wie wird der Junge also ein richtig „männlicher Junge“? Wie wird er zum Mann?

Jungen brauchen männliche Trainer (Coach), die ihnen beibringen, was Männlichkeit ist. Beim Coachen von Jungs kann man den Trainer Aufgaben geben, die sie bei dem Jungen einlösen. Neun dieser Aufgaben werden hier dargestellt:

1. Der Junge spürt Testosteron beim Raufen: Der Junge lernt, seine Gefühlsebenen vor dem Raufen, beim Raufen und nach dem Raufen zu erspüren und zu beschreiben. Er identifiziert sich „mit seinem Testosteron".

2. Der Junge erlernt Fürsorglichkeit: Nach der körperlichen Unterwerfung spürt er einen „fürsorglichen Trieb" und „kann nicht mehr weiter unterwerfen", weil die Demutsgebärde des vormaligen Gegners ihn nunmehr „definitiv stoppt". Die Tendenz heißt: Vom Beißen zum Trösten.

3. Der grosse Junge wird Lober: Der große Junge erfährt seine Männlichkeit, indem er dem kleinen Jungen die Faszination von Männlichkeit dadurch weitergibt, dass er ihn für bestimmte Sachen lobt, die er als großer Junge für männlich hält.

4. Der Junge bekommt integrative Männermodelle: In einem Mann soll sowohl das Muskelbepackte wie das Weiche vereinigt sein. Gleichzeitig muss dem kleinen Jungen ermöglicht werden (genau wie es dem kleinen Mädchen von vornherein möglich ist) eine Reizüberflutung durch verschiedene Männermodelle (vom Geiger bis zum Schwarzenegger) zu erleben: Reintauchen ins Männerbassin oder einnehmen einer ausgiebigen Männerdusche.

5. Der Junge erlebt Männlichkeitsrituale: Männer führen Jungen auf den männlichen Weg und holen sie auf ihre Seite (die Frauen / Mütter bleiben weinend auf der anderen Seite des Flusses zurück). Das Nähren der Mutter wird durch das Erweiternde des Vaters ersetzt (z.B. Blutritus, Wolfsritus).

6. Der Junge erlebt die Übergabe des Staffelstabes: Durch die frühe Übergabe des Staffelstabes bekundet der Vater seine Akzeptanz, seine Ehre, seine Bewunderung, sein Zutrauen aber gleichzeitig auch sein persönliches Entlastungsgefühl gegenüber seinem Nachfolger (Sohn). Die möglichst frühe und möglichst vollständige Übergabe kann als das „primäre Männlichkeitsritual" verstanden werden. Beim schlechten Männermodell (der Mann, der kein gutes Vorbild für den kleinen Jungen ist) passiert das Gegenteil: Der Stab wird nicht bewusst übergeben, sondern wird „vom Schicksal" indirekt an den kleinen / inzwischen erwachsenen Jungen übergeben.

7. Der Junge erlebt die Fürsorge für die Elterngeneration: Der Weg in die Männlichkeit besteht in der detailgetreuen Wahrnehmung und Beschreibung dessen, was die Altforderen für Nestbau und Flüggewerden des jüngeren männlichen Menschen unternommen haben. Sowohl die persönliche Versorgung als auch das Installieren gesellschaftlicher Rahmenbedingungen soll mit Dankbarkeit belegt werden. Dankbarkeit ist männlich.

8. Bei dem Jungen wird das Wahrnehmungssystem gefördert: Der Aufbau eines Antennensystems (die Antenne des Spähers) führt dazu, dass der kleine Mann den jeweiligen emotionalen Status, das Bedürfnis aber auch die Gesamtperson des anderen Menschen genauer, differenzierter und damit abbildgetreuer (realitätsgerechter) wahrnimmt. Letztlich besteht die Männlichkeit in der verbesserten Auffassungsschnelligkeit. Die Fähigkeit zur sensiblen Wahrnehmung des Spähers resultiert aus der Stille, aus der Wiederholung des Bekannten – sie führt zur Vervollkommnung und letztlich ist die Vervollkommnung die Grundlage der Ekstase. Das ständige Suchen nach Neuem versaut dem Späher seine Genauigkeit und Präzision und damit die Güte seiner Wahrnehmung – dies führt zur Beliebigkeit, Beziehungsunfähigkeit und letztlich zur Selbstisolation. Die Methode der Reizminimierung und der Reizdeprivation (Herstellung von Stille) führt über die Selbstwahrnehmung zur Fremdwahrnehmung.

9. Der Junge erlebt die Wirksamkeit männlicher Attitüden: Dadurch, dass der (junge) Mann sich vergewissert, was er auf seiner männlichen Ebene in der Umwelt unter anderen Menschen (z.B. auch bei Frauen) tatsächlich bewirkt, kann er im Rahmen dieser Rückmeldeschleifen seine gelebte Männlichkeit ständig präzisieren.

Erst ein Junge, der sich in seiner männlichen Rolle wohlfühlt, hat es nicht mehr nötig, andere klein zu machen. Auch nicht Mädchen, die sich in ihrer weiblichen Rolle etwas wohler fühlen als er – bisher. Der Junge muss aufholen, dann kann er die Mädchen auch in Ruhe lassen, dann ist er genauso selbstbewusst wie sie. Dann muss er sie nicht mehr beneiden, dass sie gut lernen können, dass sie sympathisch sind, dass sie bei sich sind (manchmal auch ruhig sein können), dass sie fröhlich sind, dass sie sich freuen, ihre Mutter zu haben und dass sie sich auch an dem Vorbild ihrer Schwester laben. Auch wenn er nicht genauso viel Männer um sich hat wie seine Schwester Frauen: Durch Jungencoaching kommt die Emanzipation des „kleinen Helden“ nunmehr voran!

Die (männlichen) Täter werden zu Freunden ihres Ichs, werden zu Freunden von Mädchen, werden zu Freunden ihrer „Kollegen“ (gleichaltrige Jungs) und können als „Aufnehmendes System“ und als sich „Verdichtendes System“ so allmählich in die Rolle des „Abgebenden Systems“ hineingleiten. Der gesellschaftliche Nutzen des Jungen ist von einer entsprechenden „männlichen Frühförderung“ abhängig. Jungenemanzipation bedeutet letztlich, Emanzipation von der Gewalt und ist **der** Weg männlicher Menschen von unnötiger (kompensativer) Aggressivität zu Friedlichkeit und gesellschaftlicher Kompatibilität. Aufschieben von Jungen-Coaching bedeutet, den Gewaltturbo noch weiter anheizen. Eine Gesellschaft ohne Jungen-Coaching nimmt fahrlässig Aggressivitäts-Zuwachs in Kauf, vor allen Dingen dann, wenn die Integration nicht-deutschsprachiger Zuwanderer aus anderen Kulturkreisen (teilweise mit anderen religiös-männlichkeitsorientierten Normen) gelingen soll. Von daher hat Jungen-Coaching in unserem Kulturkreis auch und gerade Anleihen aus „frauenrechtlichen Positionen“ zu nehmen ... . Die männliche Ich-Optimierung wird durch den weiblichen Überhang bei den Sozialisationsagentinnen (Kindergärtnerinnen, Grundschullehrerinnen) sowieso weiterhin **vornehmlich** in weiblicher Hand sein. Frauen wissen jetzt, womit sie sich in ihrer didaktischen Arbeit mit Männern selbst „einen Gefallen tun können“... Die gesellschaftliche Sicherheit ohne „gleichberechtigte Rollensicherheit“ beim kleinen Jungen ist unmöglich: Sie ist ein Auslaufmodell geschlechtsrollen-asymmetrischer Pädagogik. Wer als Frau in der Jungensozialisation tätig sein will, muss letztlich auch dieses „Männlichkeitsaxiom“ mit berücksichtigen und als Lehrkompetenz mit beherrschen. Ansonsten: Tschüss, in diesem Berufsfeld!

5.4 Erprobungsphase: Der Täter als Wachstums-Coach für sich und für andere

Die Ich-Optimierung des Gewalttäters im AAT®, also im ältesten und gleichzeitig modernsten Anti-Gewalt-Trainings Deutschlands (vgl. u.a. Weidner u.a., 2003, Schanzenbächer, 2004), realisiert sich auf zwei Ebenen:

1. Während der drei Haupttrainingsphasen (Indoor)
2. Nach Beendigung der eigentlichen gruppentherapeutischen Maßnahme (Outdoor).

Das Gruppentraining der nachweislich aggressionsbereiten und gewalttätigen Täter (Indoor) führt zu einer nachhaltigen Ich-Veränderung, die es später (Outdoor – in der restlich verbleibenden Lebenszeit) zu stabilisieren gilt. Während des ca. 6monatigen Anti-Aggressivitäts-Trainings lernt der Ex-Täter insbesondere, eine grundlegend neue und andere Beziehung **zu sich selbst** aufzubauen:

- Er führt mit sich selbst eine Anamnese durch und wird Spezialist im Erkennen nicht befriedigter Wünsche, Bedürfnisse und Erwartungen einerseits und Spezialist im Erkennen eigener Demütigungen, Kränkungen und Enttäuschungen andererseits.
- Er entwirft eine Landkarte seines zukünftigen Ichs (Architekt seines Ichs) und entwickelt

eine zukünftige „Stolzhitliste“ mit den Eigenschaften, die er bei sich verstärkt trainieren und die er vermehrt in sein Ich durch eigene harte Arbeit „einlagern“ möchte.

- Er erkennt Auslösefaktoren für eigenen Ärger, eigene Wut und eigene Aggressivität (Zuschlagen) nicht nur in der Situation und in dem konkreten Kontext, sondern auch durch die Erkenntnis über allgemeines Hadern mit dem Leben, mit der Scheidung der Eltern, mit der Ungerechtigkeit und den schwierigen Handicaps gegenüber Gleichaltrigen.

- Er versteht es, einerseits konkrete Aggressionsauslöser (z.B. aktuelle Beleidigungen) und andererseits generelle Aggressionsauslöser (resignativ-depressive Betrachtung des eigenen Lebens) nicht mehr auf andere Menschen zu projizieren und Legitimationsstrategien zu entwickeln, um diese „schlagen zu dürfen“: Er bleibt bei sich, entwickelt seine Selbstkontrolle und ist Meister im Anti-Mobbing-Training, in der Abwehr der bösen Energie und eben in sämtlichen Deeskalationsstrategien, die der Wissenschaft bekannt sind.
- Er entwickelt auf dem „Heißen Stuhl“ Ekel vor eigener und fremder Gewalt: Immer wenn er merkt, dass ein zweiter Mensch durch einen dritten Menschen beeinträchtigt, angegriffen oder auch nur in seinen Ich-Grenzen penetriert wird, entsteht Solidarität mit dem möglichen oder tatsächlichen Opfer und es entsteht ein unwiderstehlicher Handlungsimpuls: Verhindere, dass ein Mensch Schaden nimmt und: Verhindere dies ohne eigene Gewalt.
- Er ist nicht nur Architekt sondern auch punktgenauer und „gieriger“ Verwalter seines neuen friedlichen und wachstumsorientierten Ichs: Er trainiert **täglich** seine körperliche Ausdauer, seine körperliche Beweglichkeit, seine körperliche Kraft, sein logisches Denkvermögen, sein Gedächtnis und seine Konzentration aber auch seine Sprache (Rhetorik) und somit seine Gesamtausstrahlung als sympathischer Mensch, der eine Belohnung und nicht mehr eine Bestrafung für seine Mitwelt ist. Er versucht, die Lobkultur in jeder Minisituation des Alltags wirklich zu leben.
- Er freut sich nicht nur an den kleinen Trainingsfortschritten, sondern auch an den Attraktivitätsrückmeldungen, also an der Resonanz von seiner Umwelt und vielleicht auch und gerade vom anderen Geschlecht: Er spürt, dass er Aufmerksamkeit auf sich zieht, dass Menschen ihn ein wenig bewundern und er nimmt dies als „Benzin“, um den „Ich-Motor weiter auf Trab zu halten“.
- Er schwört sich selbst, den anderen Ex-Schlägern und dem Trainerteam (seiner AAT-Familie), dass **er** nie wieder in den Intimraum eines anderen Menschen durch Körperverletzung eindringt, da er (mit seiner AAT-Familie) weiß, dass dies vor allen Dingen eins ausdrückt: Die eigene Armseligkeit, die eigene Mickrigkeit, die Abtrennung und Scheidung vom eigenen Ich, die eigene Selbstentwertung und das Zugeben, dass ich mit den Herausforderungen meines Lebensweges **nicht** klarkomme.

Auf der zweiten Ebene der (lebenslangen) Bewährung als „Mutiger Pazifist“, als Frieden-Scout und eben als „Ich-Optimierer“ wird der AAT-Zögling dann in die reale Welt entlassen: Der Realitätstest oder die Realisationsphase als Erprobung des indoor gelernten Wissens ist die Nagelprobe nicht nur für Verantwortungsübernahme in Bezug auf das eigene Ich, sondern auch die Nagelprobe für die Wirksamkeit eines wachstumsorientierten (attraktivitätsgierigen) AAT's (vgl. Heilemann und Fischwasser, 2003; Heilemann, 2004).

In dieser Erprobungsphase ist der Täter Wachstums-Coach vor allen Dingen für sich – in indirekter Loyalität mit seinem früheren Opfern aber auch für andere. Er ist **jetzt** fähig zur Teamfähigkeit, zur Gruppenfähigkeit, zur Loyalität, zur Solidarität. Seine lebenslange Wiedergutmachung führt zu einer prosozial-friedlichen Rollenverschiebung:

1. Er kann die Kerneigenschaften seines eigenen Ichs benennen und „herunteropperationalisierte Trainingspläne" darstellen und jederzeit (in dieser Sekunde vor den Augen aller) umsetzen.
2. Er ist mutiger Pazifist und hat „alle Antennen ausgefahren", um zu spüren, wenn Person A durch Person B unterdrückt oder gar zerstört werden könnte.
3. Er ist Tutor bei Anti-Gewalt-Maßnahmen und ist bereit, sein früheres Wissen als Ex-Schläger und sein jetziges Wissen als mutiger Pazifist auf Trainerseite einzubringen: Er steigert somit die Glaubwürdigkeit des Anti-Gewalt-Training.
4. Er ist Missionar und Messias, er ist Sender und Verbreiter der Lobkultur als Grundlage von Friedenspädagogik: „Dankbarkeit und Treue zur eigenen Herkunft, Verlieben in das eigene Ich, optimieren der eigenen Kompetenz und damit Belohnung für die zufällig gleichzeitig lebenden Mitmenschen sein", ist seine **Botschaft.**
5. Er redet, was er lebt und lebt, was er redet: Er steht zu seinen Rückschlägen, zu seinen Rückfällen, zu seinen Fehlern, zu seiner Unvollkommenheit und er ist es, der am meisten darüber ärgerlich, zornig und wütend ist: Sofort wieder aufstehen, sofort noch einmal eine Trainingsschippe drauflegen, sofort neue Energie mobilisieren, um diesen „Fehler" durch weitere kleine Kompetenzsteigerungen zu überwinden. Und er weiß, es gibt keinen Fehler sondern nur Lösungsversuche, die noch nicht ausreichend erfolgreich und ausreichend vollkommen sind.
6. Vom angewandten Wissenschaftler (Selbst-Optimierer, Coach des eigenen Trainings) über den Psychologen (Erklärung eigener und fremder Motive des Handelns und Verhaltens) wird er zum Philosophen: Er stiftet Sinn in seinem Leben, er fragt nach vergangenen und zukünftigen Lebensphasen und ihren Aufträgen, er fragt nach Möglichkeiten für ein Leben nach dem Tod und er ist als Philosoph vor allem Suchender und Fragender: Die richtigen Fragen stellen im Bewusstsein, dass es für manche dieser menschlichen Fragen keine Antworten **geben kann.**
7. Er spürt immer mehr Kraft in sich und er versöhnt sich dadurch immer mehr mit sich selbst, indem er vor allen Dingen ganz jungen Menschen (aufneh-

mendes System, sich verdichtendes System) und ganz alten Menschen (ausleitendes System) Hilfe anbietet: Er spürt dabei: Sollte es Gott geben und wäre Gott an „Güte" interessiert, werde ich wahrscheinlich meine Schandtaten nicht aufheben können, aber ich kann Punkte gutmachen, ich kann die Gesamtbilanz von Bestrafung früher und Belohnung jetzt für meinen restlichen Lebensweg immer mehr verbessern und vielleicht (am Ende meines Lebensweges, hoffentlich) doch noch irgendwie ausgleichen.

Der Ex-Täter als Wachstums-Coach für sich und andere ist ständig im Job und ist immer bereit zu Geben: **Während er gibt, trainert er sich weiter**, während er gibt, ist er bei sich, anwesend, prägnant, wach und präsent und während er gibt, kann er sein Schuldkonto immer mehr in Richtung „Guthabenkonto" ausgleichen. Er weiß, was er tut, er weiß, wofür er es tut und er motiviert sich aus sich selbst heraus:

„Wenn ich wach bin, bin ich wach – nur wenn ich schlafe, schlafe ich."

Er ist wacher als andere, die eine solche Persönlichkeitskorrektur durch AAT nicht erhalten haben. Er ist ein wirklich geläuterter Architekt seines Ichs, ein ziemlich präziser Ich-Verwalter und er hat die Chance, in der Zwischenbilanz (Lebensstationen) und vielleicht bei der Endbilanz (Verabschiedung vom Leben) ganz gute Nettowerte zu erzielen. Wie sieht das Leben eines solchen mutigen Pazifisten als **Tutor** (Assistent der TrainerInnen) aus? Drei Beispiele ...

Fall 1: Murad

Murad ist ein junger Türke, der in einer niedersächsischen Kleinstadt geboren ist und dort auch seine Kindheit und Jugendzeit verbracht hat. Als jüngstes Kind der Familie (er hat zwei ältere Schwestern und einen älteren Bruder) ist er sozusagen der Prinz der Familie gewesen. Beide Elternteile haben gearbeitet, der Vater als Autoschlosser, später dann selbstständig als Gaststättenbetreiber, die Mutter als Näherin in einer Fabrik. Aufgrund der Berufstätigkeit der Eltern ist Murad von seinen älteren Geschwistern erzogen worden und insgesamt materiell sehr stark verwöhnt worden.

Murad war ein sehr aufgeweckter und fröhlicher Junge, wollte immer im Mittelpunkt stehen und hat schon im Kindergarten mit Clownereien auf sich aufmerksam gemacht. Wenn er im Kindergarten von anderen Kindern mal nicht das bekam, was er unbedingt haben wollte, hat er um sich geschlagen, getreten und die anderen Kinder auch schon mal mit Spielzeug beschmissen. Die Erzieherin und die Eltern waren sich einig: Es wurde geschimpft, er bekam von seinem Vater Ohrfeigen. Aus Angst vor Ausgrenzung hat er dann erst einmal seine Aggressionen gezügelt. Ab der Schule fing Murad dann an, Schuleigentum zu zerstören (Bänke zerkratzen,

Lampen kaputtschmeissen u.ä.), worauf er dann vom Vater heftig verprügelt worden ist. Gemeinsam mit seinem türkischen Schulfreund hat er weiter zerstört, die Prügel seines Vaters wurden heftiger. Der Vater, der sehr schnell sauer wurde und sehr schnell reagiert hat – fast cholerisch reagiert hat – hat kaum mit Murad gesprochen. Erklärungen gab es nie, sondern gleich Strafe in Form von Prügel und je häufiger und ungerechter der Vater Murad behandelt hat, desto häufiger kam es zu Trotzreaktionen des Jungen. Nach dem Schulunterricht hat Murad zu Hause stundenlang Videofilme geguckt, Actionfilme, in denen die Aggressoren für ihn immer Vorbildcharakter hatten. Mit den Filmen hat er sich regelrecht angetörnt, aufgeputscht und ist häufig im Anschluss daran, mit seinem Freund auf die Straße gegangen, um das „Spiel“ die Schlägerei, der Überfall, den Übergriff „nachzuspielen“. Gemeinsam mit seinem Freund hat er ab dem 13. Lebensjahr Haschisch konsumiert, später mit 16 Jahren dann auch Kokain. Um sich weiter zu beweisen, hat er mit seinem Freund kleine Diebstähle begannen, die ältere Schwester hat davon erfahren, aber den Eltern nichts erzählt. Erst mit 16 Jahren erfuhr der Vater von den Schlägereien und den Diebstählen, es gab wieder Schläge, heftige Prügel, die letztendlich bei Murad abprallten, er hatte keine Angst mehr vor Schlägen. Selbst die Schmerzen hat er nicht gespürt, er hat weitergemacht, sich mit den Straftaten von seinem Vater abzugrenzen, sich aufzulehnen, sich zu spüren, eben wirksam zu sein. Er brauchte Geld, um zu imponieren, er beging Diebstähle und Raubüberfälle. Er brauchte die Exklusivität des Ichs, er wollte ein Held sein, er wollte sich spüren und hat deswegen massive Schlägereien angezettelt. Er erfuhrt dass das Begehen von Straftaten zwar nicht erwünscht ist, aber das er seitens der Justiz nicht ernsthaft sanktioniert wird und das es letztendlich keine spürbaren Folgen für ihn gab. Das Begehen von Straftaten, das Bedrohen seiner Mitmenschen, das Berauben seiner Mitmenschen, das Misshandeln seiner Mitmenschen war Teil seines Lebens, es wurde zur Sucht.

Erst nachdem ein brutaler Überfall in einem Getränkemarkt, bei dem er sein Opfer – dem Besitzer des Marktes – geschlagen, beraubt und in einen kleinen Raum eingesperrt hat und das schnelle Einschreiten der Polizei sein zerstörerisches Handeln beendet hat und er in den Knast musste, konnte mit dem AAT auf ihn eingewirkt werden.

Dem AAT stellte sich Murad aus intrinsischer Motivation. Ihm kam die Zeit im Gefängnis mehr und mehr verloren vor. Er hatte zwar eine Ausbildungsstelle zum Industriemechaniker, doch das reichte ihm nicht. Die Tage waren mehr und mehr monoton und ließen ihn mehr und mehr abstumpfen. Sogar psychosomatische Gesundheitsstörungen stellte er bei sich fest.

Er wollte also in der Haftzeit mitnehmen, war er kriegen konnte. Und er hatte vom AAT gehört: Hier passieren sonderbare Dinge, außergewöhnliche Sachen werden mit den teilnehmenden Gefangenen veranstaltet und ein Training sollte es sein, das so ganz und gar nicht dem Klischee des einengenden Rahmens „Knast entspräche.

Also bewarb er sich um Teilnahme. Dies war zwar eh in seinem Vollzugsplan vorgesehen, doch das trieb ihn wenig an. Er ging ihm primär um sich. Die Option auf vollzugliche Privilegien nahm Murad natürlich gern zur Kenntnis.

Und er wurde zum AAT-Team als Teilnehmer ausgewählt.

Und er war skeptisch und vorsichtig tastend.

Und er taute auf.

Und er gewann Vertrauen.

Und er machte engagiert mit.

Und er wurde einer vom AAT-Team.

Und in einem Interview mit Studenten sagte er sinngemäß: Das AAT ist das beste, was der Knast zu bieten hat ..., wenn es doch nur zwei Heilemanns gäbe ....

Murad verliebte sich in die Maßnahme und wurde einer der besten Absolventen. Für ihn war klar: Solange ich im Knast bin, bleibe ich beim AAT-Team. So wurde er Tutor und Vorbild für andere teilnehmenden Insassen. Auch in seinem Selbstbild als „Friedlicher Schläger" wurde er so massiv und kontinuierlich bestärkt.

Er war sogar bereit, in einer Fersehreportage und einer Talkshow über das AAT mitzuwirken und sich zu outen: Als Ex-Täter, der nun mit feindseliger Gewalt nichts mehr zu tun haben möchte. Im Gegenteil: Er wich im Knast Schlägereien aus und ließ sich von anderen Gefangenen als „Weichei" beschimpfen. Murad wurde nach seiner Entlassung ein Spitzensportler und gewann einen Preis im Kick-Boxen. In einem Brief an Dr. Heilemann schrieb er, er widme diesen Preis dem AAT.

Auch seine Suche nach einem Arbeitsplatz ging nach der Haftentlassung problemlos vonstatten: Hier hatte der Jugendvollzug im Bereich beruflicher Bildung ebenfalls gute Arbeit geleistet.

Das AAT sagt: Danke!

Die Gesellschaft sagt: Danke!

Und wir wünschen Murad viel Glück auf seinem Weg zum Sportprofi ...., denn er trainiert gerade in Ungarn mit den besten Boxern Europas für weitere Erfolge!

Fall 2: Waldemar

Waldemar ist in Russland in Omsk geboren. Er hat einen jüngeren Bruder, von dem er sehr geliebt wird, diese Zuneigung aber nur bedingt zurückgeben kann, da er sich von ihm als Ältester entthront fühlt und ständig spüren musste, wie sehr sich die Eltern um den „Kleinen" kümmern. Beide Elternteile hatten einen gut bezahlten Job als Ingenieure in Russland, hatten zwar wenig Zeit für ihre beiden Söhne, aber finanziell ging es der Familie einigermaßen. Der Vater – ein sehr strebsamer, fleißiger aber auch bescheidener Mann, war mit dem zufrieden, was er hatte. Die Mutter war eher unzufrieden, wollte immer mehr, war letztendlich die treibende Kraft, dass die Familie nach Deutschland übersiedelte. Damals war Waldemar 10 Jahre alt. In Deutschland ging für Waldemar der Kummer richtig los: Die Mutter fand lediglich einen Job als Putzfrau, der Vater musste eine Umschulung machen, weil auch er nicht vermittelbar war. Die Mutter wurde immer unzufriedener, weil sie einerseits beruflich völlig unterfordert war, andererseits den hohen Lebensstandard in Deutschland erlebte, einen Lebensstandard, den sie sich wünschte, aber nie erreichen konnte. Der Vater entzog sich mehr und mehr der Familie, weil er die Atmosphäre kaum ertragen konnte und seine Frau dann mit anderen Frauen betrogen hat. Nachdem die Mutter die „Untreue" ihres Ehemannes mitbekam, hat sie sofort die Scheidung eingereicht und nach der Scheidung hat sie mit dem jüngeren Sohn Deutschland verlassen und ist zurückgekehrt nach Russland. Von dem Tag an war Waldemar mit seinem Vater allein. Er hat Wut empfunden gegenüber seinem Vater, weil dieser die Familie so betrogen hat, aber auch gegenüber seiner Mutter, die die Familie und letztendlich ihn völlig alleingelassen hat. Er fühlte sich verraten, war mit sich alleine, empfand aufgrund der Ungerechtigkeiten, die ihm widerfahren, aufgrund der unendlichen Kränkungen, die er erleben musste, Hass gegen alle anderen, denen es letztendlich besser ging als ihm. Er ging zwar weiter zur Schule, besuchte ein BGJ, machte seine Gesellenprüfung als Maurer und erwarb auch noch den Realschulabschluss, aber nichts desto trotz fühlte er sich schlecht und nicht angenommen. Er fing an, Alkohol zu trinken, im Rausch lebte es sich besser. In der Schule fühlte er sich bereits durch den kleinsten Blick eines Mitschülers provoziert. Seine Reaktionen darauf: Schlägereien. Seine körperliche Beschaffenheit – Waldemar ist groß, kräftig, gut durchtrainiert – machte es ihm einfach, anderen Menschen Angst einzuflößen, sie einzuschüchtern, sie zu bedrohen. Immer wieder spürte er: Ich bin wirksam, den anderen soll es auch nicht besser gehen als es mir geht. Warum haben die mehr verdient als ich? Die körperlichen Angriffe wurden exzessiver. Waldemar war nicht mehr zu stoppen. Die Körperverletzungen wurden ohne jeglichen Anlass begangen, er hat sich den Anlass verschafft, er hat die Situation so aufbereitet, so inszeniert, dass die Opfer keine Chance hatten. Er ist brutal vorgegangen, er hat sofort ins Gesicht geschlagen, weitergeschlagen, bis das Opfer am Boden lag. Das wehrlose am Boden liegende Opfer wurde weiter malträtiert. Nur damit konnte er es schaffen, seine Wut, seine Traurigkeit, ja seine Verzweiflung auszugleichen. Eins von vielen Opfern hat endlich angezeigt und es kam zur Inhaftierung.

Und Waldemar hatte noch Glück: Er landete im offenen Vollzug als Erstinhaftierter, dessen Strafmaß nicht allzu hoch ausfiel. Doch nun war er zur Mitarbeit an seinem Vollzugsplan verdammt. Denn bei einer Verweigerungshaltung drohte ihm die Verlegung in den geschlossenen Vollzug. Und im Vollzugsplan war das AAT vorgesehen. Die beschriebenen Delikte machen klar, warum. Also machte er gute Miene zum scheinbar bösen Spiel und bewarb sich.

Er wurde aufgenommen, denn er war klug und anstrengungsfähig. Außerdem ist die Gefangenenpopulation der Spätaussiedler oft „behandlungsresistent" und so war es für das Team schon fast zwingend, ihn ins AAT aufzunehmen. Und das, was zu erwarten (zumindest zu erhoffen) war, passierte: Waldemar ließ sich mehr und mehr auf seine Trainer ein. Er absolvierte das AAT mit gutem Erfolg.

Leider wurde er aufgrund von Drogenkonsum später doch noch in die geschlossene Anstalt verlegt. Doch gerade hier gelang es ihm, sich der Subkultur zu widersetzen. Und eben gerade der Subkultur der Deutsch-Russen zu widerstehen ist eine wahrlich schwere Aufgabe für jeden Gefangenen. Waldemar jedoch blieb den Prinzipien des AAT treu und fiel bis zu seiner Entlassung nicht wegen körperlichen Auseinandersetzungen auf. Er wurde sogar in die Hofkolonne (Reinigung der Außenanlagen) der Anstalt eingesetzt, genoss also mehr Bewegungsfreiheit als andere Inhaftierte.

Ihn im System Strafvollzug als „entschärft" zu erleben, macht Mut und Hoffnung auch und gerade auf die Zeit nach der Haftentlassung. Und bislang hat das AAT-Team noch nichts Neues von Waldemar gehört. Und da die meisten „News" über Haftentlassene „Bad News" sind, scheint sich die Hoffnung zu bestätigen. Es hat sich gelohnt, Waldemar zum AAT zu bringen.

Fall 3: Ibo

Ibo hat einen türkischen Vater und eine deutsche Mutter. Sein Vater war Alkoholiker und hat seine Frau, Ibo und die ältere Schwester Simone häufig und regelmäßig brutal geschlagen. Ibo hat seinen Vater als total brutal und ungerecht in Erinnerung und wurde z.B. nach massiven Schlägen von ihm aufgefordert, dass Weinen und das Schluchzen sofort einzustellen. Er lebte in ständiger Angst vor seinem Vater. Als Ibo 4 Jahre alt war, zog die Mutter mit ihm und mit der ältesten Tochter ins Frauenhaus, um Schutz vor den gewalttätigen Ausbrüchen ihres Mannes zu haben. Als Ibo dann 6 Jahre alt war, hat die Mutter einen Partner gefunden, mit dem sie mit ihren beiden Kindern zusammengezogen ist. Der Halbbruder Oliver wurde geboren. Der Stiefvater hat sich um Kontakte bemüht aber Ibo hat immer wieder Kontakt zu seinem leiblichen Vater gesucht. Er hat ihm geschrieben, er durfte ihn auch mal besuchen. Nach einer Drogen- und Alkoholtherapie hat der Vater einigermassen Fuß fassen können. Die Gewalttätigkeiten hat er völlig eingeschränkt, allerdings hat er mit Ibo niemals über seine brutalen Aktionen gesprochen, bis heute nicht.

Auch die Mutter ist sehr problematisch, sie ist nervös, psychisch instabil, aufgedreht, teilweise völlig hysterisch. Ibo und seine ältere Schwester, die er über alles liebt, haben herausbekommen, warum die Mutter so überdreht ist: Sie wurde von ihrem leiblichen Bruder vergewaltigt, aus dieser Inzestbeziehung ist die „Halbschwester", die Ibo immer als leibliche Schwester vermutet hatte, entstanden. Über dieses Thema wurde niemals in der Familie gesprochen. Beide Kinder waren völlig schockiert, aber die gemeinsame Vergangenheit mit dem schlagenden Vater hat sie so sehr zusammengeschweißt, dass sie – wie zusammengewachsen – immer füreinander da sind und sich gegenseitig Kraft geben. Ibo hat die Hauptschule besucht, war ein mittelmässiger Schüler und suchte seine Geborgenheit schon in frühen Jahren außerhalb des Elternhauses in einer Clique mit überwiegend älteren Freunden. Dort erhoffte er sich Anerkennung und Verständnis und Geborgenheit und machte mit beim Saufen, machte mit beim Kiffen und machte vor allen Dingen mit bei Schlägereien. Er bekam endlich Anerkennung. Er durfte Schlägereien als Jüngster in der Clique „verursachen", durfte mitschlagen und durfte sich immer wieder beweisen. Die dort erhaltene Geborgenheit, der Halt in der Gruppe, das Machtgefühl, wenn er andere unterworfen hat und misshandelt, reichte kurzfristig aus, um sich gut zu fühlen, um zu tanken, um seine Seele zu befriedigen. Allerdings blieb es nicht bei den Schlägereien: Beinahe hätte er einen Menschen ermordet. Bei einer Feier, auf der ordentlich getrunken wurde, warf man ihm vor, sich mit sogenannten „falschen Freunden" abzugeben. Ibo fühlte sich gekränkt und missachtet. Im Laufe des Streits wurde ihm der Stuhl weggerissen und ihm wurde ins Gesicht geschlagen. Er verließ die Feier, holte sich Verstärkung von seiner Schwester und Freunden, lauerte dem „Mobber" auf und hat ihn mit seinen Bekannten und mit seiner Schwester massiv zusammengeschlagen. Damit nicht genug, als das Opfer aufstehen und flüchten wollte, kam es zu einer Verfolgungsjagd, bei der das Opfer bald eingeholt wurde. Ibo stürzte sich auf das Opfer, versetzte ihm zunächst mehrere Schläge und verlangte dann von einem Bekannten, von dem er wusste, dass dieser ein Messer dabei trug, das Messer und stach mehrere Male auf das Opfer ein. Das Opfer sank bewusstlos zu Boden. Ibo überließ es dem Schicksal und flüchtete wegen der Befürchtung, dass die Tat entdeckt werden könnte. Das Opfer konnte schwer verletzt gerettet werden, die Seele ist noch lange nicht gesund.

Und auch im Gefängnis kam er nicht gut zurecht. Ibo wurde aus der Sozialtherapie wegen massiver negativer Auffälligkeiten abgelöst und landete im Normalvollzug. „Was sollen wir mit dem noch anfangen?", fragten sich einige Bedienstete. Er absolvierte seine Ausbildung zum Koch, doch eine wirkliche Auseinandersetzung mir seinen Straftaten hatte noch nicht funktioniert.

Er sollte sich für das AAT bewerben. So stand es im Vollzugsplan. Doch er wollte nicht. Widerwillig ging er zum Auswahlverfahren und präsentierte sich vorlaut bis feindselig. Dennoch wurde er aufgenommen. Als harter Brocken, den es „weichzukochen" gilt ..., um es in der Sprache eines Kochs auszudrücken. Ibo wurde weich, sehr weich sogar. Viel Zeit und Energie investierten seine Trainer. Viel Schweiß vergoss er. Viel Misstrauen und Ablehnung musste er überprüfen, um sie schließlich abzulegen. Am Ende war unglaublich viel Vertrauen aufgebaut. Er wurde ein „Fan" des AAT und ein hervorragender Tutor. Denn er wollte beim Team bleiben und seine erworbenen Kompetenzen an andere Gefangene weitergeben.

Ibo trat auch in einer Fernsehreportage (SAT 1) auf. Auch er bekundete quasi vor aller Welt, nun nicht mehr gefährlich zu sein. Seine Opfer müssten nun keine Angst mehr vor ihm haben. Zur Wiedergutmachung nahm er an mehreren Seminaren teil: Er berichtete über sich, seine Biographie und seine Veränderung vor Schulklassen und beim AAT – Multiplikatorenfortbildungen. Und er machte einen wirklich überzeugenden Job: Überzeugend für sich und alle Zuhörer. Inzwischen ist er vorzeitig aus der Haft entlassen, hat Arbeit in einer Großküche gefunden und lebt offensichtlich stabil ohne Gewalt das Leben, was das Jugendgerichtsgesetz fordert: „Rechtschaffen in sozialer Verantwortung". Das AAT hat seinen Teil dazu beigetragen.

5.5 Modernes Anti-Aggressivitäts-Training: Ein Deduktiv-Induktiver-Paternoster

Das **Manual 2005** ist eine Konzeptadaption des AAT „für die Neuzeit". Das „Hamelner Modell" feiert im Jahr 2005 20jähriges Jubiläum: Ältestes, bestes, bewährtestes, am meisten verbreitestes und wirksamstes Anti-Gewalt-Training in Deutschland! Neben „Manual 2005" (vgl. Heilemann und Fischwassser, 2005) werden die Aufgaben der Trainer und der Teilnehmer in einem „Deduktiv-Induktiven-Paternoster dargestellt: Der Trainer kommt von oben – der Teilnehmer startet von unten. Am Ende des Vermittlungsprozesses laufen beide gleichförmig im Kreis: Langsam holt der Teilnehmer den Trainer auf allen drei Ebenen (Philosophie, Psychologie, Verhalten) ein. So zumindest die Vision, so das Ziel ..... Die Aufgabe des AAT beim gewaltbereiten Klienten lautet: Verändere das Identitätserleben des Täters vom Zerstörer-Ich zum Friedens-Ich.

Es gibt hierbei ein Ausgangsproblem, einen Interventionsauftrag und ein Ziel.

Ausgangsproblem	**Interventionsauftrag**	**Ziel**
1. Der Schläger hat ein Problem in sich (Binnenproblem)	1. Der Ex-Schläger konstruiert sein Ich und trainiert seine Ich-Kompetenz (Persönliche Kompetenz)	1. Der Ex-Schläger ist Architekt und Verwalter seines Ichs (Ich-Optimierung)
2. Er projiziert und transferiert dieses Binnen-Problem im Rahmen eines Schein-Konfliktes auf einen anderen Menschen, auf das Opfer (Scheinbares Zwischenproblem)	2. Aufgrund der vorhandenen Kompetenz kann er solidarisch, loyal, sozial, hilfreich und friedlich soziale Regeln befolgen und dem Kollektiv einen „Mehrwert" schenken (Soziale Kompetenz)	2. Der Ex-Schläger ist als Friedenscout (Mutiger Pazifist) Vorbild und Eingreifer bei (gesellschaftlichen) Deeskalationsanlässen (Gesellschaftspolitisches Mandat)

Der Täter muss immer zuerst Dankbarkeit für sein Zustandekommen, Respekt vor sich Selbst, Wertschätzung für seine eigene Person (für seine Kompetenz, für seine Qualitäten) und ein Ehrgefühl in Bezug auf sein eigenes Ich entwickeln, **bevor** er dies im Sinne „Sozialer Kompetenz" an andere weitergeben kann. Regel: Erst entsteht persönliche (emotionale, kognitive, physische) Kompetenz – dann soziale (solidarische, loyale, weitergebende) Kompetenz. Das AAT besteht aus drei Ebenen, die sich sowohl deduktiv (von der philosophischen Ebene zur Interventionsebene) wie induktiv (von der Interventionsebene zur philosophischen Ebene) als **durchlässig** erweisen. Die auszubildenden AAT-Trainer werden eher mit einer deduktiven Didaktik – die zu behandelnden AAT-Teilnehmer (Ex-Schläger) eher mit einer induktiven Didaktik trainiert.

Das **Trainer-Curriculum** (Trainer-Sicht) folgt von daher einer deduktiven Didaktik.

Das **Täter-Curriculum** (Täter-Sicht; Anwendermodul) entspricht einer induktiven Didaktik.

Induktiv-Deduktiver-Paternoster
Kreisprozess der AAT-Didaktik

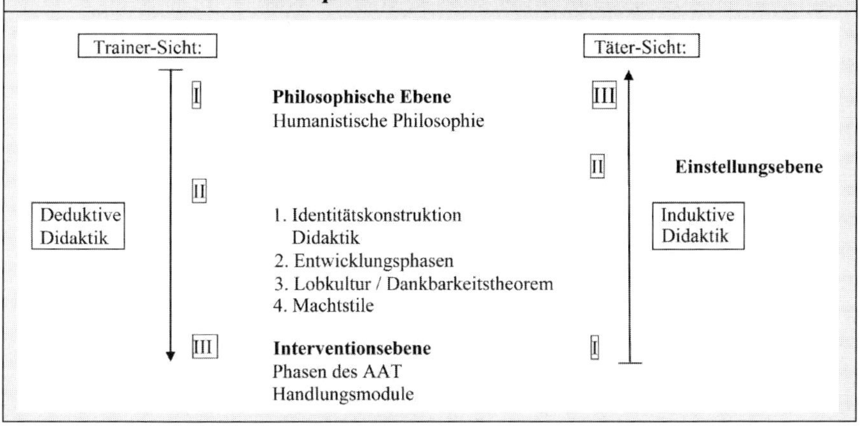

Die drei didaktischen Ebenen (Philosophie, Psychologie, Intervention) entsprechen letztlich (in AAT-Spezialdidaktik übersetzt) dem Ich-Optimierungs-Auftrag des normalen Menschen:

- Die Intervention zur Verhaltensoptimierung, zur Verbesserung des alltäglichen Handelns erlaubt, dass der Mensch konkretes Kontrollerleben „im aktuellen Moment" hat, erlaubt, dass er seine Verhaltensinstrumente und damit seine persönliche Kompetenz täglich trainiert und ist letztlich das „konkrete Leben".

- Die Psychologie ermöglicht ständig verbesserte Erklärungsmuster für eigene Beweggründe und für die Motive der Mitmenschen: Warum tue ich das, warum tut er das ....?
- Die Philosophie stellt Fragen nach dem übergeordnetem Sinn, ohne dass sie Antworten parat hält. Die Art der Fragen an sich selbst, die Diskussion mit dem „zufällig zur gleichen Zeit und am gleichen Raum anwesenden Mit-Menschen" vermittelt das Gefühl von Lebensberechtigung, reduziert Angst vor dem Sterben und erlaubt Stolz auf das Mensch-Sein: Der Mensch als einziges Wesen auf der Welt, das metaebenenfähig ist, das über sich selbst und über seinen Lebensweg hinaus reflektieren kann ....

Diese drei Ebenen der Ich-Optimierung im allgemeinen (Philosophie, Psychologie, Intervention) werden im aktuellen AAT-Curriculum (Konzeptadaption: Manual 2005) auf den gesellschaftlichen Veränderungsauftrag (den das Kollektiv dem Täter gibt) und auf den persönlichen Veränderungsauftrag (der mehr und mehr vom Täter selbst für seine eigene Ich-Entwicklung adaptiert und „adoptiert" wird) heruntergebrochen.

AAT®: MANUAL 2005
I. PHILOSOPHIE **Humanistische Grundlagen** 1.1 Humanistisches Axiom 1.2 Individuelle Menschenrechte 1.3 Persönliche Wachstumsverpflichtung 1.4 Lebensverläufe: Nachweis der „Lebensberechtigung" **II. PSYCHOLOGIE** **Ich-Lehre** 2.1 Identitäts-Konstruktion / Ich-Optimierung (Kontrolltheorie) 2.2 Entwicklungs-Phasen (Lebensphasen als Systemabschnitte) 2.3 Lobkultur / Dankbarkeitstheorem 2.4 Machtlehre **III. INTERVENTION** **Verhaltenstraining** 3.1 4 Phasen des AAT 3.2 4 Handlungsmodule 3.3 „Philosophiekurs" (Menschenbild) 3.4 „Psychologiekurs" (Theoreme)

Bei der Betrachtung der philosophischen Ebene des AAT geht es um das Menschenbild der Trainer und um das erwünschte Menschenbild bei den Teilnehmern (Tätern). Das Menschenbild bezieht sich sowohl auf das Ich (Wie soll ich sein?) wie auf das Du (Wie wünsche ich mir deine Person?). Letztlich sind beide Perspektiven untrennbar miteinander verbunden:

Wer täglich seiner Umwelt
einen guten Gedanken schenkt,
beschenkt sich selbst.

(L. Lohberger, 2004)

Neben der Ausgangsüberlegung der humanistischen Philosophie (der Mensch als selbstverantwortliches Wesen, das seine persönlichen Menschenrechte definiert, verteidigt und anderen Menschen einräumt) ist die Auseinandersetzung mit den Menschenrechten und der Menschenwürde (der Gewalttäter als Menschheitsbedrohung) eine zentrale philosophische Leitlinie, ohne die konkretes Konfrontationshandeln im AAT nicht möglich wäre. Die persönliche Wachstumsverpflichtung hingegen ist wiederum Grundlage für Kompetenz- und Attraktivitätstraining. Der gesamte Lebensverlauf des Menschen ermöglichst **ihm** letztlich die persönliche Lebensberechtigung (Warum gibt es Sinn, dass gerade **Ich** auf der Welt bin?)

Im „HUMANISTISCHEN AXIOM" wird die Selbstverantwortlichkeit des Menschen für seine eigene Entwicklung, für seine persönliche Festlegung auf ethische und moralische Normen und die direkte Verantwortlichkeit für die eigene Lebenszufriedenheit von der „Kantschen Idee" abgeleitet: Du hast nur über einen einzigen Menschen auf der Welt Macht: Über dich selbst.

Jeder Mensch kann sich in jeder Sekunde seines Lebensweges entscheiden: Bin ich eine Belohnung oder bin ich eine Bestrafung für meine (menschliche) Umwelt? Dies gilt auch für den Täter!

In der *Humanistischen Psychologie* (Hutterer, 1998; Quitmann, 1996) ist der Wachstumsauftrag, den sich jeder Mensch selbst stellt, die Grundlage des „Belohnungswertes" für sich und für andere. Wachstumshoffnung, Willenskraft und Anstrengungsbereitschaft als Trainingsgrundlage für Kompetenzwachstum und letztlich Wachstumswahrnehmung (wahrgenommener Funktionszuwachs) sind die „Garanten des guten Menschen":

„Aufklärung ist der Ausgang des Menschen aus seiner selbstverschuldeten Unmündigkeit. Unmündigkeit ist das Unvermögen, sich seines Verstandes ohne Leitung eines anderen zu bedienen. Selbstverschuldet ist diese Unmündigkeit, wenn die Ursache derselben nicht am Mangel des Verstandes, sondern der Erschließung und des Mutes liegt, sich seiner ohne Leitung eines anderen zu bedienen. Zu dieser Aufklärung aber wird

nichts erfordert, als Freiheit; nämlich die: Von seiner Vernunft in allen Stücken öffentlich Gebrauch zu machen. Denn jeder Mensch ist berufen, selbst zu denken"

(Imanuel Kant, 1964, S. 53).

I. PHILOSOPHIE

1.1 Humanistisches Axiom

- Selbstverantwortlichkeit
- Aufklärung
- Primär: Selbstcoaching
- Sekundär: Solidarität
- Beziehungsfähigkeit

1.2 Individuelle Menschenrechte

- Individualisierung des Menschen
- Menschenwürde
- Magna Charta; Franz. Revolution; Deutsche Aufklärung
- Schläger-Ich als Menschheitsbedrohung

1.3 Persönliche Wachstumsverpflichtung

- Mensch als Architekt und Verwalter seines Ichs
- Vom Bestrafer zum Belohner
- „Vorbehaltlosigkeit" als Wachstumsturbo
- Dankbarkeit als Grundlage von Friedlichkeit

1.4 Lebensverläufe: Nachweis der Lebensberechtigung

- Fließband des Lebens
- Kontrollerleben
- Das Ich als „Selbst-Bewertungsinstanz"
- Mensch als sein eigener „Philosoph"

Das AAT ist von daher ein **Animationsprogramm** für die eigene Größe aber auch für das Empfinden sozialer Verpflichtung (Sozialkompetenz) als Grundlage des Gefühls von Geborgenheit (Gruppenzugehörigkeit). Letztlich steht der Mensch auf zwei Fundamenten: Tägliches Training am **Größen-Ich** (gemäß der individuellen Stolzhitliste) und tägliches Herstellen von **Geborgenheitssicherheit.**

Als Mitmensch bin ich in erster Linie für mein eigenes Wachstum zuständig. Erst nachdem ich meine „Batterie mit Energie gefüllt habe“ kann ich Strom (Coaching, Unterstützung, Solidarität) an andere abgeben. Das „Humanistische Axiom“ definiert **als erstes** die Beziehung (Verantwortlichkeit) vom „Ich zum Ich“, **dann** die Beziehung vom „Ich zum Du“ und dadurch die Beziehung vom „Wir zum Euch“. Beziehungsfähigkeit entwickelt sich **immer** von innen nach außen.

Die Idee der **Unverletzbarkeit der individuellen Menschenrechte** und damit die „**Individualisierung des Menschen**“ basiert mit ihren Eckpfeilern in der englischen Magna Charta, in der französischen Revolution und in der deutschen Aufklärung. Nach diesen Gedanken steht der Mensch im Mittelpunkt mit seinem Auftrag, sich selbst zu entwerfen und seine eigene Existenz immer wieder neu zu versuchen. Diese neue, moderne Ordnung stellt den einzelnen Menschen in den Mittelpunkt: Als konkrete Person, als Rechtsobjekt und als Repräsentant seiner Gattung. Auf Grundlage der allgemeinen Menschenrechtserklärung der Generalversammlung der Vereinten Nationen vom 10. Dezember 1948 handelt es sich um ein „Internationales Wertebekenntnis“ als Grundlage aller aktuellen Zivilisationsideen: Der Eigenwert des Einzelnen gegenüber dem Kollektiv ist unantastbar.

Das Curriculum des AAT basiert auf einer expliziten Werteverpflichtung in Bezug auf **Menschenwürde** und **Ich-Hoheit**: Nicht das alte, faschistoide, menschenzerstörende und kompensativ-schlagende (tötende) **„Schläger-Ich“** ist schützenswert, sondern das neu zu entwickelnde, auf Selbstachtung und Fremdachtung basierende **„Friedens-Ich“** eines mutigen Pazifisten. AAT bedeutet eine Befreiung des Schlägers von seinem Destruktivismus und ein „Freischalten seines persönlichen Wachstumsprogrammes“: Es bedeutet eine Befreiung der Gesellschaft von Feindseligkeit, körperlichen Übergriffen und Zerstörungen und letztlich „Sozialkrieg“. Es bedeutet insbesondere eine Befreiung der Opfer von der Racheangst des Täters, der nach seiner „Ich-Wandlung“ eher Opferlobby, Opferschützer (Guardian-Body) und eigenständiger „AAT-Trainer“ ist als – wie zuvor – Legitimationsstratege seiner eigenen globalen Feindseligkeit. **Kein Mensch benötigt den Schläger**: Weder er sich selbst noch irgendeiner seiner zufällig räumlich und zeitlich in seiner Umgebung lebenden **Mit-Menschen**...!

Das **AAT 2005** stellt den Aspekt von Menschenwürde in den Vordergrund: Wer zulässt, dass der Täter weiterhin Mit-Menschen zerstört, schädigt die **Person des Täters**, so dass sich Selbstverachtung, Schuldgefühle, Wachstumsblockade und destruktive Kompensationshandlungen perpetuieren. Er schädigt **die Opfer** mit ihren Traumatisierungen (manchmal Selbsttötungsabsichten, manchmal Selbsttötungshandlungen) und er schädigt die **Gesellschaft,** in der Feindseligkeit und im „Absprechen von Lebensberechtigung“ des willkürlich ausgesuchten Opfers eine allgemeine „Kriegs-Affinität“ weiter schüren. Nicht das zerstörerische, alte Schläger-Ich“ ist schützenswert: Die Befreiung hiervon ist eine Grundforderung der Menschenwürde und der Achtung des Lebendigen. Das Motto des AAT 2005 könnte von daher mit Rosa Luxemburg lauten: „Die Menschen machen ihre Geschichten nicht freiwillig, aber sie machen sie selbst."

Durch die „**Persönliche Wachstumsverpflichtung**" hat der Mensch als Architekt seines Ichs und später als lebenslanger Verwalter seines Ichs die Aufgabe, seine Talente eigenständig zu trainieren. Verliebe dich in deinen Schweiß oder – als morgendliches Imperativ für jeden einzelnen Menschen – „Quäl dich du Sau" – sind die ultimativen Motivationssprüche. Durch ständige Wiederholung der Basisfähigkeiten verliebt sich der Einzelne in seine Spezialbereiche (Spitzenpunkte in seiner Stolzhitliste), wodurch seine Geniepunkte und sein Charisma **nur** durch die **später** mögliche freie Kombination der Basics entstehen kann. Nur wer in sich selbst Kompetenz einlagert, kann diese auch an andere weitergeben. Nur wer sich selbst trainiert, kann auch solidarisch, hilfsbereit, friedlich und loyal zu seinen Mitmenschen (zum Kollektiv) sein Leben gestalten.

Vom Zerstörer zum Anbeter – Vom Bestrafer zum Belohner: Dies ist der Weg des Täters im AAT. **Ein** „Verhaltensmodell" für diesen Weg ist in einer der großen Weltregionen in dem überlieferten Bild von Jesus zu finden: Jesus als Revolutionär und Jesus als non-konformistischer Infragesteller überholter gesellschaftlicher Normen, der durch sein direktives und sofortiges Handeln (Helfen), den hier gemeinten Prozesscharakter des AAT vorwegnimmt und abbildet (vgl. Die Welt, 2003; Flusser, 1968; Wolff, 2002). Während der komplizierte Mensch – im Gegensatz zu Einsteins Aufforderung „*Mach eine Sache so einfach wie irgendwie möglich aber nicht einfacher*" – vorher Handlungsfolgen ausgiebig antizipiert, um dann doch nicht zu Handeln, **beurteilt** ein effektiver Trainer sein Verhalten **während** der Durchführung von Coaching. Sofort starten, sofort handeln, dabei weitere Informationen aufnehmen, die Handlung prozessorientiert optimieren und die Ziele ständig korrigieren, ohne die Vision aus dem Auge zu verlieren: Solange unterstützen wie meine Kraft reicht, dabei meine eigene Kompetenz steigern, schlafen und am nächsten Morgen weitermachen ...

Der „**Humanistische Vierschritt**" im Sinne eines konsequenten Jesuanismus (vgl. Wehr, 2002) ist letztlich Handlungsanweisung erst für den Trainer und später für den Ex-Täter, der als Co-Trainer Verantwortung für Schwache (Opfer) übernimmt:

Der Humanistische Vierschritt: *Jesus als Vorbild*
• Hat gegeben, ohne zu zaudern: Schnelligkeit • Hat gegeben, ohne Unterschiede zu machen: Großzügigkeit • Hat gegeben, ohne zu fragen, warum: Bedingungslosigkeit • Hat gegeben, ohne zurückzufordern: Einseitigkeit

Bleib bei **Dir**, bleib **Dir** treu, trau **Dir**, geh voran, ohne **Dein Handeln dauernd** in Frage zu stellen. Letztlich muss der einzelne Mensch den Geboten seines Lebensweges folgen, indem er seinen Auftrag zum Handeln annimmt und ernstnimmt. Der Mensch kann sich durch überlieferte Bilder seiner Vorfahren und eben auch bei charismatischen Vorbildern Orientierung holen – Umsetzer seines **täglichen Auftrages** ist immer nur er selbst. Jede Handlung, die er verpasst, jede Entscheidung, die er hinauszögert, jede zeitliche Latenz, die er in Kauf nimmt, jedes Grübeln, das seine Wirksamkeit reduziert, nimmt letztlich eine „Ausdünnung seiner Lebensäusserungen" und damit ein „Ausdünnung seiner Lebensspur in Kauf. Kraft tanken durch Ruhe und Genuss, das „Ausgeben von Energie" und das „Produzieren von Wirksamkeit" kannst Du niemals auf Morgen verschieben, denn keiner von uns weiß, ob er „das Morgen" erreicht.

Die drei Gebote Deines Weges *Du als Umsetzer*
• Der einzige Mensch über den du Kontrolle hast, bist du selbst: Gebot der Ich-Stärkung • Der einzige Coach, der für dich und deine soziale Anbindung lebenslang Verantwortung trägt, bist du allein: Gebot der Geborgenheitssuche • Die Hoffnung auf einen Gott und die Hoffnung auf „ein Leben nach dem Tod", gibt dir Zusatzkraft: Gebot der Hoffnung

Weil nach der Idee des Jesuanismus **Vorbehaltlosigkeit**, **persönliche Hingabe** und **bedingungsloses Helfen** den Grundauftrag der Person ausdrückt, ist darüber hinaus die **Treue zur eigenen Herkunft** und Abstammung aber auch das Verpflichten der Mitstreiter (bei Jesus: Jünger) wichtiger Ausdruck der Ehrfurcht vor der eigenen „weggeschenkten" Energie und deren Zustandekommen) gleichzeitig aber auch eine Ehrerbietung an den Beschenkten, dessen „Wahrnehmungsstärke" und Sensibilität durch das Geschenk animiert wird. Das „**Konzept der Dankbarkeit**" ist von daher die Grundlage für **Demut vor dem eigenen Leben, Demut vor dem Leben des anderen** und somit **Demut vor dem Leben insgesamt**. Erlernte Demut vor dem „Prinzip Leben" ist die einzige Friedensgarantie, die der Ex-Täter dem Trainerteam geben kann (vgl. Ryan, 2001; Spangenberg, 2001). Das Erlernen von Dankbarkeit ist von daher eine der zentralen lebensphilosophischen Kernaufgaben des einzelnen Menschen, um seinen „Auftrag" erfüllen zu können.

Durch den täglichen Nachweis der persönlichen Lebensberechtigung ist der Mensch sein eigener Taktgeber und sein eigener Biograph in **seinem** Lebensverlauf. Der Mensch steht auf einem Fließband, das in einem unerbittlichen Takt die zeitlichen und räumlichen Begrenzungspfähle definiert: Jede Sekunde, die du dir selbst wegnimmst oder die ein anderer dir stiehlt, wird nicht ersetzt. Du hast eine begrenzte Anzahl von Orten und eine begrenzte Anzahl von Mit-Menschen, die dich in der Zeit, in der du dein Ich verwaltest, inspirieren und fordern. Der Mensch hat in unterschiedlichen Lebensphasen unterschiedliche Aufgaben zu bewältigen – nur er ist sein eigener Bewerter und nur er wird am Ende **seine** Bilanz schreiben. Wer es nicht schafft, sich allmorgendlich nachzuweisen, dass es Sinn gibt, dass er auf dieser Welt als exklusives Einzelwesen weiter existiert, der wird kaum die Kraft entwickeln, aufzustehen, an sich zu arbeiten und dann einen „Effekt in der Umwelt" zu produzieren. Jeder Mensch muss jeden Tag – immer wieder aufs Neue – sich selbst seine eigene Lebensberechtigung nachweisen. Dir wird nichts geschenkt – aber es ist schön, dass du die Mittel hast, dir das erarbeiten zu können, was du als Wirksamkeitsinstrument für deine Ich-Zufriedenheit benötigst.

Vom ersten bis zum letzten Atemzug probiert der Mensch, Kontrolle über seine direkte sinnliche Umwelt durch von ihm entwickelte und „lebenslang trainierte" Instrumente (persönliche Funktionen, Kompetenzen) herzustellen und zu erleben (vgl. auch Lange, 2001). Er entwickelt so genannte „Wenns" (Einflußmöglichkeiten, Kontrollmöglichkeiten), um so genannte „Danns" (Ergebnisse, Konsequenzen), die ihm Angst nehmen oder die ihm Bedürfnisse befriedigen, zu erreichen. Die persönliche Sicherheitszone (Einen-Meter-Abstand um den eigenen Körper), das eigene Verursachererleben (Ich und speziell Ich habe diesen Effekt hervorgerufen) und die Attributionsmöglichkeit, Einfluss und Macht über „die Dinge in der Welt" entwickeln zu können, führt wiederum zu einem Gefühl von Selbstzufriedenheit, Selbstakzeptanz, Stolz auf das eigene Ich und Sinnerleben: „Es gibt Sinn, dass Ich und gerade Ich auf der Welt bin. Ich habe einen bestimmten Auftrag und einen bestimmten Platz, den ich durch eigenes Training und eigene Anstrengung besetzen und optimieren kann." Die Exklusivität des eigenen Ichs, die Unverwechselbarkeit und vielleicht auch der lebenslange Auftrag (Ich-Mission) werden in den verschiedenen Entwicklungsebenen spürbar und durch **Kontrollerleben** auf die eigene Person als „Zentrum des Bebens" reattribuiert.

Jeder Mensch muss im Alter von ca. 10 bis 20 Jahren sein Ich organisieren – er ist quasi ein Designer der eigenen Persönlichkeit. Welche Elemente (Eigenschaften) gehören zu meinem Ich (oder sollen zu ihm gehören)? Wie sind diese Elemente untereinander organisiert (gibt es eine Hierarchie der Werte, gibt es eine Stolzhitliste?) und in wie fern ist die von mir wahrgenommene Ausprägung dieser Eigenschaften (Real-Selbst) entfernt von meinem Wunsch-Ich (Ideal-Selbst)? Ist mein **Ich** stabil und relativ überdauernd oder ist es übermäßig flexibel, diffus und schwammig? Wie kann ich die Durchlässigkeit meiner Ich-Grenzen (Permeabilität) selbst steuern? Wann benötige ich mehr neue Informationen, um eine starre, rigide, eingefahrene Identität mit neuen Impulsen zu erweitern (intensiver Austausch mit der Realität, dem „Nicht-Ich") – wann muss ich die Ich-Grenzen schließen aus Angst, den Überblick und die Orientierung zu verlieren? Wer bin ich? – Wo will ich hin?: Dies ist der Ausgangspunkt einer lebenslangen Ich-Konstruktion und Ich-Pflege. Für den Menschen gibt es nur einen einzigen Menschen, der ihn lebenslang begleitet und der lebenslang die Verantwortung für ihn übernimmt und die Lebensberechtigung tagein tagaus immer wieder neu nachweisen muß: Er selbst.

Um das „**Ich-Bewußtsein**" aufzubauen, zu erweitern und zu stabilisieren (erst übernehme ich Verantwortung für mich, dann für dich; erst muß ich mich in mein Ich verlieben, bevor ich mich in dein Du verlieben kann; erst benötige eine Beziehung zu mir, um dann eine zu dir aufbauen zu können) wird im AAT eine Begabungsanalyse als Grundlage der „Ich-Konstruktion" sowie eine Analyse der Willenskraft und der Anstrengungsbereitschaft (die zuerst einmal auf das eigene Ich gerichtet werden muss, um dieses zu optimieren) durchgeführt. Danach wird „Spezialwissen" zu einigen einstellungsverändernden Konzepten vermittelt. Der AAT-Teilnehmer (Ex-Zerstörer) ist nicht nur sein eigener Philosoph sondern auch Verwalter und „Herr" seiner Ich-Entwicklung (vgl. Heilemann, Fischwasser, 2003 [(1)]). Das Subjekterleben, das Kontrollerleben und das Stolzerleben mündet in einem Zufriedenheitserleben, das den „**täglichen Nachweis von Lebensberechtigung**" als vornehmste aber auch als lösbare Aufgabe erscheinen lässt.

Die Psychologie ist für den Trainer und für den Täter eine Möglichkeit, Gründe (Faktoren) für beobachtetes Verhalten „zu erklären": Wer macht was warum? Was treibt uns an und wie können wir unsere Gründe für Friedlichkeit, für Belohnung, für Unterstützung, für gegenseitiges Helfen und somit für prosoziales Verhalten aktiv suchen und finden? Wie können wir anderen die Gründe schmackhaft machen? Wie können wir – immer von unserem eigenen Ich und der Entwicklung des Menschen ausgehend – die Lobkultur erst in uns aufnehmen und dann an andere weitergeben? Wie können wir durch Hintergrundwissen über Machtansprüche und Machtverhalten (Machtstrategien) den Kontrollanspruch (und damit den Gewaltanspruch) über andere Menschen reduzieren oder gar verlieren? Wie können wir also über Lobkultur und Machtlehre unsere Sehnsucht nach Frieden tatsächlich einlösen, indem wir Handlungsgründe erkennen und – vielleicht sofort – verändern?

„Disziplin ist am Anfang schwer.
Dann macht sie alles leichter"

(Gruberova, 2004)

Die Psychologie als Erklärungswissenschaft ermöglicht es uns im AAT, unsere Schuldgefühle, unsere Defizitwahrnehmung, unser Hadern mit eigenen Unzulänglichkeiten oftmals auf eigene Disziplinlosigkeit, fehlenden Trainingseifer zurückzuführen. Psychologie erlaubt uns eine Erklärung, wann wir euphorisch (heute habe ich viel geschafft) und wann wir depressiv (heute bin ich faules Schwein wieder unter meinen Möglichkeiten geblieben) sind.

II. PSYCHOLOGIE
2.1 Identitäts-Konstruktion • Die Architektur des ICHS • Die Funktionen des ICHS • Der Auftrag des ICHS **2.2 Entwicklungs-Phasen** • Mensch als System • 8 Entwicklungsaufgaben **2.3 Lobkultur** • Geniepunkt-Scouts • Vorteile des Lobers • Beurteilungshoheit / Mandatsvergabe • Selbstlob-Autonomie **2.4 Machtlehre** • 4 Machtstile: Es stärkt mich Ich stärke mich Ich kontrolliere Dich Ich tue es für die Gruppe • 15 „böse" Machtlehrsätze („Machtspieler") • Machtprofil Täter / Trainer

Das Wissen über die **Identitäts-Konstruktion** ist die Grundlage aller Selbststeuerung und aller Erklärungsversuche des Menschen. Wenn er als **Architekt seines Ichs** Wissen über Ich-Grenzen, Ich-Inhalte und Wachstum in sich aufnimmt (vgl. Kapitel 1) ist er als Einzelwesen zum ersten Mal befähigt, bewusst und zielgerichtet die eigene Persönlichkeit nach eigenen Wünschen und Bauplänen aufzubauen. Das Wort „**Autonomie**" bekommt eine völlig neue und **tatsächliche** Bedeutung. Die **Funktionen des Ichs** (Größen-Ich; Geborgenheitssuche; Gotteshoffnung) werden für ihn handhabbar und durch diese Form der Ich-Psychologie begründbar und erklärbar. **Der Auftrag des Ichs** im Sinne von Herstellen der Ich-Immunität (defensive Aufgaben) und der Ich-Wirksamkeit (offensive Aufgabe), die sich letztlich in der **Ich-Integrität** wiederfindet, wird und bleibt bis zum Ende des Lebensweges bewusst. Der Mensch als „Meister des eigenen Ichs" ist sein eigener Psychologe – der beste, den er auf dieser Welt bekommen kann.

Durch die Erkenntnisse der Entwicklungspsychologie und der **Entwicklungs-Phasen** verstehen die Teilnehmer im AAT, „wann etwas dran ist". Sie können sich nun erklären, wie der einzelne Mensch sich verändert (das einzig sichere im Leben ist die Veränderung) und spüren, dass es trotzdem der **gleiche Mensch** bleibt: Nur mit anderen Aufforderungsprofilen in unterschiedlichen zeitlichen Plattformen: Als „**Aufnehmendes System**" ist der kleine Mensch ständig unterwegs, um die „Dinge der Welt" zu erkunden: Zu schmecken, zu riechen, anzuschauen, zu befühlen, auseinanderzunehmen, zu bewegen. Er sammelt Informationen wie ein Eichhörnchen Nüsse sammelt, um sie dann kognitiv zu vernetzen. Als „**Verdichtendes System**" entwickelt er Instrumente, um manipulativ in seine Um-Welt eingreifen zu können. Er schult seine Kompetenz, um als „Verursacher" was produzieren zu können, um so auch sein eigenes Leben reproduzieren zu können. Als „**Abgebendes System**" muß der Mensch nicht nur sich selbst „ernähren" (sowohl physisch wie mental), sondern auch die, die sich noch nicht, und die, die sich nicht mehr selbst versorgen können, „mitschleppen". Auf seinen Schultern lastet in dieser Lebensphase „das Glück der Welt. Als „**Ausleitendes System**" ist es dem Menschen erlaubt, sich genügsam und wohlwollend – quasi aus dem bequemen Schaukelstuhl heraus– das Treiben der „Jetzt Tätigen" anzusehen. Es entsteht ein Gefühl von Stolz und Wehmut nach dem Motto: Ich habe meinen Job gemacht. Ich bin froh, dass meine Nachfolger „Am Set sind" und ich freue mich über jede Frühlingsknospe, die ich aufblühen sehe und über jede erste Schneeflocke im Winter, die ich noch erleben darf. Meine Zeit läuft ab, ich habe den Staffelstab übergeben, ich kann loslassen, ich habe meinen Auftrag als „Durchlauferhitzer der Evolution" eingelöst.

Die Verweigerung von persönlichem Wachstum führt zu Neid, Zerstörungswunsch, Feindseligkeit und „**Absprechen der Lebensberechtigung**" anderer Menschen (vgl. Haubl, 2001; Huber, 2001). Auch der Schläger, der seine Wachstumshoffnung aufgegeben hat, will noch etwas verursachen, hervorrufen und kontrollieren: Die Zerstörung derer, die es geschafft haben und die ihn nun im Sinne eines bedrohlichen, positiven Kontrastes spiegeln, in wie weit er versagt hat. Sie „auf Null zu reduzieren" oder sie sogar in den Minusbereich hinab zu stoßen, ist seine einzige „Verursacherfreude". **Dies und genau dies wird im AAT gestoppt und umgedreht**. Vom Bestrafer zum Belohner – erst Belohner für sich selbst, dann Belohner für das Kollektiv.

Die Psychologie der Lobkultur erlaubt es im AAT zu erklären, wie ich mich und andere wirklich glücklich machen kann. Es ist einfach: Ich konzentriere mich auf meine starken Seiten und trainiere sie – ich spüre mein Ich, ich spüre meine Wirksamkeit und freue mich über Kontrollerleben. Ich suche „wie ein Trüffelschwein" nach dem Geniepunkt beim anderen, präsentiere ihm meine positive Wahrnehmung seiner Stärke: Eine riesige Last (Angst vor Kritik) fällt von ihm ab, er ist erleichtert und er wird euphorisch. Er mag mich, er findet mich sympathisch, er will und muss mit mir Frieden haben, denn ich bin (neben dem Selbstlob, was er sich vielleicht noch sehr zaghaft gibt) seine allergrößte Belohnung. Lobkultur als „Erklärungswissen“ für Glück und damit für Friedensbereitschaft (vgl. Kapitel 3).

Menschliches Handeln begründet und erklärt sich psychologisch vor allem durch die **Machtlehre**: Zumeist will ich **dich** kontrollieren, wenn ich es nicht schaffe, mich selbst zu kontrollieren. Die Kenntnis über die Entwicklung von Machtpräferenzen und die Konstruktivität oder Destruktivität von Machtausrichtungen ist also zentraler Wissensbestandteil eines „**Mutigen Pazifisten**“: Erst wenn ich die Machtausübung nicht mehr gegen andere sondern „über mich“ (Selbstmanagement) anstrebe und gleichzeitig meine Anstrengungsbereitschaft steigere und die Machtquelle nicht durch „Ausbeuten anderer“ sondern durch Aktivierung des eigenen Trainingsfleißes realisiere, ergibt sich ein autonomer, selbstgesteuerter und „sozialkompatibler“ Machtstil (vgl. Heilemann, 2001; Sprenger, 1999). Vier Machttypen – die sich in den ersten 10 Lebensjahren entwickeln und in dem späteren „Erwachsenen-Ich“ mehr oder weniger manifestieren, werden vorgestellt. Der Machttyp bestimmt, über wen oder was jemand Macht haben will und aus welcher Machtquelle er seine Kraft (Energie) schöpft:

Typ 1: „Es stärkt mich“

Dieser Machttyp schöpft Kraft von außen (von anderen) und möchte Macht nach innen ausüben. Er möchte nicht andere unterwerfen, aber er möchte auch nicht von anderen (die außerhalb seiner eigenen Kraftquelle stehen) dominiert werden.

Typ 2: „Ich stärke mich“

Dieser Machttyp schöpft Kraft von innen, indem er sich selbst kontrolliert. Er möchte Macht nur nach innen ausüben und letztlich Selbstkontrolle behalten.

Typ 3: „Ich kontrolliere Dich“

Dieser Machttyp schöpft Kraft von innen, indem er sich selbst Stärke aneignet – gleichzeitig möchte er über andere dominieren und steht in ständiger Konkurrenz mit „möglicherweise Gleichguten“.

Typ 4: „Ich fühle mich berufen, meine Pflicht zu tun“

Dieser Machttyp schöpft von außen (ich handele im Auftrag der Organisation) und möchte Macht nach außen ausüben (ich muß dies tun, weil sonst die Organisation Schaden nehmen würde).

Zwei Dimensionen „ordnen“ die Machttypen:

1. Dimension: Macht wird nach innen oder außen ausgeübt.
2. Dimension: Kraft wird von innen oder außen geschöpft.

Der mutige Pazifist als selbstgesteuerter, trotzdem hingabefähiger, teamfähiger und im Notfall auch durchsetzungsfähiger Mensch, wird auch durch die Transparenz der „eigenen Machtstile“ als Ziel-Ich für den Ex-Schläger transparent.

Machtstile und „Friedenspotential				
	Typ 1	Typ 2	Typ 3	Typ 4
schöpft Kraft von	**außen**	**innen**	**innen**	**außen**
übt Macht aus nach	innen	innen	außen	außen
Rolle/Persönlichkeit	Bewunderung Hingabe Bedingungslose Liebe	Perfektionist Entwickler Vollstrecker	Leiter Organisierer Teamer	Charme Sympathie
Friedens-Quotient „Der Mutige Pazifist“	30%	40%	10%	20%

Die Philosophie (Sinnstiftung für Lebensäusserungen bzw. für Verhalten) und Psychologie (Erklärung von Verhalten) sind letztlich „Theorien“, die dann eine Optimierung des tatsächlichen und konkreten Verhaltens (des Handelns in dem Moment) erlauben. Verhaltenstraining im AAT wird durch die vier Phasen und durch die vier Handlungsmodule organisiert:

III. INTERVENTION

3.1 Die 4 Phasen des AAT

1. Phase: Biographische Analyse
2. Phase: Konfrontation („Heißer Stuhl“)
3. Phase: Attraktivitäts-Training
4. Phase: Realitätstest

3.2 Die 4 Handlungsmodule des AAT

1. **Entspannungstraining**
   (Qi-Gong, Gehmeditation, geführte Phantasiereisen)
2. **Aufmerksamkeitstraining**
   (9 Elemente, wie der „Sender“ den „Empfänger“ auf sich programmiert)
3. **Nähetraining**
   (Massagen, Loben, Niederknien und Anbeten)
4. **Anti-Blamier-Training**
   (Tierstimmen nachahmen, Toasterspiel, Flasche Bier, Adele, Anton, Hände zum Himmel, Klatschspiel, Indianerlied)

Bei dem AAT handelt es sich um eine sehr radikale, direktive und handlungsorientierte Maßnahme: Verhalten führt – Einstellung folgt. Das direkte Auslöschen selbstbehindernder Verhaltensweisen (Kritiksucht) und der unmittelbare Aufbau fördernder Verhaltensweisen (Verbesserung der Selbst-Wirksamkeit durch Kompetenztraining) ist seit 20 Jahren das Fundament dieses „Mutterkonzeptes“ aller Antigewalttrainings“. Die oberste Maxime lautet: Den Täter niemals in Ruhe lassen und niemals erlauben, dass er seine zerstörerischen Ideologien weiter konserviert. Dem Täter wird seine alte, menschenverachtende Persönlichkeit nicht erlaubt: Sie ist kein schützenswertes Gut. Die neue friedensorientierte und solidarische Persönlichkeit hingegen wird extrem „verehrt“: Jeder kleine Wachstumsfortschritt in ihm und jeder kleine Solidaritätsfortschritt durch ihn wird wahrgenommen und lobend gespiegelt. Die direkte Verhaltensbeeinflussung des Täters – die dann zu einer sich langsam verdichtenden Einstellungsveränderung führt – wird über die vier Trainingsphasen organisiert.

Vier Phasen des AAT®
1. Biographische Analyse: Im Sinne einer öffentlichen, transparenten und „gestalteten" Anamnese (Wandzeitung) wird dem Ex-Täter ein umfassender Gesamtüberblick seiner bisherigen Kränkungen, Demütigungen, Entwicklungslinien aber auch Bedürfnisse, Wünsche und Visionen „geschenkt". Es ist sein Soll-Lastenbuch, es ist sein Auftragsbuch für Entwicklungsmöglichkeiten.
2. Konfrontationsphase (Heißer Stuhl): In direkter Konfrontation (Tonbandinterviews o.ä.) wird dem Täter durch seinen eigenen „Heißen Stuhl" und durch die Mitwirkung bei den Konfrontationen der (ca. 7) weiteren Teilnehmer ermöglicht, eine tiefe Abscheu gegen Gewalt (sich von der Gewalt scheiden lassen) zu empfinden. Die Parteilichkeit für die Unversehrtheit des Körpers und der Psyche eines **jeden** gleichzeitig mit ihm diese Erde bevölkernden bewohnenden **Mit-Menschen** und eben der Ekel vor eigener und fremder Gewalt sind das „Nadelöhr" durch das der Täter durch muß. Erst dann ist er frei für das Selbst-Management (Kompetenztraining) als lebenslange Versicherung gegen kompensative Gewaltanwendung zu Gunsten eines „Unschuldigen Dritten".
3. Attraktivitätstraining: 20 Kernmodule des Kompetenztrainings werden im Sinne jeweils abgeschlossener Unterrichtseinheiten so vermittelt, dass durch tägliches, konkretes Selbsttraining der Kompetenzrückstand (Entwicklungshandicap, Kenntnishandicap, Motivationshandicap) aufgeholt werden kann.
4. Realisationsphase: Vom Kunden zum Verkäufer – vom Konsumenten zum Produzenten: Als Mitwirkender im AAT-Team (Tutor), als Guardian-Body (Schützer der Schwachen in öffentlichen Veranstaltungen) oder als Didakt (gestaltet Unterrichtseinheiten gegen Gewalt in Schulen zusammen mit dem Lehrerteam) wird der Ex-Täter und AAT-Absolvent „vom Empfänger zum Sender": Er gibt der Gesellschaft (Gemeinde) einen Teil der in ihn investierten Mittel zurück, indem er sich jetzt aktiv für Friedlichkeit einsetzt. Gleichzeitig erhöht er hiermit seine Selbstfestlegung in Bezug auf eigene Friedlichkeit und eigene ständige Kompetenzerweiterung und er praktiziert aktive indirekte Wiedergutmachung (unterstützt Friedlichkeit, denkt dabei an seine frühere Opfer), so dass prosoziales Handeln früheres Schuldempfinden und früher erlebte Selbstkasteiung verringert.

Die Hauptintervention im AAT bezieht sich immer auf das Kompetenztraining (Attraktivitätstraining): Wer in seiner Kompetenz arbeitet, kann nicht andere quälen; wer an seiner Attraktivität bastelt, hat es nicht nötig, andere kleinzumachen; wer seinen eigenen „Zuwachs“ feiert, provoziert Neid und ist auch bereit, das Bemühen des anderen zu ehren. Entscheidend ist die subjektive Einschätzung des Teilnehmers (Täters), dass er durch das Attraktivitätstraining im AAT wirklich (in seinem Alltag, in seinem Leben, bei seinen „Kollegen“) profitiert.

Attraktivitätstraining: 20 Module für Ich-Wachstum
1. Rhetorik-Training Kurzrede
2. Deeskalationstraining / Coolnesstraining Körperliche Abwehrtechniken und Anti-Mobbing-Training, Provokationstest
3. Schauspieltraining Rollenaneignung, Talkshow, Schauspieler-Interview
4. Fitnesscheck Ausdauertraining, Kondition, Schnellkraft, Muskelaufbau
5. Gehirnjogging Logiktraining, Gedächtnis, Konzentration, sprachliche Intelligenz
6. Tanztraining Standardtänze, Ballett, Aerobic, Tüchertanz, Break-Dance
7. Gefühlsjogging Gedichte, klassische Musik, Lebensweisheiten, Gefühlspektrum
8. Weiche Körper Massagetechniken, Akupressur
9. Training der männlichen/weiblichen Rolle Klassische Geschlechtsrolle, Emanzipation, Flirttraining
10. EDV-Schulung Das Internet im Laptop – Immer dabei
11. Handytraining Kommunikationscenter am Handgelenk
12. Politische Grundschulung Demokratie, Attack, Zivilcourage

13. **Bewegunglehre**
    Vom Laufsteg bis in die Fußgängerzone
14. **Ernährungslehre**
    Diät ist das Normale
15. **Fahrertraining**
    Faszination Rallye-Sport
16. **Fußballprofi**
    Wie die Karriere wirklich starten?
17. **Ein Stuntman zeigt Courage**
    Einblicke in die Filmbranche
18. **Sexuelle Befriedigung**
    Wer ist für wen zuständig?
19. **Misterwahl**
    Welche Typen haben Chancen?
20. **Abschlusssitzung:**
    Stolzhitliste, Provokationstest und Verleihung des „Gesellenbriefs"
    Ich-Profil, Trainingsvertrag, Persönliches Wachstumsprogramm, „5-Jahres-Vision"

Die Klarheit, die Schnelligkeit und die Direktheit der Intervention im AAT wird durch die in jeder einzelnen Sitzung einbezogenen Handlungsmodule unterstützt. Die Handlungsmodule dienen immer auch der Synchronisation der gesamten Gruppe (alle Trainer, alle Teilnehmer, alle Ehrenamtlichen): Aus gleichen Handlungen entstehen ähnliche Empfindungen und ähnliches Denken und somit eine „Angleichung der Gehirnwellen". Bestimmte AAT-Rituale (Singen eines selbst komponierten AAT-Liedes) unterstützen diese Wirkung gemeinsamen, zielgerichteten Handelns.

Vier Handlungsmodule im AAT®
1. Entspannungstraining: Über 5 Qi-Gong-Übungen – die grundsätzlich und immer am Anfang einer jeden Gruppensitzung von allen praktiziert werden – entsteht Entschleunigung, Reduzierung der Überflutung durch Außenimpulse (innere Mitte finden) und eine Synchronisation der Gruppe und somit das Erleben, an einem Strang zu ziehen. Standardübungen heißen: „Ich grüße das Qi" „Der alte Mann streicht seinen Bart aus" „Den Himmel stützen" „Den Bogen spannen und auf den Adler zielen" „Die Arme wechselseitig heben" Gehmeditation, Phantasiereisen und anderes ergänzen dieses Entspannungsmodul. **2. Anti-Blamier-Training:** Regressionsübungen (einmal den kleinen Jungen / das kleine Mädchen pro Tag in mir wieder „herausholen"), Offensivitätstraining und die Möglichkeit, sich selbst so albern verhalten zu können, dass kein anderer Mensch auf der Welt mich von außen „mehr blamieren kann als ich mich selber im AAT täglich blamiere" ist eine wichtige Grundlage von „alltäglichem Ich-Management" und Erhöhung der persönlichen Freiheitsgrade (Bewegungsflexibilität usw.). Anti-Blamier-Training ist somit auch die Grundlage von Coolness-Training und Deeskalations-Training, denn die „Blamagehoheit" (Bewertungshoheit) wird unmittelbar in die Souveränität des Teilnehmer-Ichs übernommen. **3. Aufmerksamkeits-Training:** Im Zeitalter der Aufmerksamkeit muss es einem Kommunikator (Sender) gelingen, in Konkurrenz zu anderen Impulsgebern die Aufmerksamkeit der Empfänger (Zuhörer) auf sich möglichst lange und intensiv „zu polen". Neun Empfehlungen an die Zuhörer (Ausrichtung ihrer Antenne auf den Sender) und entsprechendes Kommunikationstraining (Körperhaltung und Stand, Mimik, Gestik, Ton-Qualität, Rednerperformance) ermöglichen letztlich eine optimierte Aufmerksamkeitskontrolle für den Ex-Schläger, der sich früher mehr durch zerstörerische Handlung als durch „einschmeichelnde Worte" Gehör verschafft hat. **4. Nähetraining:** Die längst aufgegebene Hoffnung, Lob, Nähe, Zärtlichkeit und direkte persönliche Anerkennung (z.B. durch die Eltern) zu erlangen, hat zur Abwertung und Abwehr entsprechender Impulse von außen geführt: Der Täter hat einen „Gefühlspanzer" (Blockade, Korsett) um sich aufgebaut und wertet insbesondere auch jene Menschen ab, die ihrerseits nähefähig sind. Das Erlernen von aktiver Nähe (ich gebe Nähe) oder von passiver Nähe (ich akzeptiere Nähe) und somit stimmungsabhängiges und anders abhängiges Nähe-Management gelingt z.B. über „Loben der Hand des anderen", Massagetraining aber auch Lobtraining (Was mir an dir besonders gefällt) oder Poesietraining (Vortragen und Zuordnen von optimistischen Lebensweisheiten als Geschenk für die andere Person).

Die konkrete Intervention im AAT entspricht den Prinzipien einer direktiven kognitiven Verhaltenstherapie: „Wenn du einen Rosenstrauch willst, pflanze keinen Tulpenzwiebel. Wenn du Freundlichkeit willst, pflanze keine Gleichgültigkeit".

Die TrainerInnen des AAT stehen an der Schnittstelle zwischen sicherheitsbedürftigem Bürger, traumatisiertem Opfer, erst einmal uneinsichtigem Täter, formaler Justiz und dem eigenen sozialwissenschaftlichem Berufsethos. Das **AAT®-Manual 2005** lässt sich im Überblick wie folgt darstellen:

AAT® Manual 2005
1. Bezeichnung • Anti-Aggressivitäts-Trainig (AAT) • Hamelner Modell • Antagonistentraining **2. Einordnung des Konzeptes** • Gemeindenah • Deliktspezifisch • Doppelte Gruppenmaßnahme • Phasenorientiert (Biographische Analyse; Heißer Stuhl; Attraktivitätstraining; Realitätstest) • Strukturiert / Autokratisch • Stationäre und ambulante Anwendungsfelder • Urform fast aller Anti-Gewalt-Trainings (1984) **3. Grundannahmen** • Humanistische Psychologie (Wachstumsidee) • Kontrolltheorie (Mensch als Wirksamkeitsmaschine) • Ständiger persönlicher Nachweis von „Lebensberechtigung" • Selbstcoaching: Energiemanagement und Zeitmanagement • Körperorientierung: Körper führt – Geist folgt • Handlungsorientierung: Erst handeln – dann bewerten • Orientierung am persönlichen Größenwachstum (Stolzerleben) und am Geborgenheitswunsch (Bedürfnis nach Gruppenzugehörigkeit) **4. Trainerprofil** • Lufthoheit: Körperlich, mental, kulturell, moralisch-ethisch • Gier nach Wirksamkeit • Ergänzende Persönlichkeitskonzepte der Einzeltrainer

- Freispiel der Kräfte (Hauptamtliche, Ehrenamtliche, Gäste, Tutoren, Spezialisten)
- Offenes Interaktionskonzept: Supervision und fachliche Weiterentwicklung auch durch Journalisten
- Radikales Herstellen von Öffentlichkeit

5. **Teilnehmerauswahl**
   - Hoher Logik-IQ
   - Bereitschaft zur Offensivität (Anti-Blamier-Training)
   - Aktives Bemühen um Teilnahme (Casting)
   - Hohes Gewaltaufkommen
   - Führungsposition in der Subkultur

6. **Opferorientierung**
   - Arbeit am Täter – im Auftrag der Opfer
   - Konsequente handlungsbezogene Wiedergutmachungsaufträge der Täter für Opfer (direkt/indirekt)
   - Lebenslange Verantwortungsübernahme für „Meine Opfer“
   - Extremes Wissen über „Traumatisierung“ von Opfern

7. **Gesellschaftliche Einordnung**
   - Emanzipatorisches Konzept
   - Öffentlich überprüfbare Therapie
   - Verantwortungsübernahme für „Ich“ und „Wir“ als Zentralaufgabe
   - Abbau von Autoritätsangst: Zivilcourage
   - Erarbeitung philosophischer Grundlinien: Dankbarkeit, Treue, Demut vor dem Konzept des „Lebens an sich“

8. **Maxime**
   - Den Täter niemals in Ruhe lassen
   - Niemals erlauben, dass er zerstörerische Ideologien weiter konserviert
   - Seine alte menschenverachtende Persönlichkeit ist nicht schützenswert
   - Die neue friedensorientierte und solidarische Persönlichkeitsentwicklung wird extrem „verehrt“.

Das AAT 2005 ist eine runde Sache: Der Deduktiv-Induktive Paternoster demonstriert den **Gleichheitsanspruch zwischen Trainern und Teilnehmern**: Erst wenn der Teilnehmer in etwa das Trainerwissen, die Trainereinsicht, die Trainerkompetenz und die „Gier nach Friedlichkeit" des Trainerteams ahnt und ansatzweise erreicht, ist der Anspruch eingelöst:

> *„Nicht was Du bist, ist, was Dich ehrt.*
> *Wie Du es bist, bestimmt Deinen Wert"*
>
> (Rückhard, 2004)

Wie Du es wirst, lehrt Dich das AAT: **„Wir arbeiten am Täter – im Auftrag der Opfer"!** Wir, die Trainer und die Ex-Täter, lernen voneinander – auch der Tutor ist Lehrer für die Ich-Optimierung der Psychologen und Sozialarbeiter, z.B. wenn es um Mut, Risikobereitschaft, Gradlinigkeit und Verlernen von Autoritätsangst (und –hörigkeit) vor „Kostenträgern", Vorgesetzten oder Pseudoakademikern geht. Oder wenn die Trainer (auch stellvertretend für die Opfer) lernen dürfen, wie sie **ihren Körper** effektiv verteidigen können ...

6. AAT als „Handlungswirksamer Arm“ für Friedlichkeit

Die Kritik am AAT geht immer in dieselbe Richtung: Zu brutal gegen den Täter, menschenverachtend im Penetrieren seines Ichs und selbst gewalttätig ....? Die Fähigkeit zur Friedlichkeit hingegen hat andere Implikationen:

- Respekt vor der Person des anderen
- Achtung vor seinen Eigenheiten und seinen Vorlieben
- Erhalt seines Schutzraumes um das Ich
- Akzeptanz seines Bedürfnisses nach Würde, nach Selbstachtung und nach dem Bedürfnis, stolz auf sich sein zu können

Das AAT als handlungswirksamer Arm von Friedlichkeit kann nicht auf Konfrontation und auf den „Heißen Stuhl“ verzichten: Freiwillig gibt der Täter seine destruktiven und menschenverachtenden Unterwerfungsinstrumente „nicht beim Pförtner ab“. Freiwillig löst er sich nicht von der Gewalt, als das einzige Instrument, das ihm Wirksamkeit und Kontrollerleben und damit Hochgefühl und Euphorie vermittelt. Mag der Täter es auch selbst bedauern, dass er auf Gewalt angewiesen ist – eines weiß er gewiss: Für ihn gibt es im Moment (vor der Absolvierung eines Anti-Gewalt-Trainings) **keine** Alternative des Überlebens. Verzichtet er auf Gewalt, tötet er seine letzte selbstwirksame Ressource, sein letztes Mittel, sich selbst zu spüren, seine einzige Möglichkeit, um Lebendigkeit und damit Wirksamkeit in sich zu spüren.

Schulterschluss mit seinen Opfern, die Handreichung zur Versöhnung und das gierige Bemühen um Wiedergutmachung hat also eine Voraussetzung: Der Täter schließt Frieden mit seinem „mickrigen Ich“. Er schließt Frieden mit seinem „Schicksal“, mit seinem **bisherigen** Leben, mit all den Handicaps, Benachteiligungen, Demütigungen und Kränkungen, die bisher für ihn als ganz kleines Wesen, als kleiner Junge und als Jugendlicher, vorgesehen waren. Denen er aus eigener Kraft (der Mensch als Nesthocker) nicht entrinnen konnte, die vom Leben (Schicksal) über ihn „drübergestülpt“ wurden, die bisher seine Vorsehung waren, die ihn als „kleine Mülldeponie“ bisher psychisch verschmutzt haben. Er hat diesen ganzen Dreck in sich eingelagert und konnte es nicht verhindern – er selbst auf keinen Fall! Vielmehr ist er Verfechter von Menschenverachtung und Feindseligkeit.

Die Motivation und das Handeln des Schlägers	
1.	Er will seine eingelagerten Kränkungen und Demütigungen „vergessen“
2.	Er möchte die Ich-Schwäche durch Unterwerfung eines Unschuldigen kompensieren (im Moment der Unterwerfung)
3.	Er inszeniert Kontext-Check und Personen-Check
4.	Er inszeniert scheinbaren Grund für Zuschlagen
5.	Er unterwirft das Opfer und saugt es narzisstisch aus
6.	Er nutzt Legitimationsstrategien zur Schuldverschiebung und Schuldumkehr
7.	Er bleibt weiterhin mickrig und armselig in seinem Ich (Wiederholungsdruck, Suchtentwicklung)
8.	Er schädigt sich mit jedem weiteren Übergriff gegen andere noch weiter in seinem Selbstbild aber auch in seinem gesellschaftlichen Status
9.	Er entfernt sich immer mehr von seiner moralischen, ethischen und religiösen Basis (wenn es Gott gibt: Auch von Gott)
10.	Er trennt sich vom Rest der Menschheit und kann weder seinen Wunsch nach eigener Größe noch seine Sehnsucht nach Geborgenheit jemals erfüllen ...

Durch die Konfrontation **muss** die Wende geschafft werden.

Und trotzdem ist der „Heiße Stuhl“ in der Konfrontationsphase des AAT kein Quälinstrument. Was soll hier erreicht werden?

1. Mitempfinden und Nachempfinden der Schmerzen, der Ängste, der Selbstentwürdigung, der Entehrung, der Selbstaufgabe und der Hilflosigkeit des Opfers.
2. Entscheidung für lebenslange direkte und vor allen Dingen indirekte Wiedergutmachung.
3. Versprechen an die Gemeinschaft der Mit-Menschen: Ich schlage nie wieder.
4. Aufgabe der Selbstblockade und Abschneiden der Bindung an die alte menschenverachtende und entwürdigende Ideologie der Kindheit und Jugend (des subkulturellen, familiären Umfeldes und der menschenverachtenden Peergroups) durch Selbstmotivation.

Letztlich ist die Aufhebung der Wachstumsblockade und damit die ressourcenorientierte, begabungsorientierte und anstrengungsorientierte Freigabe für eigenes tägliches Kompetenztraining der „**Persönlichkeitsbildende Auftrag**“ des Täters auf **seinem** „Heißen Stuhl“.

Nach diesen Vorgaben des **Manuals 2005** wird die Bedeutung des Heißen Stuhl noch einmal auf die Füße gestellt, geradegerückt und aus der Schusslinie billiger Kritik herausgenommen:

Der „Heiße Stuhl" ist keine Bestrafung, sondern das grösste Geschenk, das der Täter in seinem bisherigen Leben je erhalten hat. Der „Heiße Stuhl" ist die einzige Chance, durch den er sich von seinem inneren Faschismus und seiner Menschenverachtung – er verachtet sich selbst und er verachtet andere – loslösen kann. Der „Heiße Stuhl" ist sein Rettungsanker und ein Strohhalm, an dem er sich festhalten kann: Das Überbrückungskabel zu seinem neuen Ich. Es ist noch nicht das neue Ich. Das neue Ich ist noch nicht da, aber es schimmert am Horizont. Er steht auf vom „Heißen Stuhl" und er weiß: Nicht zögern, sondern handeln. Nicht mehr Informationen aufnehmen, nicht mehr entscheiden, nicht mehr hinausschieben, sondern „jetzt mit dem Liegestütz anfangen". Direkt nach dem „Heißen Stuhl" wird der Schläger hantelgeil für Kopfhanteln, für Körperhanteln und für Gefühlshanteln. Es ist, als wenn er direkt die Tür zu seinem privaten Trainingscamp aufmacht und dieses Camp nie wieder im Leben verlässt.

Diese neuen pädagogischen Handlungsstrategien auf Grundlage konfrontativer Pädagogik (vgl. Weidner, 2004) beendet diese künstliche Diskussion der hilflosen Pädagogen, Psychologen und der Gewaltzuschauer, die letztlich (indem sie nichts tun und das Opfer alleine lassen) der Gewaltlobby angehören.

Das AAT als handlungswirksamer Arm für Friedlichkeit „im Täter" ist also ein Geschenk an den Täter – die Verhinderung oder die Vermeidung von Konfrontation als „Einstieg für sein Wachstum" ist das Schlimmste, was Sozialpädagogen dem Täter antun können. Jeder und jede, die sich mit seiner Noch-Gewalt arrangiert, ist Feind und Feindin des Täters: „Wer sich selbst als gewaltakzeptierend, gewaltbereit oder gewalttätig beschreibt, etikettiert sich in den Augen der Umwelt als asozial" (Sturzbecher und Kopp, 2004, S. 69).

Rückblickend auf die letzten 20 Jahre haben Ex-Täter (oftmals Jahre später) immer wieder beteuert, dass sie ohne diesen „Heißen Stuhl" von ihrer „Kaputtmacher-Sucht" nicht weggekommen wären. Bisher ist aus dem engeren Kreis der AAT-Gründer (Heilemann, Fischwasser-von Proeck, Weidner, Murken, Wolters; später Ramm, Schanzenbächer, Scholz, Behrens) **kein** Fall bekannt, in dem ein Täter auf dem „Heißen Stuhl" aus seiner Sicht Schaden nahm.

Die sogenannte „Sozialwissenschaftliche Fachdiskussion" über mögliche schädliche Folgen des „Heißen Stuhls für Täter" (vgl. Jehn, 2004) ist dann im Sinne einer kritischen Selbstreflektion zu vernachlässigen, wenn die „Qualitätssicherung für den Heißen Stuhl" (Kapitel 5.2) mit den hier formulierten Standards für sämtliche AAT-Anwender verbindlich gemacht wird. Dies ist Anliegen dieser Fachpublikation. Hierbei sind die folgenden Aspekte hervorzuheben:

1. Neben den moralisch-ethischen und medizinischen auch insbesondere die „psychotherapeutischen Vorgaben" für konfrontatives Handeln.

2. Diskussion der rechtlichen Vorgaben.
3. Darstellung der „Konfrontationsinhalte“ unter dem Aspekt der Opferperspektive, der Selbstblockade des Täters und seines Selbst-Coachings.
4. Beschreibung des „Heißen Stuhls“ als Ausgangspunkt für körperlichen Selbstschutz (Nicht-Kampf-Prinzip, Deeskalation) des Täters, im Sinne einer körperlichen Überlegenheit gegenüber den „angriffsführenden Schlägern“.

Berufsethos, juristische Standards, psychologische Zielführung und körperliche Schutzmechanismen als produktive Erträge sind letztlich die Versprechen, die das AAT dem Täter geben kann, wenn er den Behandlungsvertrag bei uns unterschreibt.

6.1 Erkenntnis der eigenen Wachstumsblockaden als „Heiliger Auftrag auf dem Heißen Stuhl“

Warum will ich mich nicht ändern? Warum will ich destruktiv bleiben? Warum will ich andere beschuldigen und kritisieren, wenn sie „gut“, leistungsorientiert, erfolgreich, hübsch, sportlich oder einfach nur „in ihr Leben verliebt“ (als Schläger würde ich es nennen: Arrogant) sind? Was hindert mich, das Lager zu wechseln: Vom Bestrafer zum Belohner? Antwortversuch: Wahrscheinlich die Bestrafer, die **mich** bisher (in meinen ersten 10, 15, 20 Lebensjahren) ständig, kontinuierlich und raffiniert bestraft haben. Die mich brutal bestraft haben, die mich so bestraft haben, dass ich (als Kind, als Jugendlicher) **keinen** Ausweg fand... Die Ideologie der Bestrafer entspricht letztlich einem Generationenvertrag, in dem der, der den Staffelstab aufgedrückt bekam (ihn **niemals** freiwillig annahm), ihn trotzdem konserviert, mit ihm ständig zuschlägt und ihn auch noch weitergibt. Die Tragik dieser destruktiven Kette wird im „Heißen Stuhl“ unterbrochen. Dann und nur dann, wenn der Schläger erkennt, wem er bisher treu war und warum er sich so gegen **eigenes Kompetenzwachstum** sperrt. Was also sind die bisherigen Wachstumsblockaden?

Ich habe ein Elternteil, das vom Leben betrogen, gebeutelt und gedemütigt wurde. Meine Mission im Sinne einer „unbewussten lebenslangen Vaterbotschaft / Mutterbotschaft ist: Kein Mensch ist mehr wert, als dieses mein Elternteil; es muss und braucht keinem Menschen besser gehen als es meinem Vater / meiner Mutter schlecht ging. **Ich** werde dafür sorgen, dass alle fremden Menschen in meiner Umgebung nicht gegenüber meinem Vater / meiner Mutter triumphieren können. Ich werde ihnen ihr Leben, ihren Optimismus, ihre Unbefangenheit und eben ihre „Überheblichkeit“ versauen. Ich werde ihnen zeigen, dass es manchmal keinen Ausweg gibt und dass das Leben nicht immer so leicht ist wie sie es bisher glaubten. Sie können ruhig mal eine Weile das erleben, was mein Vater /meine Mutter lebenslang ertragen musste.

Im Vergleich mit der soziostrukturellen „Heilheit" der Nachbarsfamilien ist es schmerzhaft, wenn deren Intaktheit spürbar und als „Übermaßstab" als nicht erreichbar erlebt wird. Der Aufbau eines Gegenmaßstabes und damit die Idealisierung von Kritik, Destruktivität, Ein-Wort-Sätzen, Erzwingen von Unterordnung und Parieren, ist letztlich eine ideologische Hilfskonstruktion, um das als minderwertig Erlebte in einem „Fahrstuhl nach oben" zu befördern und so die Wertigkeit umzudrehen: „Die Quatschköppe, die alles nur zerreden, die liberalen Scheisser, die alles verstehen, die intellektuellen Spinner, die nie zu Potte kommen: Wir sind denen überlegen. Während die noch quatschen, haben sie von uns schon einen in ihre Sabbelschnauze gekriegt."

Die Ideologie des Konkreten: Die Macht des Faktischen beginnt dort, wo die Macht des Wortes, die Macht der Überzeugung und die Macht der Einsicht aufhört. Letztlich ist der Machtlose dann machtvoll, wenn er zumindest über ein **finales Instrument** verfügt, das die Wirksamkeit **aller anderen** Instrumente der (als überlegen erlebten) Gegenseite auslöscht. Wenn jemand nicht mehr leben möchte, weil sein Leben für ihn zu beschwerlich und zu demütigend ist, hat er den Vorteil, der Nicht-Angst: Du willst leben, weil Dein Leben schön ist – ich brauche nicht mehr leben, weil mein Leben sowieso nicht mehr lebenswert ist. Du kannst mich mit nichts locken und mit nichts einschüchtern – ich kann Dir mit allem Angst machen. In dem Moment, wo ich Instrumente an der Hand habe, um Dein Leben (vielleicht gleichzeitig mit meinem) zu beenden, bin ich der Stärkere. Die Macht des Faktischen ist letztlich durch keine noch so „antizipatorische Gefahrenabwehr" abzuwenden, wenn der Zerstörer **aus seiner Sicht** nichts zu verlieren hat.

Die Angst vor der eigenen Lernfähigkeit: Ich habe alles probiert, um die Normen der intellektuellen Gesellschaft (Schulerfolg, Berufserfolg) zu befriedigen: Es ist mir gar nicht oder nur kurzfristig und dann auch wiederum nur ausreichend gelungen – ich mache dieses Spiel nicht mehr mit. Die Unfähigkeit, eine kulturell gesetzte „generalisierte" Norm zu erreichen, bewirkt Druck, eine Gegennorm zu installieren, um einen Rest an „Selbstwirksamkeit" (durch Verschiebung der Beurteilungsnormen) zu entwickeln. Z.B. Menschen, die (ergänzend zu dem Gewalttäter) esoterische Sonderwelten definieren, sind immunisiert gegen Falsifizierungen: Sie können immer noch weitere „Axiome" erfinden und „setzen", so dass der andere (der außerhalb dieser esoterischen gedanklichen Sonderwelt steht) mit seinem Realitätskorrektiv (seinen Widerlegungsversuchen) **scheitern muss**. So geht es auch dem Gewalttäter: Er immunisiert sein Handlungssystem über Legitimationsstrategien und Schuldverschiebungen aber auch über individuelle und kollektive Wahrnehmungsverzerrung und Aussagenfälschung zu einem moralisch, ethisch hochwertigen Selbstverteidigungssystem, das ihm subjektiv immer die Berechtigung gibt, andere Menschen zu schlagen bzw. zu töten.

Seine fragenden Ausreden „eiert“ er immer nach dem gleichen Schema herunter: „Würdest du zulassen, dass deine Frau an den Hintern gepackt wird, dass sie angerempelt wird, dass sie beleidigt wird? Würdest du zulassen, dass deine Eltern beschimpft werden?“ Dies führt letztlich zur Unangreifbarkeit seiner faschistoiden und destruktiven Zerstörungsstandards.

Dies zu erkennen, ist dem Täter auf dem „Heißen Stuhl“ aufgegeben. Er muss sagen: „Weil, weil, weil – deshalb **musste** ich bisher schlagen.“ Er muss sagen: „Es ist so armselig, wie ich meine Armseligkeit kaschiert und in scheinbare Überlegenheit transformiert habe.“ Er ist nun der Wissenschaftler seines bisherigen Ichs, er ist nun der Analysist seines bisherigen Ichs und der Pusher seiner zukünftigen Identität. Der „Heiße Stuhl“ löst diese verdammten Wachstumsblockaden, die ihn sonst über den Erwachsenenvollzug und die Forensik sabbernd bis ins frühe Alter (Dauerinhaftierte haben eine geringere Lebenserwartung) begleitet hätten. Dank dem „Heißen Stuhl“! Damit der „Heiße Stuhl“ den Kriterien des „Manual 2005“ entspricht, sind zumindest die 4 nachfolgenden Aufsätze als „Wirksamkeitsgaranten für die Herstellung innerer Friedlichkeit beim Täter“ zu berücksichtigen.

6.2 Konfrontation: Zur gegenwärtigen Kritik, den (überfälligen) Vorgaben und Standards (Raik Lößnitz)

Obwohl das AAT inzwischen auf eine mehr als 15 jährige Entwicklung zurückblicken kann, so gilt es in der fachöffentlichen Diskussion doch noch immer als relativ neuer Ansatz. Dass neue Ansätze und Methoden schnell polarisieren, sie also sowohl Prediger, Befürworter und unkritische Anhänger als auch Skeptiker, Kritiker und Ablehner hervorbringen, ist nichts Neues und trifft für das AAT mindestens in dem Maße zu, wie es auch bei vielen anderen Bindestrich-Methoden zu beobachten war und ist.

Auch sorgen neue (und wie beim AAT) manchmal spektakulär daherkommende und (zum Teil leider auch popularistisch) in Szene gesetzte Methoden, Hintergründe und Inhalte ebenso schnell für Irritationen und Unverständnis oder gar Unmut unter den sozial- und erziehungswissenschaftlichen Fachtraditionalisten wie sie andererseits, von vielen Theoretikern wie Praktikern mit Erwartungen und Königswegfantasien überhäuft, überhöht und überfordert werden.

Exemplarisch soll in diesem Zusammenhang kurz auf einen Entwicklungsausschnitt der sogenannten Erlebnispädagogik hingewiesen werden, die, zunächst während ihrer Entstehungsjahre als nicht ernst zu nehmender Ableger eines antiquiert wirkenden reformpädagogischen Methodenkonglomerates belächelt, schließlich gegen Ende der achziger Jahre einen regelrechten Boom erlebte. Zunächst bevorzugt angesetzt auf die „ganz schwierigen Jugendhilfefälle“, wo das „Abenteuer als letzte pädagogischer Versuch“ (Heckmaier u. Michl, 1994) Wunder verbringen sollte, gab es bald schon kein pädagogisches oder therapeutisches Arbeitsfeld mehr, in dem nicht „seilgesichert" Vertrauen erlernt werden musste und das unmittelbare Ausgesetztsein in der Natur gleichsam als Heilmittel gegen alle möglichen Sozialisationschäden verordnet wurde. Das Image bzw. die Zuschreibung des „finalen Rettungskonzeptes" hielt sich bei der Erlebnispädagogik bis zur ersten großen Medienschelte im Zusammenhang mit sogenannten *erlebnispädagogischen Fernreise- und Auslandsstandprojekten* gegen Mitte der Neunziger. Spätestens nach den jüngsten Vorkommnissen in griechischen und spanischen Einrichtungen deutscher Jugendhilfeträger (Spiegel, 6/2004) zuckt fast jeder Jugendamtsmitarbeiter beim Begriff Erlebnispädagogik reflexartig zurück.

Was aber haben das AAT und erlebnispädagogische Reise- und Standprojekte gemeinsam? Auf den ersten Blick sicher nichts, wobei sich, bei näherer Betrachtung, durchaus eine ganze Reihe von Parallelen entdecken ließen; denken wir allein an die Aspekte Gruppe, Authentizität, Handlungsorientierung und Konfrontation mit der Realität; nicht zu vergessen die sinnvollen Zusatzimplementierung erlebnispädagogischer Medien in jüngeren AAT-Kursen. Am deutlichsten drängt sich jedoch die Parallele zur Überfrachtung mit Erwartungen insbesondere in den Anfangsjahren dieser Methoden auf – hier vor allem im Hinblick auf die avisierte Zielgruppe und die unverkennbare Tendenz, beide Methoden, gleichsam einem Breitbandantibiotikum, auf möglichst alle pädagogischen und therapeutischen Handlungs- und Problemfelder übertragen zu wollen. Um das deutlich zu machen ist ein kurzer Blick zurück sicher hilfreich:

Das AAT stieß zu Beginn der neunziger Jahre in eine Zeit, in der das Thema Gewalt und insbesondere Jugendgewalt einmal mehr Hochkonjunktur hatte und es trat offensiv und selbstbewusst dort auf, wo sich die einzelnen Professionen und Sozialisationsagenturen gerade hilflos die Verursacherkarte zuzuschieben versuchten und man, vielerorts sehr hektisch, nach Lösungen und möglicherweise auch Rettungskonzepten fahndete. Das AAT war hier sicher ein ausgesprochen geeigneter und willkommener Kandidat; denn mit seinen exotisch anmutenden Wurzeln (amerikanische Besserungsanstalt und deutscher Jugendknast), seinen mutigen, provokanten und fast dreist daherkommenden Bekenntnissen zu konfrontativen Elementen und seiner Absage an zementierte Kategorien bürgerlich-tradierter Pädagogik und permissiven Erziehungsverständnisses, an Gleichgültigkeit in den Justizvollzugsanstalten und sozialpädagogisch „freundlicher Weichspüler-Behandlung" (Weidner, 1997 b) lud es geradezu ein zur Erwartungsüberfrachtung.

Und ehe die Methode in den einzelnen Praxis- und Anwendungsfeldern überhaupt implementiert und ausreichend erprobt war, um dann schließlich in der Praxis und durch die Praxis zu wachsen, war sie in den Medien auf das reduziert, was sie spektakulär und anders machte – den „Heißen Stuhl". Weidner spricht in diesem Zusammenhang 1997 von einer „wohlwollenden und ermutigenden Berichterstattung durch die (Fach-) Presse..." (Weidner 1997 b, S.22).

Nun sind konfrontative Elemente in der Pädagogik wahrlich keine so große Neuigkeit, denn Heranwachsende mit den realistischen Konsequenzen ihres Verhaltens und ihrer Handlungen zu konfrontieren gehörte schon zu Rousseaus Zeiten oder später in Makarenkos Erziehungskolonie zum grundlegenden Methodenrepertoire eines Erziehers:

„Zerbricht das Kind die Fensterscheibe in seinem Zimmer – laßt ihm Tag und Nacht den Wind um die Nase wehn und kümmert euch nicht um seine Erkältung, denn es ist besser, es hat einen Schnupfen, als daß es den Verstand verliert“ (vgl. zu Rousseau auch Der Brockhaus, 2004; S. 289-291).

Neu hingegen war und ist im deutschsprachigen Raum, dass die konfrontativen Elemente im AAT und in dessen modifizierter Form für den Bereich der Kinder- und Jugendarbeit -dem Coolness-Training (CT)- mit Strategien wie dem *bewussten Kränken von Persönlichkeitsanteilen*, dem *unangekündigten Provozieren der Trainingsteilnehmer* (vgl. Weidner, 1990, S.144/155) oder Persönlichkeitsveränderung *„mit dem Skalpell der Methoden“* (Heilemann, 1999) einhergingen und auf Kategorien wie Empathie, Beziehung, Würde, Unversehrtheit und die „psychische Fragilität der Klienten“ (Farrelly in Weidner 2001, S.11) nur wenig oder gar keine Rücksicht zu nehmen schienen.

Dass dies alsbald schon Kritiker auf den Plan rief, liegt auf der Hand. Das konfrontative Vorgehen im AAT/CT, so eine der zentralen Befürchtungen und Kritiken, bedeute letztlich die Absage an eine parteiliche, emanzipatorische, beziehungsgeprägte Jugend-und Sozialarbeit und den Rückschritt zu den Ideen repressiver und autoritärer Erziehung. Doch damit nicht genug; denn im AAT sei „das Pädagogische“ gänzlich verlustig gegangen und man sähe in dem hier praktizierten „Vordringen in das Individuum“ eine Verletzung der gewaltfreien „Gesellschaft freier Individuen“ (vgl. dazu u.a. Walter 1999; Lempert u. Oelemann, 1995; Böhnisch 1999; Scherr 1998; Kunstreich 2000; Jehn, 2003,).

Eines ist und bleibt klar: Das AAT und der „Heiße Stuhl“ gehören zusammen. Konfrontationen und konfrontative Elemente sind die zentralen Kernelemente dieses Programmes, eines der wenigen deutschen Programm gegen Aggression und Gewalt, das bei antisozialen Jugendlichen und Jungerwachsenen im Strafvollzug theoriegeleitet evaluiert wurde und mit nur 37 % Rückfallquote (vgl. Ohlemacher, 2001) überdurchschnittlich gute Ergebnisse vorweisen kann. Erste Zwischenergebnisse einer umfangreichen Evaluation unter fast 50 % aller durchgeführten AAT’s im Bundesgebiet zwischen 1997 und 2000 verweisen auf ein ähnliches Ergebnis (vgl. Schanzenbächer, S., 2003). Aber: das AAT (besonders das wachstumsorientierte AAT) **ist** eben nicht der „Heiße Stuhl“. Gerade mal etwa 20 % des gesamten Programmes sind konfrontativ und provokativ ausgerichtet. 80 % aller Interventionsenergie eines Trainings wird zur wachstums- und ressourcenorientierten Arbeit, zur Kompetenzvermittlung und Kompetenzerweiterung, zur Festigung des Gruppengefüges und zur Beziehungsgestaltung gebündelt.

Dennoch: Die Kritik der Bedenkenträger wird bleiben, trotz der empirischen Belege. Denn das AAT passt weder in die seit Jahrzehnten währende und wohl vorerst auch nicht endende Gewaltdebatte noch in die Denkmuster einer wissenschaftlich unterfütterten Sozialromantik mit ihrer Mentalität zur dauerhaften Non-Intervention als falsch verstandener Fachlichkeit und ihrer Angst vor Konfrontation als falsch verstandener Unfachlichkeit. Programme wie das AAT mit immer neuen Dichotomisierungs-Unterstellungen, mit Vorwürfen der Ettikettierung und Objektreduzierung, mit Begriffen wie 'klinisch-oberflächlicher Psycho-Hokuspokus', 'Gewalt mit Gegengewalt', 'Nötigung', 'Machtanspruchs- und Machogehabe' zu verunglimpfen, richtet sich nicht nur gegen eine wachsende Zahl verantwortungsvoller Praktiker und Befürworter konfrontativer Pädagogik an der Basis, sondern soll wohl im ein oder anderen Fall auch die Daseinsberechtigung dieser Kritiker sichern.

Vor allem aber scheint mir diese Form des Umgangs mit innovativen und i.w.S. handlungsorientierten Programmen wohl eher dazu geeignet, die jahrzehntelange Ratlosigkeit im Elfenbeinturm der Theorie hinter den immer gleichen und mittlerweile Resignation und Stagnation auslösenden Verweisen auf die gesellschaftlichen Verursachungszusammenhänge zu verbergen. Soziale Arbeit hat eben nicht nur den Auftrag auf bildungs- und sozialpolitischer Ebene gegen Gewalt vorzugehen indem sie auf die gesellschaftlichen Ursachenzusammenhänge aufmerksam macht und das gegenwärtige gesellschaftliche Machtgefüge beeinflusst. Tatsächliche und potentielle Opfer in der Schule, in der Disco oder an der nächsten Straßenecke haben diese Zeit nicht – ebensowenig wie die Pädagogen, Lehrer, Erzieher und Eltern oder die sich gewalttätig gebärdenden Jugendlichen vor Ort.

Soziale Arbeit hat in Gestalt der Jugendhilfe vor allem auch den gesetzlichen Auftrag zur Prävention auf allen Ebenen und in allen Regel- und Interventionsbereichen und ist aufgefordert auch im Bereich der Hilfen zur Erziehung und des Jugendgerichtsgesetzes „kompensierend oder auch orientierend tätig zu werden“ (Kilb, 2003). Und genau diesem Auftrag kommen diejenigen Praktiker der Sozialen Arbeit nach, die sich den Problemen und Konflikten mit Engagement, Belastbarkeit und Kreativität stellen.

Auch das AAT wird diesem Auftrag gerecht – in der Hauptsache rekonstruierend und biographisch verstehend, beziehungsorientiert, einfühlsam und non-direktiv, aber eben auch konfrontativ. Doch genau das Konfrontative im AAT ist es, was unter akademisch sozialisierten und den „herrschaftsfreien Diskurs“ (Jehn, 2003) favorisierenden Pädagogen und Sozialarbeitern zunächst für Irritation und Verunsicherung sorgt und (meist in Unkenntnis der Trainingsinhalte und Trainingsabläufe im AAT) manchem Theoretiker die Chance bietet, sich über gezielt gewählte Provokationen zu profilieren.

Was aber bedeutet Konfrontation im AAT und wer kann und darf konfrontieren? Welche Regeln sind hier einzuhalten und wo sind aus moralisch-ethischer und fachlicher Sicht Grenzen die auch im AAT nicht überschritten werden dürfen? Diese und ähnliche Fragen gilt es nicht nur zu diskutieren, sondern die Antworten auf diese Fragen müssen gebündelt und in Standards gegossen werden, um sich hier nicht dem Verdacht willkürlichen Vorgehens, der Beliebigkeit, des Zufallhaften, der Grenzüberschreitung, des Machtmissbrauchs und Unfachlichkeit oder gar des Rechtsverstoßes auszusetzen.

Konfrontieren oder konfrontatives Vorgehen im pädagogischen Kontext ist seit der Entwicklung des AAT in zahlreichen Veröffentlichungen (vgl. u.a. Weidner, 1990, Wolters, 1990) eingehend thematisiert, erläutert und begründet worden und hält seit einigen Jahren unter der Bezeichnung „Konfrontative Pädagogik“ / „Konfrontative Methodik“ (Weidner) Einzug in die unterschiedlichsten pädagogischen Handlungsfelder. Dort sorgt sie mittlerweile für kontrovers geführte Diskussionen, aber auch für eine Erweiterung des bestehenden Handlungs- und Reaktionsrepertoires der Pädagogen. Mit ihren Wurzeln in Corsinis *konfrontativer Therapie*, in der *provokativen Therapie* Farrellys, dem *Heißen Stuhl* (hot seat) des Gestalttherapeuten Perls oder Morenos *Psychodrama*-Methode versteht sich die Konfrontative Pädagogik als Ergänzung und, wie Weidner es formuliert, als „pädagogische ultima ratio“ (Weidner, 2001, S.7), wenn über einfühlsam akzeptierende, lebensweltorientierte oder non-direktive pädagogische Ansätze das Kind oder der Jugendliche nicht mehr zu erreichen ist.

Die konfrontative Methoden in der Pädagogik eröffnen somit nicht nur eine zusätzliche Möglichkeit der Intervention sondern ist letztlich auch Bestandteil präventiver Arbeit. „Eine wirksame Korrektur ist gleichzeitig ein wichtiger Bestandteil von Prävention“ konstatiert die Diplompädagogin Elke Osbomk-Fischer und fordert mehr kreative Konzepte in Erziehung und Bildung, Beratung und Therapie (Ostbomk-Fischer, 2000).

Damit keine Missverständnisse aufkommen: Das diffuse Brüllen des überforderten Lehrers vor einer 6. Hauptschulklasse, die Tracht Prügel vom Vater oder das Wegschließen des 14-jährigen Heimkindes mag kurzfristig eine wirksame Korrektur sein, hat aber nichts mit konfrontativer Methodik und schon garnichts mit Prävention zu tun, sondern ist Ausdruck der Hilflosigkeit formalisierter Erwachsenenmacht und schlicht und ergreifend autoritär und unpädagogisch.

Konfrontativ zu arbeiten bedeutet pädagogisch und sozialtherapeutisch zu arbeiten und das auf hohem Niveau. Dabei ist zu berücksichtigen, dass der Einsatz konfrontativer Elemente in der Arbeit mit Schülern, ja sogar Grundschülern (vgl. Bausmann u. Frenking, 2003), noch weit entfernt vom Intensitätsniveau eines „Heißen Stuhls“ im AAT (etwa im Rahmen eines Sozialen Trainingskurses) ist und dennoch bereits ein Höchstmaß an Aufmerksamkeit, Sensibilität und Fachlichkeit der durchführenden Personen erfordert.

Wenn konfrontativ orientierte Programme wie das AAT/CT tatsächlich als letztes Mittel in Pädagogik und Sozialtherapie das erreichen sollen, was von ihnen erwartet wird bzw. was sie selbst zu erreichen vorgeben, nämlich:

- Verhaltensweisen dissozialer Störer und Normverletzern zu verhindern bevor es zu (weiteren) Opfern kommt (*„Erst stoppen - dann therapieren“,* siehe Heilemann, Pkt. 5),
- irrationale Überzeugungen (Fehlwahrnehmungen) und normative Verzerrungen dissozialer Störer und Normverletzern zu verdeutlichen und zu verändern,
- weiterreichende Benachteiligungen und Sanktionen (Schulausschluss, Jugendstrafe, Bewährungswiderruf etc.) sowie zusätzliche Abwertungen des dissozialen Störers zu verhindern (Grenzziehung),
- bisheriges Verhalten und bisherige Handlungen zu verändern / durch sozialverträgliche, Ich-stärkende Alternativen zu ersetzen (Ich-Optimierung),
- die objektive Sicherheit im unmittelbaren Umfeld des / der Betreffenden zu erhöhen und subjektives Angstempfinden des Umfeldes zu reduzieren,
- das soziale Klima im Nahraum des/der Betreffenden zu verbessern (Wohlfühlklima),

bedarf es m.E. mehr als einer Allgemeinorientierung für AusbilderInnen und TrainerInnen, wie sie derzeit noch in Form der bestehenden 7 Qualitätsstandards zur Durchführung eines AAT/CT formuliert sind (vgl. Schawohl, 2001).

Die größtenteils auf die strukturelle Voraussetzungen ausgerichteten Standards wie Zielgruppe und Einstiegsvoraussetzungen, zeitlicher Rahmen und Gruppengröße, die Benennung der curricularen Eckpfeiler etc. müssen, aus Sicht des Verfassers, durch Richtlinien ergänzt werden, die sowohl hinsichtlich der TrainerInnen-Ausbildung als auch der zukünftigen Trainingspraxis handlungsleitend für alle zertifizierten AAT-AnwenderInnen sind und neben den fachlichen und zielorientierten Aspekten grundlegende moralisch-ethische, therapeutische und rechtliche Anforderungen berücksichtigen. Die gilt in besonderer Weise für ein eingriffsintensives Interventionsinstrument wie den „Heißen Stuhl“.

Entsprechend erweiterte Standards und ein zusätzlich implementiertes Contolling-System würden so nicht nur einer „Kurpfuscherei“ durch Dritte (nicht AAT/CT - Zertifizierte) vorbeugen und die Marke AAT/CT schützen (vgl. Schawohl, 2001, S.212), sondern tatsächlich die Qualität der durch zertifizierte TrainerInnen durchgeführten Trainings sichern sowie die Unversehrtheit, Selbstbestimmung und Würde der Trainingsteilnehmer gewährleisten.

Bevor ich im Folgenden zunächst auf die Grenzen und anschließend auf die m.E. notwendigen Vorgaben (Qualitäts- und Sicherheitsstandards) für konfrontative Gruppensitzungen („Heißer Stuhl“) im Rahmen eines wachstumsorientierten Anti-

Aggressivitäts-Trainings eingehe, möchte ich klarstellen, dass es mir nicht darum geht, künstliche Bremsklötze zu verteilen und somit Spannung, Dynamik, Spontanität und Lebendigkeit aus den Trainings zu nehmen oder praxiserfahrene und ohnehin schon reflektierte und sensible AnwenderInnen zu verunsichern. Vielmehr ist es mein Anliegen, dass verbindliche Vorgaben und Grenzen erarbeitet werden, um ein Mehr an Sicherheit zu erreichen – mehr Sicherheit für die Konfrontierer und somit **mehr** Mut, **mehr** Dynamik und **mehr** Lebendigkeit während der Trainings, als auch mehr objektive Sicherheit für den Konfrontierten und somit **mehr** Mitarbeit, **mehr** Veränderung und **mehr** Wachstum.

Wie können also Grenzen und Standards für die Konfrontation („Heißer Stuhl“) beschrieben und festgelegt werden?

„Der „Heiße Stuhl“ ist das Nadelöhr, durch das der Täter muss“ (Heilemann, 2003, S.265). Dieser Satz gilt in ähnlicher Weise für AAT-TrainerInnen und diejenigen, welche als TrainerInnen arbeiten möchten. Die Konfrontation und insbesondere der „Heiße Stuhl“ sind das „fachliche Nadelöhr“ an dem sich entscheidet, ob sie dieser Aufgabe gewachsen sind, ob sie in der Lage sind eine kurzzeitige, intensive und stabile Verbindung zum Konfrontierten aufzubauen und ob sie die entscheidenden „Türen“, durch die der Konfrontierte zum zentralen Einstellungswandel, zum Wachstum und zur Selbstaktualisierung (vgl. Corsini, 1994) gelangen kann, in der Lage sind zu öffnen, ohne selbst dabei „bestimmte“ Grenzen zu überschreiten.

Eine „Wiederherstellung der Selbstachtung“ (Burschyk, Sames u. Weidner, 1997, S.87) des Trainingsteilnehmers nach der Konfrontation ist zwar der Bestandteil eines exemplarischen sogenannten „Leitfadens“ (ebenda) für „Heiße Stuhl“-Sitzungen, kann jedoch vor diesem Hintergrund nicht Teil von (dringend notwendigen) verbindlichen Vorgaben oder Standards sein. Beschädigungen der Selbstachtung und der Würde des Konfrontierten sollen und dürfen weder als Ziel noch als pädagogischer oder therapeutischer Kollateralschaden einer Konfrontation in Kauf genommen werden, auch nicht mit der Legitimation eines wohlgemeinten Opferschutzes oder einer „ (Wieder-) Herstellung“ der „persönlichen Würde“ (u.a. Stiels-Glenn, 1997) eines verurteilten Gewalttäters. Dies wäre m.E. nicht mit dem unter Punkt 7 bzw. 8 der AAT/CT-Qualitätsstandards angeführten optimistischen Menschenbild im AAT/CT vereinbar, wonach zwar die Gewaltbereitschaft des Täters massiv abgelehnt werden, der Täter als Person jedoch gemocht werden **soll** (vgl. Schawohl, 2001; Kilb, 2004).

Doch wo sind die Grenzen im Rahmen einer Konfrontation und wodurch werden sie bestimmt? Die Antwort auf diese Frage ist bei einer Methode, deren Wurzeln u.a. sowohl in der Provokativen Therapie (F. Farrelly) als auch in der Konfrontativen Therapie (R.J. Corsini) zu verorten sind, zugegebener Maßen nicht einfach, denn beide Formen zielen auf äußerst starke Gefühlsbewegungen des Klienten / Patienten ab, präferieren das schnelle, intensive und punktgenaue Vorgehen und halten sofortige und nachhaltige Korrekturen und Veränderungen beim Gegenüber für möglich (vgl. Corsini, 1994 / Farrelly, 1986).

Beide Therapieformen bedienen sich dazu Interaktionformen (bestimmten Reizen) , die auf der (wenn es sie gäbe) „Roten Liste“ jedes Psychoanalytikers oder auch jedes einigermaßen ‚klischeegerechten’ Sozialarbeiters stehen würden: Spott, Nachahmung, Sarkasmus und Ironie, gezieltes „Belügen“ und „Missverstehen“ des Klienten u.v.a.m. Sie bezeichnen ihre Konzepte als „therapeutische Grausamkeit und freudigen Sadismus“ (Farrelly, 1986, S.236/253) oder den „...Versuch, die Verteidigungsmechanismen einer Person mit einem schnellen, wirksamen und koordinierten Angriff zu durchschlagen“ (Corsini /1994, S.569) und halten weder die anfängliche Motivation noch die Freiwilligkeit der Klienten / Patienten für erforderlich.

Mit einem Hinweis auf die oben erwähnten Kritiken: Ein Programm in Deutschland, das sich an derartige Konzepte anlehnt und, inzwischen über die Grenzen des Strafvollzugs und der Sozialtherapie hinaus, eine „nahezu völlige Ausdifferenzierungspraxis“ (Kilb, R./2004, S.114) in originären sozial- und schulpädagogischen Handlungsfelder zu verzeichnen hat, wird sich hierzulande nicht nur fachlich motivierten sondern auch verfassungsrechtlich motivierten Abwehrreaktionen (vgl. Rzepka, 2004, S. 126 ff.) ausgesetzt sehen.

Dabei wird allerdings schnell übersehen, das es sich bei diesen Konzepten, wie auch bei einer Vielzahl weiterer theoretischer Grundlagen des AAT, um zutiefst humanistisch orientierte und in der Praxis bewährte therapeutische Behandlungsformen handelt:

„Der menschliche Geist hat, wie der menschliche Körper, einen ihm innewohnenden Hang zur Vollkommenheit und wird sich unter den richtigen Voraussetzungen selbst heilen“ (Corsini, 1994, S.558)

Ein auf humanistischen Theoremen basierendes, wachstumsorientiertes Anti-Aggressivitäts-Training stellt diese Voraussetzungen zur Verfügung. Es arbeitet mit den Tätern um Blockaden zu lösen und somit ihr Wachstum und die Entfaltung ihres Potentiales zu ermöglichen. Es geht darüber hinaus von der Überzeugung aus, dass es zur Veränderung manifestierter Einstellungen und Fehlwahrnehmungen, welche wiederum zur Manifestierung destruktiver Verhaltensweisen und Handlungen geführt haben, keiner langanhaltenden pädagogischen oder therapeutischen Begleitung bedarf, sondern dass die entscheidenden Voraussetzungen für eine nachhaltige Veränderung in wenigen, kurzen und sehr intensiven Trainingseinheiten („Heißer Stuhl“) herausgearbeitet werden können und müssen. Oder: „Durch die Konfrontation muss die Wende geschafft werden“ (Heilemann,, Pkt. 6)

Wird hier entsprechend fachlich und intensiv gearbeitet, so gehen solche Trainingseinheiten in der Regel mit einer starken emotionalen Betroffenheit und einer phasenweise sehr hohen psychischen Anspannung des Konfrontierten einher, werden vom Konfrontierten nicht selten temporär als starke Belastung wahrgenommen und lösen seinerseits entsprechende und z.T. heftige Reaktionen aus. Diese Reaktionen werden erwartet und sind vielfach als Teil des Prozesses notwendig.

Vor diesem Hintergrund ist es sicher nachvollziehbar, dass eine derart eingriffsintensive und z.T. radikale Vorgehensweise nur von Fachleuten vorbereitet und durchgeführt werden darf, die über eine entsprechende Ausbildung, über erforderliche Kenntnisse, nachgewiesene Fähigkeiten, die entsprechende Praxis und die nötige Sicherheit verfügen. Corsini verdeutlicht diese Notwendigkeit wie folgt:

„ In der Medizin sind radikale Therapien gefährlich und können zum Tode führen. Radikale Operationen, Wunderdrogen und dergleichen haben oft schwerwiegende Nebenwirkungen. Nur hochqualifizierte Leute würden es wagen, eine komplizierte Herzoperation durchzuführen oder starke Medikamente zu verabreichen“ (Corsini, 1994, S. 557)

Es ist vor diesem Hintergrund sicherlich auch nachvollziehbar, dass es sich bei einer derart intensiven Methode wie dem „Heißen Stuhl“ weit mehr um ein therapeutisches Instrument (mit all den damit verbundenen Anforderungen, Konsequenzen und Möglichkeiten) als um eine Intervention im Rahmen pädagogischer oder erzieherischer Maßnahmen handelt.

Um Missverständnissen vorzubeugen: Konfrontative Elemente in der Pädagogik und ein „autoritativer Erziehungsstil“ (Silbereisen u. Suhler, 1993 zit. n. Weidner, 2001) sind als Ergänzung zu anderen Methoden und Ansätze in allen pädagogischen Handlungsfeldern sinnvoll und von Nutzen und erweisen sich, gerade in der Arbeit mit permanenten Regelverletzern – insbesondere wiederholt gewalttätigen Kindern und Jugendlichen – als sehr wirksame Möglichkeit der Prävention. Kinder und Jugendliche in angemessener Weise mit ihren Taten und den (Opfer-) Folgen zu konfrontieren, Grenzen zu verdeutlichen und Wiedergutmachungen einzufordern muss eben *auch* zum selbstverständlichen Handlungsrepertoire von LehrerInnen, ErzieherInnen und SozialpädagogInnen gehören. Und ist dies (noch) nicht der Fall, so ist es gut, wenn „konfrontations- ausgebildete“ Fachkräfte in diesen Handlungsfeldern Multiplikatorenarbeit leisten (können).

Der „Heiße Stuhl“, als eingriffsintensivste Form der Konfrontation, gehört m.E. ausschließlich zum Anti-Aggressivitäts-Training und richtet sich an die zahlenmäßig kleine und klar definierte Zielgruppe der Jugendlichen oder Jungerwachsenen, die sich häufig und gern über wiederholte Gewalttaten und entsprechendes Opferleid definieren und aufwerten und eine Bedrohung für ihr unmittelbares Umfeld darstellen. Der „Heiße Stuhl“ gehört m.E. jedoch nicht ins Klassenzimmer oder den Gruppenraum eines Kinderheimes.

Ein „Kritischer Stuhl“ (oder wie auch immer er bezeichnet wird) der als Feedback-Methode im Rahmen von Gruppenarbeit zur konfrontativen Auseinandersetzung mit Fehlverhalten, Regelverletzungen und sozial unverträglichem Verhalten einzelner eingesetzt wird, gehört doch Land auf Land ab schon längst zum Methodenrepertoir vieler Pädagogen. Dazu bedarf es zwar gewisser fachlicher und persönlicher Handlungskompetenzen aber keiner speziellen und kostenintensiven, zertifizierten Coolnesstrainer® - Ausbildung. Viel wichtiger und wirksamer als so ein ‚Heißes Stühlchen' – *[„ „Heißer Stuhl"(...) bei Jüngeren ritualisierter und in abgemilderter Form" (Weidner, Gall, 2003)]* – in einem von Kritikultur und Leistungsdruck durchsetzten Institution wie Schule, wäre doch der täglich durchgeführte „Positive Stuhl": präventiv, flächendeckend und für alle Schüler und Lehrer. Erst wenn es dem AAT oder ähnlichen Programmen gelingen sollte, über hoch motivierte und gut ausgebildete Trainer oder Instruktoren sowohl Lehrer wie auch Schüler von der Idee einer Friedenskultur zu überzeugen und mit ihnen gemeinsam selbige zur Leitkultur einer 'Schule gegen Gewalt' zu machen (siehe Pkt. 5), wird das AAT an Schulen nicht mehr nur punktuell - konfrontativ und kosmetisch, sondern nachhaltig präventiv wirksam sein. Erst dann erfüllen Coolnesstraining®, S'coolness-Training® oder „Keep-Cool"- Gruppen einen wirklich „sozialpädagogischen"und „sozial-arbeiterischen" Auftrag.

Wie bereits gesagt: Konfrontative Arbeit mit dem Instrument „Heißer Stuhl" richtet sich an die kleine Zahl der aktiven, wiederholt auffälligen „Schläger" und „Körperverletzer", die bereits aufgrund ihrer Gewalttaten jugendstrafrechtlich zur Verantwortung gezogen wurden, eine jugendstrafrechtliche Verfolgung zu erwarten haben oder (trotz wiederholter Körperverletzungen) bisher in der Lage waren sich strafrechtlichen Sanktionen zu entziehen. Entsprechend eingegrenzt sind die Einsatzfelder für diese Methode: Maßregelvollzug (§ 64 StGB), Jugendstrafvollzug, Jugendgerichtshilfe, Bewährungshilfe, Maßnahmen im Rahmen des § 10 JGG, „Erziehung statt Strafe" - Programme (Haftvermeidung) oder auch individuelle Trainings.

Der „Heiße Stuhl" als Kernmethode des AAT's soll hier eingesetzt werden, um im oben beschriebenen Sinne wirksam zu sein. Dazu sind aus meiner Sicht bestimmte Voraussetzungen, Bedingungen und Richtlinien vor, während und nach der Konfrontation zu beachten, die im folgenden als Vorgaben im Sinne von Standards formuliert sind:

Voraussetungen und Bedingungen für eine Konfrontationssitzung („Heißer Stuhl")

1. Mindestalter der Teilnehmer (TN) 16 Jahre,
2. das Vorhandensein nachweisbarer Gründe für die Teilnahme an einem AAT (Urteile, Berichte etc.),
3. das ausdrücklich formulierte Bedürfnis /persönlicher Leidensdruck *des Teilnehmers* (TN) in Zukunft nicht mehr oder weniger gewalttätig / gewaltbereit zu sein / sein zu müssen (Primarmotivation),
4. die ausdrücklich formulierte Bereitschaft des TN, sich zu diesem Zwecke einer „Heiße Stuhl"-Konfrontation auszusetzen (Freiwilligkeit),

5. das ausdrückliche Einverständnis des TN zur Teilnahme weiterer Personen / Ehrenamtlichen, Gäste etc. (Datenschutz),
6. die schriftliche Fixierung der Punkte 1 – 4, bei unter achtzehnjährigen TN Unterschrift des Erziehungsberechtigten (Kontrakt),
7. eine Vorbereitungs- und Vorlaufphase von mindestens 4 AAT-Sitzungen (Deskription, Integration, Information),
8. Vereinbarung eines deutlichen Abbruchsignales und die Information , dass jederzeit abgebrochen werden kann,
9. das Beisein eines kassenärztlich zugelassenem Psychotherapeuten (Kenntnisse in Traumatherapie und / oder Konfrontative Therapie) – vgl. Pkt. 5.2.

Insbesondere in Bezug auf die Punkte 1 bis 4 erscheint es mir sinnvoll, dass die einzelnen Teilnehmer dazu (z.B. in Verbindung mit einem Vorbereitungsinterview durch einen Co- Trainer und dem Ausfüllen eines kleinen Fragebogens) unmittelbar vor der Konfrontationssitzung befragt werden. Die Teilnehmer im Verlaufe der vorherigen Trainingsphasen im Unklaren über den Zeitpunkt ihrer Konfrontation zu lassen, halte ich aus unterschiedlichen Gründen weder für sinnvoll noch als bereichernd für das Training.

Als Reaktion auf die im Zusammenhang mit AAT – Trainings regelmäßig aufkommende Diskussion um die Kategorien Freiwilligkeit und Selbstbestimmung und die geäußerten Bedenken hinsichtlich der Einhaltung des’ rechtsstaatlichen Prinzips einer freiwilligen Behandlungsteilnahme (vgl. Rzepka, 2004, S.128) sowie allerlei anderer juristischer Hebelversuche möchte ich gern Prof. jur. Peters aus Tübingen zitieren:

„Es ist auch selbstverständlich, daß wir als Juristen unserer Juristenausbildung verhaftet sind, die eben doch ganz wesentlich eine Ausbildung ist, die auf Normanwendung, auf abstrakte Regelung und formale Sicherung ausgerichtet ist, in der die Realien allzuleicht zu kurz kommen. Das bedeutet die Gefahr, dass gerade bei schwerwiegenden und erregenden Fällen der Weg zum menschlich Notwendigen verschlossen wird und zugleich die Verknüpfung mit den Naturwissenschaften, der Medizin, der Psychiatrie und Psychotherapie, der Psychologie, der Soziologie und nicht zuletzt der Pädagogik nur in ungenügender Weise stattfindet“ (Peters,1966, S.55)

Hier ein Wegweiser zum „menschlich Notwendigen“: Vor einigen Jahren hörte ich eine gute Freundin von einer Bekannten erzählen: „Stell dir vor, seit fast 2 Jahren geht sie nun regelmäßig zur Gesprächstherapie, alle 14 Tage einmal. Und jedes Mal legt sie fast 120 Mark auf den Tisch, nur um ihrem Therapeuten zu beweisen dass er sie nicht kriegt“.

Nun ist nicht gesichert, ob dies tatsächlich der entscheidende Grund für die gute Frau war ihrem Therapeuten soviel Geld in den Rachen zu werfen, jedoch entspräche dies genau Corsinis Theorie die davon ausgeht, dass sich Klient und Therapeut in einem „Machtkampf" befinden und selbst der Klient, der eine Therapie wünscht und sich dafür die Zeit nimmt „...muß in der Regel dennoch alles tun, was er tun kann, um den Therapeuten zu besiegen – um sich nicht zu ändern" (Corsini, 1994, S. 562).

Wenn also schon hoch motivierte und für eine Beratung oder Therapie zahlende Klienten Widerstände gegen Veränderungen aufbauen, wie hoch muss dann der Widerstand bei gewaltverliebten Jungerwachsenen oder Jugendlichen sein, deren Einstiegsmotivation wesentlich geringer ist und deren Bereitschaft zur Aufgabe bestehender und bisher für sie funktionaler Konzepte möglicherweise von noch größeren Ängsten (von den Ängsten ihrem Teil der Verantwortung und der Schuld am Opferleid zu begegnen ganz zu schweigen) begleitet wird?

Es ist die Aufgabe und das Ziel des AAT, die damit verbundene Skepsis, die Ablehnung, das Gefühl der widerwilligen Befolgung einer Weisung oder aber auch die nur oberflächliche Motivation, sich eventuell mit einer Teilnahme am Training Vorteile im Rahmen der Strukturen totalitärer Institutionen zu verschaffen, in den ersten 2 bis 3 Sitzungen in ein wirkliches Eigeninteresse (Primarmotivation) zu wandeln.

Dass allein zur Erreichung dieser Primarmotivation eine Reihe von Voraussetzungen und Bedingungen bereits vor Beginn eines Trainings gegeben sein und geschaffen werden müssen; Voraussetzungen, die u.a. bereits mit einer Auswahl der späteren AAT/CT-TrainerInnen durch das AAT/CT- Ausbildungsinstitut oder die Ausbildungsinstitute ähnlicher Programme beginnen, soll hier nicht weiter vertieft werden.

Über die Auswahlkriterien zur Aufnahme einer entsprechenden Ausbildung (hier scheint bisher nur nach den formalen Abschlüssen, nicht jedoch nach weiteren personalen Eignungskriterien ausgewählt zu werden) oder die bisherigen curricularen Standards der Ausbildung sollte m.E. an anderer Stelle nachgedacht werden.

Letztlich werden sich alle Qualitätsanforderungen, ob an Trainerausbildung oder Trainingsgestaltung am Ziel der Wirksamkeit in der Arbeit mit der genannten Zielgruppe messen lassen müssen. Die Wirksamkeit des AAT ist aber zu einem wesentlichen Teil davon abhängig, ob und wie die Qualitätsanforderungen verdichtet in der Trainerpersönlichkeit verfügbar, abrufbar und tatsächlich umsetzbar sind. Grundsätzlich unterscheiden sich diese Anforderungen zunächst in keiner Weise von denen, die für zeitgemäße Sozialpädagogik im Rahmen von (auf Strukturen und Prozesse gerichteten) Interventionen im mikrosozialen Bereich von Bedeutung sind, nämlich: die **instrumentelle Kompetenz,** die **reflexive Kompetenz,** die **soziale Kompetenz** und die **kooperative Kompetenz**. Für einen sicheren und wirksamen Umgang mit der Zielgruppe der mehrfachauffälligen Gewalttäter müssen diese Kompetenzbereiche stärker als bisher, sowohl in der Auswahl zur Ausbildung, in der direkten Ausbildung, in der Lernzielkontrolle wie auch im Qualitäts-Controlling, in spezifizierter Form Berücksichtigung finden, vermittelt und geprüft werden.

Insbesonders für die eingriffsintensive Phase der Konfrontation sind neben diesen Anorderungen zusätzliche Kompetenzen von zentraler Bedeutung. Das Idealprofil der konfrontierenden TrainerInnen im wachstumsorientierten AAT beschreibt deshalb insbesondere die Bereitschaft und die Fähigkeit zur Empathie, Offenheit, Treue, zur Radikalität (an die Wurzel zu gehen) und Offensivität (vgl. Lößnitz zit. nach Heilemann, 2003, S. 246, Reh, Schawohl, 2003, S.59).

Für viele Sozialarbeiter stellt konfrontatives Arbeiten, wie Farelly sagt, einen „Konflikt mit der nährenden Funktion des Sozialarbeiters“ (Farrelly /1986, S.230) dar. Vielleicht mag dies tatsächlich einer der Gründe dafür sein, dass in der Praxis der letzten Jahre zunehmend die Tendenz zu beobachten ist, sich lieber hinter den Schreibtisch oder Lehrertisch zurückzuziehen, als sich den Reibungsaufforderungen (und - angeboten) auszusetzen.

Sich, falls notwendig, beherzt einem Heranwachsenden in den Weg zu Stellen, sich den Konflikten und Widersprüchen zu stellen, Beleidigungen oder Provokationen nicht in jedem Fall mit der Begründung der Erwachsenensouveränität zu überhören – ja emotional authentisch zu reagieren, ist nicht nur ein *Kann* sondern, dort wo nötig, ein *Muss* für Pädagoginnen und Pädagogen. Es ist also nicht die Frage, ob es ethisch vertretbar ist konfrontative Elemente in das Berufsbild von Pädagogen und Sozialarbeitern zu integrieren? Die Frage ist doch, ob es noch länger vertretbar ist, schwierigen Heranwachsenden die Chancen auf Wachstum und die Möglichkeiten der „Reibungswärme“ vorzuenthalten, Chancen, die im Umgang mit angstfreien, authentischen und grenzsetzenden Pädagogen und Sozialtherapeuten liegen.

Konfrontativ mit dem „Heißen Stuhl“ zu arbeiten bedeutet nicht nur Grenzen zu setzen, sondern an die Grenzen zu gehen – verstehend und ohne Verständnis für die Tat, wenn notwendig hart und radikal aber immer unter Beachtung desjenigen, der sich freiwillig dieser Behandlung unterzieht. Veränderung erreichen wir nur, wenn wir den vorherigen Zustand für einen Moment aus der Balance bringen – manchmal über einen entsprechenden Anstoß von außen. Oder, wie ein Kollege aus dem konfrontativen Affektkontrolltraining es kürzlich formulierte: Gehen ist kontrolliertes Fallen!

6.3 Ich – Wachstum im Konfrontationshandeln: Von der Opferperspektive über die Selbstblockade zum Selbstcoaching (Thomas Ramm)

Die Konfrontationspädagogik hat als elementarer Teil des AAT's einen hohen Stellenwert. Der „Heiße Stuhl" hat das Anti – Aggressivitäts – Training (AAT) nach dem „Hamelner Modell" maßgeblich bekannt gemacht. Er ist sozusagen die „Mutter" der Instrument gewordenen Konfrontationspädagogik im Rahmen von Gewalttäterbehandlung.

Dies gilt für den stationären Rahmen, also den Strafvollzug, wie auch für die ambulanten Angebote. Dabei handelt es sich nun um den Sozialen Trainingskurs gem. § 10 Jugendgerichtsgesetz JGG als richterliche Weisung für gewaltdelinquente Jugendliche und Heranwachsende. Außerdem geht es im ambulanten Rahmen um Angebote der offenen Jugendhilfe, z. B. für gewaltauffällige Schüler, die Verhaltensänderung zeigen müssen, um nicht der Schule verwiesen zu werden.

Auch das Konfrontieren aus der entsprechenden Situation heraus wird Lehrern bei Fortbildungen zum Thema Gewaltprävention gelehrt.

Das Motto hier lautet: Bei Gewalt an unserer Schule stehen alle Räder still und der Täter wird ermittelt und konfrontiert. Die Gemeinschaft der Lehrer und friedliebenden Schüler zeigt null Toleranz gegen Schläger und „Abzieher"...die Täter sollen es spüren.

Im AAT nimmt der „Heiße Stuhl" eine zentrale Stellung ein. Er ist quasi das „Nadelöhr" durch das die Teilnehmer hindurch müssen, um dann hoffentlich bereit zu sein für die Elemente des Attraktivitätstrainings, also die Neubestückung der persönlichen Stolzhitliste: Weg vom Menschenzerstörer, hin zum Belohner sciner Mitmenschen!

Ein neues Selbstbewusstsein schafft ein neues Selbstgefühl und so entsteht neues und prosoziales Verhalten.

Viele Vorurteile und Klischees begleiten den „Heißen Stuhl", in den Köpfen der AAT – Teilnehmer und auch in den Köpfen der Trainer, also der Anwender. Die Gefahr hier fatale Fehler zu begehen ist groß: Deshalb wird nun der „Heiße Stuhl" in Worten aus der Anwenderpraxis dargestellt: Auf dem „Heißen Stuhl" geht es um die Straftaten, meist am Beispiel einer besonders ekelhaften Tat. Auch ein Delikt, was besonders gut zu recherchieren ist und / oder bei dem das Opfer bereit ist, sich zu äußern, kommt in Frage. Und es geht zwingend um die Opferperspektive, die im folgenden Text noch eingehend dargestellt wird.

Was ist nun das Ziel des „Heißen Stuhls"?

Der Täter soll beginnen, sich für seine Straftat zu schämen. Ein Gefühl von Reue und Abscheu soll geweckt werden. Die Verheerung, die er bei seinem Opfer hinterlassen hat, wird ihm drastisch vor Augen geführt und meistens auch akustisch über ein Opferinterview per Tonband dokumentiert. Das Opfer wird für den Körperverletzer vom anonymen Objekt seiner Selbstbefriedigung zum Menschen, an dem er sich versündigt hat.

Der Wunsch nach Wiedergutmachung wird idealerweise geweckt und wird auf jeden Fall zum Thema am Ende der Konfrontationssitzung.

Bislang hat der Schläger seine Körperverletzungen glorifiziert. Er hat eine Legende gewoben: Das Opfer habe ihn provoziert, es habe selbst Schuld, es habe ihn in seiner Ehre verletzt und er, der Täter, habe lediglich die Gerechtigkeit wiederhergestellt, indem er sich seines probaten Mittels (nämlich des Faustrechts) bedient habe.

Dies ist sogar und besonders ein Problem im Strafvollzug: Hier sitzen zahlreiche Körperverletzer in Zwangsgemeinschaft zusammen auf engem Raum. Und das auch noch über Jahre und pausenlos. Das Lösen von Konflikten durch körperliche Auseinandersetzungen und sich Durchsetzen mit Gewalt ist in Strafanstalten wohl weltweit leider fast an der Tagesordnung.

Hier lehrt die Erfahrung, dass diese Täterpopulation im „Soziotop" Gefängnis sich gegenseitig hochschaukelt im Betrachten ihrer Taten: Wer am brutalsten war (oder ist ?), ist der Coolste, der Boss der Subkultur. Brutalität wird zum Markenzeichen für Status. Status ist Ansehen in der sozialen Gruppe der Gleichgestellten. Und Ansehen der eigenen Person. Genießen ist ein Grundgesetz für Lebenszufriedenheit, auch und gerade in der totalen Institution „Knast":

Das AAT im Strafvollzug hat es daher in diesem Dilemma doppelt schwer: Es muß nicht nur die Täterpersönlichkeit aufweichen, sondern es muss auch noch den subkulturellen Haltekräften Paroli bieten, die den Täter ja in seiner alten menschenverachtenden Persönlichkeit festhalten, ja sogar noch fester anschmieden wollen.

Niemals darf der Teilnehmer das Gefühl bekommen, auf dem „Heißen Stuhl" zum bloßen Objekt der Demütigung zu werden. Kränkungen hat er in seinem Leben mehr als genug erlebt.

Er muß in der Konfrontationsphase spüren, wie sehr sein altes „Stolzerleben" als Täter zerschlagen wird und wie sehr sein Wunsch nach Veränderung gefordert und gefördert wird.

Die Erkenntnisse aus der vorangegangenen biographischen Analyse helfen ihm und den Trainern dabei. Zum Beispiel werden an dieser Stelle die erlernten Elternbotschaften reflektiert, genau angeschaut und in Verbindung zu dem Verhalten gesetzt, das er als Täter bislang als „normal" oder „korrekt" verkaufen wollte.

Das AAT stellt sich dieser Herausforderung und wird nicht müde zu beweisen, dass die Quadratur des Kreises möglich ist. Allein die Erfahrungen aus mehreren Jahren AAT in der Jugendanstalt Hameln zeigen dieses.

Die Mehrzahl der Täter verschmolz mit dem Team, Persönlichkeitsveränderungen wurden in hohem Maße sichtbar, und die meisten behandelten Täter stehen dem AAT und dem damit dem Team nach wie vor treu gegenüber. Noch keiner der Absolventen hat sich nach Ende des Kurses vorsätzlich distanziert und die Bereitschaft zur Mitwirkung bei Seminaren zur Gewaltprävention ist immens. Keiner der dazu aufgeforderten Ex – Täter hat sich jemals verweigert.

Dies ist beachtlich, opfert der Ex – Täter doch Zeit und Energie und präsentiert sich öffentlich und „outet sich" als Person, die die Gewalt nicht mehr nötig hat.

Das Setting und die Methode des „Heißen Stuhls" werden nun im folgenden dargestellt:

Der Täter sitzt auf einem Stuhl, mit dem Rücken zur Wand. Ein Halbkreis von 6 bis 7 Trainern baut sich um ihn herum auf, ist ihm nah und verhindert jede Ausweichmöglichkeit nach Hinten oder zur Seite („Innerer Kreis").

Diese Trainer sind besonders gefordert: Ihr Job ist es, durch geschicktes Fragen herauszufinden, wie der Täter heute zu seiner Tat steht. Er soll die Situation genau beschreiben, so dass jeder im Raum nachempfinden kann und sich vorstellen kann, wie die Straftat abgelaufen ist. Er muss dann Rede und Antwort stehen zu der Frage, wie er sich dabei gefühlt hat, die Qualen des Opfers verursacht zu haben. Sobald er die Tat nach wie vor glorifiziert, bagatellisiert oder legitimiert, widerfährt ihm die Empörung der „Normalbürger", also der Trainer, die ja die Masse der ehrenamtlichen Mitarbeiter des AAT darstellen. Natürlich sind diese zuvor trainiert worden, um eben keinen Fehler bei der Konfrontation zu machen.

Der Rest der Sitzungsteilnehmer bildet den „äußeren Kreis". Dieser beobachtet, nimmt auf, speichert weitere Fragen im Gedächtnis ab und meldet sich zu Wort, wenn einer der hauptamtlichen Trainer das „OK" hierfür gibt. Andernfalls wäre die Gefahr der Unordnung im Raum zu groß und der Täter möglicherweise überfordert.

Dennoch kommt es manchmal vor, daß die Erregung in der Runde oder bei einem einzelnen Mitglied des äußeren Kreises so groß ist, daß er sich nicht mehr zurückhalten kann. Dies ist erfahrungsgemäß nicht die Regel und auch nicht schlimm, da es die Präsenz und Intensität von Gefühlen in der ganzen Gruppe widerspiegelt. Der Proband auf dem „Heißen Stuhl" erlebt: Die ganze Gruppe ist engagiert bei mir.

Das Training beschränkt sich allerdings nicht nur auf die direkte Konfrontation , dem „Heißen Stuhl": Es verlangt viel mehr von den Teilnehmern: Unter anderem ständige Aufmerksamkeit für die Inhalte der Maßnahme und konsequente Ablehnung von Gewalt und Distanz zu gewaltverherrlichendem Verhalten und zu eben solcher Sprache.

Brechen die alten Verhaltensmuster wieder durch, wird der Teilnehmer sofort mit seinem Fehlverhalten konfrontiert. Der Trainer, der gerade am „Set“ ist, holt den Jugendlichen sofort wieder zurück auf den Boden der Tatsachen. Und Tatsache ist in diesem Moment nunmal die Teilnahme am AAT. Hier lassen die Trainer viel Zeit und Energie und wollen es sich natürlich nicht leisten, diese Investitionen in den Täter durch dessen Ignoranz zerstört zu sehen.

Feindselige Gesten, verachtende Blicke, subkultureller Habitus in jeder Form wird vom AAT – Trainer sofort angesprochen und unterbunden.

Denn wenn man annimmt, daß das Sein das Bewußtsein (zumindest in Teilen) bestimmt, dann haben solche Attitüden im AAT gar keinen Platz. Der menschenfeindliche Verhaltensmüll im Fundus des Teilnehmers wird sozusagen beiseite gedrückt.

Der Platz für die Elemente des AAT wird sauber gehalten.

Beim Teilnehmer festigt sich mehr und mehr die Klarheit über die Ansprüche seiner Trainer an ihn, die unvermeidliche Konfrontation bei Regelverstößen und die Erkenntnis und das Gefühl über sein Persönlichkeitswachstum. Dann beginnt das AAT zu wirken...

Um zunächst die abstrakte Opferperspektive zu verdeutlichen, werde ich mich im Folgenden auf die mit den Opfern von Körperverletzern geführten Interviews von Dr. Heilemann, Frau Fischwasser-von Proeck und mir beziehen. Ich werde daraus nur ein Zitat präsentieren, und zwar eines, das auch Dr. Heilemann in seine Seminarunterlagen hat einfließen lassen. Die Interviews mit den Opfern sind für die Konfrontationsphase im AAT geführt worden, und ohne Einverständnis der Interviewten möchte ich nicht ihren Originalwortlaut in diesem Aufsatz zitieren.

Die körperlichen Folgen für die von Schlägern verletzten Opfer sind oft lebenslange Behinderung, Entstellung oder chronische Einschränkung von bestimmten Körperfunktionen.

Diese Tatfolgen lassen die Opfer den Täter und seine Tat niemals vergessen.

Auf psychischer Seite entsteht bei den Opfern von massiver Körperverletzung ein Gefühl von Kontrollverlust, Ohnmacht und lebenslanger Angst. Im AAT sprechen wir vom „Mord an der Seele des Opfers“. Das Selbstwertgefühl der Betroffenen ist für zum Teil 10 Jahre und länger schwer beschädigt oder gar zerschlagen.

Ein Opfer äußerte sich wie folgt:

„Ich fühle mich dreckig, verschmutzt, unwert, von Angst zerfressen und schuldig. Ich fühle mich nicht wert, von anderen berührt, gestreichelt, getröstet zu werden. Ich bin es nicht wert, daß der andere sich um mich kümmert. Er soll seine Energie wo anders einbringen“ (Heilemann, 1999, S. 3).

Beim Opfer kommt es zu einem „Schuldumkehr – Syndrom". Das heißt, es fragt sich immer wieder, was es selbst hätte tun können, um die Tat zu verhindern, die doch vorsätzlich und willkürlich vom Täter durchgeführt worden ist. Das Opfer hat die totale persönliche Unterwerfung und Kapitulation in einer extremen Angstsituation erlebt. Ihm wurde vom Täter diktiert, daß körperliche Stärke die dominierende Norm ist. Dabei kannte der Täter kein Mitleid.

Die Gedanken an und um die Tat lassen das Opfer nicht mehr los. Ständige Anspannung, diffuse Angst, Furcht und Katastrophenangst sind die Folge. Das Opfer wird zögerlich in seinem Handeln und neurotisches Verdächtigen von Fremden als Gewalttäter findet statt. Dies kann in Panikattacken gipfeln.

Nicht nur das eigentliche Tatopfer leidet. Auch die Familie, die Freunde und Bekannten werden in erhebliche Mitleidenschaft gezogen. In einem Fall musste sich die Großmutter eines jugendlichen Gewaltopfers in therapeutische Behandlung begeben, da auch sie von den genannten Folgen psychisch schwer betroffen war. Der Täter verletzt also nicht nur sein Opfer, sondern noch weit mehr Menschen an ihrer Seele (vgl. Heilemann, 1997).

Es steht zu befürchten, daß viele Gewaltopfer die Tat bzw. den Täter nicht anzeigen. Sie werden nicht selten vom Täter bedroht. Dies geschieht in zahlreichen Fällen sogar unmittelbar nach Vollendung der Tat. Aus Angst vor nochmaliger Verletzung schweigen sie. Die Dunkelfeldforschung im Bereich der Kriminalstatistik bestätigt dieses Faktum (vgl. Kerner u.a., 1997).

So beweisen also die Opfer mit Anzeigebereitschaft großen Mut. Sie stehen jedoch dem Tag der Entlassung des verurteilten Täters aus der Haft sorgenvoller gegenüber, als die Opfer, die den Täter nicht angezeigt haben. Sie befürchten seine Rache. Die Angst steigert sich von Tag zu Tag, da dem Opfer jede Information über den Täter fehlt. In seiner Phantasie malt es sich den ständig wachsenden Rachedurst des Täters aus (vgl. Weidner u.a., 1997, Kap. 2).

An diesem Punkt lässt sich besonders gut zeigen, warum das AAT sich als im Auftrag der Opfer handelnd versteht. Der Täter ist nicht Klient oder gar der Kunde, sondern er ist das Produkt des AAT – Teams. Die Opfer fordern quasi stellvertretend für die Gesellschaft eine Veränderung der Täterpersönlichkeiten, um nicht mit chronischer Furcht vor ihrem Peiniger weiterleben zu müssen.

All dieses lernt jeder Täter im AAT. Noch ist dieses Wissen fast akademisch abstrakt, doch der Bezug zum einem Opfer, daß der jeweiligen Teilnehmer hinterlassen hat wird hergestellt.

Dafür müssen die Trainer hier eine schwere und gleichzeitig diffizile Arbeit leisten.

Ein Opferinterview soll erstellt werden um in der Sitzung eingespielt zu werden. Das Opfer bleibt folglich nicht anonym, es wird in seinem Leid persönlich, ja spürbar und fast greifbar.

Hierzu muß der Trainer den Kontakt mit dem Opfer suchen und aufnehmen.

Dies leistet der hauptamtliche Trainer; die Verantwortung hierfür obliegt ihm.

Das gestaltet sich oft ganz praktisch äußerst schwierig.

Wo wohnt das Opfer?

Welche Telefonnummer hat es?

Ist es ihm überhaupt zuzumuten, über die Tat zu sprechen?

Vorab geführte Telefonate mit dem Richter und Staatsanwalt oder Anwalt der Nebenklage aus der Hauptverhandlung bringen meistens Klarheit. Auch der Seelsorger aus dem Heimatort des Opfers kann im Zweifelsfall zu Rate gezogen werden.

Das Anliegen des AAT muß dem Opfer behutsam geschildert werden. Es geht um Veränderung des Täters...möglichst effektive Veränderung! Das Opfer ist eine wichtige Hilfe dabei und zum Gelingen von „Entschärfung“ des Täters auf dem „Heißen Stuhl“ fast unerlässlich.

Die Erfahrung lehrt: Ungefähr die Hälfte der Opfer, mit denen der Kontakt gelingt, sind auch bereit zum Tonbandinterview per Telefon.

Manche Interviewpartner sind sogar dankbar, etwas über die Behandlung ihres Täters zu erfahren und daran indirekt mitwirken zu können.

Sogar Bitten um weitere Informationen über den Fortgang des Trainings und die erhofften Erfolge sowie den Wunsch, dem Täter eine ganz persönliche Botschaft aufs Diktiergerät zu sprechen sind nicht selten der Fall gewesen.

Die Stimme des Opfers ist somit präsent, es ist ein Mensch aus Fleisch und Blut, ein Kind von Eltern, die es nicht geboren haben, um es an einen Gewalttäter zu verlieren. Und vielleicht und hoffentlich wird es nun sogar ein Saboteur der Schlägeridentität des bislang so „coolen“ AAT – Teilnehmers.

Das sitzt!! Das wirkt! Das erreicht den Schläger! Und genau das soll es ja auch!

Der Täter steht seiner Veränderung selbst im Wege.

Er gefällt sich in seiner Rolle als cooler Typ, vor dem alle Respekt haben. Er hat erlebt, daß er sich, zumindest in seiner Kultur, mit körperlicher Gewalt durchsetzen kann.

Woran das im einzelnen liegt, schildert der folgende Text.

Hier ist auch das Thema der Behandlungsmotivation zu beleuchten.

Die Erfahrungen der AAT – Trainer und der Begleitforschung lehren: Fast immer ist es keine intrinsisch motivierte Behandlungs – bzw. Teilnahmemotivation. Es liegt vielmehr eine extrinsisch motivierte Motivation vor: Der Vollzugsplan muß eingehalten werden, sonst gibt es keine Chance für vollzugliche Vergünstigungen wie z. B. Ausgänge oder eine vorzeitige Entlassung aus der Haft im Sinne des § 88 JGG.

Im ambulanten Bereich des AATs ist es ähnlich: Bei Nichteinhalten der richterlichen Weisungen droht die Inhaftierung und auch an den Schulen belagert den potentiellen Teilnehmer die Bedrohung bei Verweigerung: Nämlich der Schulverweis oder der berühmte „blaue Brief".

Also ist der Marsch zum AAT durch Androhung einer negativen Konsequenz motiviert. Das treibt den Schläger primär in die Arme seiner Trainer im AAT.

Nicht ganz ausgeschlossen sei jedoch auch tatsächlich der Wunsch nach Veränderung. Der Täter spürt (fast instinktiv), daß es „für ihn langfristig den Bach runtergeht". Doch er spürt gleichzeitig, daß es ihn enorm viel Zeit, Energie, Anstrengung kosten wird, sich wirklich so zu verändern, daß er in der Gesellschaft den erträumten Platz findet. Hier steht er sich selbst allzu oft im Weg. Woran liegt das?

Der Täter hat in seinem Leben, wie jeder andere Mensch, seine eigene „Festplatte bespielt"; er hat gelernt, seine individuelle Sozialisation hinter sich zu lassen und so seine Persönlichkeit aufgebaut.

Betrachtet man nun die Biographien der Schläger, so findet man in der ganz überwiegenden Mehrzahl höchst problematische Lebensverläufe bzw. desolate Sozialisationen.

Jeder in der Arbeit mit solchem Klientel tätige Mensch wird das kennen und bestätigen:

Viele der späteren Schläger sind vaterlos aufgewachsen. Der Vater ist gegangen; die Eltern haben sich getrennt. Er hat ohnmächtig mit ansehen müssen, wie der Papa die Familie und damit ihn verlässt. Das unausgesprochene Versprechen der Eltern „Wir haben Dich gemacht – wir sind für Dich da!" wurde gebrochen. In seiner Wahrnehmung verrät der Vater den Sohn.

Oft taucht ein Stiefvater auf und tritt in Konkurrenz zur Liebe der Mutter; jedenfalls erlebt es der kleine Sohn genau so.

Der Junge erlebt und lernt: Versprechen werden gebrochen, Verrat ist an der Tagesordnung, Vertrauen ein fremder Begriff... und Willkürlichkeit findet statt.

Die meisten der späteren Schläger sind in einem gewalttätigen Klima aufgewachsen.

Sie haben Schläge als probates Mittel der Erziehung erlebt und gelernt: Schlagen ist normal, um zu bestrafen.

Oft wurden sie auch Zeugen von innerfamiliärer Gewalt. Sie mussten machtlos mit ansehen, wie der Vater oder Stiefvater die Mutter verprügelt. Der Sohn war, wegen seiner körperlichen Konstitution, zum Zusehen und Leiden verdammt. Wie könnte er auch eingreifen?

Besonders dramatisch ist dann die sogenannte „Robin Hood Situation":

Eines Tages ist der Junge stark genug einzugreifen...und er erlebt: Der Vater oder Stiefvater hört auf zu schlagen oder schlägt weniger. Der Junge erlebt und lernt: Gewalt funktioniert!

Diese Abstraktion von der Notwehr oder Nothilfe zur strafbaren Handlung der Körperverletzung gelingt ihm nicht.

Die meisten der Schläger sind in einem sozialen Millieu der materiellen Fehlausstattung aufgewachsen. Sie kommen aus sozial schwachen Familien mit geringen finanziellen Mittel zur Bedürfnisbefriedigung.

Und leider ist es so, daß in unserer Gesellschaft gilt: Hast du was, bist du was! Materieller Luxus wird zum Symbol für Status. Die Familien der späteren Täter können hier nicht mithalten. Es entsteht im Kind dieser Familien ein Gefühl von Neid auf andere besser gestellte Kinder. Frust über das „Nicht – Kaufen – Können“ von z. B. Markenartikeln, neuen Handies, Computerspielen usw. entsteht. Der Täter beschließt, sich diesen Luxus dennoch zu holen: Er wird zum „Abzieher“ und nimmt anderen Kindern die begehrten Waren einfach mit Gewalt weg. Im Strafgesetzbuch nennt man das Rauben. Er lernt: Ich kriege was ich will mit Gewalt! Das ist sogar noch schneller und einfacher, als lange dafür zu sparen oder auf Weihnachten zu warten!

Die meisten der Schläger sind mit schulischen Misserfolgen aufgewachsen. Die Eltern haben sie nicht gecoacht, die Eltern haben kein Geld für Nachhilfelehrer, und so bleibt der Sohn eben schulisch im Abseits. Auch hier sieht er die anderen Kinder, denen es besser geht.

Er ist frustriert. Er beschließt ausgleichende Gerechtigkeit zu üben. Er benötigt diese Wiedergutmachung als Kompensation der Kränkung durch schulisches Versagen. Und auch hier bedient er sich der Gewalt, denn damit setzt er sich durch. Denn was nützt dem Klassenprimus schon sein gutes Zeugnis, wenn er regelmäßig von ihm, dem Schläger, unterdrückt wird?

Der Schläger lernt: Ich hole mir den Respekt, nach dem ich mich sehne, durch Gewalt!

Besonders dramatisch ist das Folgende:

Die meisten der Schläger wachsen in einem Klima der mangelnden Lob– und Liebeskultur auf.

Die Eltern loben wenig, streicheln wenig, erklären nicht. Stattdessen befehlen sie dem Kind, bestrafen es mit Schlägen und kränken es verbal. Schamhaftigkeit entsteht, die „Ich – Stärke“ wird kaum ausgebildet (vgl. Zimbardo, S. 126 ff.). So erklärt sich auch die teilweise extreme Kränkbarkeit der AAT – Teilnehmer. Sie haben massive Blamageängste und sind sehr leicht provozierbar („Ey, was guckst Du?“) So wird die wohlwollende physische und psychische Nähe für das Kind zu einem abstrakten Gebilde, mit dem es nichts anfangen kann. Im Gegenteil: Viele der späteren Täter haben eine regelrechte Phobie vor Umarmungen, Körperkontakt und können Lob kaum annehmen, geschweige denn als „Dünger für die Seele anderer“ verteilen. Der spätere Täter lernt: Wohlwollen, Trösten, Verzeihen und körperliche Nähe gibt es in seinem Leben nicht. Denn: Wer andere Menschen mit vorbehaltlosem Wohlwollen betrachtet, dem fällt es schwer, andere Körper zu verletzen. Dem Schläger fällt das leicht!

Auch die Abwertung wegen der Nationalität wird zu einer Kränkung, für die der Schläger Wiedergutmachung benötigt und sich durch Gewalt holt. Denn was kann er schon tun, wenn man ihn als Türken, Russen oder Deutschen diskriminiert? Nichts! Die gesamte „rechtsradikale Kultur“ lebt von dieser Idee bzw. Ideologie: Nationalität / nationale Zugehörigkeit als Wertmaßstab von Menschen. Die Aufwertung über das nicht zu nehmende Gut der Nationalität ist billig und nicht zu nehmen. Die daraus entstehende Kränkung beim so Diskriminierten ist es auch nicht. Der Wunsch nach Rache und Gegenwehr entsteht. Gewalt folgt! (vgl. Krafeld, 1996).

Dies zieht sich durch die gesamte Menschheitsgeschichte. Ein für jedes Kind bekanntes und nachvollziehbares Beispiel sind die Stammeskriege der Indianer: Kiowa kämpfen gegen die Apachen... weil sie nicht zum selben Stamm gehören und einander die Existenzberechtigung zumindest in Teilen absprechen.

Dies alles sind typischerweise vom späteren Körperverletzer erlernte und erlebte Punkte.

Er benötigt für alles Wiedergutmachung zur ganz persönlichen Statusbalance!

Er hat diese Punkte in seiner Persönlichkeit verankert.

Er trägt sie mit sich und sie steuern (zumindest beeinflussen sie natürlich) sein Verhalten.

Sie blockieren ihn folglich auf einem Weg zur Veränderung und Abkehr von der Gewalt.

Sie wieder abzulösen und durch die Gegenteile zu ersetzen ist auch die Aufgabe des AATs.

Allerdings: Die Selbstblockade des Täters durch die subkulturellen Haltekräfte ist enorm. Der Täter umgibt sich mit seinesgleichen. Er tritt fast nie allein auf. Seine Clique ist bei ihm, zumindest ein gleichgesinnter Junge begleitet ihn. Die klassischen Gangs und Banden sind die Spitze des Eisberges. Was hat er denn nun davon nicht als „Einzelkämpfer“ loszuziehen und seine Opfer zu suchen und zu schänden?

Erstens ist kein Mensch gern allein oder fühlt sich gar gern einsam. Erst in der Gruppe fühlt sich das Säugetier Mensch wohl und findet die Geborgenheit als eine Art Grundbedürfnis für Lebenszufriedenheit (vgl. Morris, 1996).

So macht es auch der Täter. Und in der ausgesuchten Gruppe sollen natürlich dieselben Werte und Normen gelten; man muss sich ja untereinander verstehen und bestätigen oder kritisieren können. Und genauso passiert es in der „Gewalttruppe“:

Der besonders brutale Schläger verzinst sein ohnehin schon vorhandenes Hochgefühl aus der Tat noch: Er bekommt positive Rückmeldungen aus seiner Gruppe, wie „cool“ er doch war und wie souverän er „sich gerade gemacht“ hat. Ihm wird Achtung zuteil und Respekt gezollt. Seine narzißtische Zufuhr fließt! Außerdem erlebt und „tankt“ er den Schrecken, die Verängstigung und die Hilflosigkeit der Masse der Friedliebenden, die die Tat mitbekommen und nicht eingreifen. Er spürt seine extreme Wirksamkeit auf seine Umwelt und genießt erneut. Sich zu verändern und der Gewalt „abzuschwören“, würde nun eindeutig den Verlust zumindest dieser Quellen von Aufwertung seiner Person bedeuten.

Gerade im Gefängnis gilt: „Allein bist du verloren“. Der inhaftierte Schläger muss also, um nicht zum „Dulli“ (also vogelfreiem Depp) zu werden, an einer Gruppe der Gefangenen andocken, um sich mit Statuserleben und Geborgenheitsgefühl zu versorgen.Verlässt er die Normen und Verhaltensregeln seiner Gruppe, begibt er sich in Isolation zu den nach wie vor subkulturell orientierten Mitgefangenen. Zumindest geht er dieses Risiko ein. Das ist schwer. Sich dem AAT zuzuwenden und eventuell sich sogar nach einiger Zeit des Trainings zum AAT zu bekennen ist noch schwerer. Die Haltekräfte der Subkultur zerren am Teilnehmer: Sie wollen ihn nicht gehen lassen, zurückholen und vielleicht sogar für seine Untreue zu ihnen bestrafen. Die härtesten Provokationstests für die AAT - Teilnehmer bietet der Alltag im „Knast“. Das ist ein Faktum.

Somit ist die immer wieder zu beobachtende Treue der Absolventen zu ihren Trainern nicht nur ein Beweis für die gute Arbeit des Teams. Es ist auch ein Indiz für die Attraktivität und den „Sogeffekt“ dieser Maßnahme sowie den Mut der Teilnehmer sich wirklich der Veränderung zu stellen und daran mitzuwirken.

Aber: Sich zu verändern ist schwer...für jeden von uns! Das AAT kann nur die Initialzündung sein! Ein einfaches Beispiel soll verdeutlichen, was das AAT leisten muss, wenn es die „Härtesten der Harten“ erreichen will: Wenn ich dem Fahrer eines VW Golf einen Trabbi als Tauschobjekt anbiete, wird er vermutlich mitleidig grinsen und den Tausch ablehnen. Biete ich ihm jedoch einen luxuriösen VW Passat, so steigen meine Chancen auf sein Einwilligen in den Tausch erheblich. Also: Der Mensch ändert sich nur, wenn ihm attraktivere Alternativen geboten werden. Einfach abgeben und sich vielleicht sogar verschlechtern, liegt dem „Säugetier Mensch“ nicht (vgl. Löbsack, 1992).

Folglich MUSS das AAT eine attraktive Alternative zum „Schlägergehabe“ bereithalten und anbieten, ja fast oktroyieren, da für die Teilnehmer andere Maßnahmen oder Interventionen vorab nicht gefruchtet haben und es nun an der Zeit ist, zum Schutz der Opfer die letzte „Notbremse“ zu ziehen.

Und exakt dieses tut das AAT:

Es fordert das Ablegen der Gewalttäter – Mentalität.

Es bietet den Zugang zur Mittelschicht.

Und genau dieser Zugang ist es, von dem die Gewalttäter insgeheim träumen. Bereits zu lesen war vom Wunsch des Schlägers nach Respekt, Aufwertung und seiner subjektiven „Statusbalance“.

Nun tritt ihm das Team des AAT entgegen.

Es präsentiert ihm die Mittelschicht und die erforderlichen Zugangsqualifikationen.

Die Trainer, die ja in den Sitzungen immer mindestens zahlenmäßig gleichstark sind, wie die Gruppe der Teilnehmer, sind mit Masse ehrenamtliche Vertreter der Gemeinde. Sie sind Vorbilder für die Teilnehmer und lassen sie hoffen: „Von denen kann ich etwas lernen“.

Dies führt, wie bereits angesprochen, zum Zusammenwachsen des AAT zu einem Team, bestehend aus Teilnehmern **und** Trainern.

Treue, Dankbarkeit und Vertrauen bilden sich.

Die Teilnehmer entwickeln Anstrengungsbereitschaft um „ihr“ Team nicht zu enttäuschen.

Sie stellen sich den Aufgaben, die im Attraktivitäts–Training auf sie zukommen.

Das AAT bietet im Attraktivitäts–Training mittelschichtsorientierte Verhaltenskompetenzen in kompakter Seminarform (Themenblock) oder in ständig präsenten Anforderung an das Verhalten der Teilnehmer. (permanent). Dadurch und **nur** dadurch wird das persönliche Wachstum des Menschen angekurbelt. Durch permanentes Trainieren und Üben von den einzelnen Trainingselementen, die einen hohen Stellenwert in der Stolzhitliste eines jeden einzelnen Ex-Täters haben, kann das Handicap gegenüber den sogenannten „Mittelschichts-Jugendlichen“ aufgeholt werden.

Neue Persönlichkeitselemente geboren aus neuen Erfahrungen bestimmen nunmehr das weitere Leben des Ex-Täters. Das funktioniert aber nur, wenn zwei Parameter sichergestellt sind: Erstens ist das effektive Arbeiten des Teams Voraussetzung. Halbherzig gesendete Botschaften kommen beim Empfänger zwar an, setzen sich jedoch nicht ab. Zweitens: Wenn der Teilnehmer nun nach dem „Nadelöhr“ des „Heißen Stuhls“ bereit ist für das Attrraktivitäts–Training als „Herzstück“ der Maßnahme, hat das AAT sehr viel erreicht. Wenn der Teilnehmer nun Spaß an diesen Lerninhalten spürt, hat das AAT fast gewonnen. Wenn der Teilnehmer durch die konsequente Lobhaltung (als Verhaltensbestätigung und –bestärkung) seiner Trainer nun spürt, wie sich bei Ihm Spaß und Begabung verbünden, hat das AAT noch weiter gewonnen. Endgültig gewonnen hat es, wenn der Teilnehmer das AAT als Initialzündung für seine ganz persönlich neu bestückte „Stolzhitliste“ erlebt und daraus die Motivation entsteht, dem AAT bzw. den Trainern und Lerninhalten treu zu bleiben. Ja nicht nur treu zu bleiben, sondern sich weiter anzustrengen, das Gelernte im Leben zur Anwendung zu bringen und so zur permanenten Stabilität und Vervollkommnung des eigenen Verhalten beizutragen...zum Wohle der Mitmenschen und zum Wohle des eigenen „Ichs“.

Für uns heißt das: Das AAT ist der erste Dominostein in einer Kette von Steinen, die beim Körperverletzer fallen sollen.

Mehr ist es nicht.

Weniger ist es allerdings auch nicht.

Mehr oder weniger soll es in der Tat nicht sein.

Das AAT ist der Durchlauferhitzer für Veränderungsmotivation und die gewünschte und folgende Veränderung der Teilnehmer.

Es ist eine Maßnahme, die haargenau auf die klassischen Täterpersönlichkeiten zugeschnitten ist, sie erreicht und anschließend „aufweicht“.

Das AAT kann nur bestehen, wenn die Trainer euphorisch und unermüdlich den Teilnehmer „befeuern“ und ggfs. sofort konfrontieren. Und es kann nur bestehen, wenn die Täter mit dem Team verschmelzen. So werden sie bereit, ihr Leben lang die Botschaften des AATs (also **ihrer** Trainer) nicht zu vergessen und zu beherzigen.

Gerade die Erfahrung aus dem Strafvollzug lehrt eindringlich: Die Verbindung zwischen Trainer und Teilnehmer wächst im Lauf der Maßnahme in einem sehr hohem Maße. Sie wird extrem stabil und Werte wie Vertrauen, Dankbarkeit und Wohlwollen werden für den Trainingsteilnehmer in nie gekanntem Maße erlebbar. Die AAT–Teilnehmer sind aufgefordert, die mittelschichtsorientierten Verhaltensweise beizubehalten, auszubauen und so den Erfolg zu erleben, der ihnen im Leben zusteht.

„Von nichts kommt nichts...“. Dieses Sprichwort gilt besonders für das Anti–Aggressivitäts–Training nach dem „Hamelner Modell“. Der Faule, Scheue und Träge wird scheitern, der Fleißige, Mutige und Beharrliche wird siegen! Das gilt für Trainer wie für die AAT–Absolventen.

Folglich gilt es für die Opfer, um die es ja letztendlich nur geht. Jeder investierte Schweißtropfen soll die Ängste und Qualen der Opfer lindern.

Hier steht das AAT bereit.

Hier stehen die Trainer bereit.

Hier wird Wissen und Erfahrung gern mit jedem geteilt, der daran teilhaben möchte.

Das AAT ist bereit!

6.4 Selbstkonfrontation: Selbstschutz als Grundlage von Selbststeuerung (Rüdiger Lenz)

Eine der Grundkrankheiten dissozialer, auf Gewaltausleben reduzierte Persönlichkeiten ist die: Sie konfrontieren irgendjemanden mit ihrer inneren Gewalt, Zerstörung und ihrer Ich-Schwäche. Sie konfrontieren irgendwen mit Gewalt. Ihr Ich ist eine pervertierte Optimierung von Gewalt! Wenn sie Ich sagen, meinen sie irgendwen, **nur nicht sich selbst**. Denn das hieße ja sich selbst wahr-nehmen und eigenes Tun ver-antworten; schuld sind da ja sowieso immer die Anderen. Lieber projizieren sie ihre eigene Ich-Schwäche auf die Ich-Stärke erfolgreicher „Opfer" und zerstören sie. Das macht ihr Empfinden für ihre Tat zu einem „geilen Erlebnis".

Wer sich mit sich selbst, mit seinen eigenen Schwächen und auch Stärken zu konfrontieren versteht, der missbraucht niemand anderen für eigene Wünsche und Vorstellungen: Was will ich sein, was will ich werden, was muss ich dafür tun? Gewalttätige Menschen haben genau hier ein tiefes schwarzes Loch in ihrem inneren Ich.

Selbstkonfrontation setzt Konfrontation mit der Außenwelt (soziale Kompetenz) voraus. Denn nur da draußen kann ich werden, was ich **wirklich** werden möchte. In meinem Ich bin ich zu Hause und nur da draußen gibt es die Möglichkeiten, mein Ich zu optimieren.

Wer bei sich sein möchte, wer seine Ich-Hoheit klar bei sich selbst erkennt, erfährt das Erreichen lang ersehnter Ziele nicht als Qual der Mühen, sondern als Bereicherung und Wahrnehmung seiner Ich-Qualitäten. Ja, als die eine Möglichkeit, sein Ich wirklich zu optimieren. Optimieren in der Hinsicht, was alles für Talente (Ressourcen) in mir stecken. Ein ichstarker Mensch erkennt Lösungen, Fehler, Möglichkeiten und Vitalität bei sich. Er straft andere nicht ab, denn er weiß, dass er selbst es ist, der gescheitert oder erfolgreich ist. Ein Mensch, der in eigener Ich-Authentizität lebt, ist immun gegen Gewalt. Er greift weder an, noch nimmt er Gewalt auf. Wo auch immer er eine Chance sieht, sich mit Ich-Stärke zu füttern, füttert er sich!

Eine grundsätzliche Eigenschaft ist allerdings Voraussetzung, um seine gesamte Persönlichkeit erfolgreich zu optimieren: Sich von Kämpfen fern zu halten, oder: **Das Nichtkampf-Prinzip.**

Der Nichtkampf ist ein Handeln, das nichts vermehrt, was mit Gewalt, Kampf und Zerstörung zu tun hat. Es ist eine soziale Struktur, die „Kämpfe an sich" aufzulösen vermag: Eine echte Friedenstheorie!

Der Nichtkampf ist Selbstverteidigung, die von **innen nach außen** wirkt. Er ist das Ernstnehmen des **Überwindungswillen eigenen Zweikampfverhaltens**.

Der Zweikampf ist eine komplexe Struktur, die vielen aufgibt, jedes Problem, das sich gegen unser **Ich** stellt, als einen Kampf gegen **Zwei** – ein Du gegen ein Ich, ein Ich gegen ein Du – auszufechten. Das ist unser größtes Dilemma: Sozialglobal wie auch zwischenmenschlich!

Haben wir oder besser gesagt: Hat mein Ich ein Problem, dann fechtet es die Situation wie einen Zweikampf aus. Sogar gegen uns selbst! Das kann zu schlimm(st)en Folgen führen. Wer seinen eigenen Zweikampfwillen überwindet, wird schnell feststellen, dass sich eine Welt (nämlich das eigene Weltbild) ändert.

Diese Veranlagung in uns allen ist Teil einer intensiven Konfrontation mit unserem inneren Selbst. Daher spreche ich viel lieber von einer „konfrontativen Psychologie“ als von „konfrontativer Pädagogik“.

Körperverletzer zu verändern heißt immer: Ihren Zweikampf-Willen zu durchbrechen. Ihnen klar machen, dass der Zweikampf dich bis hierhin gebracht hat! – Jetzt stoppen wir das!! **Wann hat der Zweikampf dein dich-Mitteilen-können übernommen**? Wann hat der Zweikampf dein Ich besetzt?

Viele denken wirklich, dass der Kampf mit sich und den Dingen um uns herum nur durch einen Zweikampf zu lösen sei; das Gegenteil ist der Fall. Der Zweikampf mit all seinen Facetten entrückt uns von unseren Ressourcen, von unseren Talenten und Fähigkeiten. Zweikampfkommunikation ist ein Garant für **Ich-Stillstand** und ein Garant dafür, sich niemals mit sich selbst konfrontieren zu müssen! Zu viele konfrontieren sich lieber mit anderen Menschen und mit Problemen, die sie nichts – aber auch gar nichts angehen. Das ist ein echtes Dilemma, nicht nur bei Körperverletzern! Selbstschutz als Grundlage von Selbststeuerung verstehen wir als das Begriffspaar: **Unversehrtheit wahren.** Und ich meine damit die eigene und die meines Gegenübers! Wer also Gewalt beseitigen möchte, der benötigt a priori dazu nicht notwendigerweise den Zweikampf.

6.4.1 Selbstverteidigung und Deeskalation

Ich habe meine Do-Philosophie: Die Lehre vom Überwinden des Zweikampfs in dem Buch „Das Nichtkampf-Prinzip“ veröffentlicht und werde daher nur auf grundsätzliches eingehen.

In der Selbstverteidigung perfektionieren wir Zweikampf-Präferenzen und wir setzen Eskalation (Gewalt) gegen Eskalation. Finalkontertechniken sind daher sehr beliebt geworden in den realistischen Selbstverteidigungen und ein Sieg über Gewalt ohne Gewaltkommunikation scheint zur Untat verkommen. Wenn ich jedoch „Handlungen von der Gewalt weg“ (Deeskalations-Theorem) anwende und auch in voller Konsequenz umsetze, dann habe ich ein Mittel gegen Gewalt in der Hand, ohne selbst Gewalt anwenden zu müssen.

6.4.2 Die Lehre vom Überwinden des Zweikampfs

Diese Lehre ist nicht nur eine Lehre in den Selbstverteidigungen, es ist eine Grundphilosophie des friedliebenden Menschen – **der Menschen guten Willens**, wie Sir K.R. Popper schrieb.

Die Selbstkonfrontation des Klienten mit dem Nichtkampf-Prinzip lässt ihm seine Würde und schenkt ihm ein Handlungswissen für eine neue Optimierung seines Ichs, das ihm verständlich macht, wie sehr er sich bisher selbst geschadet hat. Gewalttäter schädigen auch immer sich selbst, bei jedem Schlag und in jedem Kampf.

Ich behaupte: **Der Zweikampf ist ein Atavismus unseres Stammes.** Und ich muss mich doch immer wieder erneut darüber wundern, dass Selbstverteidigungs-Experten hier uneinsichtig bleiben möchten. Ich habe deutschlandweit in zahlreichen Seminaren aufzeigen können, dass ganzheitliche Deeskalation jedes Intervenieren gegen Gewalt immer nur in einer Handlung von der Gewalt weg, also vom Zweikampf weg, aufzeigen kann. Ich habe zahlreiche Selbstverteidigungs-Experten (Großmeister) erlebt, die Deeskalation als typische Handlung in einem Zweikampf propagieren. Deeskalation ist nun mal weder Taekwon-Do, noch Karate, noch Wing Tsun, da Deeskalation nicht im Zweikampf, sondern Handlungen vom Zweikampf weg definiert! Und doch behaupte ich, dass ganzheitliche Deeskalation eine realistische effektive Selbstverteidigung ist, denn sie wahrt die eigene Unversehrtheit noch effizienter als herkömmliche Systeme.

6.4.3 Vom Selbsterhalt und der Unversehrtheit

Grundsätzlich müssen wir in der Selbst-Verteidigung zwischen zwei Kategorien unterscheiden: Selbstverteidigung im Sinne der nationalen Sicherheit und Selbstverteidigung im Sinne des bürgerlichen Rechtes auf Unversehrtheit von Leib, Leben und Gütern. Zumeist werden diese beiden sehr unterschiedlichen Bereiche in der Selbstverteidigung ständig vermischt und die derzeitigen „realistischen Systeme“ projizieren den Selbsterhalt auf die Unversehrtheit des Menschen auf sogenannte „Finalkonter-Folgeserien“.

Der Selbsterhalt jedes lebendigen Wesens ist im Grunde genommen immer gleich. Er ist ein Äquivalent zur uneingeschränkten „Herz-Kreislauffunktion“ und definiert sich somit als „lebendig“.

Die Unversehrtheit hingegen ist ein Zustand uneingeschränkter Funktionen des Gesamtkörpers. Und nur die Unversehrtheit ist Objekt einer zivilen Selbstverteidigung. Einzige Ausnahme sind lebensbedrohliche Situationen! Ich bin in meinem Buch „Das Nichtkampf-Prinzip“ ausführlich in dem Kapitel „der fehlgeleitete Selbstverteidigungsmythos“ darauf eingegangen.

Ein Beispiel: Wenn mir jemand in einem Kampf am Arm zerrt, ein Bein bricht, das Nasenbein zertrümmert, einen Zahn zerstört, mein Augenlicht irreversibel beschädigt, dann ist dies eine Einschränkung der eigenen Unversehrtheit. In der Mathematik des Selbsterhaltes sprechen wir von sogenannten „Prioritätsklassen“. Wobei der Selbsterhalt ein axiomatisches Grundpostulat darstellt. Ist meine Kniescheibe zertrümmert worden, so der Gesetzgeber, dann kann ich nicht mit einem scharfen spitzen Gegenstand die Leber des Körperverletzers zerstören. Die Verhältnismäßigkeit der Mittel ist hier das Schlagwort. Eine Notwehrhandlung definiert ein Richter aus der dem Opfer subjektiv gegebenen Situation. Nun macht es schon einen Unterschied, ob jemand über Gewalt lamentiert oder ob jemand diese leibhaftig an sich erlebt hat! Wer, wie nur wenige Selbstverteidigungs-Experten, echte Gewalt erlebt hat, der nimmt etwas mehr Abstand von erlernten Modifikationen traditioneller Systeme. Denn im Moment eines echten Zweikampfes ist Spontaneität und psychische Stabilität wichtiger als die sogenannten „besten Techniken“; zu ihnen kommt man nämlich so gut wie nie. Zumal der Zweikampf die schlechteste Alternative darstellt, seine eigene Unversehrtheit zu sichern. Prävention im eigenen Verhalten: ICH-OPTIMIERUNG ist ein wichtiger, sozialimmanenter Bestandteil, sich seine eigene Unversehrtheit zu bewahren.

6.4.4 Deeskalation ist Selbstverteidigung

Eine Selbstverteidigung, die es mit der eigenen Unversehrtheit wirklich ernst meint, beseitigt in seinen Handlungen Gewalt und nicht den Gegner. Dies nenne ich das Grundaxiom von Deeskalation. In den Selbstverteidigungen kennen wir ausnahmslos Körpertechniken, Folgeserien, Impulsschläge, Nervenpunkte, Niederschlagen etc. Damit aber, und das muss uns Selbstverteidigungs-Experten bewusst sein, damit fördern wir Gewaltaffinität! Wenn ein Selbstverteidigungs-Experte als Deeskalations-Trainer das Anti-Aggressivitäts-Training unterstützen möchte, dann muss er oder sie hier – und genau hier – sein Handeln ändern können. Selbstverteidigungs-Systeme haben sich nie gefragt: Was ist eigentlich die „Ein-Meter-Abstand-Grenze“? Welche Handlungen führen genau dorthin? Egal welchen Experten ich traf: Deeskalation setzte er oder sie mit Selbstverteidigung gleich. Und das liegt daran, gerade weil wir in den Selbstverteidigungen die Hürde weg vom Zweikampf noch nie bedacht haben. Für mich bedeutet Deeskalation: Gehe niemals auf einen Zweikampf ein, weder verbal noch körperlich! Selbstverteidigungs-Experten sind Zweikampf-Experten! Deeskalations-Experten sind Nichtkampf-Experten! Genau hier ist der Unterschied zu echter, ganzheitlicher, effektiver, funktionaler Deeskalation zu finden. Selbstverteidigungs-Experten werden soweit nur kommen, wenn sie kompromisslos darin ihr Wirken für Gewaltprävention definieren. Ich nenne, in Anlehnung an Michael Heilemann, ein solches Training auch: Bewältigungstraining von Ich-Schwäche durch Körper- und Mentaltraining; genau das ist das Wesen eines echten Deeskalations-Sportes, dem DAU BOXEN. Denn wer zum ersten Mal eine solche Deeskalation mitmacht, der oder die spürt sehr schnell, dass sich auch die eigene Einstellung zum Zweikampf ändern muss. Kritikkultur, Mobbingkultur, Kampfkultur, Kriegskultur, Neidkultur, – all dies sind

Produkte **unseres nach Kampf strebenden Geistes** – es sind hausgemachte Probleme und sie sind das Gesicht der Ich-Schwäche, national können wir auch von „Wir-Schwäche“ sprechen.

Was muss ein Mensch trainieren, um sich mit Selbstverteidigungs-Techniken auch wehren zu können? Das ist eine sehr häufig gestellte Frage.

Zuerst muss er den Mut aufbringen, sich zu fordern und das Vertrauen aufbringen, dass es sich lohnt, gefördert zu werden. Er muss den Mut aufbringen, sich mit seinen Stärken und auch Schwächen zu konfrontieren (Ich-Stärke-Training). Und er muss die Einbildung ablegen, sich gewiss zu sein, schon als Bester der Besten auf die Welt gekommen zu sein.

Das Wichtigste ist jedoch Ausdauer und eigene Disziplin, denn Kampfsport ist auch Entwicklung und das heißt: Gut Ding braucht Weile.

Am Anfang ist es etwas ungewohnt, den Anweisungen des Trainers Folge zu leisten, denn ein guter Trainer erwartet, dass seine Schüler durch intelligentes Fragen auffallen und nicht durch Selbstüberschätzung, die er schon zum X-ten Mal ertragen musste.

Fehler machen ist mehr als nur erwünscht, ein guter Trainer erwartet sie, denn wenn du keine machen würdest, was soll er dir dann noch beibringen? Sei fleißig beim Fehlermachen, denn ein guter Trainer fühlt sich dann wichtig und gefragt, denn genau das ist ja sein Job. Halte dich niemals an Fehlern auf, denn die werden automatisch nachlassen. Schäm dich deiner Fehler nicht, noch lass dich von ihnen in deinem Selbstwert beeinflussen. Zeige dir deine Schwächen und konfrontiere dich mit allem, was du bist, auch mit deinen Fehlern.

Warum ich hier noch nichts über körperliche Trainingstipps geschrieben habe? Weil zuallererst die **mentalen Hindernisse** (Ich-Schwächen) bewältigt und erkannt werden müssen, denn genau die werden den Menschen selbst auch beim besten Körpertraining zu einem Stillstand (Fehlerstrukturwiederholung) und letztlich zu einem zu frühen Aufgeben zwingen. Allein durch Körpertraining ist das Problem nicht zu lösen.

Mentale Stärke (Ich-Optimierung) erleichtert die harte Arbeit durch Kampfkunst und sie lässt Talente herauspurzeln, die sonst unsichtbar bleiben. Deshalb rate ich immer zu einem Ich-Stärke-Aufbau-Kurs, den ich speziell für Kampfkünstler herausgearbeitet habe. Dazu gehört ein echter hominider Gang, ein neutraler aufmerksamer freundlicher Blick und eine Interesse aussendende Kommunikation. Danach erfolgt der Umgang mit Angstverhalten und der Umgang mit ungewohnten Situationen, um nicht in Allem und Jedem einen vermeintlichen Angriff wahr zu nehmen. Ich erlebe es immer wieder, dass gerade Kinder und Jugendliche nach diesem kurzen Aufbaukurs einen verbesserten Umgang mit sich und ihrer Gruppenzugehörigkeit erleben.

Das Körper-Training beginne ich mit Techniken aus der taktilen Wahrnehmung, gefolgt von Aufwärm- Kraft- und Stretching-Übungen. Danach kommen Rollenspiele, die es ermöglichen, ohne Gewaltkommunikation aus einer Situation herauszukommen, die ein **gestellter Aggressor** jedoch mit Gewalt lösen möchte. Anfangs werden diese Rollenspiele als ungewohnt und sehr nahe an der eigenen Psyche aufgefasst. Doch nach kurzer Eingewöhnung erkennen die SchülerInnen, dass die Rollenspiele das eigene Verhalten verändern und verbessern helfen. Nach kurzer Zeit zeige ich den SchülerInnen immer die gewohnten Übungen aus den unterschiedlichsten Kampfstilen und sie können dann sehr klar unterscheiden, welchen Irrtümern die klassischen Systeme unterliegen: sie konditionieren sehr weitreichend **Zweikampf-Lösungs-Schemata**, welches häufig altruistisches Verhalten unterdrücken. Dieses ist jedoch unerlässlich, wenn wir dem Problem **Gewalt an Deutschen Schulen** hilfreich begegnen möchten. Konflikte und Gewalt werden oftmals unwissend durch das gegebene System einer Selbstverteidigung multipliziert. Denn dieses fordert eine Zweikampflösung.

Jetzt führe ich meine Schüler(innen) in die Komplexität von Gewaltaffinitäten ein und sie erlernen so, dass die eigene körperlich / geistige Flexibilität wichtiger ist als ein Fokussieren auf die richtige Technik. Gelenkkörper und deren Bewegungspotenzial, zentrale Mittellinie und sofortiges Abstand halten nach erfolgter gewaltfreier Kampflösung erfahren sie als einfach. Nun kommen sie fast von selbst in eine Phase, dass Konflikte immer auch von einem selbst ausgehen *(die Wut in mir)*, ohne dass man dies zuvor selbst bewusst wahrnehmen konnte. Sie beginnen fast immer jetzt, ihr eigenes Umfeld, die Familie und Freunde, von dem zu überzeugen, was sie selbst eine ganzheitliche Erkenntnis und zwingende Änderung im eigenen Verhalten nennen. Selbstverteidigung als Lösung durch Gewalt erfahren sie als Ich-Schwäche durch den Auslöser, denn wer Fäkaliensprache in die Hoheit seines Ichs einlagert und bewusst als Beleidigung annimmt, der trägt damit auch eine Mitschuld für die bevorstehende oder stattfindende Auseinandersetzung. Und was noch schwerer wiegt: Wer sich so verhält, verhält sich selbst schwach. Meine SchülerInnen sollen jedoch erlernen, ihr eigens Ich zu optimieren und zu stärken; sie sollen selbst zu Experten der Konfliktbewältigung heranreifen und Frieden multiplizieren; zuerst in ihren Herzen, dann in unseren.

Junge Menschen benötigen weniger Einsicht-Training und viel mehr Auswirkungs-Training. Also vollführe ich mit ihnen die bekannten klassischen Methoden des sich Auspowerns, um ihnen einen Spiegel ihres Wirkens vorzuhalten. Denn sie müssen noch lernen, dass sie von selbsterbrachter Erfahrung lernen können. Also lasse ich ihnen ihre Zweikampf-Erfahrungen, denn Erwachseneneinsicht hilft da wenig. Wenn sie selbst davon überzeugt sind, dass sie schon ein bisschen dazugelernt haben, zeige ich ihnen anhand ihres Zweikampfs, dass sie

a) viel zu viel Mühe verwandten, um derlei Unsinn zu können, denn wer gewinnen will, der muss nicht notwendigerweise siegen,

b) dass sie mit weniger Aufwand viel mehr bewirken und vor allem Erstaunen und Anerkennung bei ihresgleichen ernten können,

c) dass auch die Körpersprache über Sieg und Niederlage entscheiden kann,

d) dass sie mit wenig Angst in den Infight gehen können, um gewaltlos den Zweikampf zu überwinden erlernen können und

e) dass sie mit viel weniger Schmerzen viel mehr Erfolg haben können. Erst jetzt rate ich ihnen, mein Buch zu lesen. Ein zweikampfverliebter Mensch wird mit dem **Nichtkampf-Prinzip** wenig anfangen können.

Zum Konditions-Training und zur Förderung der Flexibilität trainieren wir Fußtechniken aus dem Taekwon-Do / Karate. Bewegungsformen, die ich speziell für DAU BOXEN zusammengestellt habe, fördern die Koordination, den Bewegungsreiz und die Ganzheitlichkeit im Bewegungsfluss und sind daher für die Flexibilität von großem Nutzen. Liegestütz, Übungen zur Festigung der Bauchmuskeln und auch Schritt-Kombinationen aus dem Kung Fu verbessern die Balance und vor allem den **festen Stand.**

Auch der Zweikampf wird trainiert, jedoch extrem langsam, da die Nervenbahnen zur Koordination komplexer Abläufe auf diese Weise schneller und intensiver verfestigt werden. Hierbei nutzen wir die Erkenntnisse aus der Neurobiologie, die genau solches vorgibt. Schnelle Übungen werden ohne das im Ernstfall ablaufende Kraftpotenzial angewendet und die Schnelligkeit sowie die eigene Flexibilität um ein vielfaches erhöht. Dies ist das Geheimnis der Kampfkunst Tai Chi.

Wer sich mit Selbstverteidigungs-Techniken gegen aggressive Menschen wehren muss , dem rate ich zu den DAU BOX-Prinzipien der einfallenden Energie, der Entvitalisierung und des Punktstoßes. Diese drei Prinzipien, umgesetzt in je drei verschiedenen Schlag-Techniken, reichen in der Regel als Gegenschläge völlig aus, um einen Aggressor von weiterem Tun abzuhalten.

Schulgewalt birgt ein besonderes Problem für gewaltfreie Lösungen. Gewaltfreie Lösungen auf deutschen Schulen gibt es, sie werden allerdings sehr häufig nicht angewendet oder in deutlich abgespeckter Form angeboten. Und so ist es sehr schwierig, dem alleingelassenen Schüler dort zu helfen, wo selbst Hilfe oftmals gemobbt wird. Da ich sehr viele Kinder und Jugendliche trainiere und De-Eskalations- sowie Anti-Aggressivitäts-Trainings mitleite, weiß ich um die Problematik dieser speziellen hausgemachten Formen der Gewalt. Schulische Gewaltopfer werden meist zu Tätern konditioniert, da ihnen niemand die Hilfe gewährt, die er oder auch sie erfahren müsste.

Damit wir nicht Ich sagen und dabei Irgendwen meinen, genau deswegen ist „Ich-Stärke“, „Ich-Optimierung“ und ein Leben in eigener „Ich-Authentizität“ ein wichtiges Anliegen aller Menschen. Egal welche Probleme wer auch immer mit sich schleppt – fast alle sind Probleme des eigenen Selbst, des Ichs. Ist mein Ich stabil, hat es eine stabile Basis in meinem Leben gefunden, dann bin ich ganz sicher eine Belohnung nicht nur für mich, sondern auch für meine Mitmenschen. Daran mangelt es in unserem Land: Ein Ruck muss durch die Gesellschaft gehen. Nur wenn ich weiß, dass ich es bin, der für mich verantwortlich ist, nur wenn ich mein Ich zu optimieren gelernt habe, nur dann bin ich keine Last für die Gesellschaft und rufe ständig andere auf, damit es mir besser geht! Ich muss mich mit meinem Selbst konfrontieren. Nur so erlange ich einen Selbstschutz, der mir als Grundlage von Selbststeuerung dient.

6.5 Lehrfilm zum „Heißen Stuhl": Erste Richtlinien zur Durchführung (Stefan Schanzenbächer)

Nachfolgend beschreibt der Autor ein bemerkenswertes Vorhaben im Projekt Boxenstopp: Die Erstellung eines Lehrfilms zum „Heißen Stuhl". Neben grundsätzlichen und organisatorischen Überlegungen soll der Beitrag auch über die konkrete Durchführung des Projektes berichten und erste Ansätze einer inhaltlichen Gestaltung des Films beschreiben. Doch zuvor möchten wir das Projekt Boxenstopp als Träger der Unternehmung vorstellen.

1) Das Projekt Boxenstopp

Das Projekt Boxenstopp, als dessen Leiter der Autor fungiert, ist ein Angebot des Caritasverbandes für Brandenburg e.V. und „verbindet Maßnahmen gegen (fremdenfeindliche) Gewalt mit einer intensiven Förderung zur beruflichen Integration" (www.boxenstopp.org). „Ziel ist die landesweite Bereitstellung von Trainingsangeboten sowie die Schulung von Multiplikatoren zur Integration jugendlicher Gewalttäter und zur Prävention jugendlicher Delinquenz" (Ministerium für Bildung, Jugend und Sport, 2001. S. 39).

Besonders hervorzuheben ist, dass Boxenstopp als beispielhaftes Projekt zur Gewaltprävention des Landes Brandenburg im Abschlussbericht der AG „Gewaltprävention" der Besprechung der Regierungschefs der Länder vom 27. bis 28. März 2003 in Berlin vorgestellt worden ist. Außerdem wurde die Anne Frank Gesamtschule in Strausberg durch das Ministerium für Bildung, Jugend und Sport mit dem Preis „Gute Lehrer – Klasse Schule" für das gemeinsam mit uns durchgeführte Coolness-Training „Respekt" ausgezeichnet.

Inhaltliche Schwerpunkte, quasi die Prinzipien des Modellvorhabens ist einerseits die konfrontative Methodik (siehe ausführlich Weidner/Kilb, 2004), die insbesondere in Anti-Aggressivitäts-Trainings und Coolness-Trainings (vgl. Heilemann,/Fischwasser-von Proeck, 2001; Weidner, 1995) Verwendung findet. Andererseits bildet Kartracing die erlebnisorientierte Seite des Angebotsspektrums von Boxenstopp (vgl. auch Schanzenbächer, 2004).

Zeigt man die Einsatzfelder von Boxenstopp auf, so ergibt sich das folgende Bild:

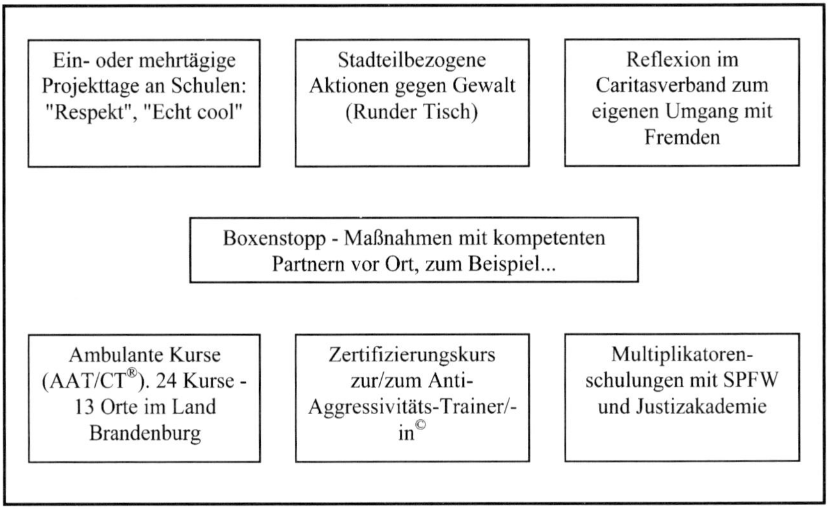

Abbildung 1: Angebotsspektrum von Boxenstopp im Land Brandenburg

Aus der Evaluierung der Ergebnisse lässt sich konstatieren, das es durch das Projekt Boxenstopp gelungen ist, mit dem Aufbau von Anti-Aggressivitäts-Trainings- und Coolness-Trainings ein methodisch und inhaltlich alternatives Angebot in der Prävention jugendlicher Gewalt und zur Integration junger GewalttäterInnen geschaffen zu haben. Boxenstopp leistet einen wichtigen Beitrag zum Aufbau einer differenzierten Angebotsstruktur zur Integration jugendlicher Gewalttäter und zur Prävention jugendlicher Gewalt im Land Brandenburg. Wie gezeigt werden konnte, bedingen die Größe des Landes, die Vielzahl an Institutionen und die vielfältigen Aufgaben einen Rückgriff auf die Handlungsmethode der Mobiles Teams, um so einen „Wassersteineffekt" zu erzielen (Schanzenbächer, 2004). Die Vielzahl an Projekten im Land konnten durch diese Methode in der Prävention jugendlicher Gewalt wirkungsvoll unterstützt werden.

2) Caritasverband für das Erzbistum Berlin e.V. als Träger von Boxenstopp

Träger des Projektes ist der Caritasverband für das Erzbistum Berlin e. V., in den der Caritasverband für Brandenburg e. V. zum 1. Januar 2005 eingegliedert wurde. Er unterhält u.v.a. in Brandenburg Beratungsstellen für Erziehungsberatung.

Der Caritasverband ist ein anerkannter Träger der Jugendhilfe und von Sozialen Diensten. Er nimmt die Funktion eines Spitzenverbandes in der LIGA der freien

Wohlfahrtspflege im Land Brandenburg wahr und wirkt in zahlreichen landesweit tätigen Gremien und Ausschüssen mit. Die Angebote sind offen für alle Ratsuchenden, unabhängig von Weltanschauung und Religion.

3) Intention des Films

Im Wesentlichen möchten wir einen dokumentarischen Lehrfilm zum „Heißen Stuhl“ entwickeln, den es trotz der vielen Anwendungen in der Bundesrepublik Deutschland nicht gibt. Wir verfolgen damit das Ziel, ein wichtiges visuelles Material für die weitergehenden Multiplikatorenschulungen zu schaffen, anhand dessen den Multiplikatoren die Methodik in ihrer Struktur verdeutlicht werden kann und ein Medium zu haben, mit dem den Zielgruppen die Methodik überhaupt vorgestellt und im Blick auf Jugendliche auch „schmackhaft“ gemacht werden kann. Zudem kann der Film in weiteren Anti-Aggressivitäts-Trainings mit den Jugendlichen eingesetzt werden, um ihnen zu vermitteln, auf was es beim Training ankommt, was das AAT erreicht und bezweckt. So kann den Jugendlichen ein Ziel und eine Hilfe für die eigene Situation vor Augen gestellt werden. Letztlich sollen Jugendliche aus dem Projekt selbst den Film mitgestalten. Das vermittelt ihnen zusätzliche Anerkennung. Außerdem wird der Film bundesweite Beachtung erlangen, da – wie eingangs erwähnt – bisher Filmmaterial nur in Ansätzen existiert und bisherige Versuche aus finanziellen Gründen erfolglos geblieben sind. Schließlich fördert dies die Nachhaltigkeit des Projektes Boxenstopp und die Wertschätzung der Projektföderer im deutschsprachigen Raum.

4) Grobstruktur des Films

Der Film soll sich im Wesentlichen auf den „Heißen Stuhl“ (und auf evtuell verwendete konfrontative Elemente im AAT) konzentrieren (Arbeitsanleitung für den Heißen Stuhl im AAT). Die Aufnahmen sollen im Rahmen eines real durchgeführten Trainingskurses gedreht werden (dauerhafte Mitarbeit durch Schanzenbächer) und zwar an 5 Tagen (1 Tag Vorgespräch in der Gruppe und zwei 2-Tages-Blöcke mit Heißer Stuhl-Sequenzen). Die filmisch dargestellten Sequenzen werden durch die Mitglieder des hierfür gebildeten Beirates (Dr Michael Heilemann, Hameln, Prof. Dr. Jens Weidner, Hamburg und Gabriele Fischwasser-von Proeck, Hameln) teilweise kommentiert. Um diese Kommentierungen zeitnah aufzeichnen zu können, werden sie während dieser Tage anwesend sein.

Das erste gemeinsame Treffen soll neben ersten Dreharbeiten auch ein gegenseitiges Kennlernen und ein „Briefing“ (was ist die Idee des Films, welche Inhalte wollen wir rüberbringen, usw.) beinhalten.

Zwischen den beiden Blöcken ist ein Sichtungstreffen mit dem Auftraggeber und dem fachlichen Beirat des Films geplant.

5) Organisatorisch-technische Aspekte

Auftraggeber der Filmproduktion ist der Caritasverband für das Erzbistum Berlin e. V. als Nachfolger des Caritasverbandes für Brandenburg e. V., der durch den zuständigen Fachleiter, Herrn Thomas Gleißner, vertreten wird. Mit der Produktion wurde die MIGRA Filmproduktion & Reportagen GmbH in Köln beauftragt. Autor des Films ist Peter Schran, der schon einige einschlägige Filme (beispielsweise „Abschied vom Faustrecht“) vorweisen kann.

Der Film wird im 1/2-Zollformat BetacamSP erstellt werden und in der fertig geschnittenen Fassung eine Länge von ungefähr 25 Minuten haben.

6) Inhaltliche Aspekte

„Der Film zeigt an authentischen Beispielen eines Antigewalt-Trainings (AAT) in Brandenburg die wesentlichen Methoden und Techniken professioneller Arbeit mit gewaltorientierten Jugendlichen auf dem so genannten „Heißen Stuhl“.

Die einzelnen Szenen und Sequenzen werden so gedreht und didaktisch montiert, dass der Film zu Lehr- und Übungszecken im Rahmen der Multiplikatoren-Ausbildung zum Anti-Gewalttrainer (AAT) eingesetzt werden kann. Der Film soll zugleich für eine „Standardisierung“ der Konfrontationselemente im Rahmen der AAT-Trainer-Ausbildung in Deutschland sorgen“ (...) Der Film hat nicht das Ziel, das übergeordnete Geschehen im AAT darzustellen. Gleichwohl sollte er durchaus auch jugendlichen AAT-Interessenten vorgeführt werden können; er sollte verständliche, sachliche Informationen auch für diese Zielgruppe bereithalten und zugleich „animierende Ausstrahlung“ haben, sich als Jugendlicher (mit einem Gewaltproblem) in solch ein Szenario selbst hinein zu begeben. Auch aus diesem Grunde arbeitet der Film ausschließlich mit dokumentarisch-authentischen Mitteln, nicht mit fiktiven, gestellten Szenen (Schran, 2003).

Die Aufnahmen sollen das Training inhaltlich nicht beeinflussen. Das bedeutet, dass sich das Filmmaterial nach dem richtet, was die „Heißen Stühle“ ergeben haben und nicht umgekehrt.

Die Akteure des Films sind alle Beteiligten des laufenden Anti-Aggressivitäts-Trainings. Von allen ist daher die Erlaubnis zur uneingeschränkten Verwendung der Aufnahmen nötig. Aus didaktischen Gründen wird der Fokus auf ungefähr 3 TrainerInnen gerichtet werden, die damit quasi die Hauptrollen spielen.

Der Kerndreh besteht planmäßig aus vier „Heißer Stuhl“ – Sitzungen. Diese Sitzungen werden nach den Anforderungen des Jugendlichen ausgerichtet. Allerdings sind diejenigen vier Themen/Jugendlichen/Anforderungen auszuwählen, die während den Settings den Einsatz von 5 so genannten Konfrontationsmodulen ermöglichen (wobei nicht alle 5 Module in allen vier „Heißen Stühlen“ vorkommen müssen).

Diese Module wurden zusammen mit Michael Heilemann und Gabriele Fischwasser-von Proeck entwickelt und versuchen eine „Standardisierung“ der Konfrontationselemente zu erreichen. Da vorab die konkrete Situation oftmals ganz anders abläuft als dies geplant werden kann, gilt es im Film, diese eher schematisierten Modelle mit prozessgesteuerten Abläufen in Verbindung zu bringen.

MODUL A:

Provokationstest nach der Aggressions-Hierarchie dieses Täters. Es wird grundsätzlich mit dem geringsten Item begonnen.

- Der Täter wird mit Berührungen und dem Eindringen in seinen Persönlichkeitsraum konfrontiert, obwohl er dies ausdrücklich ablehnt.
- Er erhält Zuschreibungen über seine Person, die er nicht akzeptiert/die er für negativ hält.
- Sein engerer sozialer Kreis (Familie, Freunde) wird aus seinen Augen „beleidigt“ bzw. in Frage gestellt.

Ziele Modul A:

1. Steigerung der Frustrationstoleranz
2. Steigerung der Selbstreflexibilität
3. Verbesserung der Rhetorik im emotionalen/ich-nahen Bereich (Ich-Sätze statt allgemeine Sätze, bessere sprachliche Abbildung eigener Befindlichkeiten)

MODUL B:

Grenzüberschreitung (Körperlich)

- Überwinden des Widerstands gegen Beeinflussung von Außen, Aufweichen der Blockaden gegen Veränderung, Überwinden der Täterreaktanz gegen die „Mittelschicht-Agenten“
- Demonstration der Autorität des Teams

Ziele Modul B:

1. Das „alte“ Ich (delinquente Ich, menschenzerstörendes Ich, feindseliges Ich) wird als nicht mehr verteidigungswert erlebt.
2. Das „Jetzt“-Ich öffnet sich. Die Bereitschaft zur Veränderung der Persönlichkeit entsteht, ohne dass schon neue Ich-Ziele durch diesen Interventionspunkt definiert werden.

MODUL C:

Konfrontation mit Opferfolgen

- Perspektivwechsel: Täter sieht Welt mit Augen des Opfers
- Emotionales Nacherleben von Trauer und Hilflosigkeit (z. B. der Eltern der Opfer)
- Lebenslange Verantwortung für Opfer übernehmen (Wiedergutmachungsaufträge, indirekte Opferarbeit im sozialen Bereich – Friedhofsgrab pflegen, im Krankenhaus mithelfen)
- Verletzungen an einem Skelett nachstellen
- Gefühl des Opfers während der Tat nachempfinden (ausgeliefert sein, vom Tisch fallen)

Ziele Modul C:

1. Empathie und Empfindsamkeit steigern
2. Geteiltes Menschenbild auflösen
3. Handlungsbereitschaft als Opfercoach (Guardian Body) in Gang setzen

MODUL D:

Mimisch-gestische Intervention (Inszenierungen)

- TrainerInnen drücken Gefühle (Wut, Empörung, Hilfsbereitschaft, Ungeduld, Parteilichkeit) körperlich aus
- Reengagement (Sitzordnung)
- Einbringen von Handlungsmodulen (Schweigen, gemeinsames Atmen, Anti-Blamier-Training, Aufmerksamkeitszentrierung)
- bewusstes Setzen von Pausen/Unterbrechungen
- Schreien

Ziele Modul D:

1. Erlernen von „Dekodierungsmerkmalen" direkter Betroffenheit des Gegenübers
2. Demonstration der Überlegenheit des TrainerInnenteams

MODUL E:

Verbalisierungstechniken

- Differenzierte Darstellung von Abläufen durch modifizierte Sprachstile (langsam oder schnell sprechen, laut oder leise sprechen, abgehakt sprechen, in Befehlston sprechen, einfühlsam und „behaglich" sprechen, Änderung der Stimmlage usw.)

- Darstellung der Reichweite von Sprache (Symbolcharakter)
- Semantische Feinheiten einbringen
- Frage-Antwort-Spiel (prägnante Sprache im Sinne einer sofortigen Info-Aufnahme und einer extremen Konkretheit)

Ziele Modul E:

1. Reden statt Schlagen: Paradigmenwechsel (symbolisierte Form der Selbstwirksamkeit und des Ausübens von Kontrolle **in der Situation**)
2. Möglichkeit der Aufmerksamkeitszentrierung auf die eigene Person ohne „Zerstörung des Anderen“
3. Stolzsein auf die eigene Intelligenz/kognitiven Möglichkeiten
4. Rückkehr in die Konsenzgemeinschaft der „mittelschichtsnormierten Kommunikatoren“
5. Transfereffekt auf das alte (sprachlose) soziale Umfeld der eher unteren Schicht

7) Durchführung des Projektes

Die Realisierung des Vorhabens gelang nur mit Mühen und quasi in letzte Minute, nämlich kurz vor Ende des Projektlaufzeitraums. Zwar unterstützte Boxenstopp – wie oben dargestellt – zahlreiche Projekte im Land Brandenburg, so dass es gelang, ein weites Netz an Anti-Aggressivitäts-Trainingsangeboten zu etablieren. Für das Filmprojekt waren jedoch nun wir auf unsere Partner angewiesen. Aber wir mussten feststellen, dass wir uns nicht ohne weiteres auf die Unterstützung unserer Projektpartner verlassen konnten. Hier scheiterten die Verhandlungen durch kurzsichtige und eigennützige Haltungen. Man hatte selbstverständlich die Leistungen von Boxenstopp angenommen, versuchte jetzt aber zusätzlich, möglichst viel „Gewinn“ für sich herauszuschlagen, durchaus auf Kosten eines Scheiterns des ganzen Vorhabens. Außer Acht blieb, dass sehr wohl zusätzliche Gewinne, nämlich zum Beispiel: Imagegewinn, Werbewirksamkeit, Qualitätssteigerung erzielt worden wären.

Konkret wurden über einen Zeitraum von nahezu 15 Monaten zahlreiche und sehr zeitintensive Aktivitäten durchgeführt, um einen Kooperationspartner zu gewinnen. Im Ergebnis war dies aber bisher nicht gelungen. Vordergründig sind dazu folgende Punkte aufzuführen:

- An einem Standort war man nicht bereit, auf einige notwendige Veränderungen einzugehen. Das schon geplante Anti-Aggressivitäts-Training sollte im Ablauf und in der inhaltlichen Planung nicht mehr verändert werden.
- An anderer Stelle gab es Vorbehalte des dortigen freien Trägers gegen eine Kooperation mit der Caritas.

- Weiter sollte das Training in einer Justizvollzugsanstalt durchgeführt werden. Hier waren jedoch die Auflagen aus dem Justizministerium so eng, dass wir das Filmprojekt schon allein aus didaktischen Gründen (vollständige Anonymisierung) als undurchführbar betrachten mussten.
- Ein vierter Versuch scheiterte an der sehr überzogenen finanziellen Forderung eines freien Trägers, dem wir als Träger nicht nachkommen konnten.

Auch eine Kooperation mit einem freien Träger kam nicht zustanden. Unsere Einladungen an zahlreiche kommunale Jugendämter zu einer Zusammenarbeit verhallten unbeantwortet.

So sahen wir die letzte Möglichkeit, ein Scheitern des Vorhabens abzuwenden, in der Kooperation mit dem freien Träger Sozialarbeit und Segeln e. V. in Berlin. Schließlich konnte im Herbst 2004 ein Anti-Aggressivitäts-Training in den trägereigenen Räumen in Berlin-Zehlendorf begonnen und die entsprechenden Filmaufnahmen durchgeführt werden. An dem Kurs nahmen 7 männliche Jugendliche im Alter zwischen 15 und 18 Jahren teil. Der Großteil von ihnen war dauerhaft in einer stationären Einrichtung der Jugendhilfe (Jugendwohnen, Kriseneinrichtung) untergebracht. Das Team bestand aus zwei weiblichen und zwei männlichen Fachkräften, die größtenteils ehrenamtlich in dem Projekt mitarbeiteten, darunter der Geschäftsführer von Sozialarbeit und Segeln e. V. und der Projektleiter des Projektes Boxenstopp. Beide Trainer und eine Trainerin verfügten über das Zertifikat der Ausbildung zur/zum Anti-Aggressivitäts-Trainer/-in. Die Maßnahme hatte einen Umfang von 100 Stunden. Die Gruppe traf sich zu insgesamt 17 Sitzungen (zum Ablauf eines Anti-Aggressivitäts-Trainings siehe beispielhaft Schanzenbächer, 2003: S. 73 ff). Mit Unterstützung des Bezirksamtes Steglitz-Zehlendorf, einer großen Baumarktkette und einer privaten Initiative konnte auch Kartracing (vgl. Schanzenbächer, 2002) als erlebnisorientiertes Angebot in das Training integriert werden.

8) Perspektiven

Bis heute gibt es weder einen Lehrfilm zum Anti-Aggressivitäts-Training noch zur konfrontativen Pädagogik. Das wurde oben bereits notiert. Als ein möglicher Erklärungsgrund mag die Tatsache gelten, dass weder der theoretische Begriff der konfrontativen Pädagogik noch die Praxis konfrontativen Handelns ausreichend erforscht, systematisiert und standardisiert sind. Wenn wir uns mit diesem Filmprojekt der Praxis zuwenden und eine Standardisierung und Systematisierung möglicher Konfrontationselementen erstreben, stehen wir in einem Forschungsprozess und reihen uns in den fachlichen Diskurs ein, den neben einzelnen Hochschulen (beispielsweise Hochschule für angewandte Wissenschaften Hamburg und Fachhochschule Mannheim) mittlerweile auch zwei Institute in Deutschland

(Deutsches Institut für konfrontative Pädagogik (IKD) und Deutsches Institut für konfrontative Lösungen (D.I.K.)) wesentlich voranbringen.

Die oben im Punkt 6 geschilderten Module stellen in diesem Kontext ein erstes Forschungsergebnis dar. Schon während der Dreharbeiten zeigten sich erste Notwendigkeiten zu einer Modifizierung dieser Module:

1. Die Module müssen mehr nach inhaltlichen und methodisch-didaktischen Merkmalen getrennt werden.
2. An vielen Stellen gilt es, die Beschreibungen anhand der filmischen Sequenzen noch konkreter zu fassen und genauer zu formulieren, damit sie für die Betrachter erlernbar und damit nachahmbar werden.
3. Zusammen mit Michael Heilemann und Gabriele Fischwasser-von Proeck wurde ein zusätzliches Modul „O“ eingeführt: Es geht um die Motive und Erklärungsansätze gewaltorientierten Handelns. Dieses Modul ist demnach als inhaltliches Merkmal zu begreifen.

Die Arbeiten zur Fertigstellung des Lehrfilms sind derzeit noch im vollen Gange. Mit der Fertigstellung und Herausgabe des Produkts und eines entsprechenden Begleitbuches ist im April 2005 zu rechnen. Auf das Ergebnis darf man schon heute sehr gespannt sein.

7. Lobkultur als „Innere Friedensbewegung“

Ich-Optimierung bedeutet, dass der Mensch sich von innen nach außen entwickelt. Frieden mit mir kann ich jedoch nur entwickeln, wenn ich zu mir stehe, wenn ich meine kleinen Erfolge vor mir lobe und mich dadurch ständig zum „Weitertrainieren“ animiere. Das „Benzin“ meiner Entwicklung ist das Selbstlob. Fremdlob als Bestätigung meiner eigenen Wachstumswahrnehmung ist zusätzlicher Treibstoff (externer Turbo) – diese Beimischung ist jedoch weder zu erwarten, noch – schon gar nicht – sicherzustellen. Kommt sie, freue ich mich – bleibt sie aus, genügt mir die Selbstversorgung.

In der Kritikkultur führt öffentlich preisgegebene Freude über das eigene Ich, Lob für das eigene Vorankommen und Dankbarkeit für die in mich selbst investierte Energie zu Ablehnung, Reaktanz und Ausgrenzung: „Selbstlob stinkt“. Jemand, der sich über sein ständiges Bemühen mit sich selbst als Grundlage von Friedlichkeit und Unterstützung anderer Menschen freut, wird ausgegrenzt, weil er als arrogant und „selbstherrlich“ (Selbstversorger) diskreditiert wird: Er ergibt sich nicht in das demütigende Lob der Abhängigen, die sich der Manipulation des „Patrons“ weiter ausliefern.

Diese Konsensverletzung im Sinne wirklicher Verantwortungsübernahme für das eigene Ich (Erkennen der Autonomie) ist andererseits die Grundlage zur **Verbreitung** von Lobkultur: Nur der bekennende (Selbst-) Lober ist letztlich Protagonist einer sich in konzentrischen Kreisen ausdehnenden allgemeinen **gesellschaftlichen** Friedensbewegung.

Inszeniertes (Selbst-)Lob hängt auch von der Entwicklung und Kultivierung bestimmter Kommunikationsstile des (Selbst-)Senders ab. Es gibt vier Kommunikationstypen, die erst einmal unterschieden werden können:

1. Der Schreier (Missionar).
2. Der Sprecher (für Rede und Gegenrede auf sachlicher Ebene offen).
3. Der Flüsterer (um Herstellung von Nähe und exklusiver Beziehung bemüht).
4. Der Schweiger (jemand, der Einkehr in sich selbst hält und sein Ich-Fundament nochmals ganz von vorne erspürt).

Alle vier Kommunikationsformen haben **innerhalb eines Ichs** ihren Platz. Die Vor- und Nachteile, die jeder dieser vier Kommunikationstypen auf sich vereint, runden die Kommunikationsoptionen eines „bewussten Lobers" ab:

- **Vorteile des Schreiers:**

  Er steht zu sich; er trägt seine Mission auf den Lippen; er hat keine Angst, kritisiert oder falsifiziert zu werden; er bekennt sich öffentlich zu seinen Gedanken und Gefühlen.

- **Nachteile des Schreiers:**

  Er kann als penetrante Infiltration erlebt werden, der die Ich-Grenzen der anderen okkupiert, ohne dass sie ihm dafür ein Mandat gegeben haben; er kennt als Störenfried, als künstlicher Vereinfacher oder als Besserwisser die Reflektionsprozesse der anderen Personen.

- **Vorteile des Sprechers:**

  Er versucht, auf der beschreibenden und deskriptiven Ebene seine Gedanken sachlich darzustellen, ohne dass er die Argumente der anderen Personen missachtet; er kann genauso gut aussprechen wie zuhören und ist in der Lage, aus These und Antithese eine Synthese im Sinne eines kollektiven Konsenses zu formulieren.

- **Nachteile des Sprechers:**

  Er stellt seine Gefühle und „wahren Bedürfnisse" zurück und glaubt, dass Rationalität und Sachlichkeit der wahre Kern des Menschen sind; er hört sich immer wieder in liberaler Weise auch Argumente anderer an, die er längst überformt und im Sinne dialektischer Prozesse „in sein System eingearbeitet" hat.

- **Vorteile des Flüsterers:**

  Er ist in der Lage, Nähe zu einer von ihm selbst ausgewählten Gruppe von Menschen (meistens zu einer speziellen Person) aufzubauen und ihr hierdurch Exklusivität zu schenken; er erlebt und inszeniert Verbindlichkeit, die letztlich die Grundlage einer tiefergehenden vertrauensvollen und intimen Beziehung ist; er differenziert die Wichtigkeit von Informationen und nimmt Rücksicht auf Verletzlichkeit aber auch Neugier des jeweiligen Mitmenschen.

- **Nachteile des Flüsterers:**

  Er grenzt andere Menschen aus, indem er radikal entscheidet, wem er welche Information zukommen lässt; er bildet soziale Hierarchien eigenmächtig aus, die die anderen aus ihrer begrenzten Machtvollkommenheit heraus nicht in Frage stellen oder gar überwinden können.

- **Vorteile des Schweigers:**

  Er spürt, dass er mit sich selbst in Klausur gehen muss, weil ihm die überschäumenden Impulse seiner Umwelt Verwirrung bereiten; er ist in der Lage, aus sich selbst heraus Informationen zu generieren, die ihn in seinem jetzigen „Clearing-Prozess" Vorteile für Orientierung und neue Handlungsbereitschaften bringen.

- **Nachteile des Schweigers:**

  Er verliert den Kontakt zur sozialen Umwelt und reduziert seine Informationsaufnahme manchmal über die von ihm selbst gewählte Zeitphase des Schweigens hinaus, weil er sich von der aktuellen Kommunikationsentwicklung abgekoppelt hat; er kann im Sinne einer Verweigerermentalität als arroganter Selbstversorger missverstanden werden, der es „nicht nötig hat" seine Erkenntnisse auch anderen zu schenken.

Alle vier Kommunikationstypen im eigenen Ich zu vereinen und keine Angst mehr davor zu haben, als Schreier eigene Euphorie, aber auch eigene Angst öffentlich zu machen, gibt den Informationsschub für alle „Patrone-Gefolgsleute", die sich selbst bisher das Geschenk eines „öffentlich lebbaren Ichs" verweigert haben. Von daher ist die Kommunikationsfigur des Schreiers, die in der Kritikkultur am meisten verpönte Haltung, die aber der Verbreitung der Lobkultur am meisten zu Gute kommt.

In der Lobkultur ist die Kommunikation des Ausgangs-Ichs (Senders) zum anderen Ich (Empfänger) immer nur ein **Antrag**: Eine Frage, eine Empfehlung, eine Bitte, aber eben kein Befehl, keine Anweisung und keine überhebliche Fremdnormierung des anderen. In der Kritikkultur sind hierarchisierte Kommunikationsangebote des Patrons zu seinen Untergebenen immer ultimative Befehle, die implizieren, das dass Wissen des Patrons, das gesetzgebende, das faktisch gültige und das empirisch richtige, sowie theoretisch begründete Wissen ist – das „Fehlverhalten" des Zuhörers" (Gefolgsmenschen) ist das durch die wunderbare Patronebotschaft zu verändernde Gedankengut. Der Unterschied von Kritikkultur zur Lobkultur auf der Friedensebene zeigt sich von daher auch in den unterschiedlichen Vorhersagen:

Lobkultur sagt: Probiere dies eine Weile aus und du wirst dich selbst überzeugen. **Glaube dir**.

Kritikkultur sagt: **Glaube mir**, das dass, was ich dir befehle, richtig ist.

7.1 Demut für mein Zustandekommen, Treue zu meiner Herkunft und Dankbarkeit für die Erstunterstützung. Der Mensch in seiner Drei-Einigkeit: Philosoph, Psychologe und Umsetzer

Die Lobkultur gibt dem einzelnen Menschen die Freiheit, für sich selbst seine Einzigartigkeit (Exklusivität seines Ichs) erarbeiten zu müssen. Die Einzigartigkeit hängt auch mit der Einzigartigkeit der ersten Erlebnisse und der zuerst erlebten Gegebenheiten (mein Kinderbett, der Blick aus meinem Kinderzimmer, die Stimmen meiner Eltern, der Duft unserer Küche, das Bellen unseres Hundes, das Motorengeräusch unseres Autos, die Sitzordnung an unserem Küchentisch...) zusammen.

Heimat ist,
wo man sich nicht erklären muss
Alexander Mitscherlich

Dieser „Duft seiner Herkunft“ vermittelt dem Menschen erst das Gefühl, dass er heute der Gleiche ist wie gestern, dass er er ist, dass es ihn gibt und dass es Sinn macht, sich für sich selbst anzustrengen.

Der Mensch verweilt im Sinne einer „Normalverteilungskurve“ für einen gewissen Zeitraum (wenn es „normal“ verläuft für ca. 60-90 Jahre) auf der Erde. Ihm wird das Leben geschenkt, ohne dass er sich dies vorher aussuchen kann – er wird in gewisser Weise von einer höheren, nicht bekannten Instanz (von der noch nicht einmal bekannt ist, ob es sie wirklich gibt) auserwählt und bekommt das „Mandat zum Leben“. Die wichtigste Frage, die sich der Mensch im Verlaufe seines Lebens stellt, lautet:

„Gibt es **für mich** einen Nachweis, dass ich mein Leben verdient habe, dass es Sinn gibt, dass ich und gerade ich lebe?“ Dieser **Berechtigungsnachweis** wird von dem Menschen selbst immer wieder neu erbracht werden müssen. Er ist bestrebt, sich hierüber immer wieder neue „Belege und Beweise“ zu sichern und sich zu vergewissern, dass es Sinn gibt, dass gerade **er** lebt. **Lebenszufriedenheit** (Lebenserfüllung) und hohes Selbstwertgefühl setzen sich von daher aus folgenden Aspekten zusammen:

- Ich weise mir selbst nach, dass es Sinn gibt, dass gerade ich lebe (individueller **Lebensnachweis**).
- Ich verfüge über ein mir bewusstes **prägnantes Ich** und kann dieses Ich zur Umwelt abgrenzen. Ich kenne meine Stolzhitliste und versuche, sie mit den mir zur Verfügung stehenden Energien (Anstrengungsbereitschaft, Willens-

kraft) täglich zu trainieren. Hieraus resultiert eine gewisse Exklusivität meines Ichs, also meine Unverwechselbarkeit und meine spezielle Potenz.

- Das Gefühl, nicht allein existieren zu können, führt zu einer umfassenden **Geborgenheitserwartung**. Das Gegenteil ist das Erleben von Isolation und Ausgrenzung. Das Streben geht dahin, von den für ihn wichtigen Mitmenschen und Gruppen akzeptiert, gemocht und „gewollt" zu werden. Hierfür bemüht sich der Mensch um die Anerkennung durch die jeweils „relevanten anderen".
- Um die Exklusivität des Ichs und die Geborgenheitserwartung erreichen zu können, muss auf der instrumentellen Ebene (ich entwickle mir **Wenns**, um die von mir gewünschten **Danns** hervorrufen und verursachen zu können) ein ständiges Bemühen um Kompetenzzuwachs als lebenslange Aufgabe verinnerlicht werden. Ist **sowohl** das **Funktionieren des Ichs** als auch das **Geborgenheitserleben** vorhanden, entsteht **Kontrollerleben**: Der Mensch spürt, dass er die von ihm gewünschten Effekte hervorrufen und kontrollieren kann. Ansonsten – er versucht es immer wieder, aber es funktioniert nicht – entsteht Hilflosigkeit, Resignation, Depressivität, Apathie und Suizidalität.

Der Mensch mit hoher Lebenszufriedenheit und dem Berechtigungsnachweis für sich selbst ist bemüht, sein Leben mit sich in Einklang und mit entsprechender Selbstfürsorge so abzuschließen, dass er „in Frieden von dieser Welt gehen kann". Seine letzte Aufgabe besteht darin, eine positive Bilanz mit sich selbst zu ziehen und Optimismus zu entwickeln, dass er dann, wenn es ein Leben nach dem Tod gibt, dieses Leben nach dem Tod „auch verdient". Er hat nur während seiner Verweildauer auf der Erde die **aktive Chance**, sich zu qualifizieren – er weiß aber nicht einmal genau, ob es eine nächste Phase, für die er sich **unbedingt** qualifizieren möchte, **wirklich** gibt. Kein Mensch hat nachgewiesen, dass es ein Leben nach dem Tod gibt – kein Mensch hat das Gegenteil nachgewiesen. Der zufriedene Mensch möchte sich somit zumindest die Option auf ein Weiterleben sicherstellen.

Die Option auf den evtl. „Dialektischen Sprung" in die nächste Ebene kann der Mensch allerdings auf zwei Ebenen sicherstellen:

1. Durch Qualifikation im Hier und Jetzt (für sich individuell).
2. Durch die Weitergabe seiner Erkenntnisse und Kompetenzen an die nächste Generation (über Nachfolger genetisch **und** didaktisch).

Wenn der Mensch spürt, dass er seine Mission in diesem umfassenden Sinn erfüllt hat, dass sein Leben Sinn ergibt und sein Leben Sinn ergab, entsteht das Empfinden von Lebenserfüllung.

Lebenserfüllung ist auch gekennzeichnet von:

- Stolz und Treue auf die eigene Herkunft, Dank an die eigene Abstammung und auf den Lebensraum, in dem das Leben stattfinden durfte.
- Erleben einer hohen individuellen eigenen Wirksamkeit (Kontrollerleben) mit **Dank an mich** selbst.
- Hoffnung auf Gott (Weiterleben ohne eigenes weiteres Zutun und ohne weitere Anstrengung und Kontrollansprüche) als Hoffnung gebende Option: Dank an die Schöpfung und **Dank an die Schicksalskräfte**, die Leben organisiert haben und vielleicht weiter organisieren werden.

Dankbarkeit fundiert letztlich dieses „Integrative Selbsterleben“, die Lebenserfüllung und auch die übergeordnete Lebenszufriedenheit.

Der zufriedene Mensch kennt seine Vergangenheit, akzeptiert die Herausforderung der Gegenwart und hat wenig Zeit, über die Zukunft zu spekulieren. Er lebt im Hier und Jetzt (Gegenwart) und hat keine Angst, künftighin zu versagen oder gar zu versanden, weil sein gegenwärtiges Funktionieren ihm Hoffnung für zukünftiges Funktionieren eröffnet.

Die gute Erdung, die gute Verwurzelung und die Ist-Zufriedenheit ermöglichen hohe Willenskraft und Anstrengungsbereitschaft für die eigene Kompetenzerweiterung, um dann solidarisch etwas an andere weitergeben zu können. Der lebenszufriedene Mensch ist unterstützend, fördernd und abgebend und spürt dabei, dass er nicht Energie verliert, sondern gerade dadurch seine eigene Kompetenz weiter trainiert und somit Kraft durch Abgeben hinzugewinnt.

Alles fordern – alles geben: Das ist das Gesetz des in der Gegenwart lebenden Menschen, der weder Vergangenheit leugnen noch Zukunft vorhersagen muss. **Die Heiligkeit des Moments ist das einzige Leben, das er hat:** Die **Vergangenheit** kann er nicht mehr retuschieren und ob er die **Zukunft** in irgendeiner Weise erlebt, kann er selbst nicht bestimmen ...

Kontrollerleben im philosophischen Bereich heißt von daher, **diese** Gedanken denken zu dürfen und denken zu können ...

Die ideale Konzeption eines Menschenlebens besteht zu 10 Prozent aus der Vergangenheit (Treue), zu 75 Prozent aus der Gegenwart (Aktion) und zu 15 Prozent aus der Zukunft (Hoffnung).

Treue, Aktion und Hoffnung definieren das Konzept des menschlichen Lebens als „Durchlauferhitzer der Evolution“: Du übernimmst des Staffelstab von deinen Vorfahren, du trägst ihn ein Stück des Weges und du übergibst ihn an deine Nachfahren. Mehr nicht? Mehr nicht!

Lebenskonzepte sind triadisch aufgebaut: Du startest als aufnehmendes und sich verdichtendes System (Sauger), du wirkst als abgebendes System (Produktiver) und du endest als ausleitendes System (Eremit): Die Lebensaufträge in den einzelnen Phasen definieren den Anspruch an dich selbst, das Gefühl von Erfüllung und letztlich das Hauptkonstrukt: Erlebte Lebenszufriedenheit.

Diese Theorie des Lebenskonzeptes umfasst ebenfalls drei Bereiche:

1. Lebensziele;
2. Methoden ihrer Umsetzung;
3. Kriterien ihrer Erreichung.

1. Der Hauptauftrag des Menschen besteht darin, sich in jeder seiner Lebensphasen die persönliche (individuelle) Lebensberechtigung nachzuweisen: Jeder Mensch ist dafür zuständig und dafür „unterwegs" immer wieder aufzuzeigen, warum er und gerade er (dieser und gerade dieser Mensch) leben soll bzw. leben darf oder auch leben muss.

2. Methoden der Umsetzung ergeben sich aus dem, was der einzelne Mensch spüren muss, um sein Berechtigungserleben für sich begründen zu können: Kontrolle, Verursacherstatus, Wichtigkeit und Wirksamkeit.

3. Kriterien, nach denen er seine Wirksamkeit bemisst, sind einerseits seine persönliche Kompetenz (Größen-Ich) und auf der anderen Seite sein Eingebundensein (Geborgenheitswahrnehmung).

Menschen, die sich selbst als **exklusiv** (in einem oder wenigen Bereichen) und als integriert erleben, sind zufrieden. Der Lebensweg oder der Lebensentwurf artikuliert sich auf der Zeitebene fortlaufend zwischen den Polen (Anspannung und Entspannung): Die Balance zwischen Anstrengung und Ruhe ist eine der Grundlagen für positive Befindlichkeitseinschätzung.

Das Spiel der Gezeiten innerhalb der Mikrosituation, aber auch bezogen auf die gesamte Lebensphase (also auf den 80-jährigen Durchlauf) ist immer das gleiche: Erst Anspannung, dann Befriedigung und schließlich Entspannung als „Wartephase" für die nächste Anspannung.

Wir fassen zusammen:

- Lebensphasen sind triadisch (aufnehmendes System, abgebendes System, ausleitendes System).
- Lebensaufgaben sind triadisch (Ziele, Methoden, Kriterien).
- Handlungssequenzen sind triadisch (Anspannung, Befriedigung, Entspannung).
- Gesamteinbettung ist triadisch (Vorfahren, Realisierer, Nachfahren).

In einer Kurzfassung lässt sich der „Menschliche Auftrag“ der Konzeptualisierung eines individuellen Lebens wie folgt zusammenfassen:

Der Mensch strebt Lebenszufriedenheit an, die er dann empfindet, wenn er seine **Lebensberechtigung** in dem jeweiligen Moment des aktuellen Erlebens spürt.

Lebenszufriedenheit und Lebensberechtigung ergeben sich aus der Exklusivität des Ichs und aus dem Geborgenheitsempfinden.

Um sich autonom und wirksam (als Verursacher) erleben zu dürfen, benötigt der Mensch **Kontrolle** über sich und sein unmittelbares direktes Umfeld.

Verursachererleben und Kontrollerleben findet der Mensch dann, wenn er genügend Instrumente (Wenns) entwickelt, um die von ihm jeweils kurzfristig (aktuell) oder mittelfristig (zukünftig) erwarteten und benötigten Effekte (Ergebnisse) möglichst aus eigener Kraft umsetzen kann.

Der Mensch ist stolz auf sich, wenn er genügend Instrumente hat, die ihm Kontrollerleben ermöglichen. Letztlich ist das Kontrollerleben, das er selbst verspürt und die Resonanz durch seine Mitwelt (Fremdbeurteilung) das Kriterium seiner Wirksamkeit. Seine Wirksamkeit ist die Grundlage seiner selbst definierten Lebensberechtigung, die dann wiederum Grundlage der erlebten Lebenszufriedenheit ist. Sein Wunsch, zwischendurch und insbesondere am Ende Bilanz ziehen zu wollen, verweist auch auf ein Bedürfnis nach Bestimmung seines „Netto-Lebensertrages“: Wie viel Wert hatte dies hier alles? Und ist es ggf. eine Eintrittskarte ins „Später“, in die nächste Ebene, in das, was keiner **wirklich** kennt? Hierzu muss der Mensch für sich immer **sein eigener** Philosoph, Psychologe **und** Umsetzer sein.

Dieser Entwurf der individuellen Lebenskonzeption ist eine Zusammenfassung der aktuellen epochalen Erkenntnisse über die **Möglichkeiten des Einzelmenschen**, seinen Lebensauftrag – Nachweis der Lebensberechtigung; Realisierung von Lebenszufriedenheit – einzulösen. Gleichzeitig definiert dieses „individualistische“ Konzept der Eigenverantwortung einen Wettbewerbsrahmen zwischen den Menschen (Wettbewerb um Lebenszufriedenheit), der die Grundlage der epochalen Zivilisationskrankheit (Neid) darlegt. Der dialektische Sprung zwischen individueller und kollektiver Lebenskonzeption ist letztlich erst durch die Erkenntnis der Universalität des Dreisprungs (Mensch als Durchlauferhitzer der Evolution) möglich und bleibt die Zukunftsaufgabe: Die individuelle Lebenskonzeption als Grundlage von persönlicher Lebenszufriedenheit führt nur dann nicht zum kollektiven Spielabbruch wenn sich jeder einzelne in die **Begrenztheit seiner Aufgabe,** also seiner Wegstrecke, **persönlich verliebt** ...Der kollektive Schulterschluss realisiert sich dann nicht nur über die zufällig gleichzeitig lebenden Mit-Menschen, sondern auch über das Kollektiv der Vorfahren und Nachfahren, in deren Staffel ich als „Mittelläufer“ meinen Auftrag **gerne** erfülle. Hat das Warten denn nie ein Ende – nein. Zum Glück!

Mit-Menschen, die ich treffe, sind Geschenke gegen meine Einsamkeit. Stell dir vor: Du wärst der einzige Mensch auf dieser Welt – vieles und fast alles an Lebensinhalt würde wegfallen. Du kannst dann nicht erst organisieren, erst spüren und erst bewerten, wenn du Anleihen bei anderen nehmen kannst, wenn du dich mit anderen vergleichen darfst und wenn du Gemeinsames mit anderen erspüren darfst. Diese Co-Existenz vom Ich zum Ich passiert mit Mit-Menschen, die gleichzeitig leben. Sie sind meine auserwählten Parallelgestalten. Noch wichtiger sind die Menschen, die mir am Anfang meiner Existenz mein Leben abgesichert und gewährleistet haben. Die in „Millionen Energieaktien ihres Ichs" in mein Ich investiert haben, ohne dass sie Dank erwarten können. Vielleicht bekommen sie ihn, aber sie haben damals, als sie in ihn investiert haben, ihn nicht erwarten können. Das ursprüngliche Beschenken geschieht in der Heimat. In den ersten fünf Jahren des neuen Jahrtausends ist gerade der Begriff Heimat (Patriotismus, Empfinden für die eigene nationale Herkunft) ins Zentrum des Wünschens und Wollens gerückt. Der Begriff Heimat wird herausgekramt, definiert und aktualisiert: „Heimat ist mehr. Mehr als Heimstatt, mehr als Heimatstadt, mehr als Heimatland. Heimat ist eigen, konturlos, verschwimmend in Farben und Formen, ausufernd und ungreifbar wie ein Traum. Heimat ist deutsch und unübersetzbar" (Sandmeyer u. a., 2004, S. 194).

Heimat ist ein besonders geschütztes Terrain, in das nicht jeder eindringen darf: Weder geistig noch physisch. Wenn ich jemandem erlaube, in meine Gruppe, in mein Umfeld, in mein Abschirmungsfundament hineinzukommen, dann ist es eine Erlaubnis hohen Grades. Dann ist es ein Geschenk von mir an ihn. Dann vertraue ich, dass er dieses Geschenk achtet, dass er es verdient und dass er **mein Fundament**, also meine Abstammung und Heimat, nicht befleckt, nicht entehrt und schon gar nicht zerstört. Meine Genehmigung basiert auf seiner Hochachtung. Allgemeiner ausgedrückt: Jemand, der in meinem Geborgenheitsareal (Heimat) einen, nämlich seinen, Platz finden möchte, ist ein Bewerber. Ein Bewerber muss sich wie ein Bewerber verhalten.

Bewerber um die „Mitgliedschaft in einer funktionierenden Gemeinschaft" gibt es auf verschiedenen Ebenen:

- Der Arbeitsplatzsuchende, der sich in der Firma bewirbt.
- Der Straftäter, der wieder in die normale Gesellschaft entlassen werden will.
- Der Zuwanderer, der sich ein neues Land (einen neuen Kulturkreis) sucht.
- Ein Schüler, der in einer neuen Klasse aufgenommen werden möchte.
- Ein Schwiegersohn / eine Schwiegertochter, die in der Familie des Partners Akzeptanz und „einen Platz" sucht.

Bewerber haben immer das gleiche Anliegen:

Sie möchten in eine gewachsene Struktur, in der die dort lebenden Menschen mit viel Energie und Zeitaufwand und mit viel Diplomatie und Liebe eine Gruppe (inkl. funktionierender Gruppennormen) geschaffen haben, eintreten und dort verweilen. Sie möchten vielleicht sogar **gleichberechtigtes** Gruppenmitglied werden.

Da die anderen Menschen, die diese Gruppe gegründet haben bzw. die sie am Leben erhalten, schon viel Energie investiert haben, muss der Bewerber viel aufholen: Er muss sich mit doppelt und dreifach starken Anstrengungen darum bemühen, Akzeptanz zu erlangen, dass er nun genauso viel Konsumgüter (materiell oder ideell) aus dem Gruppentopf herausnehmen darf wie die anderen, **obwohl** die anderen ja schon sehr viel länger und sehr viel mehr eingezahlt haben.

Der Bewerber ist ein Bittsteller um Gastfreundschaft. Der **Bewerber ist ein dankbarer Mensch**, der die Anstrengungen der „alten Freunde" verspürt und vor dem dort getätigten Aufwand „niederkniet".

Letztlich entscheidet sich der Bewerber ja selbst, in diese oder jene Gruppe aufgenommen werden zu wollen oder auch nicht. Ist seine Entscheidung gefallen, muss er als Bewerber nun „werben": Werben darum, dass die anderen ihn für glaubwürdig, für treu, für ehrlich, für hilfsbereit, für unterstützend und niemals für beleidigend oder gar aggressiv halten. Eine Werbekampagne in eigener Sache. Der Bewerber ist eine Ich-AG, die sich darum bemüht, in den Firmenverbund aufgenommen zu werden.

Ein weiter Weg, ein steiniger Weg, aber meistens ein sich lohnender Weg. Denn: Wer bewirbt sich schon für eine Firma, die er selbst nicht liebt und von der er selbst glaubt, dass sie am nächsten Tag Pleite geht? Kaum jemand. Anders ausgedrückt: Wer sich bewirbt, liebt die Gemeinschaft, um die es geht. Er muss es nun nur noch glaubwürdig ausdrücken.

Andererseits ist der Besitzende, der „Heimatinhaber" auch **immer** seinerseits dankbar für Nachfrage, „Anklopfen" und Bitte um Integration, denn insbesondere dann, wenn einer etwas von mir will, wird mir auch deutlich, dass das, was ich besitze, „in einem übergeordneten Sinne wertvoll ist". Und dann beginnt die Wechselwirkung, die Interaktion und die Synergie: „Erst wenn ich mich selbst bewundern kann und stolz auf mich bin, kann ich dich bewundern und dir Akzeptanz für **deine Entwicklung,** also wiederum für die Exklusivität und Einzigartigkeit **deines Ich** schenken."

Ich bin froh, dass du dich deinerseits auch durch mein Wohlwollen weiterentwickelst und so für mich ein „fruchtbarer Mitmensch" bist. Ich brauche keine Angst vor Zerstörung durch dich zu haben, da du für die Zerstörung meiner Person weder Energie noch Zeit hast, denn: Du brauchst all deine Energie, um dich zu zentrieren und dich voranzubringen. Friedensphilosophie heißt letztlich, dass jeder extrem an der eigenen Weiterentwicklung und zusätzlich an der Weiterentwicklung des direkten Mitmenschen interessiert ist. Die Dankbarkeit, die ich denen gegenüber ausdrücke, die mir überhaupt mein Leben ermöglicht haben (als Nesthocker wäre ich am Anfang des Lebens nicht überlebensfähig gewesen) und die Dankbarkeit, die ich jetzt entwickle für die Mitmenschen, die mir Geborgenheit, Unterstützung,

Wohlwollen und Anerkennung schenken, ist letztlich die **hauptsächliche** Friedensgrundlage **aller** sozial-pädagogischen Intervention bei ursprünglich „feindseliger Antagonisten-Ausgangslage". Aus entwicklungspsychologischer Sicht ist das Erleben von Dankbarkeit und Demut der „Zöglinge" die Grundlage für deren Größe, Stolzerleben und Funktionieren. Nur wer seinem Gönner (Erzieher) Dankbarkeit zollt, kann auch die Größe und die Vorbehaltlosigkeit von dessen Tun erkennen und Hochachtung und Ehre vor dem eigenen Lebensweg (aber auch vor dem Lebensweg des Erziehers) entwickeln. Dankbares und treues Erinnern an die ersten Kindheitsbilder und Befähigung zur Regression ermöglichen den Aufbau einer integrativen Persönlichkeit. Die Aufgaben des „Ich" hierfür:

- **Dank fordern:**

  Viele sagen: Dankbarkeit kannst du als Mensch nicht erwarten. Das Gegenteil ist richtig: Dankbarkeit musst du aus Achtung vor dem, der etwas von dir annimmt und aus Achtung vor dir, der du die Energie wegschenkst, abfordern. Wer seine Energie nicht refinanziert, beutet seine eigene Batterie aus. Vergeudet das, was ihm geschenkt wurde.

- **Einbindung erleben:**

  Wer stolz auf sich selbst sein möchte und wer die **Geborgenheit seiner Gruppe** erlangen will, muss sich seiner „**historischen Einbindung**" bewusst werden: Der Mensch als Durchlauferhitzer der Evolution! In der ersten Phase deines Lebens nimmst du, in der zweiten Phase deines Lebens entwickelst du Kompetenz, in der dritten Phase deines Lebens strahlst du sie ab.

- **Offenheit praktizieren:**

  Viele Menschen sagen: Wenn der andere nicht von allein dankbar ist, dann ist mir sein Dank nichts wert. Dies ist eine zynische Grundhaltung: Ich lasse den anderen bewusst auflaufen, ich stelle ihn vor schwer überwindbare Hürden, ich bin unterschwellig feindselig und freue mich über sein Versagen (seine manifest werdende Undankbarkeit). Letztlich werte ich mich dadurch künstlich selbst auf und belasse ihn in seiner „stumpfen, lethargischen, phlegmatischen und ungöttlichen" Grundhaltung.

- **Mühe geben:**

  Dankbarkeit ist ein „Lernfeld", in dem gerade junge Menschen, aber eben auch bedürftige Menschen „Relationalität" erlernen: Der andere verschenkt nicht unbedingt etwas, was er zufällig in seiner Tasche findet, sondern etwas, was er sich mühsam erarbeitet hat. Das Erkennen dieser Relation nötigt mir Demut und Dankbarkeit ab: Ich spüre geradezu die Energie, die der andere **vorher** aufwenden musste, um mir **jetzt** etwas schenken zu können.

- **Energie refinanzieren:**

  Der Erzieher (Investor), der anderen Menschen gern etwas weiterschenkt, wird irgendwann mal zum Ende seines Lebens Generativität entwickeln und **keine** Gegenleistung erwarten. Während des langen Verlaufs des Lebens benötigt er jedoch immer wieder (manchmal auch minütlich und sekündlich) Aufmerksamkeit, Lob und Zuwendung, um seine gerade ablaufende Geschenkleistung energetisch weiterführen zu können. Menschen, die gern schenken, müssen sich zu der eigenen Schwäche (ihrer Begrenztheit) ihres energetischen Reservoirs bekennen. Sie müssen offen aussprechen: Ich gebe gern vieles oder gar alles – *bitte* gib mir aber wenigstens etwas Energie zurück, dass ich weitermachen kann. Sonst versiegt der Strom.

- **Integration fordern:**

  Dankbarkeit ist die Grundlage von gesellschaftlicher Integration: Wenn jemand etwas annimmt, ohne das tiefe Gefühl von Dankbarkeit zu erleben, ist das, was er geschenkt bekommt oder sich „abholt“, in seinen Augen eher weniger wert. Er wird sich eher weniger um die Struktur, in der es erschaffen worden ist (seine neue Bezugsgesellschaft) kümmern, ihre Werte weniger erkennen und schon gar nicht ehren. Das Eintrainieren von Dankbarkeit ist gleichzeitig die Grundlage für Hochachtung derer, die über Generationen Leistungen erbracht haben, von denen ich und meine Familie heute profitieren.

- **Zukunftspädagogik leben:**

  1. Einschränken (so wenig wie möglich) = 5 Prozent.
  2. Konfrontieren (mit eigenen Ansprüchen aber auch mit Fehlhaltungen, so kurz wie möglich und so punktgenau wie möglich) = 15 Prozent.
  3. Wachstumsförderung (fast immer und überall) = 80 Prozent.

Eine wachstumsorientierte, vorbehaltlose „schenkende“ und an dem christlichen Konzept der **bedingungslosen Liebe** (Jesus) orientierte Pädagogik definiert Empfinden, Erleben und Verhalten von **Dankbarkeit als zentralen Lehrinhalt** (Trainingsauftrag).

Was muss ein „Beschenkter“ oder ein „Bewerber“ lernen und können, um das Verständnis von Dankbarkeit auf der Einstellungsebene und auf der Verhaltensebene als dankbar zu dokumentieren:

1. Beschreibung des Nutzens des Geschenks und der Größe des Geschenks.
2. Beschreibung des „Energievortrags“ des Schenkenden.
3. Beschreibung des Grades der Freiwilligkeit beim Schenkenden.
4. Nachteile des Schenkenden durch „Teilen“.

5. Fähigkeit des Beschenkten, stolz auf das Ich selbst zu sein, weil er das Ausmaß des Geschenkes und die Güte des Schenkenden erkennt. Er ist stolz auf die eigene Sensibilität (Wahrnehmungsgenauigkeit) und die eigene Darstellungsfähigkeit (Ausdrucksfähigkeit). Der Beschenkte ist stolz, dass er Freund des Schenkenden ist. Für den „Abgebenden“ jedoch gilt erst einmal:

Undank ist der Welten Lohn?

Niemals kannst Du Dank erzwingen.
Selten darfst Du Dank erwarten.
Immer musst Du Dank erbitten und abfordern:
Dir zuliebe (Dankberechtigter) und ihm zuliebe (Dankverweigerer).
Die Art und Weise (Intensität) Deiner Dankforderung
wirft ein Licht auf Deine Selbstachtung.

Der Mensch als Philosoph, Psychologe und angewandter Wissenschaftlicher in seinem Leben wird bei der Erinnerung an seine Fundamente, also an seine Heimat, durch virtuelle Informationspakete mehr als die Menschen früher irritiert: In Deutschland schauen die Kindergartenkinder (3-5 Jahre) im Schnitt 75 Minuten pro Tag Fernsehen; bei Jugendlichen (13-16 Jahre) nimmt das Fernsehen mehr als drei Stunden pro Tag Aufmerksamkeit in Anspruch (205 Minuten). Rund 25 Prozent aller Kinder und Jugendlichen besitzen einen eigenen Fernseher. Bei vielen von ihnen ist dieser schon mit dem Laptop oder dem PC vernetzt – das internationale Informationsangebot definiert das Informationsmuster im Kopf der „Kleinen“. Wie soll sich das Intranet entwickeln, wenn es vom Internet permanent mit Impulsen überschüttet wird? Infomüll macht diffuse Persönlichkeiten und bedingt allein schon in der Phantasie und der Erinnerung Realitätsverlust: „Intuitiv vertrauen wir unserem Gedächtnis, vor allem wenn wir uns ganz deutlich erinnern können, wie, wo, wann, mit wem wir ein bestimmtes Erlebnis hatten. Oft nehmen wir die Lebendigkeit einer Erinnerung und unsere persönliche Überzeugung, dass sie eine reale Begebenheit wiedergibt, als Garantie für ihre Genauigkeit und Richtigkeit. Wir sehen alles so klar und deutlich vor uns, dass es gar nicht anders gewesen sein kann. Erst wenn wir uns mit anderen über gemeinsame Erinnerungen unterhalten, machen wir manchmal die Erfahrung, dass wir anscheinend doch nicht die gleichen Erlebnisse hatten“ (Keiner, T. u.a. 2000, S. 20/22).

Die Erinnerung an Ich-Fundament und Heimat setzt voraus, dass wir tatsächlich auch viel erlebt und viele Ereignisfolgen als Kind selbst mitgestaltet haben: „Unser Gedächtnis für autobiographische Erinnerungen schafft die Möglichkeit, unsere Vergangenheit aktiv zu rekonstruieren, in dem wir uns an Details erinnern und sie wieder zu einem neuen Erinnerungsbild zusammensetzen. Dabei ist wesentlich, dass Erinnerungen je nach der augenblicklichen psychischen Verfassung rekonstruiert werden, also nur ausgewählte Teile der Vergangenheit beinhalten". (Keiner, T. u.a. 2000, S. 26). Prägende erinnerbare Bilder, die das Fundament für meine Dankbarkeit an meine Vorfahren, die mir das Leben erklärt und mir das Leben spielerisch vermittelt haben, hängt also vom Ausmaß der konkreten Interaktion in der Realität mit diesen Menschen und diesen Dingen ab: „Das Spielen von Mühle, Dame, Halma und Vier gewinnt, der Wettbewerb im Spiel des Wissens oder im Immobiliengeschäft (Monopoly), das Vorlesen von Märchenbüchern und das Anschauen von Bildergeschichten (manche Bilderbücher werden mehr als hundert mal „vorerzählt") sind erinnerbare Relikte späterer Dankbarkeitsempfindungen" (vgl. Panic u. Clausen: Die beste Schule ist zu Hause. Hör Zu 10/2004).

Ich-Fundament heißt Heimat – Heimat besteht aus Konkretem. Das Erinnern an das Konkrete erzeugt gefühlsmäßige Wärme, eine fröhliche Art von Traurigkeit, dass dies nicht mehr so ist wie es damals war, mit einem Schimmer von Gewissheit, dass es meins und nur meins war. Der Mensch als sein eigener Philosoph kann Vergangenheit, Gegenwart und Zukunft einordnen – der Mensch als sein eigener Psychologe weiß, dass er Kraft für sein einzig wahres Leben (die Gegenwart) aus den Energiegeschenken „der Vergangenheit", die vorbehaltlose Menschen ihm und speziell ihm überreichten, ziehen kann und muss. Seine Dankbarkeit ist der Treibstoff und der Motor für seine jetzige Kraft. Ein Anwender mit Blockade, ein depressiver, resignativer, apathischer und aufgebender Mensch hat vielleicht nur etwas zu wenig über die vergangenen Dinge resümiert, die **auch in seinem Leben** Dankbarkeitsgründe darstellen könnten...

7.2 Schäferhund und Schaf: Von der Einsamkeit des mittleren Staffelläufers ...

Erinnerungen sind das Fundament des eigenen Ichs – irgendwann wird das eigene Ich zur Heimat. Heimat regional gemeint und Heimat in der zeitlichen Erstreckung gemeint. Heimat aber auch gemeint als Lebensraum zwischen den Generationen: Denen, die mir alles gegeben haben (meinen Auftrag, meine Mission) und denen, denen ich einiges weitergeben möchte. Liebe verläuft eindimensional: Von den Eltern zu den Kindern, von den Kindern zu den Enkelkindern und von denen zur nächsten Generation – wenn alles gut geht. Die Chance dafür besteht besonders dann, wenn der „mittlere Staffelläufer" seine Aufgabe ernst nimmt. Durchlauferhitzer der Evolution – nur oder auch ....?

Dazu eine Geschichte:

„Du sollst es später einmal besser haben ....“

Der Mensch als Durchlauferhitzer der Evolution? Du übernimmst den Staffelstab vorsichtig von deinen Vorfahren – von deinem gleichgeschlechtlichen Elternteil – du trägst ihn ein Stück des Weges, du pflegst ihn, du hältst ihn fest, verliebst dich in ihn, vielleicht schnitzt du mit deinem Fingernagel während deiner Wegstrecke eine Kerbe hinein. Du gibst ihn vorsichtig weiter an den, der ihn annehmen mag. Von dir. Vielleicht? Hoffentlich!

Es ist der Fährmann: Der Fährmann, der auf der sicheren Seite des Stromes seine Fähre von Anleger zu Anleger bewegt. Der weiß, dass ihm nichts passieren kann. Der die zahlenden Passagiere aufnimmt und wieder absetzt – ganz in Ruhe und ohne Not. Der weiß: Ich bin auf der sicheren Seite. Der dann aber anfängt, das Abenteuer und das Unwägbare zu schnuppern, zu fühlen, zu spüren und der die Herausforderung annimmt. Er, der Pionier, der Patriot, der experimentierende Flussschiffer. Er lenkt die Fähre auf die andere Seite des Stromes, auf die wilde, auf die unberechenbare, auf die gefährliche. Er versucht, mit der scharfen Seite seines Ankers an der anderen Seite des Ufers Halt zu finden – vergeblich. Die Felsriffe reißen Löcher in die Holzplanken seines Bootes – die Fähre droht zu kentern, ist beschädigt, sie leckt. Besessen von der Mission, von dem selbstgewählten Auftrag gibt es kein Zurück: Mit seinen Fingern krallt er sich an der Uferböschung fest, reißt Farne, Weiden und Geröll mit sich. Verkeilt in einer ausufernden Wurzel droht die Fähre zu kentern und er hängt fest – der Fährmann erklimmt die Böschung. Seine Seemannsknoten vertäuen den Rest seines Schiffes – er macht das Ufer be-

gehbar. Er rodet den Fähranleger – er hat die andere Seite der Welt begehbar gemacht. Jahre später steht dort das Kassenhäuschen – für die, die moderat von hüben nach drüben schiffen – an dem starken Stahlseil: unbekümmert und ungefährdet. Der Fährmann hat längst den Staffelstab weitergegeben an die Schifffahrtsgesellschaft, die Profit macht. Es ist nicht der Mann im Kassenhäuschen, der die Billets verkauft – es ist der Fährmann mit den wunden Händen und dem stolzen Herzen, der den Staffelstab der Neugier übernommen und den Staffelstab der Urbarmachung übergeben hat. Durchlauferhitzer der Evolution: Es ist auch der Fährmann!

Es ist der Bergsteiger im Zwischencamp. Es ist der Mann, der den Eispickel immer wieder hochwirft und der hofft, dass er einen Felsvorsprung findet, der hält. Er zwängt sich mit seiner Zuversicht und der Kraft seiner Unterschenkel in die unberechenbare Steilwand. Er findet Halt, er zieht sich Zentimeter für Zentimeter hoch – er hat das nächste Plateau im Visier. Die nächste Plattform soll die seine sein – er rutscht ab, er fällt zurück auf den Ausgangspunkt. Er zirkuliert, er ventiliert, er betrachtet, er phantasiert, er beginnt aufs Neue. Sysiphus und Kafka sind seine geistigen Mitstreiter – er aber ist mehr als sie. Er tut es wirklich. Irgendwann erreicht er nicht den Gipfel, aber die nächste Plattform. Er atmet durch, er richtet sich ein, er verbreitert die Basis. Er macht sie begehbar für die, die noch unten sind. Er reicht ihnen die Hand, er zieht sie hoch. Er hat es geschafft – was? Doch nur die nächste Plattform...? Es ist nicht der Gipfelstürmer, der die Flagge stolz im Rücksack trägt und sie oben auf der höchsten Spitze hisst. Angeblich für alle? Es ist der Mann im Zwischenlager, der keine Hoffnung mehr hatte und keine Chance und der sie doch ergriffen hat. Der Mann mit der unrealistischen Vision, mit den erlahmenden Muskeln. Der Mann, der glaubte, es nie mehr zu schaffen. Der Mann, den alle belächelt haben. Der Mann ohne finale Kraft und doch der Mann, der eben dieses Zwischenlager einrichtete. Für die, die dann weitergegangen sind – nach ihm, vielleicht ohne ihn, vielleicht nach seinem Tod. Der Mann, der die Hoffnung nie aufgab, der Mann, der an die Kraft glaubte, die ihn zu verlassen schien. Der Mann der Hoffnung. Er ist Träger des Staffelstabes. Auch er ist es.

Es ist der Läufer im mittleren Staffelglied: Der, der den Staffelstab annehmen, ein Stück des Weges laufen und ihn weitergeben muss. Der zweite oder dritte Staffelläufer, eben nicht der erste oder der vierte. Er ist es, der sich nächtelang, wochenlang, vielleicht auch monatelang überlegen muss, wie er den Stab annimmt, wie er ihn so abgreift, dass er nicht herunterfällt. Das er sowohl den Schritt synchronisiert wie die Handhaltung, wie den Blick, wie die Geschwindigkeit, wie die Lauflinie. Er ist es, der spüren muss, wie er den Laufweg des Ankommenden kreuzt und wie er den Laufweg des Weiterlaufenden beibehält. Er ist es, der den Staffelstab dann doch festhält, ihn schnellen Schrittes weiterträgt, immer in der Angst: Wenn ich ihn übergebe, wie ist es optimal? Der während des Laufes sich in Frage stellt, der den Staffelstab schon 10 Meter vor dem Übergabepunkt hochhält, der die Lunge aufbläht, die Augen aufreißt und der weiß: Es liegt an dir, wenn der andere ihn fallen lässt. Halt ihn gerade, fass ihn unten, lass ihn doch bitte im richtigen Moment los ...!

Es ist nicht der Endläufer, der mit stolzgeschwellter Brust die Ziellinie durchläuft, der sich hinwirft, den Beifall einheimst und in die Kameras glotzt. Es ist der mittlere Staffelläufer, der die doppelte Angst bezwungen hat, nachdem er diesen Miststab 100 Mal hat fallenlassen, beim Annehmen wie beim Abgeben – nur diesmal nicht. Es ist auch dieser wunderbare mittlere Staffelläufer!

Es sind diese dankbaren Töchter und diese dankbaren Söhne, die vorsichtig die Überlieferung der Väter und Mütter in sich aufnehmen. Die schon mit drei, vier, fünf Jahren, mehr noch mit 10, 12, 14 Jahren spüren, welche Mission sie haben. Die ungläubig, doch wissend auf die anderen gucken, die unverbindlich, unsensibel, undankbar und ignorant das Erbe mit den Füßen treten. Auf jene, die wenig wahrnehmen, es nicht als Aufgabe, als Mission erspüren, nicht die Größe ihres Auftrags erkennen. Es sind diese wenigen wunderbar dankbaren Kinder des Staffelstabs, die Danke zu ihren Vorfahren sagen. Danke dazu, dass die Vorfahren ihnen das Leben ermöglicht haben und dass sie – als Nesthocker – das Leben geschenkt bekommen haben. Dass sie tausende von Spruchweisheiten und Lebensweisheiten in sich aufnehmen durften. Dass sie dieses vorbehaltlose Vertrauen des Elternteils erspüren durften und diese bescheidene Mission: „Mach' da weiter, wo ich aufhöre!"

Es sind diese dankbaren Kinder auf dieser Welt, die diese Mission in sich spüren und es sind diese dankbaren Eltern dieser Welt, die wissen: Meine Mission ist doch so begrenzt. Danke, dass ich vielleicht einen Nachfolger habe, der diesen Staffelstab, den ich ihm übergeben möchte, vorsichtig, ehrfurchtsvoll, aber doch so mutig und doch so risikofreudig und letztlich mit dieser Gier nach Wirksamkeit mit diesem Bestreben nach finaler Weitergabe „annimmt".

Danke, dass ich diesen jungen Mitmenschen kennenlernen und in meinem direkten Umfeld, auf meinem Weg vielleicht inspirieren durfte. Danke, dass er da ist. Danke, dass er mir versichert, dass es auch nach meinem Ausscheiden weitergeht!

Es ist der Fährmann, es ist der Bergsteiger im Zwischen-Bergsegment und es ist der Staffelläufer im mittleren Staffelglied, der die Ehrfurcht vor der Evolution verkörpert. Es sind diese Alten und diese Jungen, die men-

gentheoretisch die Schnittmenge ihrer Lebenszeit, ihrer Idee, ihrer Energie, ihrer Dankbarkeit, ihrer Ehrfurcht zueinander verspüren.

Die sich anschauen und wissen: Du bist es ...? Ja, Du bist es!

Ein besonders guter Staffelläufer ist der, der auch den Staffellauf der anderen wohlwollend begleitet. Einer, der für sich selbst, aber auch für das Kollektiv den Überblick behält. Einer, der wie ein „Schäferhund“ wachsam ist, aber dafür nicht immer seinen „Lohn“ bekommt. Eine zweite Geschichte:

„Die Einsamkeit der Schäferhunde“

Die Schäferhunde werden von den Schafen bewundert, bestaunt, manchmal gefürchtet und oftmals in ihrer Macht respektiert – sie werden aber niemals von den Schafen verstanden.

> *„Wenn du ein angesehenes Mitglied einer Schafherde sein willst, musst du vor allen Dingen eines sein: Ein Schaf“.*

Bittet ein Schäferhund um die Aufnahme in die Schafherde, möchte er das Wir-Gefühl, die Wärme und Geborgenheit dieser Gruppe erleben, wird er scheitern. Nicht, dass die Schafe ihn nicht verstehen ***wollen*** *– sie* ***können*** *sein Ich, seine Mission, seinen Auftrag, seinen Patriotismus und seinen umfassenden Verantwortungshorizont nicht begreifen.*

Die Einsamkeit des Schäferhundes ist nur aufzulösen durch den Kontakt mit anderen Hütehunden: Seinesgleichen. Diese sind jedoch selten anzutreffen, denn sie befinden sich auf einer anderen Weide, haben selbst hunderte von Schafen „am Hacken“ und finden kaum den Zeitplatz, sich mit einem von ihresgleichen auszutauschen. Wenn – dann ist dies das absolute Highlight, denn Schäferhunde kommen in ihrer „blinden Übereinstimmung“ noch schneller gemeinsam auf den Punkt als das normale Schaf in seiner Gruppe. Nur: Dieses Wir-Erlebnis ist selten, so selten....

Fühlt sich der Schäferhund von den Schafen ungerecht behandelt, ist dies eine Fehleinschätzung: Sie ***können*** *ihm nicht gerecht werden, sie haben nicht die Übersicht und den Überblick, die Größe seines Auftrages zu würdigen und die Anstrengung und die Willenskraft, die er* ***lebenslang*** *einbringt, auch nur nachzuvollziehen. Würde der Schäferhund dies den Schafen erklären wollen – sie würden ihm nicht glauben* ***können****. Sie hielten es für übertrieben, für angeberisch, für arrogant, für überheblich – denn kein Schaf kann sich je vorstellen, was das Leben vom Schäferhund täglich abfordert.*

Die Großzügigkeit des Schäferhundes mit der Ignoranz der Schafe ist die zusätzliche Kompetenz, die sich der Schäferhund im Laufe seines Daseins (mit viel Schmerz, mit viel Trauer, mit viel Ungerechtigkeitserleben und manchmal mit viel Wut) als „Souveränitätsmodul" erarbeiten muss. Hierdurch und nur hierdurch kann er sich mit den Schafen versöhnen und ihre Ignoranz im Lichte „wohlwollender Gelassenheit" hinnehmen, ertragen und zulassen.

Der Unterschied zwischen einem Anführer oder Häuptling auf der einen Seite und einem Gefolgsmenschen auf der anderen Seite besteht in der „Unbedingtheit des Seins" oder in der „Gier nach Wirksamkeit": Das Risiko einzugehen, zu versagen und dies nicht als persönlichen Fehler sondern als nicht ausreichenden oder eben noch nicht vollkommenen Lösungsversuch zu erleben, ist das Privileg des Kämpfers. Der Anführer kämpft für die Sache und um die Sache. Er will sich spüren, er will den Fortschritt spüren, er will vielleicht auch den Erfolg erleben, aber er achtet erst einmal nicht auf Beifall oder Missbilligung. Er kann nicht darauf achten, weil er sich **vollkommen** im Lösungsprozess befindet, darin aufgeht, nicht eine Sache macht, sondern „diese Sache ist".

Der schlimmste Fehler der „Zuschauer im eigenen Leben", also der Menschen, die noch am Anfang ihrer Ich-Optimierung stehen, hingegen besteht darin, Energie sparen zu wollen. Sie glauben, dass Wegsehen und „Verdrücken" das Leben verlängert, weil man nicht so viel Kraft ausgibt. Sie hoffen, dass sie Stärke, Kompetenz und vielleicht auch Genussfähigkeit erlangen, indem sie zuschauen und Sachen aussitzen. Sie lassen andere machen, um zu gucken, was denen dabei passiert: „Vielleicht bringt er sich ja um Kopf und Kragen ....?" Der Verdrücker hält sich für clever, wenn er mit wenig Aufwand viel Ertrag realisiert. Der Aktivist kennt das Gegenteil: Sich ständig und immer bemühen, ständig die eigenen Lösungsversuche zu wiederholen, ist die **einzige** Chance auf Kompetenzzuwachs und damit auf **Ich-Anreicherung**. Der Aktivist weiß, dass er nur dann gut zum Kollektiv sein kann, wenn er sich selbst mit Kompetenz versorgt, weil er dann nicht von den anderen abhängig wird und weil **er dann und erst dann auch** etwas dem Kollektiv weiterschenken kann, von dem, was er in seinem Ich an Fähigkeit und wirksamem Instrumentarium eingelagert hat.

Auf einen Aktivisten kommen neun Verdrücker. Verdrücker sind Menschen, die glauben, dass es clever ist, wenn man Aufgaben an andere delegiert, sich versteckt, möglichst wenig tut und sich heimlich ins Fäustchen lacht. Verdrücker sind Menschen, die sich clever fühlen, wenn sie weniger tun als andere oder gar nichts tun – trotzdem aber ihre Belohnung (z.B. Lohn, Anerkennung) erhalten. Wenig Aufwand – viel Effekt: Das ist die Losung der Verdrücker.

Verdrücker wissen nicht, dass jede Handlung, die sie aktiv durchführen, ihre Kompetenz steigert. Jede Handlung ist eine Hantel für meinen Kopf, für meinen Körper, für meine Seele oder eben für mein gesamtes Ich. Verdrücker verkümmern, weil sie die Hantel hassen, die Hanteln vermeiden und sich freuen, wenn ein anderer „mit ihrer Hantel“ trainiert. Sie wissen nicht, was sie sich antun – sie tun aber nicht nur sich etwas an, sondern auch **allen** Mitmenschen, die durch **diese** „verschobene Clevernessnorm“ **indirekt** belastet werden

Auf einen Aktivisten kommen neun Verdrücker: Diese neun Verdrücker haben sehr viel Zeit, um in Konferenzen den sie bedrohenden und bei ihnen Neid hervorrufenden Aktivisten zu zerstören. Sie palavern darüber, wie sie ihn wohl kleinkriegen könnten, was sie ihm wohl anhängen könnten und wie sie ihn mit Intrigen, Lügen und Verdrehungen in Misskredit bringen könnten. Das Spiel „Neun Verdrücker gegen einen Aktivisten“ geht wie folgt:

- Jeder Verdrücker für sich entwickelt Scham- und Neidgefühle, weil der andere (Aktivist) effektiver und erfolgreicher ist: Er verursacht etwas, er bedingt etwas, er schafft mit viel Energie, mit viel Verstand, mit viel Tatkraft und mit viel Lösungsorientiertheit tatsächlich „Mehrwert“.
- Der Neid der einzelnen Verdrücker wird untereinander kommuniziert und verdichtet sich zu einem kollektiven Gruppenneid.
- Die Verdrücker haben soviel Zeit, dass sie Pläne schmieden können, die beinhalten, was sie dem Aktivisten (künstlich, ungerechterweise) vorwerfen können.
- Vorwürfe werden in so genannte „Sachargumente“ versteckt: „Wir meinen ja nur die Sache, wir meinen es ja nur gut mit dir, wir meinen es ja nur gut mit den Klienten (Kunden), wir meinen es ja nur gut mit der Institution, aber wir müssen dich warnen, dich beraten: So kann es nicht weitergehen.“
- Der Aktivist ist der naive, weiterarbeitende und am tatsächlichen Produkt (Realeffekt) orientierte Mensch. Er guckt verstört und erstaunt, kann die Botschaft nicht verstehen und denkt: Das muss doch alles ein Irrtum sein, ich mache doch eigentlich viel mehr als die anderen.
- Der verstörte Aktivist versucht sich zu rechtfertigen, seine positiven Aktionen darzustellen (dazu hätte er sonst gar keine Zeit, diesmal muss er es tun) und versucht gleichzeitig, die Differenz zwischen seinen guten Taten und den Mindertaten der anderen zu deklarieren,.
- Die anderen nehmen **genau diese Rechtfertigung** (du willst dich aufwerten und uns abwerten) als weiteren und **nunmehr „echten“ Grund**, um den Aktivisten in die Ecke des starrsinnigen, rigiden, selbstverliebten oder nur an „Ruhm und Ehre“ (Außeneffekten) orientierten Außenseiters zu stellen.

Regeln für den Aktivisten:

1. Niemals gegenüber Verdrückern rechtfertigen.
2. Die Arbeit weiterhin lösungsorientiert und gut machen und sich niemals einschüchtern oder zurückhalten lassen.
3. Denken: Ich bin und bleibe ein Vorbild und Modell für die Verdrücker – wenn sie es nicht erkennen, bin ich nicht unbedingt ihr Lehrer. Sie können an meinem Handeln lernen – ich muss nicht auch noch ihr Berater sein.
4. Den einzelnen Verdrücker direkt stellen und konfrontieren – niemals die ganze Gruppe.
5. Andere Aktivisten suchen und sich mit ihnen verbünden.
6. Theorien über Neid, Neidvermeidung und selbstgewählte Hilflosigkeit (Trainingsverzicht, Hantelverzicht) erarbeiten und proklamieren.
7. Cleverness umwerten. Nicht der, der nichts tut und Arbeit auf andere verschiebt, sondern der, der **gern tut** und damit **täglich** seine eigene Kompetenz erweitert, ist der Clevere.

Fazit: Die Clevernessnorm der Verdrücker soll den Aktivisten töten, tötet aber in erster Linie auch das Lebensgefühl und die Lebensbilanz der Verdrücker. Das Hauptproblem lautet: Das „Böse“ hat Zeit – das „Gute“ nicht ....

Es ist in erster Linie der mittlere Staffelläufer, der sich selbst und die Staffel (das Kollektiv) ernst nimmt. Er hat die Botschaft der Evolution verstanden und er hat den scheinbaren Widerspruch zwischen „Ich“ und „Wir“ aufgelöst. Es ist die „Dialektik des mittleren Staffelläufers“, die diese einzigartige Synthese ermöglicht: Sich selbst vom Anfang bis zum Ende die eigene Lebensberechtigung beweisen!

7.3 Die Veränderung epochaler Richtlinien der Selbstwirksamkeit: Maschinenarbeit ersetzt Menschenarbeit. Gebt dem Volk Brot und Spiele ...

Glaubwürdige Hochrechnungen prognostizieren, dass 2040 ca. 80 Prozent aller Menschen vom realen Arbeitsprozess freigestellt sein werden. Maschinen übernehmen die Menschenarbeit: Nicht nur bei Produktionsabläufen von Konsumgütern, bei Überwachungsaufgaben sondern nun auch bei fast allen Servicejobs. Arbeitsplätze bei Versicherungen, bei Banken, in Verwaltungen werden durch „Rechner“ effizienter bewältigt. Maschinen in Produktionsstraßen kontrollieren sich zunehmend selbst. Aus Produktionsstraßen werden Produktionsdörfer, die an beliebigen Standorten der Welt platziert werden können. Maschinen, die sich selbst regulieren, sich selbst kontrollieren, sich selbst weiter entwickeln und somit sich selbst optimieren, verdrängen den Menschen aus den Arbeitsabläufen. Der Mensch darf weiter existieren, er darf weiter konsumieren, er muss sich weiter mit Nahrungsmitteln und Schutzdingen versorgen – er darf aber an der Reproduktion seiner eigenen, notwendigen Lebensgüter nicht mehr teilhaben... . Er ist zu umständlich, er ist zu teuer, er ist zu wenig produktiv, er ist nicht mehr konkurrenzfähig.

Das Sein bestimmt das Bewusstsein – die Arbeit prägt den Menschen: Alles vorbei! Globalisierte Produktion, global festgelegte Verteilungsrichtlinien und eben die Alimentierung des konkret lebenden Menschen mit „Verbrauchsgütern“ durch Maschinen (bzw. die investiven Maschinenbesitzer) spaltet die Welt in zwei Teile: Der uferlosen, grenzenlosen Welt der „Wirtschaftsabläufe“ steht die klein- (geistige) Welt des spießigen Verbrauchers (des spießigen Nicht-Mehr-Produzenten) gegenüber: Die Rentner haben am wenigsten Zeit! Das Sich-Einrichten auf dem Campingplatz, die Pflege des Vorgartens, die Perfektionierung des kleinen Steinwalls vor dem Vorzelt und die strikte Einhaltung konventioneller Regeln auf dem Campingplatzgelände stellt die dezentrale, konkrete und reale Lebensumwelt des „berufsfreigestellten Dauerrentners“ dar. Vernetzte Standorte, globale Transportlogistik, ausgeklügelte Verteilungsrichtlinien und raffiniert-perfektionierte Produktionsabläufe definieren den anderen Teil dieser „aufgespaltenen Realität“. Im besten Falle wird der einzelne Mensch mit seinen materiellen Basisbedürfnissen versorgt und „durch die Maschine alimentiert“ – im schlechtesten Fall gelingt es den philosophisch-psychologischen Steuerungspropheten nicht mehr, ihn (den einen konkreten, lebenden Menschen, der 80 Jahre sein Ich zu verwalten hat) davon zu überzeugen, dass **er** wichtig ist. Gebt dem Volk Brot und Spiele: Das Brot ist nur eine Frage der Verteilung und der Einsichtsfähigkeit (wer kein Brot mehr hat, macht Revolution) – die Spiele sind das Schwierige. Wirksamkeitserleben herzustellen, ohne wirksam sein zu müssen: Der Zwang zur großen Show: Dauercasting auf allen Ebenen und bei allen „Eigenschaftsbündeln“ definiert den Boom der Unterhaltungsindustrie. Auf Glück und Zufall zu setzen, auf eine singuläre Eigenschaft zu setzen (mein schöner Bauch, mein glattes Gesicht, mein Moderatorenzynismus, meine Fähigkeit, auf einer einsamen Insel zu darben, mein Mut, mich jagen zu lassen) sind die „Menschen-Module“, mit denen man „groß rauskommen“ und für deren Wettbewerbe (Castings) man sich bewerben kann. Komparsen im eigenen Leben, Ersatzschauspieler (vielleicht meine Kinder, meine Verwandten) loszuschicken und mit ihnen mitzufiebern, Zuschauer bei der albernen Inszenierung von Nonsenswettbewerben mit Teilnehmern aus meinem Umfeld: Das ist es, was Sinn gibt. Das ist es, was mich „mitfiebern“ lässt.

Gebt dem Volk Brot und Spiele: Die globale Welt instruiert und inszeniert die kleine Welt: Gobal denken – dezentral handeln –, dies kann bei der Entfremdung des Menschen von **seiner** Arbeit zu einer zynistischen Kleingärtner-Formel verkommen. Dezentrales Rentnerdasein entwertet den Spielraum, die Entscheidungsfreiheit, die Autonomie und die „Teilhabe“ in einer scheinbaren Mitmachgesellschaft, die von den Globalisierungsfürsten „erdacht“ ist und in ihrer Umsetzung ständig perfektioniert und „gegen Entlarvung immunisiert“ wird.

Was heißt dies nun für uns in unserer abendländisch-christlichen, „entwickelten“ und eben technologisierten Zusammenlebensform? Gerade wir „Entwickelten“ haben uns **unsere** Arbeit ständig mehr erleichtert – bis für uns kaum noch und irgendwann gar kein „Menschenarbeitsanteil“ mehr übrig bleibt. Maschinenarbeit ersetzt Menschenarbeit. Der Mensch hält sich für clever, wenn er Anstrengung reduziert und auf „andere“ delegiert. Andere: Das sind eben die, die ihn jetzt maschinell ersetzen.

Parolen von Schaffung neuer Arbeitsplätze oder Reduzierung der Arbeitslosigkeit oder „Standortfestigung“ sind verlogen: Nicht mehr der Mensch an dem einen „entwickelten“ Standort konkurriert mit dem Menschen am anderen Standort in den (noch) so genannten Billiglohnländern: Weltweit konkurriert die Maschine mit dem Menschen und verdrängt ihn. **Menschenarbeit** ist ansatzweise jetzt und schon bald fast vollständig nicht mehr **Lohnarbeit** sondern nur noch **Beschäftigungsarbeit**: Simulation von Wichtigkeit, Nonsensarbeit, deren Ergebnisse und Produkte wieder weggeworfen werden, Arbeit, wo Maschinen künstlich auf Effektivität verzichten, um den Menschen überhaupt noch eine kleine „selbstwertspendende Andockstelle“ zu schenken. **Notwendig** wird Menschenarbeit nicht mehr sein – bestenfalls im Sinne von Mitleidsbereitschaft geduldet.

Die eine Seite der „neuen Lebensform“ ist die Beschäftigungsarbeit – die andere Seite der Medaille heisst „Castinggesellschaft“. Abgekoppelt von den globalen Produktions- und Verteilungsformen (der Universalwirtschaft) und von dem „ständigen Castingdruck“ („Beweis dich, du arme Sau“) sind unterhalb von produktiver Nützlichkeit Organisationsformen des Zusammenlebens möglich, die „mittelalterliche Arbeitsteilung“ wiederbeleben: Jeder in diesem kleinen überschaubaren Nachbarschaftskollektiv „zieht eine Rolle“ und spielt wohl mal den Bauern, den Tischler, den Fleischer oder den Schuster: Wir produzieren für uns ähnlich wie beim Erstellen eines Weihnachtskalenders. Wichtig ist nicht die Effektivität der Arbeitsform und auch nicht die Ästhetik des Produktes sondern die neugeschaffene, konkret sinnliche Realität des Warentausches. Eine Zwischenebene der Nützlichkeit und der Wirksamkeit von Menschen, die sowohl globale Warenproduktion wie globales Casting in einer Sonderlebensform (Nachbarschaftssatelliten, vertraute Kollektive) als „Zwischendeck gesellschaftlicher Organisation“ ergänzen. Die Zurücknahme der **doppelten gesellschaften Entfremdung** kann dann wiederum die Grundlage der Ich-Optimierung sein: **Stolz auf meine Kompetenz** und **Geborgenheitserlebnis** – beides ist **dann** wieder vorstellbar ....

Diese „teilgeschlossenen Welten“ eines Campingplatzes, eines Klosters oder einer Landkommune sind dann konkrete Lebensalternativen zu reinem virtuellen Austausch: Von Bildschirm zu Bildschirm. Es gibt noch ein wahres Leben neben dem **virtuellen**: Der Reiz der konkreten Sichtweite, der konkreten Berührung, des konkreten Hörens übersteigt den Reiz der „entfernungsunabhängigen Kommunikation“. Virtuell kommunizieren können wir auch noch nach unserem Tod: Einfach eine Videobotschaft zurücklassen!

7.4 Global denken – Zentral handeln: Lobkultur als Überlebensraum für ein integratives Ich

Der Globalisierungsprozess ist im vollen Gange. Die Tendenz zur Überschreitung von Regionen, von nationalen Grenzen, von Kontinenten durch die Modernisierung von Kommunikations- und Transportwegen, der mikroelektronischen Revolution, der neoliberalen Wirtschaftspolitik der letzten Jahre, hat sich wahnsinnig beschleunigt und hat dadurch riesige weltweit zusammenhängende Märkte geschaffen. Eine rasante Aufteilung der Welt in wenige privilegierte Highttech- und Konsumzentren und in große verarmte Billigproduktionszentren ist nicht nur vor programmiert sondern bereits teilweise Realität. Natürlich kann man bei der Bewertung der Globalisierungstendenzen wachsende Chancen für das Kapital und dadurch verbesserte Standortsicherungen auf der einen Seite und auch der Chance des Zusammenwachsens der Völker auf der anderen Seite vorbringen. Dem gegenüber stehen aber nicht nur die Aufhebungen von historischen Grenzen, sondern auch von kulturellen und religiösen Grenzen. Die mögliche Aufhebung religiöser Grenzen führt nicht nur zu Orientierungslosigkeit bei den einzelnen Menschen, sondern es kann ein riesiges Konfliktpotential gerade dann entstehen, wenn in einer globalisierten Welt die Wertsphären aufeinander prallen.

Es macht uns Menschen aus, dass wir ständig auf der Suche nach absoluter Gewissheit sind. Der Markt der Religionen ist groß: Wir müssen uns auf dem Markt der Werte, Religionen und Weltanschauungen irgendwann entscheiden: Für oder gegen eine religiöse Lebensdeutung, für diese und damit gegen jene Werte. Wer sich für alles offenhalten will, verbringt sein Leben als Zuschauer. Doch wer den Wechselfällen seines Lebens ein autonomes Selbst entgegensetzen möchte, der braucht sichere Orientierungen. In diesem Sinn steckt doch in jedem, steckt selbst im tolerantesten und offensten Mitmenschen ein kleiner Fundamentalist, der vereinfacht, übertreibt und in Stereotypen denkt. So verwandelt sich die bunte Realität in Schwarz-Weiß-Zeichnungen mit klaren Konturen (Jung, 2004).

Du musst dich entscheiden, so der Auftrag für jeden Menschen. Im Zeitalter der Globalisierung ist das keine einfache Aufgabe. Neben den Aufhebungen der oben beschriebenen über Jahrhunderte, ja sogar über Jahrtausende gewachsenen Grenzen wird dem einzelnen Menschen durch die Globalisierung extrem viel abverlangt, und das in erster Linie, um überhaupt mit anderen mithalten zu können: Jedem einzelnen Individuum verlangt die Globalisierung höhere berufliche Flexibilität, breit gefächerte Sprach- und Kulturkenntnisse, persönliche Mobilität, Konkurrenzbewusstsein und eine sehr hohe individuelle Belastbarkeit ab.

Und gerade die Frage nach der Konkurrenz, nach Konkurrenzverhalten bedeutet: Ich muss mich der Herausforderung stellen. In der Lobkultur gehe ich mit dem Konkurrenzgedanken folgendermaßen um: Ich suche den Geniepunkt bei meinen Mitmenschen, ich suche ihn akribisch, ich bete ihn an, ich lobe ihn, ich versuche dann eine Synergie herzustellen, die für mich und meinen Mitmenschen nicht nur zur Zufriedenheit, sondern auch zu einem persönlichen Wachstum führt. Unter dem großen Mantel der Globalisierung bedeutet dies allerdings: Ich konkurriere nicht nur mit den Mitmenschen in meiner Straße, in meiner Stadt, in meinem Land, sondern ich konkurriere weltweit. Es geht dabei nicht immer fair zu. Die Globalisierung reißt „an den Wurzeln des Fairplays", das wir miteinander austauschen. Die Evolutionspsychologie weist nach, dass unser Sinn für faires Verhalten ein Ergebnis der menschlichen Evolution überhaupt ist. Unser Verhalten ist nicht nur von persönlicher Nutzenmaximierung beeinflusst, sondern auch von Fairnessgedanken. In der Regel hat jeder Mensch eine Vorstellung davon, wann ein Handel gerecht oder ungerecht ist. Ist die Quote verletzt, sehen sich viele genötigt, Rache zu nehmen und sind sogar bereit, im Dienste der Gerechtigkeit Opfer zu bringen (vgl. Manhart, 2003). Konkurrenz im Globalisierungsprozess heißt Vergleiche auf höchster – teilweise virtueller – Ebene mit teilweise geringen Erfolgschancen zu ziehen.

Die Globalisierung entfremdet den Menschen vom Ich-Kern. Ich-Entfremdung geschieht immer durch Diffusion, Überflutung, Überforderung und Verblendung.

Dadurch besteht die Gefahr, dass der Mensch kaum mehr in der Lage ist, positive Gefühle zu entwickeln, zu erkennen und letztendlich zuzulassen. Gerade die Macht der positiven Gefühle kann der Mensch allerdings dazu nutzen, um seine Gedanken und sein Handlungsrepertoire zu vergrößern, zu maximieren, d.h. weitergehend, dass positive Gefühle dem Menschen helfen, dauerhafte mentale Ressourcen aufzubauen (vgl. Fredrickson, 2003). Nicht nur dass sich wohlfühlende Menschen kreativer, flexibler und offener sind, positive Emotionen verändern auch den Menschen zum Besseren, lassen ihn hoffnungsvoller in die Zukunft blicken, steigern seine Widerstandskraft und stärken soziale Bindungen. Bei einer Ich-Entfremdung werden langsam, fast schleichend diese positiven Emotionen ausgeblendet, bzw. können nicht mehr entwickelt werden. Dies ist nicht nur eine Einschränkung für jeden einzelnen, sondern wirkt sich insgesamt auf die Menschheit aus, denn positive Gefühle verändern nicht nur den einzelnen, sondern sie wirken auch ansteckend. Diese sogenannte „Kettenreaktion" kann unter den negativen Auswirkungen des Globalisierungsprozesses allerdings nicht zu stande kommen.

Die Globalisierung suggeriert dem Menschen: Du musst viele Informationen aufnehmen – nur dann hast du eine Chance auf Orientierung in dieser weltweiten, komplexen und überfluteten Welt.

Diese Suggestion verwirrt und verunsichert den Menschen. Es kommt zu Diffusion. Der Mensch muss selber entscheiden, wann er Informationen „in sein Ich reinlässt", wann er aufnahmebereit ist. Diese Entscheidung kann er nur dann treffen, wenn er ganz bei sich ist. Wenn er sich auf seinen Lebensentwurf konzentriert. Nur dann kann er die Höchstanforderung der Globalisierung so angehen, wie der Großmeister das Schachspiel. Und: Schachprofis sind keineswegs übermäßig intelligent. Ihre „spielerische Überlegenheit" resultiert vielmehr daraus, wie sie das Brett visuell und gedanklich aufteilen: Nämlich in ein Drei-Schritte-System:

1. Im ersten Schritt werden die Figuren von visuellen Systemen wahrgenommen und nach Schwarz und Weiß getrennt.
2. Der Spieler analysiert die Position der Figuren, identifiziert deren unterschiedlichen Wert und berücksichtigt die Regeln für die Zugmöglichkeiten der einzelnen Spielsteine.
3. Der Spieler durchdenkt und bewertet dann die potenziellen Züge, wobei in den Entscheidungsfindungsprozess bereits die zu erwartenden Gegenzüge des Kontrahenten einfließen (vgl. Didierjean u.a., 2003).

Genau diese Spielzüge können problemlos auf die Informationsverarbeitung übertragen werden, die die Globalisierungsbetreiber den Menschen in Auftrag geben. Aber ist der Mensch bei den übermäßigen Anforderungen überhaupt noch in der Lage, so strukturiert und ganzheitlich zu denken, um dann Entscheidungen treffen zu können?

Bei diesen aktuellen Anforderungen kommt der Mensch nur zu schnell an seine Grenzen. Maschinenarbeit ersetzt Menschenarbeit, das Sein bestimmt das Bewusstsein, die Arbeit prägt den Menschen, was bleibt nun noch übrig? Für den Normalbürger leider nicht sehr viel. Natürlich gibt es die 10 Prozent Hochleister in unserer Gesellschaft. Die werden dann nach der neuen kapitalistischen Maxime genauestens identifiziert, diagnostiziert und es werden Überlegungen angestellt, wie die Hochleister für die Kapitalverwertungsinteressen verfügbar gemacht werden können, bzw. wie diese Hochleister gehalten werden können, denn gerade in der Globalisierung ist die Verfügbarkeit des Einzelwesens für das Kapitel umfassender als im normalen Kapitalismus und das insbesondere bei den Hochleistern.

Dennoch müssen im Zeitalter der Globalisierung alle Menschen überleben und: Überleben alleine reicht nicht aus, denn der Mensch will wirksam sein, will Zufriedenheit spüren, will stolz auf sich sein und will ein Geborgenheitsgefühl erleben. Der Mensch, der in dieser komplexen, teilweise bedrückenden globalisierten Welt Gutes, Positives entdecken will, muss sich auf die eigenen Stärken (Kompetenz) und auf die Stärken seiner Mitmenschen (Geborgenheit) besinnen. Trotz aller Widrigkeiten, die um die Menschen herum passieren, gilt folgender Grundsatz: Der mächtigste Verbündete auf dem Weg zur inneren Reife, zur persönlichen Stärke und zur individuellen Kompetenz ist unser Ich, und damit ist unser vordringlichster Auftrag, unser Ich zu optimieren.

Die Ich-Maxime für Menschen in dieser globalisierten Welt, für die 5-10 Prozent Hochleister, für die 90 Prozent Restbevölkerung, lautet: Die Lobkultur ist wichtiger – vielleicht sogar als einziger Überlebensraum für ein integratives Ich in der globalisierten Welt.

Stellt sich nun die Frage, über welche Mechanismen bzw. mit welcher Vorgehensweise der Mensch unter den gegebenen gesellschaftlichen Bedingungen für ein gut integriertes Ich sorgen kann:

Erster Schritt:

Der Mensch muss sich in konzentrischen Kreisen von innen nach außen entwickeln. Er muss seine Kernkompetenzen (entsprechend seiner Stolzhitliste) erkennen, täglich trainieren, wiederholen, um wirklich ein Meister zu werden, sein persönliches Wachstum dadurch immer neu zu befeuern und sich weiter zu entwickeln. Die Kreise können größer werden, der Mensch kommt vom Ich über das Du zum Ihr und zum Wir.

Insbesondere beim ersten Schritt sind geschlechtsspezifische Unterschiede bei den Kernkompetenzen zu berücksichtigen: Allein aufgrund der Unterschiede in der Denkstruktur (bei verbalen Tests sind Frauen den Männern überlegen, bei räumlichen Aufgaben sind Männer den Frauen überlegen), und daraus abgeleitet auf der Verhaltensebene, brillieren Frauen bei feinmotorischen Aufgaben. Männer hingegen sind eher in der Lage, die gesamten Körperteile einwandfrei zu koordinieren. Obwohl die Kognitionsforscher schon seit längerem zu dem Ergebnis gekommen sind, dass Männer und Frauen unterschiedlich denken, dass es dafür biologische Zusammenhänge gibt, dass sich daraus auch unterschiedliche Verhaltensstile entwickeln und sich logischerweise auch unterschiedliche Fähigkeiten, Stärken und Kompetenzen entwickeln (Hausmann, 2003), müssen beide Geschlechter den ersten Schritt sehr ernst nehmen und erst dann können beide Geschlechter voneinander lernen und profitieren.

Zweiter Schritt:

Sobald der Mensch bemerkt, dass Diffusion, Überforderung, Überflutung aber auch Verblendung in seinem unmittelbaren Umfeld stattfindet, muss er von der größeren Reichweite zur kleineren Reichweite zurückkehren, d.h. vom weiteren konzentrischen Kreis zum engeren konzentrischen Kreis, d.h. vom Nicht-Ich zum Ich zurückkehren. Er muss sich auf sich selbst besinnen und erst dann, wenn die Diffusion geglättet ist, kann er sich langsam wieder auf weitere Kreise besinnen.

Dritter Schritt:

Der Mensch muss über das dialektische Wissen, nämlich, was verlangt die Natur (die Evolution) von mir, was verlangt der globale Kapitalismus von mir, informiert sein und kann sich dann auf die Fragestellung konzentrieren: Wie kann ich beide Bereiche auf einen Nenner bringen?

Darunter subsumiert stellt sich natürlich auch die Frage, wie kann der Glaube, wie kann die immens wichtige Frage nach dem Leben nach dem Tod zusätzlich in dieses dialektische Wissen einbezogen und bewertet werden? Dabei muss folgendes Phänomen berücksichtigt werden: Je mehr die Forschung über die Entwicklung der Erde und Evolution des Lebens heraus fand, desto weniger waren die Ergebnisse mit den Schöpfungsmythen der Religion vereinbar (Sandmeyer, 2004). Diese existentiellen Fragen, aber auch Unsicherheiten, verbunden mit Hoffnung, muss der Mensch im letzten – im dritten Schritt – versuchen, für sich zu beantworten.

Global denken - dezentral handeln: „Körper führt, Geist folgt“ oder: „Handeln führt, Einstellung folgt“.

Dass Körperorientierung, dass Handeln immer Vorrang hat vor dem Kopf, vor dem Denken, zeigt nicht nur das Training des Joggers, bei dem der Intelligenzquotient bei regelmäßigen täglichen einstündigen Trainingseinheiten um ca. 10 Punkte pro Jahr wächst, ohne dass der Jogger zusätzlich Kognitionsaufgaben nebenbei absolviert, sondern wird u.a. auch bei psychischen Erkrankungen und im Kampf gegen Stress, Angst und Depression deutlich. Z.B. bei Erfolgsvergleichen verschiedener Therapien verspricht gerade die Verhaltenstherapie mehr Heilerfahrung als Therapien, in denen „nur geredet“ wird: „Sprechen ist gut, Üben ist besser“ (Weber, 2004).

Zentral handeln, an Ort und Stelle handeln, sofort und ohne Vorbehalt handeln und dann das Ergebnis übergeordnet einsortieren, subsumieren und weiter handeln, das ist das Motto. D.h. auch, in konzentrischen Kreisen vorgehen, zuerst im Zentrum, in der Mitte sich besinnen und sich dann ausweiten in immer weitere Kreise. **So kann der Mensch mit der Lobkultur auch die Globalisierung für sich nutzen.**

Schauen wir uns jetzt die **Wissenschaft der Psychologie** an, die mit ihren ursprünglich drei großen Zielen, nämlich

1. Heilung von psychischen Krankheiten,
2. Ermöglichung eines produktiven und erfüllten Lebens,
3. Entdeckung von Hochbegabungen und Förderungen dieser Begabungen,

hervortritt. Gerade im Zeitalter der Globalisierung stellen die zweite und die dritte Hauptaufgabe einen wesentlichen Beitrag dazu dar, dem Menschen seinen Platz im gesellschaftlichen Leben zu geben. Nach dem amerikanischen Psychologen Seligmann ist gerade jetzt der Zeitpunkt gekommen, dass sich die Psychologie wieder auf ihr Ziel besinnen sollte, Menschen zu einem produktiven und erfüllten Leben zu verhelfen: über die **„Positive Psychologie“** (Auhagen, 2004). Dieses Ziel kann über vier verschiedene Strategieschritte erreicht werden:

1. Schritt: Vermehrung

Förderung bereits vorhandener positiver Aspekte und Qualitäten, wie etwa menschlicher Stärken, Fähigkeiten, Tugenden oder Ressourcen.

2. Schritt: Schaffung

Entwicklung neuer positiver Aspekte und Qualitäten – z.B. indem man für bessere Lebensbedingungen sorgt.

3. Schritt: Minderung

Verminderung des so genannten Negativen, z.B. indem man jemandem hilft, die positiven Aspekte einer Situation zu erkennen, die er als negativ erlebt.

4. Schritt: Verhinderung

Man bemüht sich darum, nichts Neues entstehen zu lassen, das als negativ bewertet wird, z.B. indem man Erkrankungen vorbeugt.

Diese vier Schritte können als dezentrales Handlungsmodell im Globalisierungsprozess eingesetzt werden: Denn obwohl die Globalisierung auf zentraler Ebene zwei wesentliche Bedürfnisse des Menschen angeht: Auf der einen Seite Stillung des Wissensdurstes über Informations-Input, auf der anderen Seite Stillung des Konsumbedürfnisses über Warenproduktion, kann der Mensch nur auf der dezentralen Ebene über Handlungen und Wirksamkeitserleben seine Zufriedenheit erlangen. Das wiederum bedeutet, dass die sinnliche Reichweite des Einzelnen optimiert werden muss. Der Mensch muss die Wirksamkeit seines persönlich erlebten Geniepunktes spüren: Aktiv werden kann er in seinem persönlichen sozialen Umfeld, in seiner Gemeinde, in seiner Stadt. Dort schafft er durch Handeln, durch Arbeiten, durch Gestalten seine Kompetenz aufzubauen und erfolgversprechend einzusetzen. Wenn er viele Muskeln hat, einen starken Körper, kann er als Security in seinem Heimatort arbeiten, wenn er sich mit Pflanzen und Botanik gut auskennt, kann er als Gärtner in seiner Gemeinde tätig sein, wenn er besonders emotional-empathisch ausgestattet ist, gut versorgen und betreuen kann, kann er z.B. alte Menschen oder kleine Kinder betreuen. Wichtig ist in jedem Fall, dass der Mensch in seinem Lebensbereich, in seinem Umfeld wirksam ist und die Reichweite seines Handelns erkennt, erlebt und feiert.

Die negative Alternative zu diesem „gesunden Bürger“ ist der virtuell-gesteuerte Mensch (mit dem EEG-Set auf dem Kopf), der sich zwar einerseits optimal versorgt fühlt, sich allerdings nicht bewegen muss. Er darf und er soll seine Kompetenz nicht trainieren, das wäre im Sinne der Globaliserung.

Vor dieser negativen Alternative müssen wir uns schützen, um weiterhin gesund, zufrieden und wirksam leben zu dürfen.

7.5 Lobkultur als Friedenschance: Ich-Hoheit als Grundlage von Versöhnung

Die Lobkultur kann die Ich-zerstörenden Folgen von Globalisierung abmildern, neutralisieren oder gar in einen weiteren Wachstumsschub verändern.

Jeder Mensch auf der Welt hat die gleiche Aufgabe: Der Zuhälter wie der Pastor, die Prostituierte wie die Blumenfrau, der Fleischermeister wie der Psychologieprofessor, die Raumpflegerin wie die Kanzlerkandidatin: Menschen in Mexiko oder auf den Antillen müssen für die Zeit, die ihnen „geschenkt worden ist", die gleiche Aufgabe einlösen wie Prinz Charles in England oder Condoleezza Rice in den USA. Jeder Mensch muss als Architekt seines Ichs die Ich-Inhalte konzipieren und als Verwalter seines Ichs die Ich-Grenzen kontrollieren. Und: Jeder Mensch muss im Verlauf seines Lebens die Aufgaben der (großen vier) Lebensphasen „abarbeiten", in seinem Lastenbuch abstreichen und einfach **mit sich** einen guten Job machen. Der Mensch als Durchlauferhitzer der Evolution, der Mensch als Übernehmer, Optimierer und Weitergebender des Staffelstabes: Keiner kann sich dieser Aufgabe entziehen und keiner kann sie delegieren und niemand wird (kognitive, emotionale oder physische) Muskeln bekommen, während ein anderer trainiert. Jeder muss seinen Job für sich machen – sonst verkümmert das Ich, sonst versandet es, sonst entsteht es vielleicht gar nicht. Lebensbilanz wird in jeder Stunde des Tages gezogen: Denn kein Mensch auf der Welt weiß, wann sein letztes Stündlein geschlagen hat. Andererseits gibt es auch so etwas wie eine „durchschnittliche Zeitschiene" (männliche Lebenserwartung in Westeuropa zur Zeit bei 75 Jahren, weibliche Lebenserwartung in Westeuropa zur Zeit bei ca. 82 Jahren): Nehme ich eine „durchschnittliche Verweildauer" für mich an, kann ich eine gewisse Planungsroutine entwickeln, so dass auch deswegen Phasenschwerpunkte des „Abarbeitens" der Lebensaufgaben (inklusive der Letztbilanz) vorläufig entstehen können.

Globalisierung verändert die Spielräume der Ich-Verwaltung eines jeden einzelnen: Der sichere Ort, das heimatliche Fundament, die relativ hohe Wahrscheinlichkeit von Jobkonstanz (in diesem Berufsfeld bleiben, was ich gelernt habe), von Jobsicherheit (von meinem Betrieb nicht hinausgeworfen zu werden) und von Jobstandort (nicht dauernd versetzt zu werden) ist verloren gegangen und hat sich fast vollständig „in Luft aufgelöst". Informationsüberflutung durch 24-stündigen weltweiten Portalzugang (mein Portal ist nicht mehr meine Haustür sondern mein Internetbildschirm) verführt zu einer Verschiebung der Wichtigkeit von Informationsaufnahme zu Ungunsten von verhaltensvorbereitenden Entscheidungen und von tatsächlichem Verhalten bzw. Handeln als Folge von Informationsverarbeitung und Entscheidungsfindung. Die Gefahr, dass Menschen ständig von Informationen überflutet und innerhalb ihrer Ich-Grenzen (in ihrem Ich) zu diffusen „Informationsverwirblern" degenerieren, besteht – Globalisierung nimmt also sowohl Handlungssicherheit wie das natürliche Gefühl für Informationsbegrenzung (meist brauche ich nicht mehr als 7 Bit, um meine Anfangshandlung zu starten) weg.

Die Ich-Hoheit als Grundlage von Versöhnung mit mir selbst ist letztlich auch die Grundlage für Versöhnung mit dem nächsten Menschen (natürlich auch mit dem übernächsten): Auch im Rahmen von globalisierungsbedingter Diffusion und Fundamentverlustes ist der tägliche Kampf um Ich-Hoheit (Ich-Immunität, Selbstwirksamkeit, Verwaltung eines integrativen Ichs) der einzige, beständige, wichtigste und „lebensberechtigungsnachweisende" Job. Aber für welches Ich tritt der globalisierte Mensch ein, welche Hoheit muss er verteidigen?

Die Horrorversion: Großer verkabelter Kopf, der aus dem Internetportal Informationen aufnimmt – Elektrodeneingang und Elektrodenausgang für den Cortex. Viele Informationen, künstliche Bilder, künstliche Empfindungen und Degeneration der physischen (körperlichen) Basis? Ein Mensch, der in seiner Box sitzt und der sich nicht traut, seine für ihn reservierte Elektronikbox zu verlassen – aus Angst vor Informationsverlust und vielleicht auch, weil er dann nicht mehr vom „Großen Bruder gescannt" (standortkontrolliert) werden kann. Ein Mensch, der kaum noch die Kraft hat, durch das eigentliche Portal (seine Haustür, seine Wohnungstür, seine Zimmertür) herauszutreten – der aber auch keine Motivation mehr entwickelt, aus Angst vor Unterbrechung seiner (nicht mehr handlungsbezogenen und eigentlich vollkommen sinnlosen) beständigen Informationsaufnahme und Informationsvernetzung. Ein Mensch, der vielleicht noch kleine zusätzliche basale (körperliche) Bedürfnisse und Versorgungsansprüche über ein eingehendes Fließband (McDonalds Tüte) und ein ausgehendes Fließband (Abfall-Entsorgung) in seiner kleinen Sitzbox abdeckt. Ein Mensch, der noch glaubt, die Ich-Hoheit zu haben – bei dem aber sowohl die kognitive wie die emotionale und insbesondere die physiologische Basis nicht mehr im eigenen Hoheitsbereich zuordbar ist. Einer solchen Form von durch Globalisierung denaturiertem Ich steht die Lobkultur entgegen: Der Mensch als einziger hoheitlicher Verwalter, als erst einmal einziger Bewerter und als extrem autonomer Coach seiner Ich-Grenzen, der sich sinnlich ausrichtet, der in einem dezentralen Kollektiv weiterhin mit Hörreichweite, mit Riechreichweite, mit Tastreichweite, mit Sehreichweite und mit Verhandlungsreichweite ausgestattet ist und auf Grundlage einer „dezentralen Handlungsebene" unterhalb der Weltglobalisierung einem konkret lebendigen Verhaltenskollektiv (seinem Kloster, seiner kleinen Gemeinde, seinem Mehrgenerationenhaus) angehört.

Lobkultur in der Globalisierung hilft dem Ich, die globale Konkurrenz nicht **zwischen** dem eigenen Ich und dem Ich der anderen Menschen, sondern innerhalb des eigenen Ichs, zwischen heute Morgen (Moment des Aufstehens) und heute Abend (dem Moment der für diesen Tag relevanten Zwischenbilanz) zu entwickeln: Mein kleiner Kompetenzzuwachs in meiner persönlichen Stolzhitliste, meine Konkurrenz in mir selbst, mit mir selbst, für mich selbst: Dies ist die Friedenschance für alle 6,4 Milliarden „Globalisierungsteilnehmer“ im Rahmen ihrer eigenen Ich-Hoheit.

Eine „dezentral-konkrete Unterfütterungsebene“ für globalisiert mobile Ichs muss sich auf der **Beurteilungsdimension Funktionaler Status – Formaler Status** die konkreten Handlungsoptionen (Ich-Funktionen) zurückerobern bzw. die Option hierfür behalten: Formaler Status ist „geerbte Potenz“ – funktionaler Status bildet die wahren (täglich eingeübten) Qualitäten und Kompetenzen der Person (des Ichs) ab.

Informationsüberflutung in der globalisierten Welt führt zu „Verkürzung“ von Labels, Zuschreibungen, Etiketten und „Wertmarkern“ des Menschen (des Ichs). Auf der darunter liegenden Ebene der dezentralen Handlungsoption (des sinnlich erreichbaren, überschaubaren Kollektivs) zählen hingegen weiterhin, und **mehr denn je,** die funktionalen Parameter: Die im Schweiße des eigenen Angesichts erarbeiteten, **wirklichen** Kompetenzen. Selbst dann, wenn die Maschinenarbeit die Menschenarbeit überflüssig (und damit die „echte“ Reproduktion des eigenen Lebens ersetzbar) gemacht hat, bleibt der dezentral aufgestellte Mensch in der „funktionalen Pflicht“: Für einen Gesangs- Contest muss er die Stimme ölen, für sein Sexualitäts-Casting muss er Flirttraining „bis zur Vergasung“ durchführen und für die Sport- und Muskel-Castings oder auch für seinen Gedächtniswettbewerb muss er Tag und Nacht trainieren. Letztlich kann er auch unter der „Globalisierungsglocke“ konkrete Ich-Kompetenzen rekrutieren, auf sich aufmerksam machen und ein ganz persönliches Stolzgefühl (Wahrnehmung von Größen-Ich) ermöglichen. Funktionale Kriterien der Wertschöpfung bleiben in überschaubaren Kollektiven vorrangig: Größen- und Geborgenheits-Ich können sich mittels „grenzenloser Kommunikation und grenzenloser Mobilität“ ihr tägliches Plätzchen erobern. Von daher ist die Veränderung der Arbeitswelt (von der Produktionsgesellschaft in die Castinggesellschaft) letztlich sogar eine Chance für das **globalisierte Ich**, sich Stolzmerkmale zu sichern und den „Psychologischen Fingerabdruck“ weiterhin zu konstruieren.

Die Generalgefahr der Globalisierung (vgl. auch Kapitel 2) – Abrutschen in Esoterik und mystischen Aberglauben oder Abrutschen in Terrorismus und ausufernde Zerstörung und Selbstzerstörung – kann durch Lobkultur verhindert werden. Je konkreter die Ich-Funktion, desto geringer der ausweichende Okkultismus oder die neidunterlegte Gewaltbereitschaft.

Die Generalfolgen einer Globalisierung, die ohne nachhaltigen Ausbau der „Zweiten Ebene“ (konkrete kollektive) expansiv wie ein „Schwarzes Loch“ alles Lebendige einsaugt, sind dann fatal:

- Die Anforderungsimpulse werden stärker (Explosion der Inputs).
- Das Ich wird schwächer (Schwächung der Organisationseinheit Mensch).
- Die Ich-Verweigerung nimmt zu (Verlust des Selbstcoachings).

- Der allgemeine Lebensausstieg verbreitet sich (Kompensation durch Destruktivismus).

Eine der größten Globalisierungsgefahren ist der Zwangsverzicht auf Liberalität der „Globalisierungsgewinner“, also der Länder und Nationen, die hierüber die „informelle Weltregierung“ übernommen haben:

- Globalisierung bedeutet gleichzeitig: **Bedrohung** für die zurückgebliebenen Länder und **Einladung zur Zerstörung** der entwickelten Länder.
- **Denn:** Die Dissonanz und das Kränkungserleben bedrohen die alten traditionellen, kollektiven, „**kulturellen Gewissheiten**“.
- **Und**: Die Liberalität (Weltoffenheit / Grenzenlosigkeit) der Teilnehmer am globalen Austausch definiert deren dezentrale Verletzbarkeit.

Die konkreten „Kollektive“ als „sinnliche“ Nahräume der Organisation von Ich-Hoheit und der jeweils beteiligten Menschen können sich in einer Welt, in der Globalisierung als „übergeordnetes Prinzip“ vorherrscht, nur dann Liberalität erlauben, wenn diese durch Dankbarkeit des Bewerbers (des Bewerbers für den Neueintritt in dieses konkrete Kollektiv) abgesichert wird: Wer sich bewirbt, verlässt das alte Kollektiv und gibt ein positives Werturteil in Bezug auf das neue, angestrebte Kollektiv ab. Für die „Gewährung von Liberalität“ in dieser neuen gesellschaftlichen Wirklichkeit gelten die folgenden Regeln:

- Liberalität ohne Abforderung von Dankbarkeit für das Geschenkte ist Selbstmord. Eingeräumte Liberalität (Großzügigkeit) in meinen Nahraum oder mit meinen Ressourcen so zu verfahren, wie es dem anderen beliebt, ist immer ein **freiwillig** abgegebenes Geschenk.
- Kein Geschöpf kann – als Element der Schöpfung – glücklich sein, wenn es **Mitgeschöpfe zerstört**. Kein Geschöpf kann sich auf einen Schöpfer beziehen, wenn es dessen Schöpfungselemente nicht achtet und ehrfurchtsvoll respektiert. Dies ist eine Wahrheit für Opfer, aber auch eine Wahrheit für Täter, die – bei Zuwiderhandlung – sich selbst als Wesen der Schöpfung beleidigen, in Frage stellen und letztlich zerstören. Sie entziehen ihrem eigenen „Täter-Leben“ die Grundlage – sie stellen selbst die Berechtigung ihres Lebens in Frage.
- Es gibt keinen Sinn, in einem Kulturkreis die **eigenen Kinder** durch entwicklungsgerechte Erziehungsvorgaben **nicht zu schlagen**, wenn andere Eltern ihre Kinder mit Schlägen disziplinieren und diese dann die in sie eingelagerte Gewaltbereitschaft **an nicht geschlagene Kinder** weitergeben.
- Keine Glaubensfreiheit für die, die **anderen Glaubensfreiheit verweigern**.
- Keine Liberalität und Toleranz für die, die **Toleranz als Schwäche** auslegen.

- Keine Demokratie für die, die anderen verbieten mit abzustimmen, wenn es um ihre Ansprüche (auf „ihrem Terrain") geht. Keinen demokratischen Freiraum für die Zyniker der Demokratie ...
- Der Selbstmord der Demokratie beginnt, wenn denen, die demokratische Regeln verächtlich machen und demokratische Spieiräume zur autoritären Abschaffung demokratischer Regelsysteme benutzen, **dafür** demokratische Rechte eingeräumt werden ...

Nach der **Globalisierung-Gewalt-These** entsteht durch Globalisierung ein Verlust des tatsächlichen Größen-Ichs (Ich-Exklusivität) und ein Verlust des Geborgenheitserlebens und damit die Ich-Verelendung (Verlust der Ich-Hoheit).

Fazit I: Für Globalisierungs-Gewinner (Teilnehmer) entsteht ein „Virtuelles Ich" (Körper-Entfremdung). Für Globalisierungs-Verlierer (Nicht-Teilnehmer) entsteht Ich-Diffusion (Gewalt-Affinität / Terror-Bereitschaft / Esoterik-Gefahr).

Fazit II: Je mehr Globalisierung umso mehr Kompensations-Gefahr und umso weniger „Komprimierungs-Spielraum" für das Einzel-Ich (Individuum).

Fazit III: Durch Informationsüberflutung verkommt das Ich zu einem „prüfenden System" mit Verelendung des konkreten (körperlichen) Verhaltens und Handelns.

Fazit IV: Zurückgebliebene politische / religiöse Systeme erleben sich als „durchdrungen" – die Existenzbedrohung legitimiert den extremterroristischen „Widerstand des Ertrinkenden".

Die Realitätsanbindung ist von daher die „Hoheitsaufgabe" der Lobkultur zum Schutze von (zur Zeit) 6,4 Milliarden **Ich-Einheiten**. Schon unter normalen Bedingungen (regionale, lokale Verortung; Familienanbindung; Mehrgenerationenbauernhöfe; Heimatgefühl; nicht nur Arbeitsplatzgarantie sondern geradezu Arbeitszwang – Arbeitsauftrag zur Reproduktion des eigenen täglichen Lebens-; Familiengründung und zumeist lebenslangen Beziehungskontinuität) war es für den einzelnen Menschen schwer, seinen Ich-Wert zu erleben, zu konsolidieren und in die zeitliche Fläche (Lebenswegdurchdringung) zu bringen. Globalisierung bedeutet eine zusätzliche Ich-Erschwernis: Jeder vergleicht sich mit jedem, jeder fühlt sich von jedem beobachtet und – sollte Kritikkultur weiterhin herrschen – von jedem in seinen persönlichen Defiziten geortet. Kritikkultur und Globalisierung ergänzen sich zur „Hilflosigkeits-Maschine" für den einzelnen Menschen: Er wird überwacht, er wird verglichen, er wird von außen beurteilt, sein Standort wird geortet, ihm wird die Arbeit als „Wertreproduktionschance" weggenommen (Maschinenarbeit toppt Menschenarbeit) und er muss in jeder Sekunde seines Lebens aufnahmebereit (on air, bildschirmvernetzt) sein – die Fähigkeit, nach eigener Stolzhitliste das persönliche Training tageszeitlich bestimmen zu können, weicht dem Druck, ständig mobil, flexibel, beweglich (der Laptop als elektronisches Sender-Empfänger-Headset, als ständiger Ortungsbegleiter) zu sein. Extreme Mobilität bedeutet Heimatlosigkeit; extreme Informationsüberflutung bedeutet Entscheidungsunfähigkeit; weltweiter Vergleichsdruck bedeutet Minderwertigkeitserleben; der einzelne Mensch wird als „global verwaltetes Molekül" Ich-Hoheit noch nicht einmal mehr anstreben wollen und können – sollte er es trotzdem tun, wäre er ein Außenseiter. Die Schein-Individualität globalisierter Normierungs- und Ortungsprozesse (das verwaltete Ich) ist das Gegenteil von Lobkultur.

Trotzdem hat Henkel (2002, S. 207) Recht: „Die Globalisierung stellt wahrscheinlich die einzige Menschheitsentwicklung dar, die auf keinem Reißbrett entstanden ist. Weder wurde sie von Ideologen noch von Philosophen und Politikern erdacht. Weltweite und regionale Kolonisierungen und Befreiungskriege wurden geplant, doch die Entwicklung des Kommunikations- und Warenaustausches lief nach eigenen Gesetzen." Henkel glaubt, dass die umfassende Vernetzung der Welt einem ehernen Gesetz folgt: Ein besseres System ersetzt immer ein schlechteres. Indirekt räumt der Wirtschaftsphilosoph die „Passivisierung" des Individuums ein, „indem er die Globalisierung dazu beglückwünscht, dass sie allen Menschen ermöglicht, an Wünschenswertem teilhaben zu können, ohne „durch die Schranken von Zeit und Raum" darin gehindert zu werden. Für mich gehört das Niederreißen von Mauern, Vorurteilen, Ideologien und religiösen Dogmen zu den herausragenden Merkmalen der Globalisierung. Sie bringt Aufklärung, doch sie setzt auch, und das wird oft übersehen, Aufklärung voraus" (S. 207).

Die Bedrohung des Ichs durch die Globalisierung wird von Henkel nicht erkannt, er glaubt vielmehr, dass sie die Menschen vereint, sie einander näher bringt, also zusammenwachsen lässt und letztlich Globalisierung den Begriff „Menschheit" erst mit Sinn erfüllt. Hierbei verwechselt Henkel die Auftragsebene: Für den Menschen besteht der Auftrag nicht darin, zur gesamten Menschheit zu gehören und sich jederzeit allgegenwärtig einordnen zu können – für den Menschen besteht die Aufgabe darin, sein Ich zu konstruieren, zu verwalten und mit Teilen der Mitmenschen parallel zu gehen. Der einzelne Mensch kann sich in der Menschheit verlieren – er kann sich aber in dem „Parallelleben" (in den Menschen neben ihm, die er zeitweise begleitet und die ihn zeitweise begleiten) wiederfinden: Zeitliche und räumliche Nähe ist durch nichts zu ersetzen – schon gar nicht durch virtuell-globalen Informationsaustausch. Wenn der so genannte „Rechner", also die EDV-Maschine Computer das Vorbild wäre, dann wäre auch die allgegenwärtige Vernetzung für den einzelnen Menschen ein Ziel – aus Sicht der Ich-Hoheit und der Lobkultur ist es jedoch genau anders herum: Informationen (über EDV-Netze) aufzunehmen, **ist nur Mittel zum Zweck**, damit der Mensch sich organisieren kann. Lieber Olaf Henkel, verdrehe bitte diese Vorzeichen nie wieder!

Der Wettbewerb innerhalb des Menschen (mein täglicher Kompetenzzuwachs) bedeutet Ich-Wachstum – der Wettbewerb zwischen den Menschen bedeutet oftmals erlebte Hilflosigkeit, kurzfristigen Triumph, Misstrauen, Feindseligkeit, Verfolgungswahn und letztlich Killerbereitschaft (zerstöre, was dich „**wertmäßig**" bedroht).

„In der globalisierten Welt entsteht Wettbewerb. Der weist nicht nur den Egoismus des Einzelnen in die Schranken, sondern lässt den der anderen über sich hinauswachsen. Wettbewerb setzt Kräfte frei. Er bietet die beste Motivation, etwas zu leisten, das am Ende allen zugute kommt. Am Beispiel Sport lässt sich leicht erkennen, dass die Kräfte erst dann zu wachsen beginnen, wenn sie sich mit anderen messen. Ohne den gegenseitigen Ansporn sind Höchstleistungen nicht zu erzielen" (Henkel, 2002, S. 211). Lobkultur bedeutet, die Stärken des anderen zu scouten, sie anzubeten und sie dadurch im Sinne einer Win-Win-Situation (Synergie) in den gemeinsamen sozialen Raum (in den sinnlich erreichbaren sozialen Raum) hinein zu locken. Lobkultur bedeutet, den anderen zu verführen, sich mit seinen Stärken zu offenbaren. Im Bild gesprochen: In einem Balletteam zeigt jeder Solotänzer, welche besonderen Pirouetten er draufhat – immer im Wechsel und immer angespornt von allen. Binnenwettbewerb in der Lobkultur (das Ich im Wettbewerb mit sich selbst um den täglichen Zuwachs) gibt viel weniger Zeit und Raum, sich mit anderen zu vergleichen, als es die Globalisierung gerne hätte. Wer ständig nach der Referenzperson schaut, nimmt sich Trainingszeit weg. Wer sich Trainingszeit wegnimmt, nimmt sich Kompetenz weg. Wer sich Kompetenz wegnimmt, nimmt sich Größe weg. Wer sich Größe wegnimmt, kann – wenn er dann irgendwann einmal aus seinem „Kloster" heraustritt und sich mit denen vergleicht, die Ähnliches üben wie er – seinen potenziell möglichen Gütestandard nicht erreichen, weil er zu viel glotzt und **deshalb** zu wenig trainiert.

Ein Vergleich zwischen den Menschen bringt Feindseligkeit – außer er dient dazu, den eigenen Stellenwert bei „gleichgesinnten Artisten" gegenseitig wohlwollend einzuordnen. Lobkultur heißt 90 Prozent Rückzug auf das Training und nur 10 Prozent Informationsaufnahme und Vergleich. Globalisierung heißt: 90 Prozent schauen was läuft und vielleicht einmal 5-10 Prozent an mir selbst zu arbeiten. Globalisierung gibt wenig Zeit und wenig Raum für das ständig Wiederholen der Basics, die ich benutzen muss, um sie in meine Performance einer kreativen freien Assoziation zuführen zu können. Wo soll der Mensch durch ständiges Wiederholen Dinge von außen nach innen (in sein Ich) hineinholen, entsprechende Grundfähigkeiten automatisieren und Routine ausbilden können, wenn er ständig Angst hat, dass „nächste Neue" zu versäumen? Die letzte Kreatur der Globaliserung ist das Gegenteil von dem sich in seinen kleinen, täglichen selbsterarbeiteten Zuwachs verliebenden „Ich-Patrons" einer Lobkultur, in der jeder seine gewonnen Kompetenz gern dem **direkten** Kollektiv schenkt.

In der Globalisierung ist Ich-Hoheit von Burnout bedroht: Die Drei-Einigkeit im Ich zwischen Körper, Geist und Seele wird durch zuviel „Informations-Infiltration", die die Ich-Grenzen von außen nach innen penetriert, gestört. Burnout bedeutet, dass der Körper (der ständig vor irgendwelchen Bildschirmen sitzt) vernachlässigt wird, dass die Überbetonung der Gedächtnisleistung das eigene Denken behindert, dass konkrete soziale Kontakte (mit Riechen, Sehen, Anfassen, Hören) zurückgefahren werden und dass eine ständige Anspannung (sinnlose Informationsaufnahme, da ihr ja Entscheidungen und konkrete eigene Verhaltensweisen selten folgen) den Menschen ständig „mental überbucht". Schuldgefühle wegen fehlender Mitmenschlichkeit (die Anforderungen der Familie werden nicht mehr befriedigt, man hat kaum Zeit für den Freundeskreis, man parkt selbst die eigenen Kinder vor anderen Bildschirmen, damit man sich seinem Bildschirm widmen kann) zehren Lebensenergie auf, so dass sowohl die Grenzen nach innen (welche Informationen lasse ich in mein Ich herein) wie auch die Grenzen nach außen (was will ich wem wann von mir schenken, was will ich von mir abgeben) konfus werden: „Der Mensch hat die Beziehung zu sich selbst und seinem sicheren Ort in der Beziehung zu anderen verloren" (Hagemann, 2003, S. 253). Lobkultur mit Bewertungshoheit für mein Ich, Geniescouting für meinen jeweils anwesenden nächsten Menschen, Gegenwartsbezug durch konkretes Verhalten bei Verkürzung von Infoaufnahme und Entscheidungslatenz, ist offensichtlich die einzige Chance, die der Mensch in seiner Drei-Einigkeit (Körper, Geist, Seele) mit seinen beiden Hauptaufgaben (Größen-Ich trainieren und Geborgenheitssicherheit realisieren) erhalten kann. Globalisierung definiert die Gefahr, Menschenfragmente als „degenerativen Rest von Lebendigkeit" hervorzubringen – immer eng orientiert am Modell des „Rechners".

Der Mensch hat sich im Arbeitsleben durch seine Erleichterungsideen (Maschine hilft Menschenarbeit einfacher zu gestalten) inzwischen zunehmend überflüssig gemacht (die Geister, die wir riefen) – durch elektronische Ankettung an informationsverarbeitende Automaten („Rechner") wird die zweite Enthauptungsphase eingeläutet: Nach dem Wichtigkeitsverlust nun auch der Verlust von Ganzheitlichkeit. Nicht: Völker, hört die Signale, sondern: Einzelner Mensch, hör das Signal. Der Globalisierungs-Theoretiker Prof. Radermacher (Ulm) glaubt, dass jeder einzelne Mensch die Welt durch Nachdenken retten kann (Grimm, 2005). Wenn diese Erkenntnis stimmt, kann jeder einzelne Mensch durch Nachdenken auch sich selbst retten. Dies wäre ein globaler Fortschritt – auch in die Zeitebene der nächsten Jahrhunderte hinein „hochgerechnet" ...

Der Mensch in der Lobkultur ist ein „Mittelding" zwischen autoritärem Knochen und extremem Förderer des Lebendigen, des Lebens. Er ist jedoch immer das Gegenteil eines liberalen, eines nachlässigen, eines unverbindlichen, eines hinnehmenden und eines „nicht nachsetzenden" Menschen. Der Mensch in der Lobkultur zeichnet sich gerade durch sein penetrantes „immer wieder Anbieten" aus – er lässt niemals in Ruhe. Die, die ausgrenzen, die, die zerstören, die, die noch auf

„destruktive Verursachung“ festgelegt sind, kann und darf er mit seiner Geniepunktsuche und mit seinen Lobangeboten (hier sehe ich deine Stärken) nicht alleinlassen – sonst machen sie sich nicht nur selbst, sondern alle um sich herum und somit auch den Menschen in der Lobkultur (und eben auch die Lobkultur und den gesamten Frieden) „platt“. Lobkultur ist eine völlig neue Synthese aus Penetranz (fehlende Liberalität bei Wachstumsverweigerung) und extremem Wohlwollen.

Der Mensch in der Lobkultur lässt sich selbst niemals in Ruhe (jeden Morgen wieder an das gleiche Trainingswerk) und er versucht ständig, den neben ihm lebenden Menschen zu gleichem kontinuierlichen Größenwachstum zu verführen und zu animieren. Die **„Rein-Raus-Methode“** bedeutet, sehr wohl zu akzeptieren, dass der Mensch **im Moment** für einige Sekunden, Minuten, Stunden oder vielleicht auch Tage sein Wachstum verweigert – sie bedeutet aber auch, dass ich als Mitmensch immer wieder anbiete, niemals beleidigt bin, mich niemals gekränkt zurückziehe oder gar denke / sage: „Wer nicht will, der hat schon.“

Der, der sein eigenes Wachstum noch nicht ernst nimmt, **kann** den Menschen in der Lobkultur nicht kränken, denn wer sich selbst nicht ernst nimmt, kann auch nicht als ernsthafter Bewerter (dieses unseres Menschen in der Lobkultur) eingestuft werden. Er hat sein Urteil – dieses Urteil zählt aber noch nicht.

Jeder Mensch in der Lobkultur hat das Recht, jederzeit ungebetene Ratschläge, Empfehlungen oder vielleicht auch „persönlichkeitsbringende Belehrungen“ zurückzuweisen: Jederzeit, an jedem Ort, zu jedem Thema, von jedem „Profi“. Hingegen: Jeder Mensch in der Lobkultur hat die Pflicht, in jeder Sekunde seines Lebens sich selbst und den „Nebenmann“ bzw. die Nebenfrau 100-prozentig ernst zu nehmen: In meinem Wachstum – in deinem Wachstum. Ohne diese Pflicht kann es keinen Frieden im Ich und kann es keinen Frieden im Wir geben.

Es gilt: Den Schläger niemals in Ruhe lassen in seiner faschistoiden, menschenfeindlichen Zerstörungsideologie – dem Ausgrenzer aber auch niemals erlauben, dass er die friedensbereiten Kreaturen aus der Lobkultur ausgrenzt. Es gilt weiter: Den Ausgrenzer nie in Ruhe lassen, da er sich in seiner Zerstörungssucht (Kontrolle nach unten) selbst weiter ausgrenzt und somit (in seiner eigenen Welt) sein Zerstörungswerk weiterführt. Warum darf dies niemals zugelassen werden? Weil Zerstörung fast immer **alle** betrifft. Von daher darf der Lober den Zerstörer niemals in Ruhe lassen, denn die „einfache Verursachung“ des Zerstörers hat eine größere Reichweite als die tägliche Mühsal, mit dem jeweils kleinen Trainingszuwachs, des Lobers. Der Lober muss darauf achten, dass jeder sich in seinen Ich-Optimierungs-Job verliebt – ansonsten steckt Zerstörungsbereitschaft an. Diese Seuche kann in der Lobkultur nur aufgehalten und korrigiert werden, wenn der Lober niemals liberal ist, Wachstum immer wieder anbietet, vorlebt, abfragt ...

Jeder Verweigerer **kann und darf** Wachstumsimpulse (vielleicht ja auch nur zeitweise oder bereichsweise) zurückweisen und seine Ich-Grenzen hierfür verschließen – jeder in der Lobkultur **muss und soll** trotzdem immer wieder aufs Neue durch Geniepunkt-Anbetung animieren, verlocken und verführen. Wenn **einer** aus der Mannschaft (Horde) weniger trainiert, trainiere ich (stellvertretend für ihn) eben noch ein bisschen mehr – aber es ist auch mein Interesse, dass er **schnellstmöglich** wieder auf den **Zug seines Lebens** und damit unseres Lebens aufspringt.

8. Die Zuspitzung der epochalen Frage: Wer gewinnt das Spiel ...?

Zuletzt noch ein paar „**Allsätze**“ – ein bisschen Dogma muss sein:

- Kein Mensch, der je gelebt hat, kein Mensch, der im Moment lebt und kein Mensch, der leben wird, kommt an **seinem** Ich-Auftrag vorbei.
- Ein Mensch, der seinen Ich-Auftrag als unmittelbare, ursprüngliche, nicht delegierbare und exklusive Hoheitsaufgabe für den gesamten Lebensweg erkennt, akzeptiert und **umsetzt**, hat eine gute Chance, für Frieden mit sich und für Frieden in sich.
- Ein Mensch, der bei seinem Ich-Auftrag nachhaltig scheitert, wird – bis er depressiv-resignativ aus dem Leben scheidet (nach dem Totstellreflex kommt der Selbsttötungs-Ausstieg) – andere stören und beschädigen: Jeder Mensch muss, solange er leben will, verursachen: Am besten wachstumsorientiert und konstruktiv (zuerst für sein Ich, dann für dein Ich) – oder er **muss** als Zerstörer wirksam sein. Verliert der Mensch seinen konstruktiven Ich-Auftrag aus den Augen, „produziert er also nach unten“, zerstört er das, was als heller Stern Neid erregend über ihm strahlt: dann fühlt er sich wenigstens in der Zerstörung als „Hervorrufer von Effekten“.
- Der Mensch, der allmorgendlich seinen Ich-Auftrag wieder herauskramt und sich mit sich und für sich auch an diesem Tag auf den Weg macht, erlangt Ehrfurcht vor sich selbst, auch und gerade über seine „tägliche Willensanstrengung“. Dies ist das große, vielleicht das größte, vielleicht sogar das einzig Große, was ein Mensch in der ihm geschenkten Lebenszeit tun kann, tun muss... Diese Ehrfurcht vor der **Umsetzung des täglichen Ich-Auftrages** weitet sich aus auf Ehrfurcht vor dem Hoheitauftrag des anderen Ichs (des Dus) und dann aller Ichs (des Kollektivs). Frieden beginnt also immer und zuerst morgens früh beim eigenen Ich.
- Mit Ausweitung der Reichweite einzelner Menschen globalisiert sich die Gefahr der Maximalzerstörung durch „einzelne Reichweiten-Maximierer“ dann, wenn diese in einen destruktiven Verursacherauftrag (Zerstörung) in ihrem Ich (mit ihrem Ich) umkippen und darin verharren. Hohe, weitreichende und extreme Schädigungspotenz ist die neue spezielle Menschheitsgefahr im „Global-Surrounding“. Der „Global Player“, der seinen Wachstums-Auftrag verloren hat, bedroht nicht nur durch weltweit mobile terroristische Aktionen

oder durch die so genannten Massenvernichtungsmittel – er bedroht z.B. auch durch sein angestrebtes Fortpflanzungsmonopol (Idi-Amin-Cloning-Idee) und vielleicht auch durch DNA/DNS Shaping, also als „scheinbar berufener Begradiger“ der Evolution.

- Die Epoche der Aufmerksamkeit und jetzt schon bald die Epoche der Genkontrolle führen weg von der Ich-Hoheit des einzelnen Menschen für seinen einzelnen, speziellen, exklusiven und niemals „substituierbaren“ Auftrag. Die Epoche der Ich-Optimierung ergibt sich als Chance jenseits aller Wissenschaften und jenseits aller Machtmonopole als globalisierungsfähige Idee. Kein Mensch auf der Welt darf von diesem „ultimativen Axiom“ ausgeschlossen bleiben. Frieden zwischen den Ichs und Ehrfurcht vor dem Du **hat immer zur Voraussetzung** die Ehrfurcht vor dem eigenen Ich. Globales Ich-Tuning (jede einzelne „Mensch-Ameise“ an ihrem Plätzchen für ihre kleine Zeitschiene) ist wohl die einzige Friedenschance. Es bedarf keiner „Politik“, keiner Philosophie, keiner Psychologie, keiner angewandten Wissenschaften, keiner Religion und keiner Dogmen von außen – es bedarf nur der globalen Verbreitung diese „Ich-nahen-Auftragsbuches“. Dafür könnte die Globalisierung doch gut sein oder?

Die schnelle Bearbeitung ist die Seele des Geschäfts: Wir essen zeitig. Nicht zu lange zaudern, nicht zu lange quatschen, kurze Zielbestimmung (Ich-Auftrag), sofortige Infoaufnahme (Wissen über Ich-Essentials), schnelle Entscheidung (Ich für mich) und dann sofort handeln und ins tägliche (allmorgendliche) Verhalten überführen: Trainieren und „ackern wie die Sau“ bei den Topp-Points meiner Stolzhitliste – für den globalen Frieden. Wenn es doch so einfach wäre? Es ist so einfach. Im Jahr Einsteins dürfen wir uns auch an diesen Satz erinnern: „*Mach eine Sache so einfach wie irgend möglich – nur nicht einfacher*“. Er hätte auch sagen können: Mach die Ich-Optimierung: Frieden für dich und dann für alle. Ehrfurcht vor deinem täglichen Job bringt automatisch Ehrfurcht vor dem täglichen Job des Neben-Menschen. Diese Ehrfurcht, diese Bewunderung und dieses Niederknien vor seinem Bemühen und das Herausfinden seines Geniepunktes sind die Grundlage von Lobkultur. Lobkultur fängt immer beim eigenen Ich an (bei dem Stolz und bei der Bilanz für das tägliche kleine Vorankommen) und es bringt immer Dankbarkeit für den, der „nebenan auf seinem Lebensfließband“ das Gleiche tut. Ein tiefes Gefühl von Solidarität, das ich für mich habe und ein tiefes Gefühl von Solidarität, was ich für dich habe. Schön, dass es uns beide zur selben Zeit am selben Ort gibt. Schön, dass ich dich sehen und hören, riechen und berühren und somit deine Anstrengung für dich wahrnehmen kann. Ich bin dankbar, dass ich mitbekomme, wie hart du an dir arbeitest. Das ist dieses wunderbare, hoffentlich universelle und hoffentlich nie aussetzbare Prinzip des Lebendigen. Ich winke dir zu und ich mache weiter (bei mir) und du machst weiter (bei dir). Welch wunderbar wohliges Gefühl von Übereinstimmung!

Wer gewinnt das Spiel? Es gibt eine Chance für das Lebendige und es gibt eine Chance für die „Epoche der Ich-Optimierung“, wenn dieser „Sisyphus -Job“ globalisiert, vermittelt, verbreitet und „gekauft“ wird. Dann und nur dann gewinnt der Frieden gegen den Krieg, denn dann und nur dann hast du weder Lust und – schon gar nicht – Zeit fürs Destruktive. Es gilt ja dann **für jeden täglich**: Hopp, hopp, weitermachen, wir essen zeitig...

8.1 Überlebenschance für das Lober-Ich

Lobkultur ist mehr als „Positive Psychologie“ (PP): Auch dort geht es um Vertrauen, Vergebung, Gelassenheit und Wohlempfinden des Menschen. Es geht bei der PP darum, dass sich „die Psychologie wieder auf ihr Ziel besinnen sollte, Menschen zu einem produktiven und erfüllten Leben zu verhelfen“ (Auhagen, 2004, S. 49). Dieser von Seligmann (2003) mitbegründete Paradigmenwechsel der Psychologie stellt ebenfalls Wachstumseffekte des Menschen in den Vordergrund: Vermehrung und Förderung von Stärken, Fähigkeiten, Tugenden und Ressourcen, „Verminderung des so genannten Negativen“ und „Verbesserung der Lebensbedingungen“ gehen einher mit einer neuen Sprachkultur, die ebenfalls eine „positive“ Konotation für schwierige und belastende (eigentlich Kritik hervorrufende) Verhaltensweisen des Mitmenschen benötigen würde: „Wenig hilfreich, eher von Nachteil oder vielleicht unangemessen“ sind dort Redewendungen, die die demütigenden Kritikfloskeln ersetzen können.

Und doch handelt es sich bei diesem Konzept um eine „Passive Psychologie“, die über den Menschen hinweg denkt, urteilt, beschließt und letztlich reglementiert: „Darüber hinaus sollte die positive Psychologie ihre Angebote so gestalten, dass diejenigen, für die sie erarbeitet wurden, sie für einen echten Gewinn halten und von ihrem Nutzen überzeugt sind“ (Auhagen, 2004, S. 52). Es wird nicht gefragt, wie kann der einzelne Mensch sein Ich optimieren, sondern: „Wie kann die positive Psychologie zum Verlernen und Überwinden wenig hilfreicher Strategien, Gewohnheiten, Gedanken, Gefühle und Handlungsweisen im Alltag – z.B. Wut, Ärger, Stress oder negatives Denken – beitragen?“ (Auhagen, 2004, S. 52). Der Psychologe (Wissenschaftler) als Subjekt – der einzelne Mensch als Hoheitsträger seines Ichs als Objekt? Undenkbar für die Lobkultur! In der Lobkultur ist und bleibt die Psychologie eine Hilfswissenschaft für den Einzelnen, an der er sich bedienen kann, wenn er will, wie er will und wie weit er will. **Eine von vielen Hilfswissenschaften**, die ihm seinen Ich-Auftrag zu gestalten und zu lösen ermöglicht. Es geht niemals darum, dass die (positive) Psychologie sich zu anderen Formen der Psychologie positiv und für sich selbst als Konzept Gewinn bringend abgrenzt – es geht immer nur um den aktuellen Nutzen für den jeweiligen Menschen in seinem Kontext. Auch die Psychologie ist nur ein „Verkäufer“, ein „Anbieter“, der vom Kunden (Menschen mit seiner Ich-Aufgabe) gekauft oder eben auch nicht gekauft werden kann. Trotzdem: Sie liefert „Ideen für eine bessere Alltagspraxis“, sowohl für Einzelne als auch für Gruppen von Menschen und sie definiert in gewisser Weise schon einen „**Entscheidungsraum**“ für den Ich-Auftrag (Hoheitsrecht) des Einzelnen: „Jeder Mensch übernimmt bewußt die Verantwortung für seine Gedanken und Gefühle. Solange wir noch Sätze äußern, wie „Du bist schuld, dass ich mich schlecht fühle“, ist das Ziel nicht erreicht. Wir hören auf, uns in nicht konstruktiver Weise über andere zu beklagen und unser zwischenmenschlicher Umgang ist immer freundlich. Niemand schreit den anderen an (Auhagen, 2004, S. 52). Lobkultur jedoch geht über diese „nebeneinander gestellten Offerten“ sowohl strukturell als auch intensitätsmäßig hinaus: Lobkultur legt Schutz, Stolz und Sinnstiftung des einzelnen Menschen nur und ausschließlich in seine Hand. Lobkultur geht davon aus, dass die Menschen vor 300 Jahren, die Menschen heute und die Menschen in 300 Jahren immer die gleiche Aufgabe – jeder für sich und Gott für alle – einlösen müssen: Diesen verdammten Ich-Auftrag.

Dieser Ich-Auftrag ist obligatorisch, er ist undelegierbar, er ist nicht aufschiebbar, er kann nicht wirklich „reduziert“ betrieben werden, er ist lebenslang wachstumsorientiert (auch wenn das Leben nur kurz andauert), er geht von einer Normalverteilungskurve der Kompetenzentwicklung aus, wobei langsamer Aufbau und langwierige Kompetenznutzung in langsamen aber eben gleichsinnigen Abbau mündet und er lässt die Bilanzpflicht bei dem, der sie hat: Beim Ich-Verwalter! Schutzauftrag, Stolzauftrag und Sinnauftrag münden in dem – hoffentlich oft stark erlebten – integrativen Ich, in einer Wahrnehmung, dass es Sinn gibt, dass es mich gibt. In einer Wahrnehmung, die nicht nur als Zwischenbilanz, sondern hoffentlich auch als „Schlussbilanz“ auf einigen der letzten Atemzüge noch einmal das individuell Gewesene Revue passieren lässt: Mit einem Seufzer der Erhabenheit und mit einem Seufzer der Erleichterung: Es war wie es war, es war insgesamt gut. Es könnte, müsste und sollte irgendwie weitergehen, aber wer weiß – die Hoffnung stirbt zuletzt, auch (hoffentlich) nicht mit dem letzten Seufzer als solchem...?

Lobkultur weist dem einzelnen **Ich-Inhaber** keinesfalls von außen einen Auftrag zu: Sie definiert einen Auftrag, den jeder kaufen kann oder auch nicht. Trotzdem ist sie niemals passiv, liberal, nachgiebig, nachlässig, behutsam, rücksichtsvoll, antiautoritär oder gar unverbindlich – im Gegenteil: Sie ist gierig, autoritär im Anbieten, extrem unterstützend „nach dem Kauf“, permanent im Qualitätsregress (lebenslange Garantieleistungen) und im globalisierten Kontext ständig global an „Regelinnovationen“ und „Orientierungsinnovationen“ ausgerichtet. Lobkultur ist die Achtsamkeit schlechthin: Achtsamkeit für mich, Achtsamkeit für dich, Achtsamkeit für euch! Lobkuitur reagiert „**innerlich kleinlich**“ bei Lethargie, bei Phlegma, bei Nachlässigkeit, bei Unverbindlichkeit, bei Undankbarkeit, bei Unaufmerksamkeit und eben bei fehlender Anstrengungsbereitschaft für die eigene Größe: Wer sich gehen lässt, ist ein Aussteiger aus dem eigenen Ich und damit ein Aussteiger aus dem „**kollektiven sich Anstrengen**“ und damit ein Aussteiger aus dem gegenseitigen Friedensangebot. Aussteiger werden nicht reglementiert – sie werden aber immer wieder mit dem „**positiven, gierigen, anstrengungsbereiten** Vorbild“ konfrontiert. Sie werden Tag und Nacht zu jeder Sekunde, zu jeder Minute, zu jeder Stunde immer wieder und nachhaltig konfrontiert: Lässt du dich gehen, ist es dein Riesennachteil (auch du hast nur dieses eine Leben) – es ist aber auch mein Nachteil und es ist unser Nachteil. Wir haben uns nicht ausgesucht, dass wir zeitgleich und ortsgleich mit dir leben – es ist nun mal so. Von daher würden wir uns freuen, wenn **du dein Leben** ebenso ernst nimmst, wie ich mein Leben ernst nehme und wie wir unser Leben ernst nehmen. Lobkultur heißt immer wieder bitte, bitte, bitte! Lobkultur kniet nieder und betet an – Lobkultur kniet nieder und bittet nachhaltig. Lobkultur wird nie aufhören, zu bitten, dass der, der gerade „aufgibt“, wie neu in sein Ich-Anstrengungsmanagement einsteigt. Jeder Aussteiger bedeutet eine potenzielle Kriegsgefahr für das Kollektiv – jeder Wiedereinsteiger bedeutet eine kleine gegenseitige Friedensversicherung für uns alle. Je globalisierter umso dramatischer gilt diese „ultimative Wachstumsregel“ für jedes Wesen, das auf dieser Welt lebt. Der Satz: „Jedes Wesen ist mit einem anderen Geschöpf verbunden – jedes Wesen wird von einem anderen gehalten“, hat seinen Ursprung im Axiom der Lobkultur, dass jedes Wesen erst dadurch zu einem Wesen wird, indem es sich selbst als Wesen ernst nimmt. Oder: Wie soll ich einen anderen Menschen halten, wenn ich mich selbst noch nicht einmal aufrechterhalte, am Leben erhalte und mir Sinne und Freude für die Sekunde, für die Minute, für die Stunde schenke?

Globalisierte Welt und Bedrohung durch Ich-Diffusion: Gibt es eine Überlebenschance für das Lober-Ich? Der Ich-Auftrag für das „**Lober-Ich**“ lässt sich auf drei Ebenen beschreiben: Ich-Aufgaben, Ich-Funktionen und Ich-Instrumente (vgl. auch Kap. 1.2)

Organisation des Ichs
I. Ich-Aufgaben Stolz = Offensives Ich (Selbstwirksamkeit Schutz = Defensives Ich (Selbstverteidigung) Sinn = Transzendentes Ich (Selbstintegration)
II. Ich-Funktionen Größen-Training (Erster Teller) Geborgenheits-Training (Zweiter Teller) Hoffnungs-Training (Dritter Teller)
III. Ich-Instrumente 1. Ich-Grenzen (Portal) 2. Ich-Inhalte (Stolzhitliste) 3. Ich-Energie (Anstrengungsbereitschaft)

Der optimale Einsatz der Ich-Instrumente (Ich-Grenzen, Ich-Inhalte, Ich-Energie) erlaubt für den Künstler auf der Bühne seines Lebens, die **Ich-Funktionen** täglich einzulösen. Sowohl die eigene Größenwahrnehmung, also das tägliche Training der Selbstkompetenzen (1. Teller), sowie das Einlösen der Geborgenheitswahrnehmung (2. Teller) und – im Hintergrund – das Aufrechterhalten einer undogmatischen Weiterlebenshoffnung (3. Teller) sind das „Täglich Brot“ im lebenslang gültigen Sollbuch des **Ichs**. Für das **Größen-Ich** gilt zuerst einmal: Körper führt – Geist folgt. Bewegung macht schlau – das ist u.a. durch die Magnetresonanztomographie aktuell (wieder und wieder) nachgewiesen. Toben, jonglieren, joggen und jede andere Form von Ausdauersport bringen durch Bewegung das „Gehirn zum Wachsen“. Neben der funktionellen Magnetresonanztomographie wird auch über die Positronen-Emissionstomographie (PET) nachgewiesen, dass denkrelevante Gehirnareale hierdurch aktiv vergrößert werden und biochemische Vorgänge im Sinne einer „neurophysiologischen Beschleunigung“ vorankommen. Insbesondere der Hippocampus als Organisator des bewussten Erinnerungsvermögens und damit als „Arbeitsspeicher der Kognition“ wird aktiviert. Sowohl diese dynamischen Ausdauerbelastungen (Ausdauersport) wie auch visuell-motorische Koordination bringen Vorteile. Insbesondere diese so genannte aerobe Ausdauerarbeit aktiviert Gehirnbotenstoffe wie das Noradrenalin oder das Acetylcholin und kurbelt die Produktion von Proteinen im Kopf an. Hierdurch werden Synapsen im Gehirn verstärkt und teilweise neu gebildet – dies bringt insbesondere auch Vorteile bei älteren Versuchspersonen. Laufende Untersuchungen zeigen schon jetzt, dass wöchentlich 200 Minuten zusätzlicher Sportunterricht nicht nur das Denken, sondern insbesondere die Konzentration und das Gedächtnis verbessern (vgl. z.B. Kühner und Vaaler, 2004). Neueste Ergebnisse aus der Harvard-Universität belegen, dass Frauen im Alter von 70-81 Jahren (Versuchsgruppe: 20000 Frauen) mit einem Laufpensum von höchstens sechs Stunden pro Woche deutlich bessere Werte beim Denken, beim Wortgedächtnis und bei der Wortflüssigkeit sowie bei der Aufmerksamkeitsspanne erzielten als die Vergleichspopulation (vgl. Psychologie Heute, 2005, S. 62). Das Größen-Ich, also stolz sein auf meine kleinen Kompetenzzuwächse oder auf die Verringerung meiner Kompetenzabnahme im Alter – gerade im intellektuellen Bereich – hängt also auch und speziell von der täglichen körperlichen Anstrengungsbereitschaft ab. Jeder ist von daher Großmeister seines Stolzes auf sich selbst – oder Spielverderber beim eigenen Stolzerleben. Nicht nur, dass Körpertraining Geistesfunktionen beflügelt – auch der Körper bleibt gesünder, hübscher, attraktiver und „stolzaffiner“. Und: Wer sich anstrengt, ist allein deswegen auf sich stolz, **weil er diese Willenskraft aufbringt**. Allein das würde schon reichen, den inneren Schweinehund täglich als „Stolzgefährten“ zu gewinnen ....

Der zweite Teller, den der Künstler auf der Ich-Bühne zu bewegen hat, ist das **Geborgenheitserleben**, das Wir-Gefühl, das Eingebundensein in der Gruppe und das Gefühl, vom umgebenden (relevanten) Kollektiv geachtet, gemocht und nicht ausgestoßen zu werden. Auch bei diesem zweiten Teller gilt es, ständig „selbst

Hand anzulegen". Hierbei geht es nicht zuerst um das Bedürfnis nach Bewertung (jemanden zu bewerten, von anderen bewertet zu werden), sondern durchaus darum, sich fallenlassen zu dürfen, sich anlehnen zu können, sich ausliefern, hingeben und anvertrauen zu mögen. Probleme haben hierbei offensichtlich gerade Menschen mit einem hohen Bedürfnis, jeden und jede andauernd bewerten zu wollen und zu müssen: Das extreme Kontrollbedürfnis im zwischenmenschlichen Bereich steht quasi dem Wunsch nach „Eingebundensein" und eben nach Geborgenheit eher entgegen (vgl. auch Sonnenmoser, 2005, S. 18). Frühere Überlegungen, dass der Mensch die Gruppe braucht, um im Team besser voranzukommen denn als „intellektueller Einzelkämpfer", sind eher widerlegt: „Durch zunehmende Kommunikation mit anderen, durch das Zuhören und entstehende Wartezeiten wird die Ideenproduktion immer schlechter; die Anzahl und die Qualität der Ideen sinkt" (Otto, 2005, S. 8). Gerade beim Denken gilt, dass der Einzelne seine eigenen Ideen und Assoziationen besser zu Ende bringen kann, wenn er nicht durch Überlegungen anderer „infiltriert" und somit schon beim Gedankenfindungsprozess beeinflusst wird. Für den „**Geborgenheitsteller**", bei dem es in allererster Linie um Achtsamkeit für die Situation, die Gefühle, hier speziell für die Ängste und Wünsche des anderen geht, scheinen auf der anderen Seite dennoch „evolutionäre Überlebenswurzeln" eine Rolle zu spielen. Genauso wie beim „Größen-Ich" manifestiert sich hier die Dialektik zwischen spezieller Einzelfähigkeit des menschlichen Individuums einerseits und Überlegenheitssprung durch kommunikative Gruppenprozesse andererseits: In der Urhorde hatte jeder einzelne Mensch seine spezielle Fähigkeit und Aufgabe (gut sehen zu können, gut hören zu können, gut werfen zu können, gut als Pseudoopfer vor dem stärkeren Gegner – der dann zur potenziellen Beute wurde – vorweglaufen zu können, gut Geräusche nachmachen zu können, gute Kenntnisse über die Lebensgewohnheiten der anderen Tiere zu haben usw.) war genauso wichtig wie die Zugehörigkeit („Geborgenheit") zur Horde: Erst in der Synergie der Einzelfähigkeiten hat die menschliche Urgruppe dem stärkeren Gegner seine Schrecken nehmen und ihn als „Opfer" niederstrecken und „auffressen" können.

Die Vereinzelung vor dem Bildschirm – relativiert durch grenzenlose virtuelle elektronische Bildschirmkommunikation – redefiniert das offensichtlich im limbischen System tief verwurzelte evolutionäre Bedürfnis nach anfassen, fühlen, riechen, direkt hören und direkt sehen können (den anderen im sinnlichen Raum spüren können) immer wieder stärker: „Weil die Menschen jegliche Struktur verloren haben, können sie sich nur noch an dem Festhalten, was sie untereinander verbindet und das ist der freundliche zwischenmenschliche Umgang" (Rehrl, 2004, S. 42). Benimmunterricht an Schulen, Höflichkeit als oberste soziale Kompetenz und Überwindung der „strukturellen Rücksichtslosigkeit" ersetzen teilweise die familiären Auflösungserscheinungen und die Internetvereinzelung. Das tägliche Training des Größen-Ichs mit ständigem kleinen Zuwachs in all meinen Stolzkomponenten – in Vollkommenheit realisiert – ist nur die eine Seite der Medaille; gibt es parallel dazu keine Zeit für „Freundschaftsdienste", sinkt der Zugehörigkeitskoeffizient auf Null und fällt der „Geborgenheitsteller herunter", eben weil er zu wenig und zu selten auf dem Jonglierstab gedreht wurde, ist alles nichts – Einhundert mal Null ist Null! Die Idee von der emotionalen Intelligenz steht der Vereinzelung entgegen: „Wer seine eigenen Gefühle und die Gefühle anderer richtig wahrnimmt, wer sich verstehen und managen kann, lebt glücklicher und erfolgreicher (Ernst, 2005, S. 22). Um „Gruppenakzeptanz" und Sympathie der Gruppe für sich buchen zu können, ist die Fähigkeit, positive Gefühle wie Freude, Zuneigung, Neugier, eigene Zufriedenheit und Anerkennung der Leistung des anderen ausdrücken zu können, zentral. Das Zugehörigkeitsgefühl (Geborgenheitsgefühl) ist darüber hinaus unmittelbar relevant für die körperliche Gesundheit und für das allgemeine Sicherheitserleben sowie für die Beziehungsfähigkeit: „Emotional intelligente Paare zeigen sich häufiger als weniger kluge, wie wohl sie sich in der Gegenwart des anderen fühlen und wie gut sie ihn verstehen. So bestätigen sie immer wieder neu, dass er sie interessiert, sie nehmen Anteil an seinem Innen-Leben und teilen Freude, Glück, Humor und andere angenehme Emotionen mit ihm" (Ernst, 2005, S. 25). Menschen mit diesem „Geborgenheitswillen" meiden vor allen Dingen Beleidigungen, Kränkungen, Demütigungen, Streit und Konflikte: „Emotional intelligente Streiter kennen die 'Wenn-Dann-Abfolgen' von Auslösern, Emotionen und Gegenemotionen. Sie können vorhersagen, welche Worte welche Widerworte nach sich ziehen, welche Gefühlskaskade dann möglicherweise ihren verheerenden Verlauf nimmt. Vor allem können sie ihre eigenen Gefühlsaufwallungen, ihre gemischten Gefühle besser differenzieren: Was ist Wut oder gar Hass, was ist Enttäuschung, Scham oder Selbstmitleid?" (Ernst, 2005, S. 25). Um Geborgenheit immer wieder neu abzusichern und emotionale Intelligenz als „soziales Instrumentarium" (soziale Kompetenz) zu verbessern (vgl. auch Paulus, 2005, S. 27), sollten folgende Aspekte berücksichtigt werden:

1. Bleib bei dir, identifiziere deine Gefühle und versuche sie nicht durch eine unnötige Du-Botschaft auf andere Menschen zu projizieren: Es ist besser zu sagen, „Ich bin ungeduldig" als „Du bist langsam".
2. Bleibe immer wieder in der Rückkopplung mit dem anderen und frage nach, ob du ihn richtig verstanden hast und ob du seine Gefühle richtig „gelesen" hast.
3. Versuche, bevor du dich entscheidest, Gefühle vorwegzunehmen, die du haben könntest, wenn die Entscheidung von dir getroffen worden ist: „Wie werde ich mich fühlen, wenn ich diese Sache gemacht habe? Oder: Wie werde ich mich fühlen, wenn ich diese Sache nicht gemacht habe?"
4. Nimm den anderen als Gefühlsreflektor, wenn du über die eigenen Gefühle noch mehr Sicherheit haben willst: „Wie würdest du dich fühlen, wenn du dieses oder jenes tust oder nicht tust?"

5. Versuche nie, dich im negativen Gefühl festzubeißen oder es gar gegen dich oder andere zu inszenieren: Frage dich sofort, was du tun kannst, um dich momentan besser fühlen zu können, um deine Gefühlssituation durch sofortige eigene Handlung aufzuhellen.
6. Vermeide Kontakt zu Menschen, die dir deine Gefühle absprechen und glauben, dass sie besser wissen, was du fühlst als du selbst. Erlaube niemals einem anderen Menschen, ein positives Gefühl, das du in dir verspürst, in ein negatives Gefühl ummünzen zu wollen: „Du weißt doch noch gar nicht, wie schlecht es dir in Wirklichkeit geht."

Fällt der „Geborgenheitsteller" als gleichberechtigte Ich-Funktion zum „Teller des Größen-Ichs" herunter, ist der Ich-Auftrag insbesondere in „schweren Wassern" gefährdet: Momentaner Misserfolg, Verlust der Partnerschaft, eine Trauersituation, Krankheit oder Burnout definieren die Sucht nach Schutz, Unterstützung und geborgter Stärke und letztlich auch die Hoffnung, dass sich weggeschenkte Energie an die „parallel lebenden Individuen" vielleicht verzinst – vielleicht über Gefühle wie Treue, Dankbarkeit und Zusammengehörigkeitsgefühl als „soziales Bankkonto" bewährt?

Die Hoffnung auf ein gutes Gelingen der Ich-Verwaltung geht schleichend über in die Hoffnung auf das Transzendentale, die Hoffnung auf ein Weiterleben nach dem Tod in einer nicht definierbaren, nicht während des aktiven Lebens bestimmbaren oder gar konkretisierbaren (opperationalisierbaren) Form: Ich-Optimierung während des Lebens lebt auch und immer von diesem dritten Teller, dem Teller, hoffen zu dürfen, ohne glauben zu müssen. Hoffnung ist weniger als Glauben (Glauben ist ja wohl auch weniger als Wissen): Hoffen ist die göttesfürchtige Haltung vor der Frage nach Gott. Diese Fragehaltung des Menschen ist offensichtlich auch die Hauptunterscheidung zwischen Mensch und Gott: Während Gott weiß, dass es ihn gibt, ist er dann – wenn es ihn gibt – offensichtlich so anders als der Mensch, dass der einzelne Mensch (in den letzten 8000 Jahren in den sieben großen Weltregionen) noch **nie** einen Beleg für die Existenz oder einen Gegenbeleg für die (Nicht-)Existenz erlangen konnte. Der Mensch unterscheidet sich von Gott in Bezug auf die fehlende Gottessicherheit und in Bezug auf die Gottesbedürftigkeit: Während der Mensch während seines Lebens extrem hoffnungsbedürftig in Bezug auf Gott ist, kann er keine Aussagen über den Charakter, „das wahre Gesicht", die Meinungen, Motivationen, das Aussehen oder eben über die Anforderungen von Gott definieren. Er darf aber (weiterhin) hoffen – dies gibt ihm Kraft für die Gestaltung seines Lebensweges.

Der dritte Teller gibt Kraft für das Drehen der ersten beiden Teller – er gibt aber auch Entlastung in der letzten Phase des „Ausleitenden Lebens". Insgesamt gibt er ein gerütteltes Maß an Stabilität: „Religiöse Menschen sind weniger oft im Krankenhaus, haben einen niedrigen Blutdruck und scheinen besser gegen Herz- und

Kreislauf-Erkrankungen geschützt zu sein. Sie reagieren auf belastende Lebensereignisse und Krankenhausaufenthalte weniger häufig mit Depressionen. Wenn sie dennoch einmal depressiv werden, erholen sie sich meist in kürzester Zeit. Patienten, die glauben und beten, waren nach Operationen schneller wieder auf den Beinen und benötigen weniger Schmerzmittel. Menschen, die regelmäßig einer spirituellen Praxis nachgehen, verfügen über ein stärkeres Immunsystem. ...... Der Unterschied im Gesundheitszustand von Gläubigen und Ungläubigen ist ähnlich wie der zwischen Nicht-Rauchern und Rauchern". .... „wer Religion und Spiritualität gegenüber abgeneigt ist, hat ein gesundheitlich höheres Risiko als ein gläubiger Mensch, denn der Nicht-Gläubige verfügt über weniger Möglichkeiten, mit schwierigen Erfahrungen und Schicksalsschlägen umzugehen" (de Jong, 2005, S. 22).

Die Heilung eines Menschen von Krankheit ist die Hoffnung auf eine „positive höhere Kraft" für ein Mittel zur Genesung und kann sogar die Arzt-Patienten-Beziehung verbessern: „Ausschlaggebend sei dabei nicht, dass Arzt und Patient derselben Religion angehören, sondern vielmehr, dass sie grundsätzlich für spirituelle Themen aufgeschlossen sind und die Wirkkraft einer höheren Macht erkennen und in ihr Denken und Tun einbezieht" (de Jong, 2005, S. 24). Das gierige Bemühen auf Teller 1 und 2 (Größen-Ich; Geborgenheits-Suche) wird von dem 3. Teller (Gotteshoffnung) nicht ersetzt sondern ergänzt: „Tue alles, was in deiner Macht steht – überlasse dich dort, wo du keine Macht hast, der Hoffnung auf eine große Macht außerhalb deines Ichs, denn, wenn Gesundheit und Kraft zur Ersatzreligion wird, führt der Mensch einen Kampf 'gegen die Uhr des Lebens, der nicht zu gewinnen ist" (de Jong, 2005, S. 25). Auf der einen Seite benötigt der Mensch eine extreme Sicherheit in Bezug auf einen gesunden Körper, eine stabile Psyche und ein verlässliches soziales Umfeld (Teller 1 und 2) – auf der anderen Seite muss er bereit sein, zuzulassen, loszulassen, abzugeben, aufzuhören, sich auszuliefern und schließlich sich zu überantworten. Dieser 2. Teller (Hoffnung auf etwas großes Positives) gibt also sowohl Kraft für den Alltag (für den Ich-Auftrag, für die Ich-Optimierung) wie für die Versöhnung mit dem, was wir Leben (Lebenszeit, Lebensweg) nennen. Der 3. Teller ist das Salz in der Suppe der Ich-Optimierung. Entscheidend bei den drei Ich-Funktionen ist, dass dieser „3. Teller" nicht wieder geistige Anstrengung oder motivationales Dogma von dem Menschen selbst nachfordert: Er darf vertrauen, ohne zu wissen; er darf hoffen, ohne zu forschen; er darf sich hingeben, ohne spekulieren zu müssen. Die eigentliche Befreiung vom Wissen und vom Glauben liegt im Hoffen und besonders dann ist dies auch kein blinder Fleck des Menschen, sondern die höchste Form von Vertrauensfähigkeit für das Leben, für sein Leben, für mein Leben. Alle anderen „Aufträge in Bezug auf Gottesforschung" sind dann wirklich eine Überforderung des Einzelnen. Insofern muss insbesondere die hohe Auftragsdichte des Menschen in der Lobkultur durch eine Befreiung vom „zusätzlichen Forschungsauftrag in Bezug auf Gott" (vgl. hierzu z.B. Kohls, 2004) sichergestellt bleiben.

Die acht philosophischen Kernaufträge	
Auftrag (Ziele und Definition)	**Umsetzung** (Instrumente und Methoden)
1. Kontrollerleben entwickeln Verursachererleben verspüren	Bei Erfolgen: Internale Attribution Bei Misserfolgen: Externale Attribution
2. Kompetenz aufbauen Begabungen und Vorlieben durch Erstellung der persönlichen Stolzhitliste zum „Psychologischen Fingerabdruck“ verdichten	Willenskraft und Anstrengungsbereitschaft als Energie und Zeit auf die eigene Person lenken
3. Geborgenheitserleben sicherstellen Akzeptanz und Sympathieerleben als Grundlage von Zugehörigkeitsgefühl sicherstellen	Persönliche Vorlieben des/der anderen erkennen und unterstützen
4. Ich aufbauen Die drei Balanceteller ausgewogen bedienen. Architekt und Verwalter des eigenen Ichs sein	Abgrenzung zwischen Innen- und Außenwelt. Ich-Grenzen semiperiabel handhaben. Eigene Geniepunkte pflegen
5. Lebenszufriedenheit verspüren Ich-Integrität als Qualitätssicherung	Balance zwischen defensiven und offensiven Aufgaben herstellen. Wirksamkeit nach außen im Sinne von „konzentrischen Kreisen eigener Reichweite“ dosieren
6. Lebensberechtigungsnachweis individuell erbringen Sinnerleben täglich neu erarbeiten	Die vier Systemebenen bewusst durchleben. Bilanz ziehen: Warum gibt es Sinn, dass ich und gerade ich hier bin bzw. hier war?
7. Begrenztes Leben in weniger begrenztes Leben überführen Option auf „Weiterleben“ verspüren	Belohnung statt Bestrafung für andere sein: Den Staffelstab gerne weitergeben. Sich selbst als „Durchlauferhitzer der Evolution“ begreifen
8. Loslassen können Kontrolle abgeben und in Hoffnung überführen	Sich anvertrauen können, sich hingeben können, sich ausliefern können: Das einzige Sichere ist die Veränderung

Die Überlebenschance für das Lober-Ich in einem globalisierten Lebensumfeld gelingt, wenn weniger spekuliert und mehr gehandelt wird: Schnell das vorläufige Ziel bestimmen, sofort einige Infos aufnehmen, diese so bewerten, dass eine Entscheidung entstehen kann, und das Handeln wird gestartet – während des Handelns erneute Zielkorrektur, beständige Infoaufnahme, permanente prozessuale Entscheidungen und einfach weitermachen: Es gibt nichts Gutes, außer man tut es. Die acht philosophischen Kernaufträge versuchen, den Menschen aus seinem Los als „Dauerspekulierer“ (das Leben besteht aus Mutmaßungen über das Leben; W. Stevens) zu befreien und ihm die Macht über sich selbst (Ich-Hoheit) anzubieten. Ich-Aufgaben, Ich-Funktionen und Ich-Instrumente lassen diesen unseren Job lösbar erscheinen.

Sollte einer von uns ausscheren, sollte er seinen Job nicht annehmen, sollte er die Kernaufträge nicht kennenlernen oder umsetzen wollen, ist das für uns alle schwierig. Wer nicht dafür sorgt, dass er sich als Verursacher, als Eingebundener und als Hoffender fühlen darf, macht nicht nur „Krieg im eigenen Ich“ – gibt es mehrere davon, steigt die Kriegsgefahr für alle!

8.2 Sind Kritik und Krieg doch das zyklische Gesetz menschlicher Sucht nach „Wiederaufbau“?

Nach Krieg kommt Frieden, nach Frieden kommt: „Ich-Optimierung“. Der epochale Zyklus von Krieg und Frieden – bezogen auf die Hochkulturen, die sich selbst überwunden haben und die durch „das Stärkere, das Bessere“ abgelöst wurden, scheint sich auch im Menschen selbst (im inneren Ich) abzuspielen. Der Mensch als zyklisches Natursystem mit Ebbe und Flut, mit Schwäche und Stärke, mit Hoffnung und Resignation ausgestattet, „zykelt so vor sich hin“. Den Unterschied in einem global vernetzten Informationsumfeld macht die Kenntnis über die Ich-Zyklen und über die Zyklen gesellschaftlicher (staatlicher) Systeme: Folge dem Zyklus und du optimierst dein System! Im Abschwung demütig, dezent, abwartend, Hilfe annehmend, bescheiden, zurückhaltend und im Aufschwung gierig, bemüht, motiviert und dann auch freigiebig: In der Lobkultur wird **das Entweder-Oder in jeder Beziehung aufgelöst**. Der zyklische Abschwung ist der Anlauf zum Aufschwung: Beides gehört zum Ich-Auftrag.

Den Ich-Auftrag hat jeder Mensch per se – die Ich-Optimierung muss er sich jeden Tag wieder neu hart erarbeiten.

Die Frage, warum der Grundbaustein von Frieden (Frieden im Ich) und somit die ultimative Aufgabe eines jeden lebenden Menschen immer wieder mit „Aufträgen mittlerer Reichweite“ vermischt und somit konfundiert wird, bleibt offen, soll hier und jetzt aber ein für alle Mal geklärt werden. Der Frieden im Ich als Grundlage für den Frieden zum anderen, hängt einzig und allein mit der Annahme des Ich-Auftrages (Ich-Optimierung) auf Grundlage der Lobkultur zusammen. Was anders als Ich-Optimierung hätte der Mensch sonst auf der Welt zu tun? Gerade in einer globalisierten Welt muss, darf, kann und sollte er sich mit diesem Auftrag auseinandersetzen. Der Dialog, um die Wichtigkeit der Ich-Konstruktion als Zentrum und Ausgangspunkt aller anderen Anläufe darzustellen, könnte lauten: *Wozu brauchst du Globalisierung?* Für mehr Informationen. *Wozu brauchst du mehr Informationen?* Für bessere Entscheidungen. *Wozu brauchst du bessere Entscheidungen*? Um mein Verhalten besser zu kontrollieren und anpassen zu können. *Wozu brauchst du eine verbesserte Verhaltensanpassung?* Um mein Leben besser leben zu können. *Warum willst du dein Leben besser leben?* Damit es Sinn gibt, dass ich geboren wurde, dass ich da bin und dafür, dass ich in Frieden gehen kann. Also dafür, dass mein Ich während der Anwesenheit auf dieser Welt gut funktioniert.

In der Globalisierung gibt es mehrere „Risikohorizonte" für die Umsetzung dieses Ich-Auftrages:

1. Informationsüberflutung (für das optimierte Ich heißt es ja: Weniger ist mehr)
2. Entwurzelung (ständige Mobilität lässt Verbindlichkeit im Ich und mit anderen auch zur sozialen Diffusion verkommen).
3. Ich-Entfremdung (immer weniger Menschen möchten über immer mehr Menschen stellvertretende Ich-Kontrolle, also Macht über den anderen, ausüben).

Die Friedensverheißung in der Globalisierung über das einzelne Ich, durch das einzelne Ich und letztlich **für alle Ichs** hingegen lautet: Jeder Mensch hat den gleichen Auftrag, jeder Mensch hat das gleiche Interesse, jeder Mensch muss die drei Ich-Aufgaben, die drei Ich-Funktionen und die drei Ich-Instrumente optimieren, also, lasst es nicht zu, dass das Du über das Ich Macht bekommt, ohne dass das Ich hierfür ein Mandat gibt. Weltweit. Über alle Zeiten globalisiert!

Menschen, die über andere Macht ausüben wollen, bevor sie Macht im eigenen Ich haben, sind verdammte, hinterlistige, fiese und impotente Kriegstreiber. Menschen, die ständig ihren Machtauftrag vor Augen haben und ihr Ich lebenslang optimieren, können anderen Menschen in Situationen, wo diese hilfsbedürftig sind, in sehr solidarischer und sehr loyaler Weise Kraft und Energie (Kompetenz, Trost usw.) abgeben. Sie sind Friedensstifter für ihre jeweilige soziale und regionale Umwelt, weil sie täglich Frieden mit sich selbst (Frieden mit ihrem Ich, Frieden in ihrem Ich) schließen. Macht über mich bedeutet Frieden, Macht über dich bedeutet Krieg. Die Globalisierung erlaubt, den hoheitlichen Ich-Auftrag jedem Menschen als Aufgabe anzutragen, so dass er sie kaufen kann. Kauft er sie, kauft er Frieden in sich und um sich, kauft er sie nicht, riskiert er Krieg, Destruktivismus und dann auch die globale Zerstörung (über globale Ich-Entfremdung).

Die **Ich-Instrumente** (Ich-Grenzen, Ich-Inhalte und Ich-Energie zur Wiederholung und Internalisierung der wichtigsten Basics innerhalb des Ichs) stellen die Grundlage dafür da, dass sich der Mensch im globalen Weltgeschehen nicht verliert, sondern immer wieder neu seine Konfiguration erkennt, versichert und stabilisiert. Die Verführung im Zeitalter der Aufmerksamkeit – beziehe Aufmerksamkeit auf dich, egal wie – führt hingegen eher zu einer extremen Oberflächlichkeit, zu einem Wandel in der Gefühlskultur und zu einem theatralisch-emotional aufdringlichen Verhalten. Diese scheinbare Verpflichtung zum persönlichen Eindrucksmanagement – das Menschenwesen als scheinbar guter Gefühlsarbeiter, der aber vor allen Dingen als Schauspieler seine Gefühle „nach außen verkauft" – hat seine Entsprechung in der Bezeichnung des Histrio (wobei es einige Übereinstimmungen zum Bild der „Borderline-Störung" gibt) gefunden: „Der Histrio ist aber nicht nur ein guter Darsteller wechselnder Gefühle; vielmehr gelten als weitere Charaktermerkmale seine schnelle Erregbarkeit, auch Aggressivität und Halsstarrigkeit, verführerisches Verhalten oft verbunden mit sexuellen Problemen, Suggestibilität und aktive Abhängigkeitstendenzen, ferner Egozentrismus, emotionale Labilität und theatralisches Verhalten" (Winterhoff-Spok, 2005, S. 31). Mit den Mitteln der Ich-Instrumente bei sich zu bleiben und sich zu spüren, ist vielleicht die beste Versicherung, diesem Typus eines „neuen Sozialcharakters" nicht zu verfallen. Die zu Grunde liegende Bindungsunsicherheit, die mit sich auflösender Familie, mangelnder mütterlicher und väterlicher Zuneigung und dann insbesondere ausweichendem läppischen Verhalten zusammenhängen, ist Grundlage für eine „parasoziale Beziehungsaufnahme", wobei diese Scheinbeziehungen insbesondere über passiven und aktiven Fernsehaustausch (meine Serie ist meine Familie, die Wiedererkennung ist hoch) stattfindet: „Das Fatale daran ist jedoch die Wirkung der Auftritte bei den anderen: Die 20.000 Underdogs auf dem Bildschirm vermitteln den Millionen Underdogs vor dem Bildschirm den Eindruck, auch sie könnten wenigstens für eine halbe Stunde berühmt sein, wenn sie sich nur bizarr, schrill und auffällig genug inszenieren" (Winterhoff-Spok, 2005, S. 34). Bei Menschen mit Borderline-Störung, die sich ebenfalls durch dominant-grenzüberschreitendes und beziehungslos-bindungsloses Verhalten auszeichnen, steht ebenfalls die „Angst vor Auflösung" und die „Angst vor gänzlicher Unwichtigkeit" im Vordergrund der Ich-Problematik: Unter der scheinbar unverletzlichen Maske stellt die extreme, oftmals diffuse allgemeine Angst und die „spezielle Vernichtungsangst" die Grundbelastung dar. Offensichtlich sind die Netzwerke im Gehirn dieser „Grenzübertreter" schon in der frühen Kindheit stärksten Stressbelastungen ausgesetzt gewesen, so dass insbesondere die dominante (meist linke) Hirnhemisphäre beeinträchtigt wurde und diese Menschen gerade unter Angst nicht ehrlich, echt und direkt (einsichtig, planvoll) kommunizieren können: „Vermutlich verändern sich aber vor allem jene Regelkreise, die das Gefühlsleben steuern – also das limbische System – bei Borderlinern .... . Insbesondere ist das Angstzentrum, die Amygdala bei Borderline-Patienten ungewöhnlich leicht erregbar" (Dulz, 2003, S. 25). Gerade Lob und Belohnung, gerade anhaltende und nicht entzogene emotional stützende Aufmerksamkeit kann die „neuronalen Netzwerke" neu zu verschalten helfen und die Ich-Struktur des Patienten zu festigen. Die Bereitschaft, mit anderen Krieg zu führen, andere zu unterwerfen und anzugreifen, ist bei einer solch emotional instabilen Persönlichkeit jedoch deswegen so nachhaltig und resistent, weil das Festhalten an den provokativen und kritiksüchtig-bestrafenden Kommunikationsstilen bisher immer wirksam war. So müssen also Borderline-Patienten quasi verführt werden, das alte Abschreckungsmuster (den anderen von sich wegdrücken, damit er bloß nicht positiv reagiert) freiwillig aufzugeben: „Viele Borderline-Patienten können gut mit Druck und Reglementierung umgehen, müssen aber erst lernen, mit Zuwendungen und Akzeptanz zurechtzukommen. So versucht ein Borderliner häufig, andere dahin zu bringen, ihn so zu behandeln, wie er es von seinen Eltern in früheren Beziehungen gewohnt ist“ (Dulz, 2003, S. 27). Das Ich-Management der Histrios und der Borderliner (Reinert, 2004) muss also konsequent an Selbstbelohnung orientiert sein, damit unbewusste Selbstbestrafung, aber insbesondere die Lust daran, für andere eine nachhaltige Bestrafung zu sein, im Ich des Selbst-Peinigers aufgelöst und unwichtiger werden. Andere erst einmal nicht so wichtig zu nehmen (Ich-Grenzen), die eigene Stolzhitliste neu zu justieren und sich in die oberen Module zu verlieben (Ich-Inhalte) und die Energie erst einmal innerhalb des Ichs zu belassen und durch tägliche Wiederholung kleine Fortschritte spüren, ist auch und gerade für diese „Grenzüberschreiter“ ein Weg vom (inneren und äußeren) Krieg zum Frieden. Nicht nur bei „Erklärung des Bösen“, also des Krieges zwischen den Menschen (oder des Krieges zwischen den Kollektiven, also z.B. den Kulturen) hilft die Lobkultur, das künstliche „Entweder-Oder“ in ein funktionierendes „Sowohl als auch“ zu überführen. Dies gilt natürlich bei der Frage, ob der Mensch ein irdisches Wesen mit ganz realen Aufträgen oder eine überirdisch-esoterisch „mystifizierende“ Kreatur ist.... . Die Auflösung dieser Schein-Entscheidungs-Frage (Entweder-Oder) schafft die Lobkultur aber auch bei der Einordnung, ob der Mensch ein egoistisch-narzisstisches, selbstsüchtiges Einzelwesen oder ein Sozialwesen mit solidarischem Kollektivgewissen ist: Nach dem Geburtsschock (von freiwilliger Aktion kann man ja wohl kaum sprechen, wenn das Baby „auf den Markt geschmissen wird“) benötigt der kleine Mensch als absoluter Nesthocker nicht nur Bindungssicherheit, sondern insbesondere Versorgungssicherheit. Als „passives Sozialwesen“ ist es zu 100 Prozent auf das Annehmen „kollektiver Geschenke“ angewiesen, um zu überleben – es gibt sehr wenig zurück. Das Bedürfnis nach vorbehaltloser Liebe und bedingungsloser Akzeptanz definiert ein ultimatives Ausgeliefertsein an die Güte, Gnade und auch „Potenz“ der in diesem Moment gerade anwesenden und eben „bereitwilligen“ sozialen Umwelt. Bevor der Mensch sich viel später dann selbst zu einem „aktiven Sozialwesen“ (abgebendes System) entwickelt hat, benötigt er mehrere „Ich –Etappen“ (aufnehmendes System; sich verdichtendes System), indem er die Geberpotenz in das eigene Ich einlagert, um sie dann (in einem nicht unerheblich Stolz erweiternden Sinne wiederum für das eigene Ich) nicht nur zurückgeben, sondern auch in das kollektive Umfeld weit streuen zu können und zu wollen.

Um das „**Böse**" verstehen zu können, wird in der Lobkultur beschrieben, wie der Mensch durch seinen Ich-Auftrag „das Gute" in sich aufnimmt, verkörpert und tatsächlich lebt. Niemals hat ein funktionierendes Ich Zeit für die Zerstörung, für die Organisation des Bösen, für die Verweigerung des Abgebens an andere, denn auch und gerade hierdurch beweist sich das Ich seine Potenz und damit seine Lebensberechtigung. Von daher ist gerade der Weg ins Gute, der Weg ins Solidarische, der Weg ins Loyale, der Weg ins Gerechte und damit der Weg ins Unterstützende (den anderen unterstützen und dabei mich selbst weiter trainieren und dabei auf mich selbst stolz sein) über die „Ich-Optimierung des Einzelnen der Weg zur Auflösung des Bösen.

Loben statt Schlagen meint nicht, dass jede Naturkatastrophe (die sich ja nicht aus den Defiziten des anderen Ichs erklären lässt) vermeidbar oder überwindbar ist. Von daher erscheint auch die „Beweisführung" von Neimann (2004) unsinnig, wenn das Erdbeben in Lissabon aus dem Jahre 1755 – das den Optimismus der europäischen Aufklärung zerbrochen haben soll, weil die Erklärbarkeit der natürlichen Welt hierdurch in Frage gestellt war – und die Massenvernichtung europäischer Juden „in einen Topf geworfen werden". Das menschengemachte Böse ist durch Lobkultur und Ich-Optimierung vermeidbar – das Ausgeliefertsein des Menschen in Bezug auf Millionen waltende Naturgewalten eben nicht. Anders ausgedrückt: Als Anti-Gewalt-Trainer, als existenzialistischer Philosoph oder einfach nur als „dein Ich, das über dein Ich bestimmt", benötigst du in der Lobkultur wenig Aufmerksamkeit und Energie für die Abschaffung des Bösen: Es reicht, wenn du dich auf deinen Geniepunkt und den Geniepunkt deines Mit-Menschen konzentrierst – dann wird sowohl das Bedürfnis wie der (zeitlich-energetische) Raum und so auch das Wirken des Bösen „automatisch" weniger. Positiv ausgedrückt: In der Lobkultur gibt es eine „Orientierungslinie" für gradliniges, mutiges, couragiertes und „fremdgerechtes, weil selbstgerechtes" (friedliches) Verhalten. Nach Heuer (2002) lassen sich couragierte, mutige und friedliche Menschen vor allen Dingen an dem Bedürfnis der „Wiederherstellung des inneren Gleichgewichtes" bei äußerlich bedrohlichen Situationen identifizieren. Hierbei richtet sich ihr Handeln erst einmal noch gar nicht an primär moralisch-ethischen Maßstäben aus, sondern an direkt spürbaren eigenen vitalen Interessen. Hierbei lassen sie sich nach dem Motiv von Wertschätzung, von Anerkennung, von Gerechtigkeit und von Meinungs- und Bewegungsfreiheit leiten: „Zivilcourage ist die Tugend, mit deren Hilfe die verzerrten zwischenmenschlichen Beziehungen wieder hergestellt werden sollen. Sie ist neben Gerechtigkeit, Klugheit und Mäßigung eine jener öffentlichen Tugenden, die im klassischen Verständnis das Handeln leiten sollten" (Heuer, 2002, S. 53). Gerade bei dieser Fragestellung – Was treibt die Tapferen? – zeigt sich, dass auch hier das scheinbare „Entweder-Oder" (Egoismus oder Altruismus) in ein ganzheitliches Konzept der Ich-Optimierung überführt werden kann und muss: Freiheit ist dann nicht als Begründung für Gleichgültigkeit und Liberalität zu verstehen, sondern als Voraussetzung für die eigene Ich-Entwicklung und damit als „Entwicklungsraum", den jedes Ich für sich und für jedes andere Ich durch Zivilcourage zu verteidigen hat. Gemeinsame Entwicklungs-Freiheit ist also der Raum, den das Ich für seinen lebenslangen Ich-Auftrag benötigt, um am Anfang des Lebens vom Du etwas annehmen und in der Mitte des Lebens dem Du etwas schenken zu können. Scheinbarer Egoismus als Grundlage für gelebten Altruismus, also etwas großzügiges Abgeben bis hin zur Übergabe des Staffelstabes und dem „freundlichen letzten Zuwinken beim Ausleiten und beim finalen Verlassen der Szene".

Lobkultur als Friedenschance vereint also einen hohen Gerechtigkeitsanspruch, ein hohes Bedürfnis an Freiheitsgraden für die Einlösung des Ich-Auftrages eines jeden Menschen mit einer extremen Fürsorge, die wiederum (als Rückmeldeschleife) dem Stolzerleben und dem „Berechtigungserleben" des Ichs zugute kommt. Der Kreis zwischen individuellen Anstrengungen und kollektivem Funktionieren schließt sich: Frieden ist nicht nur beschrieben, Frieden ist nicht nur erklärt, Frieden wird über die Einlösung des Ich-Auftrages in jeder einzelnen Lebenssekunde von jedem einzelnen Ich konstruiert (oder bei Ich-Verweigerung nicht konstruiert).

Kritik und Krieg sind überflüssig: Es bedarf keiner zyklischen Sucht nach Wiederaufbau: Es bedarf der permanenten Sucht und Gier nach Kompetenzzuwachs und Genuss. Ich-Optimierung ist eine Sucht nach Wachstum und Zuwachs, eine positive Sucht, die nie ein Ende findet. Die tägliche momentane und gegenwärtige Selbstbestätigung durch den kleinen Zuwachs, durch die eigene Anstrengungsbereitschaft, durch die eigene Willenskraft, führt zu einem sehr guten Gefühl von Erleichterung, von Stolz und von Sinn: Die Quälerei hat sich ausgewirkt, hat einen Zweck, hat ein Ergebnis (in mir). Suchterleben als intensives Emotionserlebnis, als Hochgefühl, das Gefühl für die „frische Kraft, die den Körper durchflutet", als endorphine Euphorie, als Jubelwunsch in mir selbst, als Triumph über den Gegenpol (nichts tun als Zeitverschwendung, als vorweggenommener Tod, als vorweggenommenes im Grab liegen, als vorweggenommene finale Passivität) ist eine Sucht nach Leben. Sie stellt sich ein, wenn nach langer holpriger Wegstrecke, nach immer wieder sich selbst überreden, durch ständigen eigenen Zusprung (du wirst es schaffen, mach weiter) und sich dann irgendwann die Leichtigkeit des Seins beim „Permanentsportler" (nicht beim Extremsportler, beim ständigen Sportsteigerer) einstellt: Das Erlebnis nach einer langwierigen und guten Vorbereitung und nach einer ständigen Beachtung der inneren Durchhalteparolen ist es letztlich, was **Glück** ausmacht: „Und wenn er während des Rennens merkt, dass alles so klappt, wie er sich das vorgestellt hat, macht ihn das glücklich. Wir alle kennen dieses Gefühl, wenn wir Hindernisse überwinden und uns einem großen Ziel nähern. Wenn es einfach – und im Wortsinne – läuft" (Fetten, 2005, S. 67). Das große Ziel ist hierbei das kleine Ziel: Der gegenwärtige – allgegenwärtige – Moment meines Weiterarbeitens, meines Weitertuns, meines Weitertrainierens, meines „Weiterquälens", meines Weitervorankommens und meines Weiterlebens: „Mein Erleben der Gegenwart", die Ode, dass ich auch diesen gegenwärtigen Moment noch erleben darf.

Die große Verarschung der „Anpassungspädagogik“, der defensiven und auf Verzicht und Unterordnung ruhenden Kritikkultur, liegt in der Verschiebung von der Gegenwart auf die Zukunft (gerade für die Kinder, für die neuen Menschen, für die, bei denen „Pädagogik“ gilt): „Die Zukunftsorientierung auf das Berufsleben entwertet in radikaler Weise die Gegenwart. Die Kinder sollen auf Vorrat lernen und ihre Gegenwart nur als Mittel für spätere Zwecke begreifen. Das kann nicht gut gehen. Weil Schüler die Entwertung ihrer Gegenwart nicht mitmachen, werden Lehrer sich immer wieder mit Disziplinlosigkeit und mangelnder Motivation herumschlagen müssen. Die Schule hätte die Aufgabe, selbst schon lebenswert zu sein. In der Gestaltung der Gegenwart erwerben Schüler die Fähigkeiten, die sie zukünftig benötigen (Beck, 2005, S. 53). Solange „Bildung als Vermittlung verwertbarer Qualifikationen für den Arbeitsmarkt“ (Beck, 2005, S. 53) verstanden wird und Schüler als „Humankapital, Rohstoff und Ressource für die Zukunft eines Wirtschaftsstandortes“ (Beck, 2005, S. 53) dienen, werden Destruktivität, Zerstörungssüchte und Süchte nach künstlichen Hightlights und damit „Krieg gegen mein eigenes Ich“ und damit wiederum „Krieg gegen dein Ich“ weiter zementiert. Künstliche Süchte – also Endorphinbeschaffung durch „Überbrückungskabel“, wie sie durch stoffliche Substanzen (Drogen) wie z.B. Alkohol, Amphetamine, Benzodiazopine, Cannabis, Kokain, Halluzinogene, Opiate, Nikotin und Designerdrogen wie Ecstasy zur Zeit von vielen einzelnen Gehirnen (deprivierten kognitiven Ich-Schaltstellen) benötigt werden, aber auch nicht stoffgebundene destruktive Süchte (Sexsucht, Spielsucht, Autorennsucht) werden als „kriegsaffine Ersatzdrogen“ überflüssig. Der Kompensationscharakter einer solchen destruktiven Sucht, die entsprechenden Entzugssymptome, der Steigerungsfaktor, die einhergehende Missachtung von Krankheitssignalen und der oft einhergehende soziale Verfall (Zerrüttung von Beziehungen) sowie der extreme Kontrollverlust werden dann überflüssig, wenn sich der Mensch zur **positiven Sucht** nach eigener täglich überschaubarer und „kontinuierlich-bescheidener“ Kompetenzerarbeitung „bekennt“. Die Sucht nach ständigem „kleinen Ich-Wachstum“ und die gleichzeitige Gier nach täglichem und stündlichem Genuss des „offensiv-funktionales Ichs“ ist Grundlage von abgeben Können und Großzügigkeit. Gleichzeitig bedarf der Mensch nicht eines „künstlichen Verzichts“, weder in Bezug auf eigene Anstrengung noch in Bezug auf eigene Größenwahrnehmung, noch in Bezug auf offensiv-abgeforderte Geborgenheit, noch in Bezug auf anderweitigen direkten Genuss: Er hat es verdient. Vor allen Dingen dann, wenn er sich dieser täglichen (Ich- und Friedens-) Herausforderung stellt. Dann hat er es nicht nur verdient – dann hat er es auch nötig: Ohne dies könnte er nicht das Benzin (die Energie) für den nächsten Morgen, für den nächsten Tag bereitstellen. Das muss er aber, um Friedensapostel und eben nicht Kriegstreiber zu sein!

Wann ist Sucht wachstumsfördernd? Was haben die „Verhaltenssüchte“ gemeinsam mit dem Bemühen des **Genies** um die Entwicklung seiner Sonderbegabung oder gar mit „**Charisma**“?

Neben den alten „Süchten und Abhängigkeiten", die an die Einnahme einer Droge gekoppelt werden, gibt es „neue", ohne den Einsatz einer psychotrop wirkenden Substanz entstehende, so genannte stoffungebundene Süchte. Denn: Jedes Interesse kann in eine süchtige Entwicklung einmünden, wenn es affektiv aufgeladen und verwandelt wird in einen schwer zu steuernden, anhaltenden Affekt, der in der Umgangssprache z.B. als Gier, Wut oder Leidenschaft beschrieben wird (vgl. Poppelreuter u. Gross, 2000).

1. Spielsucht

Sucht ist nicht an einen Stoff gebunden, sondern das Wesentliche ist die psychische Abhängigkeit und diese ist gleich bei stofflichen Drogen wie bei der Glücksspielsucht. Es geht dem Süchtigen nicht eigentlich um die Substanz, sondern um die Wirkung (vor allem Rausch, Betäubung, Realitätsflucht).

2. Esssucht

Magersucht, Ess-Brech-Sucht und Esssucht sind vor allem bei jungen Frauen häufige Erkrankungen. Sie sind u.a. mit einem hohen Chronifizierungsrisiko bei gleichzeitig stark eingeschränkter Lebensqualität verbunden.

Kriterien einer Esssucht-Erkrankung:

- Das Denken dreht sich ausschließlich um die Droge Essen / Nicht-Essen.
- Entstehung einer Toleranzentwicklung (Gewichtskorrektur nach unten).
- Auftreten einer Entzugssymptomatik (Gewichtsphobie).
- Schädliche Folgen für die Betroffenen (psychisch und physisch).

3. Arbeitssucht

Bei der Abgrenzung der Arbeitssucht von nicht süchtigem Arbeitsverhalten ist der Begriff „Kontrollverlust" von zentraler Bedeutung, d.h., das Maß an Wahlfähigkeit und Willensfreiheit im Arbeitsverhalten. Der Arbeitssüchtige arbeitet dranghaft verbissen, kann nicht loslassen, entspannen und die Früchte seiner Arbeit genießen. Sein Erleben und sein Bewusstsein sind ständig durch Ziele als Resultate eines linearen Arbeitsprozesses okkupiert. Dabei sind Beherrschung und Lenkung der inneren und äußeren Umwelt bei ihm Ausdruck der gegen das eigene Selbst gerichteten Aggression. Es geht dem Arbeitssüchtigen in erster Linie um die Abfuhr aggressiver Energie und nicht um Lustgewinn.

4. Sexsucht

Die unter der Begrifflichkeit Sexsucht behandelten Problembereiche sind nicht neuartig (Liebes-, Lust-, Huren- und Geilsucht, Don-Juanismus und Nymphomanie). Früher wurden sexuell exzessives Verhalten und entsprechende Gedanken im psychiatrischen Kontext als Symptom zugrunde liegender psychiatrischer Störungen begriffen, heute entwickeln sich zunehmend konzeptionell eigenständige Krankheitsmodelle unter dem Dach des Suchtkonzeptes. Als gemeinsame Kennzeichnen vielfältigen sexsüchtigen Verhaltens und stoffgebundener Abhängigkeiten gelten folgende Faktoren:

- Kontrollverlust
- Schädlichkeit
- Zwanghaftigkeit
- Destruktivität
- Leidensdruck
- Bewältigungsversuche
- Dosissteigerung
- Emotionale Destabilisierung
- Dominanter Verhaltensbereich
- Einengung des Verhaltens.

5. Kaufsucht

Kernaussage: Das Kaufen kann suchthafte Formen annehmen. Es dient der Kompensation einer inneren Leere und eines niedrigen Selbstwertes. Erst wenn die vier Suchtmerkmale

- Unwiderstehlich erlebter Drang,
- Abhängigkeit von Suchtobjekten bis hin zum Verlust der Selbstkontrolle,
- Tendenz der Dosissteigerung,
- Auftreten von Entzugserscheinungen,

im Kaufverhalten klar ausgeprägt sind, liegt ein süchtiges Kaufverhalten vor.

6. Sportsucht

Extrem- und Risikosport kann zur Sucht werden, wenn die Grenz- und Risikosuche zum dominanten, das Leben beherrschenden Bedürfnis wird und die leidenschaftliche Bindung an den Extrem- und Risikosport in zwanghaftes Verhalten wie Besessenheit und „nicht davon loskommen können", umschlägt.

Der Unterschied zwischen Ausdauerbindung und Ausdauersucht muss beachtet werden. Merkmale für Ausdauerbindung:

- Das Motiv zum wiederholten Training ist ein wichtiges aber nicht zentrales Motiv.

- Sportimmanente Ziele (Leistungsverbesserung durch Training bei Wahrung der Gesundheit) stehen im Vordergrund.
- Selbstregulierte sportliche Tätigkeit und nicht ein damit im Zusammenhang stehendes „High-Erlebnis" ist Ziel des Trainings.

Merkmale der Ausdauersucht:

- Ausdauersport ist zum zentralen Motiv mit Fixierungscharakter geworden,
- Vermeiden von Entzugssymptomen (Erledigungszwang),
- Dosissteigerung,
- Starke, psycho-physiologische Entzugserscheinungen bei Nicht-Betreiben des Sportes,
- Mißachtung der körperlichen Signale bei Überbelastung,
- Sozialer Verfall,
- Sportliches Verhalten kontrolliert Menschen, nicht umgekehrt.

7. Mediensucht

Jugendliche und Heranwachsende können den bewussten Umgang mit Medien erlernen. Aber wichtiger ist die Erkenntnis, dass zum Leben Frustrationen und Krisen gehören, denen man sich stellen muß. Zieht man Medien als Mittel zur Alltagsbewältigung heran, um sich selbst zu heilen, kann man diesen Helfern irgendwann hilflos ausgeliefert sein.

Von Kino-, Fernseh- und Computersüchten zu reden, erscheint populistisch und vordergründig zugleich. Nicht die Angebote machen abhängig, es sind persönliche und biographische Umstände, die die Medien zu zentralen Lebensinhalten machen.

Die Abhängigkeit von Medien macht sich nicht an Zahlen fest (Einschaltquoten, durchschnittliche Sehdauer u.a.), sondern sie ist eine Frage der Motive, mit der man in die Welt der Medien eintritt: Wer Medienangebote genießen kann, zieht aus ihnen Gewinn, wer sie konsumiert, sie sehnsüchtig braucht und in die Medienflut eintaucht, macht sich und sein Wohlbefinden davon abhängig.

8. Esoterik- und Sektensucht

Dieser Sucht bzw. Abhängigkeit liegt das „Interaktionsmodell" zu Grunde. Es besagt, dass die Abhängigkeit von einer (neu-)religiösen Gemeinschaft das Ergebnis einer Interaktion zwischen einerseits der psychischen Prädisposition des einzelnen Mitglieds und andererseits der offenen und verdeckten Angebote der Gruppe ist.

Eine Unterscheidung zwischen kompensativem Suchtverhalten mit hohem Abhängigkeitscharakter und zunehmendem Leidensdruck einerseits und einer **positiven konstruktiven Sucht**, die andererseits süchtig nach eigenem Wachstum macht, fällt auf Grund einer allgemeinen **Suchtdefinition** schwer.

Denn: Die „**Belastungsfaktoren**" für die Person (für das Ich) stehen im Vordergrund fast jeder Betrachtung „süchtigen Verhaltens" (vgl. auch Vetten, 2005):

1. *Fixierungscharakter:* Der Süchtige möchte sich „gut" fühlen und versucht den Zustand möglichst häufig zu wiederholen.
2. *Vermeidung von Entzugssymptomen:* Mit zunehmender Abhängigkeitsdauer wechselt die Sucht ihre Farbe: Vom Belohnungssystem zum System zur Vermeidung **zusätzlicher** Belastungen.
3. *Erledigungszwang:* Wird das Suchtverhalten nicht in der gewohnten Routine (oder noch höherfrequentiger) erledigt, entsteht Dissonanz und Mangelerleben.
4. *Dosissteigerung:* Sucht kann sich nicht auf ein „Kontinuum" einlassen oder sich mit einer sich ständig wiederholenden Intensitäts- und Ablaufroutine begnügen – Zuwachs ist Pflicht.
5. *Bio-Physiologische Abhängigkeit:* Sucht verändert morphologische Faktoren und hormonelle Abläufe, so dass der Süchtige nicht sein Gehirn steuert, sondern sein Gehirn steuert ihn.
6. *Missachtung von Warnsignalen:* Körperliche Schädigung bis hin zur Lebensgefahr werden übergangen und als „kleinliche" Haltung vom Süchtigen in Bezug auf seine Selbstbewertung diskreditiert.
7. *Geborgenheitsverlust:* Soziale Beziehungen werden durch das Suchtverhalten mehrfach gestört – durch Selbstabwertung , durch Abwertung der Bezugsperson, durch Reduzierung von Zeitkontingenten für Kontakt und durch verminderte Flexibilität (weniger Freiheitsgrade) sowie teilweise verminderte funktionale Kompetenz.

Auf Grundlage dieser die „Freiheitsgrade" der Persönlichkeit einengenden Aspekte, ist die Definition eines „positiven Suchtkonzeptes" schwierig, aber denkbar.

Die Lobkultur erlaubt dem „**süchtigen Ichoptimierer**", sich seinem persönlichen Hoheitsgebiet anzunähern, es zu beackern und es sich untertan zu machen. Sie schenkt ihm hierfür drei Kontaktphasen zum eigenen Selbst:

1. Interessieren,
2. Verlieben,
3. Binden.

Die Zieldefiniton lautet: Über Ich-Architektur und Ich-Verwaltung zur Ich-Optimierung, um so den lebenslangen Ich-Auftrag autonom und beständig einzulösen.

In der Lobkultur lernt der Mensch, süchtiges Verhalten neu zu bewerten: Durch das zwanghafte Wiederholen der „**sieben Basics**" (seiner jeweils wichtigsten Stolzmerkmale) und durch die dann entstehende Möglichkeit des kreativen Kombinierens dieser Grundfertigkeiten entsteht ein neues Selbst-Belohungsprinzip. Es resultiert die Sucht nach Ich-Wachstum und die Sucht nach Du-Erleben (Größen-Ich und Geborgenheit). Wie lautet also das Motto?

Ich tausche **zwei** kompensative Süchte (z.B. Alkohol, Aggressivität) gegen **eine** konstruktive Sucht (Ich-Optimierung). Du kennst das doch noch von den Fußballbildern: Zwei Overaths gegen einen Beckenbauer ...

8.3 Ich-Optimierung als ultimative Wegbeschreibung: Hier findet niemand einen Ersatzspieler ....

UN-Hochrechnungen sagen, dass 2050 ca. 9,1 Milliarden Menschen auf dieser Welt sein werden: Ca. 40 Prozent mehr als jetzt. Die größte Bevölkerungszunahme (Ich-Zunahme) wird in den 50 ärmsten Ländern dieser Welt stattfinden – auch und gerade diese Menschen müssen ihren „**Ich-Führerschein**" machen. Es gibt keine Alternative für keinen einzigen dieser Menschen als die Verantwortung für sich selbst zu übernehmen, sich selbst in das eigene Ich zu verlieben und z.B. die „neun Kernelemente des Ichs" auf den drei Ebenen (Ich-Aufgaben, Ich-Funktion, Ich-Instrumente) kennenzulernen, sich anzueignen und sich selbst zu applizieren. Warum auch: Die Globalisierung macht es möglich ....!

Die **Ich-Aufgaben** von Stolz, Schutz und Sinn (offensives Ich: Selbstwirksamkeit; defensives Ich: Selbstverteidigung; transzendentes Ich: Selbstintegration über alle Aufgaben und alle Zeitebenen des eigenen Lebens) sind universell, weltweit und zeitübergreifend: Sie sind epochenunabhängig.

Das Zusammenspiel von Fühlen, Denken und Handeln gehört zum „Ich-Wissen": Am Anfang regiert nur das Gefühl, dann kommen die differenzierten Gedanken, die das Handeln vorbereiten und nach einem „erfolgreichen" Handeln – durch das sich der (kleine) Mensch als Verursacher und Hervorrufer von Effekten erlebt – kommen dann wunderbare große Gefühle von Stolz, Erhabenheit und Großzügigkeit (dem anderen auch etwas gönnen können, etwas weitergeben wollen). Gefühl – Denken – Handeln – Gefühl: Das ist die Leitlinie, über die sich durch Neugierde, Interesse und Vorfreude in Bezug auf angenehme Erwartungen und in Bezug auf angenehme Erlebnisse diese ständige Selbststimulation, diese ständige Selbstmotivation und dieses ständige sich selbst Vorantreiben basiert. Eine ständige positive emotionale Stimmung als Voraussetzung zum Erlernen des Neuen und zum Aufnehmen von Aspekten aus dem „riesigen Nicht-Ich“ in das begrenzte und durch Wiederholung sich auszeichnende „Kern-Ich“, sind die Grundlage für Gehirntraining, für Körpertraining und für Gefühlstraining (vgl. auch Lorenz, 2003). Wie schafft es das Ich, aus den alltäglichen Aufgaben sich das Banale, das Traditionelle, das Alltägliche immer wieder „schön zu denken“? „Der Trick besteht darin, einer scheinbar ganz normalen Information den Charakter des Besonderen zu verleihen – dann bemüht sich das Gehirn automatisch darum, den Gedanken möglichst sorgfältig zu archivieren ... So basiert etwa eine einfach zu erlernende Technik zur Merkfähigkeitssteigerung auf einer Reihe von Symbolen, die sich jeweils mit einer zu lernenden Information verknüpfen lassen“ (Lorenz, 2003, S. 88). Dein Leben und dein Ich bekommst du geschenkt – trainieren und „ausbauen“ musst du es selbst.

Es ist vielleicht wichtig zu wissen, mit welcher Ausstattung der kleine Mensch zur Welt kommt: „Gebaut wird von hinten nach vorn und von unten nach oben – von den älteren Teilen des Gehirns nahe dem Rückenmark, wo viele unbewusste Funktionen wie das Halten unserer Körpertemperatur angesiedelt sind, über den Gefühlsapparat des limbischen Systems hin zum Glanzstück der Evolution, das alles andere mächtig überwölbt und krönt: Die Großhirnrinde“ (Ochmann, 2002, S. 79). Bindungssicherheit und Geborgenheitsgefühl (wiedererkennen) steht am Anfang allen „Größenwachstums“: „Bei ganz kleinen Kindern ist es besonders wichtig, dass sie eine feste und verlässliche Bindung aufbauen. Gefühle bestimmen unser Leben nie wieder so stark wie in den ersten Monaten, wenn zwar der empfindende Teil des Gehirns schon fast fertig, unser Denkapparat aber noch kaum entwickelt ist. Selbst scheinbar harmlose Ereignisse wie gewaschen oder gewogen werden, können dann immense Stressreaktionen – und entsprechende Hormonschübe – auslösen. Nach zwei Monaten verschwindet diese Überempfindlichkeit allmählich, und nach etwa 1 ½ Jahren ist alles ‘ganz normal’. In dieser ersten Zeit sind Mütter als Beruhigungsobjekte die idealen Stressableiter, wie entsprechende Messungen der Hormonpegel bei ihren Kindern zeigen“ (Ochmann, 2002, S. 82). Die Fürsorge der „abgebenden Systeme“ ist also die erste Elternpflicht, wobei der frühe Körperkontakt beim Baby mit Wärme, Lobzuspruch und insbesondere Ermutigung sowie die Einfühlsamkeit der Erwachsenen (immer wieder interessante Gesichtsausdrücke und mimische „Geschichten“ übermitteln) die Grundfähigkeiten des Ichs in den ersten drei Jahren massiv definieren. Hier gibt es „**kritische Zeitfenster**“, die nicht nur für die Sprachentwicklung, sondern für die Fähigkeit des „Lernens zum Lernen“ für das restliche weitere Leben maßgeblich sind: „Die im Gehirn geformten Strukturen wirken dabei wie ein Filter für alle Informationen, die in uns hineinströmen. Und darum ist es auch so schwer, sich im reiferen Alter zu ändern. Unser Gehirn lässt es kaum noch zu“ (Ochmann, 2002, S. 84).

Das **defensive** Ich, also der Schutz vor Lebensverlust, vor frühzeitigem Tod, vor extremer Kränkung und Entwürdigung des „eigenen Menschen“ und als gutes Fundament und als Halt und Ausgangspunkt für Exkursionen in die Welt, und das

offensive Ich (selbstwirksam sein, etwas hervorrufen, sich spüren, etwas bewirken) münden letztlich im **integrativen** Ich, das sowohl „loslassen kann", also sich selbst irgendwann als „genug anwesend" erlebt, das aber auch genügend „produziert" hat, um loslassen zu können und gehen zu können. Der Ich-Auftrag, der in drei Ich-Aufgaben abgebildet (Schutz, Stolz, Sinn) ist, erlaubt die Ich-Optimierung als „ontogenetischen Spezialfall der phylogenetischen Menschheitsentwicklung" zu definieren. Auch hier kein „Entweder-Oder", sondern ein „Sowohl als auch"! Der einzelne Mensch optimiert sein Größen-Ich und systematisiert seine Geborgenheitswünsche auch als „Spezialfall geschlechtlicher Beziehungssuche" zur genetischen Vermehrung und somit zum Überleben der eigenen DNA/DNS, zu der er als „Durchlauferhitzer der Evolution" verpflichtet ist. Das integrative Ich hat also zumindest drei Kernaspekte:

Übergib deine Funktion und deine Kompetenz weiter an die, die dir nachfolgen und deine nächste Generation darstellen (Staffelstabübergabe); gib deine genetische Information weiter, indem du von einem Geschlechtspartner als „kompatibel" zur Fortpflanzung erlebt wurdest, so dass eine Übereinkunft des gemeinsamen genetischen Fortlebens getroffen wird; erlaube dir die Hoffnung, dass es auch nach deinem Ableben – unabhängig vom sozialen und vom genetischen Weiterleben – eine Transformation deiner Person in einem anderen – von dir zur Zeit nicht erkennbaren und nicht präzisierbaren – Universum geben könnte...

Ich-Optimierung als ultimative Wegbeschreibung wirkt aber über diese „Kernaufgaben" des **defensiven**, des **offensiven** und des **integrativen** Ich-Auftrages noch hinaus: Wunsch, Anspruch, Erwartung, Hoffnung und letztlich „Optimierungsbestrebung" gehen nicht nur in Richtung auf die nächste, sondern darüber hinaus in Richtung auf die übernächste und auf die folgenden Generationen. Wie können soziale und „attraktivitätsanreichernde" Bedingungen so optimiert werden, dass es auch für meine Kinder und Kindeskinder attraktiv ist, sich genetisch und sozial fortzupflanzen? Wie kann sich das Ich eine „Option für das Weiterleben" in der Generationenfolge durch **funktionales** Bemühen wirklich sichern? Gibt es ein „Überbemühen", das die Vorbildrolle als Eltern, als Großeltern, als Urgroßeltern „in die Zeitschiene hinein" projiziert, transportiert und verbindlich macht?

Die Idee, dass sämtliche kulturellen, kognitiven, emotionalen und sozialen Fortschritte des Menschen und damit der Menschheit als Resultat einer „sexuellen Selektion" definiert werden können, entspricht dem gegenwärtigem Bemühen der Ich-Optimierung, ohne dass hierin eine wirkliche Zukunftsoption für das Einzelwesen läge. Die Tatsache, dass letztlich Frauen auswählen, wer als Mann zur Fortpflanzung „zugelassen" wird, übt selbstverständlich Druck auf „prosoziale Verhaltensseiten" des (männlichen) Menschen aus: „Wir Menschen produzieren Kunst, Wissenschaft, ja überhaupt Kultur und Arbeit, um Sex zu haben bzw. um so an einen Partner zu gelangen" (Göldenboog, 2005, S. 73). Die Option von „weiblichen Gebärenden" auf männliche Miterzieher, die die Brut pflegen, die Nahrung besorgen, die Brut schützen und letztlich auch für Unterhaltung, Kreativität, Phantasie und Entwicklungsstimuli im Allgemeinen sorgen, mag letztlich eine der soziokulturellen „Abfederungen“ einer prosozialen, loborientierten und wachstumsunterstützenden Kulturentwicklung sein: „So besorgt der Sexualtrieb nicht nur Kunst und Kultur, sondern schafft auch Generosität herbei, ist also der Ursprung guter Taten sowie der Moral schlechthin“ (Göldenboog, 2005, S. 72). Die Grundthesen der Ich-Optimierung auf Grundlage von Lobkultur erschließen sich also auch innerhalb dieses Rahmens der „sexuellen Evolution“ (vgl. auch Norretraneers, 2004), wobei hier sowohl die genetische wie die soziale Vererbung und die „Hoffnung auf Weiterexistenz“ einen motivationalen Erklärungsrahmen finden. Unabhängig von der Cleverness und Güte der „mütterlichen Optionssuche“ und der tatsächlichen emotionalen, sozialen und kognitiven Impulsdichte für den kleinen Menschen, bleibt dessen individueller Entwicklungsauftrag „quasi rahmenunabhängig“, jedoch das Maß aller Dinge und der Ausgangspunkt für den Ich-Auftrag im Sinne von Innen-Architektur, Ich-Verwaltung und Ich-Optimierung (vgl. Ochmann, 2002, S. 84):

Mensch werden
18 Tage nach der Befruchtung Im Embryo bildet sich die „Neuralplatte“, der früheste Vorläufer von Gehirn und Wirbelsäule. **24. Woche** Der Hirnstamm würde bereits eigene Atmung ermöglichen; das Großhirn beginnt sich zu falten. **ab 24. Woche** Das Gehör beginnt zu arbeiten.. **Geburt** Der Tastsinn funktioniert von allen Sinne am besten. Im Großhirn: Viele Gefühle, keine Gedanken, kaum Gedächtnis. **Vier Wochen** Erste Kontrolle über Kopfhaltung. **Sechs Wochen** Erstes Lächeln.

Drei Monate

Willentliches Beobachten: Greifen als Reflex. Geräusche können noch nicht vom sonstigen Lärm getrennt werden; erste Lautimitationen.

Vier Monate

Das Baby versteht die Absichten von Gesprochenem (Trost, Warnung, Drohung); erstes Lallen. Das Großhirn begreift erstmals: Was ich nicht sehe, kann trotzdem existieren. Der Blick kann kontrolliert werden.

Fünf Monate

Willentliches Greifen; erste Mobilität (Rollen); vermehrte Lautbildung.

Sechs Monate

Das Gehirn richtet sich allmählich auf die Muttersprache(n) ein; mehrsilbige, auch schon auf bestimmte Personen gerichtete Lautbildung. Verstehen erster Wortbedeutungen. Beginn des „Fremdelns".

Neun Monate

Das Baby kennt ca. 20 Namen von Menschen und Dingen und befolgt vertraute Aufforderungen. Geräuschquellen können lokalisiert werden; breite Palette von Gesten und Mimik.

Ein Jahr

Die Sehschärfe erreicht etwa die von Erwachsenen. Das Greifen kann von der Blickrichtung getrennt werden. Sprechen erster Wörter; erste einfache Konfliktlösungen.

Eineinhalb bis zwei Jahre

Das Kind begreift erstmals Grammatik und setzt sie ein. „Zweiwortsätze"; Verständnis von etwa 200 Wörtern. Das Gehirn erreicht die maximale Zahl der „Verdrahtungen"; das Kind erkennt sich als „Ich".

Zweieinhalb bis drei Jahre

Differenziertere und komplexere Grammatik; das Gedächtnis wird bewusst genutzt.

Vier Jahre

Die Sprachaneignung ist weitgehend abgeschlossen. Evtl. Zählen bis zehn, aber alles über drei wird noch nicht verstanden; das Kind zeigt eigenen Willen.

Sechs Jahre

Das Kind versteht ca. 13000 Wörter, spricht aber viel weniger.

Zehn Jahre

Die Signalgeschwindigkeit hat sich seit der Geburt versechzehnfacht; die Fähigkeit, etwas wiederzuerkennen, erreicht das Niveau von Erwachsenen.

Ich-Optimierung als nicht delegierbarer und ultimativer jeweiliger „Individualauftrag“ für jeden Einzelnen, dem das Leben geschenkt wurde: „Im Strukturset der Globalisierung möglich und durchführbar? Die Konkurrenzprinzipien einzelner Menschen oder „staatlich-religiöser Mächte“ führen zu einem neofeudalen und hegemonialen System, das die Asymmetrie für die „Ich-Entwicklung“ einzelner Menschen in verschiedenen Regionen immer mehr verstärkt: „Die Reichen auf der Welt erzeugen Verhältnisse, die die Asymmetrie erhalten und noch verstärken. Die perverse Logik der Macht sorgt für eine globale Apartheid, bei der 20 Prozent der Menschheit 85 Prozent des Wohlstandkuchens bekommen. Ein sich selbst potenzierender Kapitalismus führt ins Verderben“ (Thimm, 2005, S. 7). Die einzige Chance für das kleine Wesen, das sich in jedweder immer wieder neu zu strukturierender Umwelt „Ich-Potenz“ aneignen muss, besteht momentan darin, dass die reichen Nationen und Länder (kollektiven Systeme) in den sozialen Ausgleich investieren und somit dem „Super-Organismus Menschheit“ erlauben, sich mit dem Biotop Erde und mit dem Egotop Ich zu versöhnen, gemeinsam in die Balance zu kommen: „Zusammen würden sie alle miteinander wachsen und reicher werden – die Armen etwas schneller, die Reichen etwas langsamer“ (Thimm, 2005, S. 8). Mein Wachstum ist Grundlage, dir etwas abzugeben. Dein Wachstum ist Grundlage, dass du nicht als „Verursacher des Destruktiven“ (Schlagen) in eine Notsituation kommst, die letztlich mich tötet. Die Regel lautet: **Ich entwickle mich. Ich gebe mir. Ich gebe dir. Du gibst dir und du erlaubst mich.“**

Die Rückkehr in die kleinen überschaubaren Welten, die Rückkehr in das sinnliche Erleben des anderen, die Rückkehr in das Spüren und Unterstützen des jeweiligen Mitmenschen mit den fünf Sinnen Hören, Sehen, Riechen, Schmecken und Fühlen, ist letztlich die „zweite Ebene“ der Globalisierung: Wir denken global, aber wir handeln dezentral: Wir sind im Hier und Jetzt, wir sind bei uns, wir sind beim Ich und Du, wir sind beim direkten Unterstützen, beim Anbeten, beim Geniepunktsuchen, beim Geniepunkthofieren und beim Zelebrieren des gegenseitigen Wachsens. Die zweite Ebene der Globalisierung erhält dem Menschen die Sinnlichkeit des

Denkens, des Fühlens, des direkt-körperlichen Verhaltens – sie widerspricht und unterbricht die zunehmende „Virtualisierung“ menschlicher Kontakte, die irgendwann nur noch „elektronische Kontakte“ zu sein scheinen. „Zurück aus der Globalisierung“ heißt, sich den Charme des Konkreten zurück zu erobern, sich in der Reichweite zu verkleinern und wieder „Menschen zum Anfassen“ zu haben: Der „Vermarktungskünstler“ Stephan Raab hat in seiner Erstausgabe der Deutschen Popmeisterschaften im Februar 2005 die Machbarkeit dezentraler Events (von der Superbühne des Eurovison-Song-Contest im Mai 2005 in Kiew zurück auf die „Regionalbühne Hannover“ der Deutschen Popmeisterschaft) gewagt und den Zeitgeist getroffen: Die Abnabelung vom Grand-Prix-Zirkus bedeutet Stars zum Anfassen und Jubeln direkt: „Wir machen einen Schritt zurück aus der Globalisierung“ (Grimm, 2005, S. 9).

Zurück zum persönlichen Stolz – zurück zum wachsenden kollektiven Stolz: In einem Soziotop wie der „schuldbewussten Bundesrepublik Deutschland“ ist dies in den letzten 60 Jahren ein schwieriges Unterfangen, trotzdem eine „Ich-stützende“ Grundidee: Der Bundesrat fordert auf Antrag der SPD geführten Rheinland-Pfalz nicht nur Gedenkstätten für Nazi-Opfer zu schützen, sondern auch andere Orte von herausragender nationaler und historischer Bedeutung, wie z.B. das Brandenburger Tor und das Hambacher Schloss“ (vgl. Gaserow, 2005, S. 24). Die Wegbeschreibung für das Ich: Du benötigst ein Fundament, von dem du individuell (Nesthocker) und kollektiv (Heimatregion) ausgehst für dein defensives Ich, du benötigst Instrumente (Ich-Inhalte gemäß deiner Stolzhitliste), die dir im Rahmen deines offensiven Ichs Selbstwirksamkeit erlauben und du brauchst Hoffnung (bisherige Nicht-Widerlegung einer möglichen Gotteshypothese in den letzten 8000 Jahren im Rahmen der Sieben-Welt-Religionen und der Milliarden Menschen, die sich hierüber ihren „kleinen Menschenkopf zerbrochen haben“): Jeder einzelne der Vorgänger (die bisher gelebt haben), der Mitgänger (die gleichzeitig leben) und der Nachfolger (die ich in der Mehrzahl nicht mehr kennenlernen werde) müssen diesen einen Ich-Auftrag jeder für sich lösen, immer wieder aufs Neue und vielleicht (in der Globalisierung) mit einer, ein klein wenig besseren „Gebrauchsanleitung“....

Frieden statt Krieg – Loben statt Schlagen: Die Gretchenfrage in den nächsten „Ich-Epochen“ stellt sich bezüglich des Vorranges von Individuum oder Kollektiv: bekommt der einzelne Mensch für seinen Ich-Auftrag von seinem kulturell-religiösen Umfeld „**frei**“ für seinen persönlichen Konstruktionsjob – oder werden ihm „kollektive Fesseln“ angelegt, die ihm verbieten, seinen Auftrag ernstzunehmen, anzunehmen und letztlich **fürs Kollektiv** umzusetzen? Die sieben großen Weltregionen stehen auf dem Prüfstand – der einzelne Mensch muss bei seiner „Kollektivbehörde“ den Freiraum für diesen persönlich-ultimativen Job abfordern. Die abrahamitischen Religionen (Judentum, Christentum, Islam), die indischen Religionen (Hinduismus und Buddhismus) und die chinesischen Religionen (Taoismus und Konfuzianismus) sind im 3. Jahrtausend in der Pflicht für diesen Dialog. Die Frage nach dem Sinn – **menschlicher** sowie **menschheitlicher** Existenz liegen den jeweiligen Religionen vor – die jeweiligen „Verkünder“ sind mit dem Anspruch auf den Plan getreten, für bestimmte Wege des „**menschlichen Heils**“ Antworten zu haben. Nun muss sich jede dieser „sieben Instanzen der Gottesinterpretation“ neu aufstellen und sich zu den Menschen, die sie vertritt oder die sie vertreten möchte, bekennen: „Die Frage nach dem Wesen der Religionen kann – wie alle Grundfragen nach Sinn und Sein – immer nur in einem und für einen konkreten Augenblick gestellt werden. Niemand von dem geographisch-kulturellen und bewusstseinsgeschichtlichen Ort absehen, von dem aus gefragt und zu antworten versucht wird“ (Wehr, 2002, S. 13).

Im Rahmen seiner Ich-Funktionen muss der Mensch den „dritten Teller“ der Hoffnung ständig, vorsichtig, behutsam und eben „hoffend“ drehen, ohne dass er **während** seines Lebens jemals Gewissheit bekommen wird. Hierbei handelt es sich um eine in gewisser Weise „angeborene Religiosität“, die nichts damit zu tun hat, ob man sich einer **bestimmten** Religionsform zuwendet. Mit Friedrich Schleiermacher (1768-1834) könnte von daher gesagt werden: „Nicht der hat Religion, der an eine Heilige Schrift glaubt, sondern welcher keiner bedarf und wohl selbst eine machen könnte“ (Wehr, 2002, S. 13). Zu dieser Offenheit für Gott bzw. für eine göttliche Instanz gehört auch, dass sich der einzelne Mensch in seinem zeitlichen regionalen und kulturellen Umfeld bewusst sein darf, dass die Einordnung spezieller religiöser Inhalte anderer Menschen (aus anderen Regionen, aus anderen Kulturen, zu anderen Zeiten) bestenfalls partielle Gültigkeit haben kann, dass aber andererseits jeder Mensch zu jeder Zeit nach einer entsprechenden Hoffnung (Erlebnis des Heiligen, des Überdauernden, des Übergeordneten) strebt. Von daher ist es wohl doch eher eine Antwort als eine Frage: „Gibt es überall die Überzeugung, dass es eine unauflösliche Wirklichkeit in der Welt gibt, auf die letztlich alles Sein und Tun bezogen wird? Wie wird jener bzw. jenes ‘ganz Andere’, das Absolute, die Gottheit in Gebet und Kultus angesprochen, wie in der Lebenswirklichkeit und in der religiösen Praxis ausgedrückt, personal als das göttliche Du oder unpersönlich–transpersonal als das einzigartige Eine?“ (Wehr, 2002, S. 15).

Von daher ist es für den Menschen in der Globalisierung, in der Lobkultur in einem „mobilen Turnaround“ wichtig zu wissen, dass die Hoffnung auf das „Transrationale“ jeder Beweispflicht enthoben ist und dass jeder Mensch während des Ableistens seines Ich-Auftrages auf dieser Erde im Rahmen der ihm gewährten Lebenszeit für dic „Erfahrung des Heiligen“ offen sein darf und offen sein sollte: Das Heilige muss jeder selbst erfahren – zumindest sollte er sich dafür die Chance geben: „Für den frühen Steinzeit-Menschen gilt ähnlich wie für den religiös hochentwickelten Modernen die Definition: Religion ist persönliche Begegnung mit dem Heiligen“ (Wehr, 2002, S. 18). Denn: Die Namensgebungen und die Deutungen des „Überirdischen“ begannen lange bevor sich die genannten großen Systeme der Gottesverehrung entwickelten, ausgestalteten und als Weltreligionen etablierten.

Ähnlich wie für die Physiologie und die Psychologie ist es die Aufgabe der Religionswissenschaften, dem Menschen Angebote für Fragestellungen, für Interpretationen und für die „Erarbeitung seiner transzendenten Überlebenshoffnung" anzubieten: „Aufgabe der Religion wäre: Raum für die Befreiung des Menschen von jeder Knechtschaft zu schaffen und Mittel bereit zu stellen, damit die Ziele des menschlichen Lebens erreichbar würden, wie auch immer diese Ziele im Einzelnen interpretiert werden" (Wehr, 2002, S. 19/20).

Der Mensch in der Lobkultur ist auf der Suche nach dem, was **jetzt** not tut, was er jetzt benötigt: Er entwickelt die Instrumente, die es ihm **jetzt** erlauben, seine Ich-Aufgaben zu bewältigen. Ohne das (Optimierte) gibt es keine Gesellschaft, gibt es keine Theorien, gibt es keine Teamarbeit, gibt es keine individuelle (für den Menschen) oder allgemeine (für die Menschheit) Lebensberechtigung, gibt es keine Religion, keine Psychologie, keine Philosophie, keine Universität und keine Gesetze. Ohne dass das einzelne Ich sich selbst ernst nimmt, seine Lebensberechtigung täglich nachweist und letztlich „sich am Leben erhalten will" (auch über die Zeit hinaus), gibt es keine Botschaften vom Menschen an sich selbst oder von dem einen Menschen an den anderen Menschen: Es gäbe keinen Auftrag, keine Botschaft, keinen Patriotismus, keine Missionsversuche, keine didaktischen Angebote, keine Lobkultur und noch nicht einmal eine „Didaktik zur Ich-Optimierung". Ohne dass der Einzelne sein Ich optimiert, gäbe es keine Überlieferungen aus den letzten Jahrtausenden – ohne dass der Mensch heute in der Globalisierung sein Ich optimiert, wird es den biologisch geerdeten „naturalisierten Menschen mit Körper, Kopf und Herz" (Physis, Intellekt und Emotion) in dieser Form nicht mehr lange geben können. Der Druck auf „Unterordnung", auf künstliche Adaption der Gene und der Kontrollanspruch weniger über viele (alle) nimmt zu. Ich-Optimierung als Gegenvektor, der Menschsein auch in die nächsten dialektischen Stufen von Menschheit hinein erlaubt, ist von daher **unser Schutz** vor Evolutions-Manipulation.

Ohne das Ich ist alles nichts. Die Regeln oder Gesetze für Ich-Optimierung sind von daher ein Geschenk der Lobkultur an jeden einzelnen.

Die 10 Gesetze der Lobkultur
1. Das Gesetz der direkten Reichweite Versuche, so oft wie möglich, Situationen aufzusuchen, wo du mit deinen fünf Sinnen direkt und unmittelbar Kontakt aufnimmst und Dinge weitergibst. **2. Das Gesetz der konzentrischen Kreise** Gehe immer von innen nach außen, also vom defensiven Ich zum offensiven Ich, von der sicheren Plattform zu dem, was du abgeben kannst und magst. Gehe schnell wieder zurück in den innersten Ich-Kreis, wenn du schwach, krank, müde oder ausgebrannt bist. Gehe langsam voran, aber gehe schnell wieder zurück. Versichere dich deines Fundamentes und deines Ausgangspunktes. **3. Gesetz der Vertrautheit** Entwickle Dankbarkeit und Treue für die, die dir den Staffelstab übergeben wollen und für die, die ihn vielleicht später einmal von dir annehmen werden. **4. Gesetz der persönlichen Erdung** Versuche, den Boden unter den Füßen zu behalten, suche Deinen festen Stand und schau immer wieder, ob das, was du für dich tust, auch tatsächlich für dich ist. Nur dann kann es auch für andere sein. **5. Gesetz des (Selbst-) Lobens** Es hat noch nie jemand auf der Welt bewiesen, dass Kritik einen Menschen wirklich verändert. Es gibt Milliarden Hinweise dafür, dass Lob Menschen im Wachstum unterstützt. Lob stärkt die „Geniepunkte“ und trägt durch Nicht-Beachtung der Defizite dazu bei, dass diese sich mehr oder weniger von allein „erledigen“. **6. Gesetz des täglichen Übens** Wenn ein anderer trainiert, bekommt du keine Muskeln: Wenn du Dinge machst, die nicht an deinen zentralen Begabungsgeschenken (Geniepunkten) ansetzen, vergibst du vielleicht die Chance, wirklich auf dich stolz sein und mit dir im Reinen und mit dir im Frieden leben zu können. **7. Gesetz der sparsamen Infoaufnahme** Lass von dem Nicht-Ich (dem Rest der Welt) nur soviel Infos (vielleicht nicht mehr als 7 oder 8 Bits) in dein Ich (durch deine Ich-Grenzen) hinein, wie du wirklich aufnehmen und verarbeiten kannst. Verarbeite sie dann, nimm sie als das „wirklich

echte Neue“ in dein Ich durch Training und Wiederholung auf und öffne dich erst dann für die nächsten „Bits“.

8. Gesetz „Körper führt – Geist folgt (Verhalten führt – Einstellung folgt)

Beachte, dass erst dann, wenn du Übungen über eine längere Zeit durchgeführt hast, du auch kompetent und in der Lage bist, über ihren Nutzen zu reflektieren. Spekuliere nicht, sondern werte deine selbstgemachten Erfahrungen aus.

9. Gesetz: Gruppe lernt vom Ich

Erst wenn sich das Ich aufgestellt und positioniert hat, wenn es Erfahrung und Kompetenz ausgebildet hat, kann es für die Gruppe nützlich sein. Zu früh einsetzende Team-Arbeit verhindert, dass die Summe der Gedanken der einzelnen Menschen sich zu einer „Synergiefigur“ vereinigen, da die orginären Ideen schon vorzeitig „konfundiert“, also vermischt und damit „eingeebnet“ sind.

10. Gesetz der Nicht-Delegierbarkeit

Jeder lebende Mensch hat seinen eigenen Ich-Auftrag von der ersten bis zur letzten Sekunde des ihm geschenkten Lebens zu erfüllen: Diesen Auftrag kann keines der lebendigen menschlichen Lebewesen auf ein anderes übertragen. Im Rahmen der „Gezeiten“ zwischen Aktivität und Ausruhen, zwischen Aufnehmen und Abgeben und zwischen einschleichender Hoffnungslosigkeit und Hoffen werden die Lebenspole als „Orientierungspunkte“ für diesen ganz persönlichen „Zyklus Leben“ fruchtbar.

Vor ca. 6 bis 7 Millionen Jahren hat der Mensch den aufrechten Gang erlernt – durch die damit möglich gewordene freie Benutzbarkeit der Hände hat sich das Großhirn so ausgeformt, dass der Mensch metaebenenfähig (kann über sich selbst nachdenken, über sich selbst reflektieren) geworden ist. Dies wiederum ist die Grundlage dafür, dass jeder Mensch ein Bewusstsein für seinen Auftrag der Ich-Optimierung bekommen kann. Im so genannten Internet-Buchhandel „Amazon“ sind Anfang 2005 4995 Bücher zu dem Stichwort „Glück“ gelistet: Glück wird meistens „außen“ gesucht. Bei fehlendem Glück werden oftmals die äußeren Umstände (und nicht das verminderte persönliche Wollen und Ringen um Kompetenz) verantwortlich gemacht. Die Fähigkeit über das „eigene Glück“ nachzudenken, hängt also oft davon ab, dass eigene Glück „im Kleinen“ zu erarbeiten. Glück ist nicht erzwingbar, Glück ist flüchtig und Glückserleben kostet Schweiß. Glück kommt von glücken und glücken kann nur etwas, was ich probiere, wo ich weitermache, wo ich durchhalte, wo ich hoffe und wo ich mir dann auch mit einem Zwischenergebnis Zufriedenheit gönne. Glück ist einfach – wer es kompliziert macht und „hochhängt“, der verscheucht es.

Natürlich hängt Glück auch damit zusammen, dass die äußeren Lebensbedingungen immer wieder optimiert werden: Gelehrte aus dem Christentum und Gelehrte aus dem Islam treffen sich im Februar 2005 in Teheran und treten ein in den Dialog über „Menschenrechte“ und über die Definition von Frieden als die „Abwesenheit von Gewalt“ (vgl. Leick, 2005). Natürlich gilt es auch, die raffinierten Finanz-Transaktionen der globalisierten Konzerne aufzudecken, die das „globale Monopoly“ (vgl. Reuter, 2005) spielen und ihre Konzerngewinne zwischen den Ländern (über ihre „Zweigstellen“) verschieben: Lobkultur guckt genau hin, fragt penetrant nach und ist „grenzenlos“ im Fordern von Gerechtigkeit (vgl. auch Weiß und Schmiederer, 2005).

Alle Glücksverheißungen der Welt (vgl. Bellebaum, 2005) sind Irrwege und „Anpassungsversuche“ (Unterdrückungsversuche) in Verkennung des individuellen Ich-Auftrages – außer, sie orientieren sich an dieser hochheiligen persönlichen Mission des Einzel-Lebewesens. Denn: „Wir sind nicht auf der Welt, um glücklich zu sein. Wir sind auf der Welt, um uns fortzupflanzen“ (Beetge, 2005, S. 81). Auch dies stimmt und stimmt nicht. Letztlich geht es darum, dass die vielen Entweder-Oder-Aufträge, die in der Kritikkultur – und somit oftmals leider auch in der Glücksforschung – der eine Mensch dem anderen Menschen vorsetzt, sich in **dem einen, seinem Ich-Auftrag** auflösen: Bis du um dich bemüht, bist du auch gut für die Menschen. Ein wichtiger Schlüssel für die Ich-Optimierung liegt also in dem Sowohl-als-auch: „Wir haben keinen Grund, gegen unsere Welt Misstrauen zu haben, denn sie ist nicht gegen uns“ (Rainer-Maria Rilke). Konfuzius meint: „Fordere viel von dir selbst und erwarte wenig von anderen. So wird dir Ärger erspart bleiben.“ Die zentrale Aufgabe bringt Ralph-Waldo Emerson auf den Punkt: „Was hinter uns liegt und was vor uns liegt, sind kleine Angelegenheiten verglichen mit dem, was in uns liegt.“ Entscheidend dafür, dass ich bei meinem eigenen Ich-Auftrag nicht versage, könnte aber auch ein Hinweis von Robert Luis Stevenson sein: „Wir wollen die Welt ein wenig besser verlassen, als wir sie vorgefunden haben.“ Danke.

Ausblick

Ca 80 Jahre nach Freud – was für eine Freude: **Der Mensch übernimmt sein Ich**, überall ...? In vielen Regionen der Welt (und der Wissenschaft) sind **die Zwänge von außen** noch viel zu stark. „Du musst, du sollst ...". Die Anmaßung von außen, der Unterwerfungsanspruch des Kollektivs (in Deutschland: Wir müssen über den oder die mal eine Konferenz abhalten – so geht es nicht) ist oftmals das Gegenteil von Geniepunktsuche, von Bewunderung, von „Anbetung der Größe des Mit-Menschen". Abschleifen, Angleichen und Kleinmachen als Generalstrategie der Neidvermeidung verhindern oftmals die Rückführung der Anteilsrechte des Ichs auf den Betroffenen. Der **Kollektive Imperativ** ist eine dreiste, arrogante Anmaßung der Gruppe gegen das Ich.

Alle Regeln, alle Gesetze sind nur von Menschen gemacht – manchmal ist das **Ich aber weiter als die Mehrheit**. Massenverdummung, Massenhysterie und „**kollektives Glaubenwollen**" sind Unterwerfungsinstrumente, die das Ich immer wieder verunsichern und in die Defensive treiben:

- Über mich spreche ich nicht so gerne.
- Meine Verdienste sollen bitte schön andere aufzählen.
- Ich möchte mich nicht selbst bewerten – das steht anderen zu.

Sätze, die den „vorauseilenden Gehorsam" des Ichs belegen – aus Angst vor Geborgenheitsverlust durch Neidverursachung. Wenn jeder auf der Welt sagen würde, wie er jetzt im Moment zu sich steht – was für eine Ehrlichkeit! Was für eine Chance für die Ich-Weiterentwicklung und damit für den **gemeinsamen** Frieden. Hier steht die Anpassungswissenschaft Psychologie vorrangig in der Pflicht: **Genialisieren statt klinifizieren.** Und dies gilt für „kollektivhörige" Kulturen wesentlich nachhaltiger als für unsere gesellschaftliche Plattform.

Dankbarkeit ist eine freiwillige, treue Leistung an meine Herkunft – auch hierfür liegt die Entscheidung lebenslang beim Ich. Oftmals ist sie jedoch leicht: Ohne **Geniepunkt-Suche** für meine Herkunft ist es wesentlich **schwerer,** Ankerpunkte für mein Wachstum zu definieren. Und: Ich verprelle denjenigen, der mir freiwillig seine Energie für mein Wachstum (seine Kompetenz, sein Wohlwollen, seine Liebe) schenkt. Annehmen ohne Dankbarkeit: Das ist das Ich-feindlichste, was ich machen kann. Keine Ehrfurcht zu haben vor dem „Geschenk der Energie" des anderen ist **immer** das Gegenteil von Frieden! Fazit für die Zukunft des Ichs: Gierige Aufmerksamkeit für die Energievorleistung des Nebenmenschen, Fertigmachen zum Loben und den Dank tatsächlich aussprechen. Hat jemand anderes von euch einen besseren Vorschlag für **Friedenskultur** ...?

Die Globalisierung fegt über das Ich des einzelnen Menschen hinweg wie ein Sandsturm: Sie überflutet die Ich-Grenzen mit scheinbar notwendiger Zusatz-Info, reduziert die Körperlichkeit (süchtiges Sitzen vor dem PC – Weggehen wird als potentielle Abkopplung vom Informationsfluss erlebt) und degradiert den Einzelnen zum Durchlaufbewerter für den beständigen Informationsfluss. Ich-Optimierung in und durch die Lobkultur ist die zur Zeit einzige Alternative für eine „Machbarkeit des Ichs". **Eine Psychologie, die in der Kritikkultur verharrt**, beschreibt lediglich den Zustand des Ichs, ohne dass die Nachhaltigkeit des beständigen Selbstauftrages beim Verbraucher (beim Einzel-Ich) ankommt. In diesen „passiven Zustandsbeschreibungen" mit den unsystematisch nebeneinander gestellten Worthülsen wie Selbstsicherheit, Selbstachtung, Selbstbewusstsein, Selbstwertgefühl, Selbstvertrauen, Selbstakzeptanz, Selbstbejahung oder auch Selbstbehauptung (vgl. auch Nuber, 2005) wird das Ich **von Außen betrachtet**. Dies spiegelt sich auch in dem Begriff „Selbstwertschätzung" (vgl. Schütz, 2005) wider: **Menschen mit starkem Selbst** sind so:

- Sie glauben, dass sie wichtige Fähigkeiten besitzen
- Sie gehen Risiken ein
- Sie schreiben Misserfolge nicht sich selbst, sondern den Umständen (der Situation) zu
- Sie fühlen sich für die Aufforderungen des Lebens gut gerüstet
- Sie treten für sich ein und glauben, dass sie ein Recht haben, ihre Wünsche und Bedürfnisse einzulösen
- Sie zeigen eine hohe Leistungsbereitschaft
- Sie stellen hohe Anforderungen an ihre Beziehung und Partnerschaft.

Selbstwertschwache Menschen hingegen funktionieren eher gegenteilig:

- Sie zweifeln an ihren eigenen Fähigkeiten, wollen von daher beliebt sein
- Sie möchten, dass man sie von Außen lobt und bewundert: Hiervon sind sie abhängig, weil sie sich von Innen ja keine eigenständigen „guten Informationen" übermitteln.
- Sie möchte als freundlich und sympathisch (als jemand den man zum Freund nehmen kann) erlebt werden
- Sie möchten in ihrem Verhalten niemals Grund dafür geben, dass sie kritisiert, abgelehnt oder ausgegrenzt werden. Sie möchten sich niemals blamieren oder hinter ihrem Rücken schlechtgemacht werden.

- Sie definieren sich fast ausschließlich über ihre Beliebtheit, wobei sie sich durch den Wunsch nach Nähe von anderen abhängig machen
- Frauen mit schwachen Selbstwertgefühl sind in besonderer Weise gruppennormabhängig
- Männer mit besonderer Selbstwertschwäche sind in besonderer Weise gruppenabhängig
- Männer, deren Selbstwertgefühl störbar ist, legen sehr viel Wert auf sozialen Vergleich und Konkurrenz und sind dann, wenn ihre Stärke (z.B. im Alter) nachlässt, extrem störbar.

Der Unterschied zwischen einer integrativen, prozessorientierten, emanzipatorischen und „dem Ich das Ich zurückbringenden" Psychologie in der Lobkultur, die für die extreme Ich-Diffusion in der Globalisierung wappnet einerseits, und einer „unkritischen Psychologie der Kritikkultur" andererseits, besteht in dieser **statischen Betrachtungsweise** von Außen: Das Ich wird von „Wissenschaftlern" beschrieben und verwaltet wie ein „Tier im Käfig": „Will man .... die Selbstwertschätzung einer Person stützen, ist es hilfreicher, ihre Aufmerksamkeit auf positive, bereits vorhandene, Eigenschaften zu lenken als auf negative, nicht vorhandene" (Schütz, 2005, S. 85).

Der fehlende Prozessimpuls, die fehlende Interaktion zwischen Größen-Training und Geborgenheitswunsch, also die fehlende **Dialektik innerhalb des Ichs,** beschreibt die Rückständigkeit einer solchen „**statischen Psychologie**". In typischer „Entweder-Oder-Manier" der Kritikkultur wird unterstellt, dass ein Ich auch „**zuviel Wertschätzung**" entwickeln könnte und dass **dann** Nachteile entstehen. Folgende Beeinträchtigungen werden angenommen:

- Durch Selbstüberschätzung, in der Erfolge angeblich als selbstverständlich erlebt und dann nicht mehr ausreichend mit Trainingsenergie versorgt werden.
- Durch mangelnde Sympathie, die dem übermäßig Selbstbewussten entzogen wird, weil er als „wenig sympathisch und wenig unterstützend" (Nuber, 2005, S. 28) erlebt wird.
- Durch mangelndes Verantwortungsgefühl, bei der jemand mit „überhoher" Selbstwerteinschätzung zu wenig selbstkritisch ist.
- Durch übergroße Aggressivität, weil jemand mit überstarkem Selbstanspruch Kritik, Spott, Widerspruch oder Mobbing als „persönlichen Angriff" wertet.

Die Tatsache, dass Personen mit hoher Selbstwertschätzung **nicht generell** positiver mit ihrer sozialen Umwelt umgehen und nicht immer angenehmere Menschen sind, wäre aus Sicht der Lobkultur selbstverständlich: Die Hoheitsrechte des Ichs zwingen den Ich-Optimierer gerade dazu, die Bewertungshoheit über das eigene

Ich zu behalten und **ungebetene** Aussagen (Zuschreibungen) über die eigene Person zurückzuweisen. Ansonsten hätte der Patrone wieder umfassenden Bewertungszugriff und das Ich bliebe manipulierbar.

Diese „**Statischen Beschreibungssysteme**" für das Selbst des Menschen bleiben aber immer im „Entweder-Oder" der Kritikkultur stecken, sie verlieren sich in nicht nachvollziehbaren Intensitätsbehauptungen (zuviel Selbstwertgefühl) und sie kommen über die Zustandsbeschreibung (was passiert mit einem, der dieses oder jenes Maß an Selbstwertgefühl hat) nicht hinaus. Der ultimative Auftrag des „Drehens der beiden Teller" (Größen-Zuwachs, Geborgenheitserleben) und des Hoffnungstellers (Gotteshoffnung) des einzelnen Menschen wird hier nicht als **prozessuale Chance** „des Ichs eingeordnet" (vgl. auch Branden, 2003).

Die Lobkultur hingegen geht noch weit über das hinaus, was McKay und Fanning (2004) empfehlen: „**Mitgefühl mit sich selbst**". Der Hinweis, dass jeder „Selbstwertsuchende" sich selbst akzeptieren und annehmen soll, sich Fehler vergeben darf, sich auf erreichbare Ziele spezialisiert und sich als „gut" erlebt, die Empfehlung also, dass der Einzelne sich selbst annimmt, muss auch hier um einen Hinweis erweitert werden: Von nichts kommt nichts. **Dein Ich ist nicht da, sondern Du selbst baust Dein Ich** durch tägliches, hartes, schweißtreibendes, wiederholendes Selbst-Training, das Du niemals aufgeben kannst: niemals, bis zum Lebensende, weil sonst der Pegel des Selbstwerterlebens absinkt.

Zudem macht Dein tägliches Training Dich demütig und bescheiden, weil Du spürst, wieviel unendliche Willenskraft in diesem kleinen Fortschritt liegt. Von daher ist die Warnung vor „zuviel Selbstwertgefühl" absolut Ich-feindlich: „Zuviel Selbstwertgefühl kann zu gefährlichem Geltungsbedürfnis werden, zu Selbstsucht und Selbstgefälligkeit" (Nuber, 2005, S. 28). Dies wird dem Ich-Optimierer (der gleichzeitig immer und ständig das parallel wachsende Du im Visier hat) nicht passieren: Er spürt in jeder Sekunde seines Lebens, wie schwer „das Brot" des kleinen, selbstwertstiftenden Kompetenzzuwachses ist. Mit dem Erleben des täglichen Minitriumphes (Selbstwertzuwachs) läuft ihm noch der Schweiß ins Auge. Dies ist die wundervolle Bescheidenheitsverheißung in der Lobkultur – gegen Größenwahn: aber für Selbsthoheit!

Ich-Optimierung in der Lobkultur ist als Botschaft an den einzelnen Menschen („Endverbraucher" von Psychologie) ein Geschenk im Sinne von **Entwicklungshilfe**. Hieraus kann auch Entwicklungshilfe für Regionen und Kulturen entstehen, die **den Einzelnen** bisher noch nicht direkt und speziell fördern (vgl. z.B. Nuscheler, 1996 und auch BMZ, 1999). Auch übersektoriale und partizipative Entwicklungsangebote (vgl. Wagner, 2004) müssen vornehmlich von innen nach außen funktionieren: vom potenten Einzel-Ich zum potenten Wir (Kollektiv). Dann und erst dann werden in einer globalisierten Welt Entwicklungshilfegelder auch einsetzbar für konkrete, dezentrale Projekte: ohne ein aufgeklärtes Ich versanden diese gutgemeinten Mittel weiter wie bisher in der „feudalen Oberschicht" dieser (noch) benachteiligten Regionen (vgl. auch Nohlen, 1994). Entwicklungshilfe **beginnt** mit dem Ich-Führerschein für Jede und Jeden aus dem „gemeinen Volk" – **erst dann** entsteht Kreativität, Kulturtreue und Kontrolle bezüglich der Fremdmittel.

Noch jemand ohne Führerschein? Der Ich-Führerschein als erste Bürgerpflicht, als oberste Menschenpflicht, als mein Geschenk an mich und an mein Soziotop: Spätestens ab 18 sollte jeder Zugang zur „Fahrschule" haben – sonst bleibt die „Alte Tante Psychologie" unwirksam ...

Literatur

Arrett, J.J.: Emergine Adulthoud. American Psychologest, 5/2000.

Auhagen, A.E.: Das Positive mehren. Psychologie Heute, 12/2004.

Baker, D.: Sucht als Chance. Die spirituelle Dimension des Alkoholismus. Saarbrücken, 2004.

Bausmann, U. & Frenking, J.: Zwischen Mediation und Konfrontation. Ein Ansatz für die Grundschule. In: Weidner, J. u.a. (Hrsg.): Gewalt im Griff, Band III. Weinheim, 2003.

Bellebaum, A.: Glücksverheißungen. Köln, 2005.

Bethge, P.: Der liebende Affe. Spiegel, 9/2005.

Bethge, P.: Der stärkste Trieb der Welt. Spiegel, 9/2005.

BKA: Polizeiliche Kriminalstatistik. Wiesbaden, 2004.

Blaser, M. & Bauchmüller, M.: Die 10 Irrtümer der Globalisierungsgegner. Frankfurt, 2003.

BMZ: Partizipative Entwicklungszusammenarbeit. Übersektorales Konzept. Bonn, 1999.

Boeckhorst, F.: Strategische Familientherapie. Dortmund, 1988.

Böhm, I.: Kant – der Imperativator. HAZ, 06.03.2004.

Böhnisch, L.: Abweichendes Verhalten. Eine pädagogisch-soziologische Einführung. Weinheim, 1999.

Branden, N.: Die sechs Säulen des Selbstwertgefühls. München, 2003.

Brandes, D.: Einfach managen. Klarheit und Verzicht – Der Weg zum Wesentlichen. Bielefeld, 2002.

Burschyk, L., Sames, K.-H. & Weidner, J.: Das Anti-Aggressivitäts-Training. Curriculare Eckpfeiler und Forschungsergebnisse. In: Weidner, J., Kilb, R., Kreft, D. (Hrsg.): Gewalt im Griff. Neue Formen des Anti-Aggressivitäts-Trainings. Weinheim, 1997.

Corsini, J.R.: Konfrontative Therapie. In: Handbuch der Psychotherapie. Weinheim, 1994.

Crozier, M. & Friedberg, E.: Die Zwänge des kollektiven Handelns. Über Macht und Organisation. Weinheim, 1993.

Czock, H. & Rossi, E.: Projektverbund Caritas – Offener Umgang mit Fremden, Gleichstellung und Partizipation in der Arbeitswelt. In: Neue Caritas, 2/105, 2004.

Dettling, W.: Die Stadt und ihre Bürger. Gütersloh, 2001.

Dettling, W.: Die Krise der Urbanität. Zeitschrift Vorgänge, 1/2004.

Didierjean, A. u.a.: Im Gehirn des Großmeisters. Das Schachgedächtnis. Gehirn und Geist, 6/2003.

Dulz, B.: Borderline-Störung. Leben an der Grenze. Gehirn und Geist, 6/2003.

Di Fabio, U.: Die Menschenrechte als Grundlage einer Ethik der Zivilisation. In: Viertel, M.: Grundwerte in christlicher und islamischer Gesellschaft. Auf der Suche nach einer Ethik der Zivilisation. Hofgeismar, 2003.

Elschenbroich, D.: Weltwissen der Siebenjährigen. München, 2001.

Enkelmann, N.B.: Charisma. Beruflichen und privaten Erfolg durch Persönlichkeit. Landsberg, 1999.

Erikson, E.H.: Identität und Lebenszyklus. Frankfurt, 1976.

Ernst, H.: Herz plus Hirn. Emotionale Intelligenz im Alltag. Psychologie Heute, 2/2005.

Etcoff, N.: Warum wir der Schönheit nicht widerstehen können. Psychologie Heute, 4/2001.

Fahrenberg, J.: Die Weltanschauung der Deutschen. Psychologie Heute, 3/2005.

Farrelly, F. & Brandsma, J.M.: Provokative Therapie. Berlin/Heidelberg, 1986.

Flusser, G.: Jesus. Reinbek, 1968.

Förster, H.v.: KybernEthik. Berlin, 1993.

Fredrickson, B.L.: Die Macht der guten Gefühle. Gehirn und Geist, 6/2003.

Först, R.: Ausstrahlung. Wie ich mein Charisma entfalte. München, 2002.

Gartner, H.: Das Geheimnis des Führens. Psychologie Heute, 5/1997.

Gaserow, V.v.: Schilly bekundet Sympathie für Unionspläne. FAZ, 19.02.2005.

Göldenboog, C.: Gut sein wird mit Sex belohnt. Psychologie Heute, 3/2005.

Golemann, D.: Emotionale Intelligenz. New York, 1995.

Grimm, I.: Zurück aus der Globalisierung. Dewezet, 14.02.2005.

Haffner, S.: Das Leben der Fußgänger. München, 2004.

Hannes, R.: Wenn Trinken zum Problem wird. Alkoholprobleme lösen. Göttingen, 2004.

Hansch, D. & Haken, H.: Wie die Psyche sich selbst in Ordnung bringt. Psychologie Heute, 7/2004.

Hansch, D.: Evolution und Lebenskunst. Grundlagen der Psychosynergetik. Ein Selbstmanagement-Lehrbuch. Göttingen, 2002.

Haubl, R.: Neidisch sind immer nur die Anderen. Über die Unfähigkeit, zufrieden zu sein. München, 2001.

Hausmann, M.: Eine Frage der Symmetrie. Mann und Frau – der große Unterschied? Gehirn und Geist, 6/2003.

Heckmair, B. & Michl, W.: Erleben und Lernen. Neuwied, 1994.

Heilemann, M.: Geschichte des Antagonistentrainings. ZfStrVo, Heft 6, 1993.

Heilemann, M.: Verhaltenstraining bei gehemmt-aggressiven Männern. In: Brandes, H. (Hrsg.): Handbuch Männerarbeit. Weinheim, 1996.

Heilemann, M.: Arbeit für die Opfer am Täter. In: Thies, H.: Wenn schwere Jungs heißen Stühlen weinen. Hannoversche Allgemeine Zeitung, 30.10.97.

Heilemann, M.: Angriff auf die bösen Jungs. Spiegel, 13/1999.

Heilemann, M.: Schläger studieren Sozialkompetenz. Das Hamelner Anti-Aggressivitäts-Training als Modellprojekt. In: Deegener, G. (Hrsg.): Therapie bei sexueller und körperlicher Gewalt. Weinheim, 1999.

Heilemann, M. & Fischwasser-v.P., G.: Gewalt wandeln. Lengerich, 2001.

Heilemann, M. & Fischwasser-v.P., G.: Attraktivitätstraining. Die Lehre von der guten Gestalt. Selbstachtung und Stolz als Grundlage für „Inneren Pazifismus". In: Weidner, J., Kilb, R. & Jehn, O. (Hrsg.): Gewalt im Griff, Band III. Weinheim, 2003.

Heilemann, M. & Fischwasser-v. P., G.: Verhaltensnahe Verlaufsdiagnostik bei Gewaltstraftätern. Evaluation bei Gruppentherapie. In: Osterheider, M.: Forensik 2002. Wie sicher ist Prognose? Dortmund, 2003.

Heilemann, M., Fischwasser-v. P., G. & Ramm, T.: Gruppenbehandlung dissozialer Störung. In: Merod, R.: Persönlichkeitsstörungen: Zwischen Psychotherapie und medizinischem Fortschritt. Tübingen, 2004.

Heilemann, M.: Lebensphilosophische Bezugspunkte bei der Behandlung jugendlicher Gewalttäter. In: Zeitschrift „Psychotherapie im Dialog". Heft 2/04.

Heuer, W.: Was treibt die Tapferen. Psychologie Heute, 10/2002.

Holst, I. u. Sandmeyer, P.: Wenn Märchenprinzen lästig werden – Die neue Leichtigkeit männerloser Frauen. Köln, 2004.

Huber, A.: Motivation und Persönlichkeit: Was treibt uns an? Psychologie Heute, 3/2001.

Hudson, F.M.: The adult years. San Francisco, 1999.

Hutterer, R.: Das Paradigma der Humanistischen Psychologie. Wien, 1998.

Jehn, O.: Das AAT/CT im Spiegel der sozialwissenschaftlichen Fachdiskussion. In: Weidner, J., Kilb, R. & Jehn, O. (Hrsg.): Gewalt im Griff, Band III. Weinheim, 2003.

De Jong, T.M.: Glaube, Hoffnung, Heilung. Psychologie Heute, 3/2005.

De Jong, T.M.: Der Glaube setzt starke Hoffnungspotentiale frei.. Psychologie Heute, 3/2005.

Jung, M.: Die Sehnsucht nach dem festen Standort. Psychologie Heute, 10/2004.

Jung, M.: Philosophie des Bösen. Psychologie Heute, 3/2005.

Kant, I.: Beantwortung der Frage: Was ist Aufklärung? In: Weischedel, W. (Hrsg.): Immanuel Kant Werke, Bd. G. Frankfurt, 1964.

Kast, V.: Neid und Eifersucht. Zürich, 1996.

Keine, T. u.a.: Wir sind, woran wir uns erinnern. Psychologie Heute, 3/2000.

Kerner, H.J. & Weitekamp, E.G.M.: Entwicklungen in der Kriminalität und im Jugendstrafrecht. Neue Praxis, Heft 6/1997.

Kets De Vries, M.: Führer, Narren und Hochstapler. Die Psychologie der Führung. Stuttgart, 2004.

Kilb, R.: Gewaltphänomene bei Kindern und Jugendlichen und ihre Ursachen. In: Weidner, J., Kilb, R., Jehn, O. (Hrsg.): Gewalt im Griff, Band III, Weinheim u. Basel, 2003.

Kilb, R.: Konfrontative Pädagogik – aus der Ausbildungsperspektive betrachtet. In: Unsere Jugend, 3/2004.

König, O.: Macht in Gruppen. Stuttgart, 1998.

Kohnstamm, D.: Ich bin Ich. Die Entdeckung des Selbst im Kindesalter. Göttingen, 2004.

Kohls, N.B.: Außergewöhnliche Erfahrungen – Blinder Fleck der Psychologie? Münster, 2004.

Krafeld, F.J., Möller, K. & Müller, A.: Veränderungen in der rechten Jugendszene – Konsequenzen für die pädagogische Arbeit. In: Die Deutsche Jugend, Heft 7-8/1996.

Krüger, J.-T.: Anstrengender Sonntag. Psychologie Heute, 5/1997.

Kube, F.v.: Führen durch Fordern. München, 2003.

Kunstreich, T.: Aktionsprogramme gegen Gewalt und Gewaltbereitschaft. Probleme, Erfahrungen und Einsichten, unveröff. Manuskript eines Vortrags am 26.10.1998, 4. Kinder- und Jugendhilfeforum der Patriotischen Gesellschaft von 1765, Hamburg.

Kyhner, C. & Vaaler, S.: Bewegung macht schlau. Psychologie Heute, 12/2004.

Lache, A.: Baby-Tuning in der Fruchtblase. Stern, 25/2002.

Lange, L.: Die hohe Kunst, sich selbst zu steuern. Psychologie Heute, 10/2001.

Leick, R.: Kant in Teheran. Spiegel, 8/2005.

Lempert, J. & Oelemann, B.: ...dann habe ich zugeschlagen. Männer-Gewalt gegen Frauen. Hamburg 1995.

Lenz, R.: Das Nicht-Kampf-Prinzip. Lengerich, 2005.

Levend, H.: Kinder werden oft nur als defizitäre Wesen gesehen. Psychologie Heute, 3/2005.

Loch, D. & Heitmeyer, W.: Schattenseiten der Globalisierung. Frankfurt, 2001.

Löbsack, T.: Unterm Smoking das Bärenfell. München, 1992.

Löhr, J. u.a.: So haben Sie Erfolg. München, 1999.

Lohberger, L.: Impuls-Kalender. Sielenbach, 2004.

Lorenz, M.J.: Zuerst das Gehirntraining. Zuerst das Gefühl. Gehirn und Geist. 6/2003.

Mann, K. & Spanagel, R.: Die abhängige Erlebnisgesellschaft: Sucht als neues Forschungsfeld. Ruberto Carola, 3/2000.

Margraf, J. & Hoffmann, S.-O.: Stellungnahme des wissenschaftlichen Beirates. Psychotherapie zur Verhaltenstherapie. Deutsches Ärzteblatt, 2/2004.

Manhart, K.: Evolutionspsychologie. Die Wurzeln des Fairplay. Gehirn und Geist, 6/2003.

McClelland, D.C.: Power. The inner experience. New York, 1975.

McKay, M. & Fanning, P.: Selbstachtung. Das Herz einer gesunden Persönlichkeit. Paderborn, 2004.

Ministerium für Bildung, Jugend und Sport: 2. Zwischenbericht der Landesregierung zur Umsetzung „Tolerantes Brandenburg". Potsdam, 2001.

Meyer, G. & Bachmann, M.: Glücksspiel. Wenn der Traum vom Glück zum Alptraum wird. Berlin, 1993.

Möser, K. & Schütz, H.: Man, geht's uns gut! Stern, 31/2004.

Mohagheghi, H.: Grundwerte einer islamischen Gesellschaft. In: Viertel, M.: Grundwerte in christlicher und islamischer Gesellschaft. Auf der Suche nach einer Ethik der Zivilisation. Hofgeismar, 2003.

Moosbrugger, H. (Hrsg.): Lebensbewältigung. Münster, 2004.

Morris, D.: Täterprofile. Wiesbaden. 1997.

Neimann, S.: Das böse Denken. Frankfurt, 2004.

Nohlen, D.: Lexikon Dritte Welt. Reinbek, 1994.

Norretranders, T.: Homo Generosus. Warum wir Schönes lieben und Gutes tun. Reinbek, 2004.

Nuber, U.: Die schwierige Kunst, ein Erwachsener zu sein. Psychologie Heute, 4/2001.

Nuber, U.: Ein starkes Selbst: Die Quelle unserer Kraft. Psychologie Heute, 4/2005.

Nuscheler, F.: Lern- und Arbeitsbuch Entwicklungspolitik. Bonn, 1996.

Ochmann, F. & Schels, W.: So entsteht das Ich. Stern, 25/2002.

Ohlemacher, T. u.a.: Anti-Aggressivitäts-Training und Legalbewährung. Versuch einer Evaluation. In: Bereswill, M.: Interdisziplinäre Beiträge zur Kriminologischen Forschung. Baden Baden, 2001.

Ohlemacher, T., SögdinG, D., Höynck, T. & Ethè, N.: Nicht besser aber auch nicht schlechter. AAT und Legalbewährung. In: Weidner, J., Kilb, R., Jehn, O. (Hrsg.): Gewalt im Griff, Band III. Weinheim, 2003.

Omar, H. & v. Schlippe, A.: Autorität ohne Gnade. Göttingen, 2004.

Ostbomk-Fischer, E.: Gewaltverhalten bei Jugendlichen. Zum Verhältnis von Ursachen, Prävention und Korrektur. In: GWG Organ der Gesellschaft für wissenschaftliche Gesprächspsychotherapie e.V., Heft 3/2000.

Panic, I. & Clausen, U.: Die beste Schule ist zu Hause. Hör Zu, 10/2004.

Peters, K.: Die Grundlagen der Behandlung junger Rechtsbrecher. In: Monatszeitschrift für Kriminologie und Strafreform, 2/1966.

Poppelreuter, S. & Gross, W. (Hrsg.): Nicht nur Drogen machen süchtig. Weinheim, 2000.

Pscherer, J.: Der Glaube an die eigene Kraft versetzt Berge. Psychologie Heute, 11/2004.

Quitmann, H.: Humanistische Psychologie. Göttingen, 1996.

Ramm, T.: Durchführung von Anti-Gewalt-Training nach dem Hamelner Modell. Düsseldorf, 1999.

Reh, V. & Schawohl, H.: Das TrainerInnenteam beim Anti-Aggressivitäts-Training. In: Weidner, J., Kilb, R., Jehn, O. (Hrsg.): Gewalt im Griff, Band III. Weinheim, 2003.

Rehrl, A.: Höflichkeit ist eine Zier. Psychologie Heute, 2/2004.

Reinert, T.: Therapie an der Grenze: Die Borderline-Persönlichkeit. Stuttgart, 2004.

Ryan, M.J.: Geliebte Dankbarkeit. München, 2001.

Rzepka, D.: Anti-Aggressivitäts-Training – Anmerkungen aus verfassungsrechtlicher und kriminologischer Sicht. In: Unsere Jugend, 3/2004.

Sachse, K.: Das Geheimnis des Ich. Focus, 11/2005.

Safransli, R.: Wir müssen uns dem Bösen stellen. Der Blaue Reiter (Journal für Philosophie), 17/2004.

Sandmeyer, P.: Warum glauben wir? Stern, 47/2004.

Sandmeyer, P. & Woter, C.: Was ist Heimat? Stern, 51/2004.

Schäfer, A.: Ein Spiel über das wahre Leben. Psychologie Heute, 5/2004.

Schanzenbächer, S.: Opferschutz ist Täterarbeit. In: Deutscher Caritasverband e. V. (Hrsg.). Caritas, 2002.

Schanzenbächer, S.: Anti-Aggressivitäts-Training auf dem Prüfstand. Herbolzheim, 2003.

Schanzenbächer, S.: Evaluation des Anti-Aggressivitäts-Trainings – Zwischenergebnisse. In: Weidner, J., Kilb, R., Jehn, O. (Hrsg.): Gewalt im Griff, Band III, Weinheim, 2003.

Schanzenbächer, S.: Gewalt ohne Ende Neue Perspektiven durch Anti-Aggressivitäts-Training und konfrontative Pädagogik in Brandenburg. Freiburg/Breisgau, 2004 a.

Schanzenbächer, S.: Mobiles Beratungsteam als Modell der Unterstützung von Schulen – Das Beispiel des Brandenburgischen Projektes „Boxenstopp – Anti-Gewalttraining für Jugendliche. In: Melzer, W. & Schwind, H.-D. (Hrsg.): Gewaltprävention in der Schule. Grundlagen – Praxismodelle – Perspektiven. Baden-Baden, 2004 b.

Schawohl, H.: Von Glenn Mills lernen. Vom Interventionsrecht zur Interventionserlaubnis im deutschen Anti-Aggressivitäts-Training®. In: Colla, H.E., Scholz, C., Weidner, J. (Hrsg.): Konfrontative Pädagogik. Mönchengladbach, 2001.

Scherr, A.: Gefährliche Schläger. Zum neuen Realismus im Diskurs der sozialen Arbeit. In: SLR, 37/1998.

Schirrmacher, F.: Das Methusalem-Komplott. München, 2004.

Schmidt, W.: Die Rückkehr der Philosophie. Psychologie Heute, 10/2004.

Schran, P.: Exposé zum dokumentarischen Lehrfilm „Der ‚Heiße Stuhl' im Anti-Aggressivitäts-Training (AAT). Köln, Berlin: Unveröffentlichtes Manuskript, 2003.

Schütze, A.: Selbstwertgefühl – je mehr desto besser? Weinheim, 2005.

Shapiro, E.C.: Trend: Surfen in den Chefetagen. Unternehmensführung jenseits der Management-Moden. München, 1995.

Sonnenmoser, M.: Das Bedürfnis nach Bewertung. Psychologie Heute 3/2005.

Spanagel, R.: Alkoholabhängigkeit im Tiermodell. Suchtmedizin in Forschung und Praxis, 10/1999.

Spangenberg, P.: Dankbarkeit ist das Gedächtnis. Norderstedt, 2001.

Sperber, K & Riegger, D.: Stadt, Land, Untergang. FR, 26.02.2004.

Sperber, K. & Riegger, D.: Kein untypischer Einzelfall. Achtung der Menschenwürde als Grundlage des Rechtsstaates. FAZ, 19.02.2005.

Der Spiegel: Angeknackste Helden. Heft 21/2004.

Der Spiegel: Risiko am Rio Coco, Heft 6/2004.

Sprenger, R.K.: Mythos Motivation. Frankfurt, 1999.

Stern, H.v.: Alle Antennen auf Empfang: Wer achtsam lebt, lebt besser. Psychologie Heute, 7/04.

Stiel-Glenn, M.: Das Anti-Gewalt-Training in der Jugendgerichts- und Bewährungshilfe. In: Weidner, J., Kilb, R., Kreft, D. (Hrsg.): Gewalt im Griff. Neue Formen des Anti-Aggressivitäts-Trainings. Weinheim, 1997.

Sturzbecher, D. & Kopp A.: Jugend zwischen Resignation und Aufbruch. In: Schanzenbächer, S.: Gewalt ohne Ende. Freiburg, 2004.

Thimm, K.: Guten Morgen liebe Zahlen. Lernen verändert das Gehirn. Der Spiegel, 27/2002.

Tim, T.: Jeder einzelne kann die Welt verändern. Dewezet, 17.02.2005.

Tölle, R. & Doppelfeld, E.: Alkoholismus – erkennen und behandeln. Köln, 2004.

Vetten, D.: Soweit die Füße tragen. Psychologie Heute, 3/2005.

Walter, J.: Anti-Gewalttraining im Jugendstrafvollzug – Tummelplatz für ‚crime fighter'? Bemerkung zum Beitrag von Heilemann / Fischwasser v. Proeck: „Kampagne gegen Gewalt. Das Management destruktiver Aggressivität". In: Zeitschrift für Strafvollzug und Straffälligenhilfe. Wiesbaden, Heft 1/1999.

Wagner, J.: Die Bedeutung rechtsstaatlicher-demokratischer Strukturen für den Prozeß politischer Partizipation. Bonn, 2004.

Weber, C.: Trainings für das Ich. Fokus, 25. Oktober 2004.

Weber, C.: Das neue Glück der Gehirne. Zusammenwachsen von Neurowissenschaften und Psychotherapie. Fokus, 44/2004.

Weber, C. & WEGNER, J.: Ich will nicht mehr so bleiben wie ich bin. Fokus, 46/2003.

Wehr, G.: Die sieben Weltregionen. München, 2002.

Weichholt, K. & Silbereisen, R.N.: Evaluation der Effektivität eines Anti-Aggressivitäts-Trainings bei antisozialen Jugendlichen. Jena, 2003.

Weidner, J.: Anti-Aggressivitäts-Training für Gewalttäter, Bonn,1990.

Weidner, J.: Der „Heiße Stuhl" in der Psychotherapie. In: Tendenz, Heft 1, 1993.

Weidner, J.: Anti-Aggressivitäts-Training für Gewalttäter. 3. Aufl. Bonn/Bad Godesberg, 1995.

Weidner,J.: Jugendgewalt in Hamburg und wie die soziale Arbeit darauf reagieren kann. In: Standpunkt: Sozial, Hamburger Forum für soziale Arbeit, Heft 2/1997 b.

Weidner, J., Kilb, R. & Kreft, D. (Hrsg.): Gewalt im Griff. Neue Formen des Anti-Aggressivitäts-Trainings. Weinheim, 1997.

Weidner, J.: Vom Straftäter zum Gentleman? In: Colla, H.E., Scholz, C., Weidner, J. (Hrsg.): Konfrontative Pädagogik. Mönchengladbach, 2001.

Weidner, J.: Neue pädagogische Handlungsstrategien im Zentrum der Republik. In: Schanzenbächer, S.: Gewalt ohne Ende. Freiburg, 2004.

Weidner, J. & Kilb, R.: Konfrontative Pädagogik. Konfliktbearbeitung in Sozialer Arbeit und Erziehung. Wiesbaden, 2004.

Weiß, H. & Schmiedener, E.: Assoziale Marktwirtschaft. Köln, 2005.

Die Welt: Jesus. Über die politische Unkorrektheit der Evangelisten. Die Welt, 16/2003.

Wendisch, N.: Das Anti-Aggressivitäts-Training nach Heilemann in der Jugendanstalt Schleswig. Entwicklung und Erprobung eines Evaluationsprojektes. Kiel, 2003.

Winterhoff-Spuk, P.: Histrios. Ich bin so schön, ich bin so toll .... Psychologie Heute, 3/2005.

Winterhoff-Spuk, P.: Kalte Herzen. Wie die Medien unseren Charakter formen. Stuttgart, 2005.

Wolf, A.: Raus aus der Bequemlichkeitsfalle. Psychologie Heute, 6/2004.

Wolff, U.: Wo war Jesus? Das Leben Jesu für unsere Zeit erzählt. Stuttgart, 2002.

Wolters, J.M.: Das Anti-Aggressivitäts-Training zur Behandlung jugendlicher inhaftierter Gewalttäter in der Jugendanstalt Hameln. In: Kriminalpädagogische Praxis 18, Heft 30, 1990.

Wolters, J.M.: Kampfkunst als Therapie. Frankfurt/M., 1992.

Wüllenweber, W.: Das wahre Elend. Die neue Unterschicht. Stern 52/2004.

Zimbardo, P.G.: Psychologie. München, 2004.

Anlage I
Curriculum AAT® für LehrerInnen
Gewaltprävention in der Schule

1. **Das Geheimnis der Ent-Wicklung:**
   Entwicklungsjobs in der Schulzeit
2. **Chef im eigenen Ich:**
   Wie sich das Kind die Hoheit über seine Begabungsentfaltung erarbeitet
3. **Körper führt, Geist folgt:**
   Ausdauertraining, Kraft- und Schnellkraftentwicklung, Bewegungstraining, Tanzübungen, Nähetraining und Entspannungstraining als Grundlage von Selbstwahrnehmung und der Motivation zur Selbstverteidigung (Handlungsmodul)
4. **Souveränität, Gelassenheit und „Lufthoheit" für LehrerInnen:**
   Unterscheidung zwischen Lehrer-Ich und Schüler-Ich.
5. **Jungenich - Mädchenich:**
   Differenzierte Trainingsangebote zur Entwicklung der Ursprungsrolle (traditionellen Rolle) und der Rollendifferenzierung (emanzipierte Geschlechtsrolle)
6. **Motivation, Klassifikation und Persönlichkeitsanalyse von verhaltensauffälligen und gewaltbereiten Schülern:**
   Die zehn Definitionselemente manifester Aggressivität
7. **Schülergerechte Konfrontation bei Übergriffen:**
   Inszenierte Empörung, Coolness-Training und Deeskalations-Training (Handlungsmodul)
8. **Hilflosigkeit und Traumatisierung von Gewaltopfern in der Schule:**
   Emanzipationsprogramme zur Stärkung des „Opfer-Ichs"
9. **Verteidigung des eigenen Ichs (Einen-Meter-Abstand als Hoheitsraum der Person):**
   Effektive Verhaltensweisen, subjektives Sicherheitsgefühl
10. **Reflektionsrunde:**
    Prävention heißt Ich-Stärkung: Ein starkes Ich muß nicht kompensieren ...

Handout

Literatur

Trainingsmanual

Dozententeam

Dr. Michael Heilemann

Gabriele Fischwasser-von Proeck

Co-Referenten

Rüdiger Lenz (Körperverteidigung)

Patrizia Heistermann (Konfrontationstraining, De-Eskalationsübungen und Coolnesstraining für Kids)

Administration

Honorar Pauschal

Seminarauswertung und Supervision

Thomas Ramm (Sozialpädagoge, Hameln)

Dr. M. Heilemann (Dipl. Psychologe)

G. Fischwasser–v. Proeck (Dipl. Soz.Wiss.)

Domeierstr. 6

31785 Hameln

Anlage II
Curriculum Security-Zertifizierung: Jugendgewalt

1. **Die Gestalt von Gewalt:**

   10 Elemente, die Schlägermentalität, Schlägerverhalten und Schlägerentschuldigung auszeichnen.

2. **Kopfkinder und Körperkinder:**

   Von der Realität einer getrennten Gesellschaft.

3. **Opferlehre, Opferstatus und Opferleid:**

   „Mentale Erste Hilfe" und sofortige Autonomieunterstützung bei Opfern von Gewaltstraftaten im Jugendbereich.

4. **Einheitliches Menschenbild:**

   Solidarität von Männern zu ihrem eigenen Geschlecht. Oder: Von der Gleichberechtigung der Menschenrechte der Jungen gegenüber den Mädchen.

5. **Attraktivitätstraining für Körperkinder:**

   Wie kann ich mein eigenes Ich konstruieren, stabilisieren, verwalten und coachen, ohne auf Gewalt als „Kompensationselement" zurückgreifen zu müssen?

6. **Körpertraining für Kopfkinder:**

   Hoheitsrechte für das eigene Ich und die „Verteidigung des Einen-Meter-Abstandes".

7. **Soziostrukturelle und ethnische „Wanderungsbewegungen" in der Bundesrepublik Deutschland und in der neuen EU:**

   Welche Bevölkerungsgruppe mit welchen „Ideologien" treffen aufeinander?

8. **Friedensphilosophie und Friedenstraining:**

   Humanistische Philosophie als Grundlage des persönlichen Wachstums, der gelebten Solidarität und eines „übergeordneten Loyalitätsbegriffes" als Basis demokratischen Miteinanders.

9. **Abschlußprüfung:**

   Das „Security-Mandat" als „Zertifikat gegen Jugendgewalt" (Zertifikat JUGEW).

10. **Security-Supervision:**

    Von der Notwendigkeit, einmal im Monat das „Friedenswissen aufzufrischen".

Qualitätssicherung Security Zertifizierung: Jugendgewalt

Securitydienste, die den Eingangsdienst („Türen") in Clubs, Diskotheken und bei Jugendveranstaltungen (Jugendfreizeitheimen, Abiturfeiern) versehen, sollten einen speziellen „Mittelschichtsbeauftragten" vorhalten.

In der Jugendszene gibt es verschiedene Brechungswinkel der Gewalt, die **in der Regel** zu Ungunsten akademisch-orientierter Jugendlicher („Abiturienten") verlaufen:

1. Die Reduzierung auf Körperlichkeit und das Ablehnen intellektueller Bildung favorisiert ein „Durchsetzungs- und Unterwerfungsverhalten" bildungsmäßig vernachlässigter Jugendlicher (Schichtaspekt), wobei diese sogenannten Körperkinder ihre Majorität hinsichtlich mehrerer Parameter (Mehrere gegen Einen; Ältere gegen Jüngere, körperlich trainierte Kinder gegen körperlich eher weniger trainierte Kinder; schmerz-gewohnte Kinder gegen eher gewaltfrei-erzogene Kinder) „ausspielen".
2. Besondere Zuwanderer-Jugendliche, die über einen längeren Zeitraum im Herkunftsland „gedarbt" und totalitären Strukturen unterworfen waren und die stellvertretend für ihre Eltern – die teilweise viele Jahrzehnte entsprechende Nachteile aushalten mußten – „Wiedergutmachungsaufträge" (unbewußt) realisieren, suchen sich ebenfalls eher bildungsmäßig privilegierte (in ihren Augen arrogante, hochnäsige) Jugendliche, die aus ihrem Gewaltverzicht heraus als „gefundenes Fressen" für den Aufwertungsbedarf für diese - mit erheblichen Minderwertigkeitsgefühlen ausgestatteten – Gruppe gelten.
3. Herkömmliche Securitydienste rekrutieren sich insbesondere aus den beiden o.g. „Sondergruppen". Eine Lobby für Abiturienten oder eben intellektuell orientierte jugendliche Gäste (Kopfkinder) ist in der Regeln nicht vorgesehen.
4. Täter neigen dazu, dem Opfer die Schuld dafür zu geben, dass sie dieses Opfer „schlagen mußten". Diese Legitimationsstrategien sind bei all denen aggressionsbereiten Menschen verbreitet, die Gewaltanwendung als letztes Mittel für ihr eigenes Wirksamkeitserleben (Selbstwirksamkeit) und somit für die Kompensation ihrer ansonsten vorhandenen geringen Wirksamkeit benötigen. Übereinkunft (Konsens) zwischen den „Loosern" über entsprechende Gewaltunterwerfung, sich an den sogenannten „Gewinnern" schadlos zu halten und eigene Minderwertigkeitsgefühle durch willkürliche Gewalt-Unterwerfungs-Mobbing- und Demütigungshandlungen einlösen zu können, ist verbreitet bzw. allumfassend. Hierdurch kommt es immer wieder zu einer Verkehrung

von Täter und Opfer (Schuldumkehr im Kopf der Täter und Schuldumkehr im Kopf der Sicherheitsdienste), so dass das Opfer in Rechtfertigungszwang gerät, „nachweisen“ muß, wer wann wie doll zugeschlagen hat und letztlich – noch unter Schock stehend – für die nach der Körperverletzung vorhandene Diffusion und Desorientierung vom Sicherheitsdienst oftmals noch „gescholten“, kritisiert und in seiner Glaubwürdigkeit reduziert wird. Insbesondere das Absprechen der Glaubwürdigkeit des Opfers und das Eingehen auf die Legitimationsstrategien der Täter hängt mit der „Schichtaffinität“ der Security-Dienste (ebenfalls Körperkinder) zusammen.

5. Besonders infame Legitimationsstrategien entwickeln Täter über den Umweg von „schutzbefohlenen Mädchen“: Sie konstruieren mögliche Übergriffe der Akademikerkinder (Kopfkinder), die angeblich in irgendeiner Form den Identitätsraum (Intimitätsraum) dieser Mädchen tangiert haben sollen und nehmen dies als ultimative Berechtigung für ihr Zuschlagen. Diese – auf einem geteilten und rassistischen Menschenbild basierende Urteilshaltung (Trennung der Rechte von Männern und Frauen) - führt letztlich nochmals zu einer „Veredlung“ der Legitimationsstrategien der Täter, die nochmals das Opfer ins Abseits stellen.
6. Soziale Kontaktbereiche (Überlappungsbereiche) zwischen unterer und mittlerer Schicht bzw. zwischen Körperkindern und Kopfkindern finden sich im Alltag – vor allem nachdem das Klientel in weiterführende Schulen relativ strikt geteilt worden ist – kaum; Sonderlebensbereiche sind Diskotheken, Clubs und Jugendtreffs. Hier ergibt sich ein „Zugriff“ der Kompensationsbedürftigen gegenüber den „Neidhervorrufenden“, wobei oftmals die Naivität und Arglosigkeit der Kopfkinder (machen zu wenig Selbstverteidigungstraining, trinken in diesen Sondersituationen oftmals zu viel Alkohol und definieren sich hierüber selbst als orientierungs- und nochmals zusätzlich als wehrlos) Auslösebedingungen sind.
7. Security-Dienste werden vom Eintritt der Clubbesucher / Diskothekenbesucher bzw. über die Steuergelder der Jugendfreizeitheime/ Betreiber mitfinanziert. Letztlich sollen sie als Service für alle Gäste (insbesondere für die Friedlichen, die an Deeskalation und Akzeptanz der körperlichen Unversehrtheit der Mitgäste orientiert sind) zur Verfügung stehen. Dies ist aufgrund der schichtspezifischen Übereinkunft zwischen Kompensierern und Security-Personal zur Zeit **nicht gegeben**.
8. Es definiert sich ein spezieller Bedarf mittelschichtsorientierter Security im Jugendgewaltbereich, wobei der potentielle Opferstatus gewaltverneinender und damit leider auch oftmals „wehrunfähiger“ Kopfkinder durch einen speziellen Security-Sonderservice (der vielleicht auch gesondert durch die Eltern dieser eher akademisch orientierten Kinder bezahlt werden kann) sichergestellt werden muß.

9. Security-Dienste, die Eskalationstraining, Coolnesstraining und „Mittelschichtskinder-Schutz“ als Lehrfach ausweisen und über die hier aufgeworfene spezielle soziostrukturelle Problematik Fortbildungswissen vermitteln, sollten bevorzugt bei schichtsgemischten und nationalitätsgemischten“ Zusammenkünften bevorzugt werden.
10. Eine teilweise indirekte, unterschwellige, manchmal auch manifeste Kollaboration zwischen zerstörungsbereiten, kriminellen Körperverletzern einerseits und beauftragen Körperschützern andererseits, kann in dieser Form nicht mehr hingenommen werden – sie würde bewirken, dass eine weitere Ghettobildung (keine Kopfkinder mehr in Diskotheken) und damit eine nochmals behinderte Integration verschiedener Schichten und Nationalitäten in einem multikulturellen Kontext festgeschrieben werden. Darüber hinaus werden hierdurch Gegenreaktionen (rechtsradikales Gedankengut, rechtsradikales Handeln) sowie weitergehende Vorurteilsbildung und später sozialpolitische Ausgrenzung aber auch individuelles Hadern, depressive Entwicklungen und möglicherweise extreme Radikalisierung (Amoktaten) durch fehlende gesellschaftliche, jugendpolitische Sensibilität provoziert, die als „politischer Luxus“ so nicht mehr hinnehmbar sind.

10 Thesen Sicherheitsdienste (Security)

1. **DER JOB**. Die Aufgabe von Sicherheitsdiensten besteht aus Objektschutz (Betriebe, Gaststätten), Eventschutz (Veranstaltungen), Personenschutz (Leibwächter) und Stadtteilschutz (Revier und Streifendienst).
2. **DER ANLASS**. Im Stadtbild findet man Security-Service zumeist vor und in Diskotheken (sogenannten „Clubs") und Musiklokalen aber auch bei Großveranstaltungen (Fußballbundesliga, Konzerte, Abiturfeiern).
3. **DIE GESCHICHTE**. Bis Mitte der 80er Jahre nannte man diese zusätzlichen polizeiergänzenden Sicherheitskräfte „Ordner" – danach haben sie sich zu eigenen, selbstverwalteten und profitorientierten „Teams" weiterentwickelt.
4. **DIE POLIZEI**. „Vornehme" Zurückhaltung, Dienstplanausdünnung, Entmutigung durch manchmal fehlende richterliche Rückendeckung, interner Stress und auch massive Zunahme von Eigengefährdung (Radikalisierung der Straftäter) hat parallel dazu in den letzten 20 Jahren zu einem „Rückzug der Polizei" aus dem Straßenbild geführt: Prominenz, Politiker, Richter werden geschützt – der normale Bürger (vor allen Dingen: Der normale Jugendliche) e-her weniger ....
5. **DIE ZUSAMMENARBEIT**. Die Kooperation zwischen den „Offiziell Beauftragten" (Polizei) und den „Auf Zuruf Tätigen" ist in der Feinabstimmung noch längst nicht optimal: Es kann passieren, dass Randalierer, Störer oder gar Körperverletzer von den Security-Kräften nicht lange genug „festgesetzt" werden können, um sie dann tatsächlich in Polizeigewahrsam übergeben zu können.
6. **DIE HERKUNFT**. Effektiver Personenschutz durch Security kann nur duch „Wachleute" erfolgen, die sich lebenslang und intensiv um ihre körperliche Durchsetzungsfähigkeit gekümmert haben – oftmals kommen sie ursprünglich aus dem selben Milieu wie der Angreifer.
7. **DIE WANDLUNG**. Deeskalationstraining, Coolnesstraining, Fairnesstraining und das Vertiefen gesetzlicher, moralischer sowie humanitärer Grundsätze ist somit die vornehmste Aufgaben eines Security-Berufsbildes, wenn man nicht den „Bock zum Gärtner" machen will.
8. **DIE WACHSTUMSBRANCHE**. Die Maschinen haben die Produktion von Gütern aber oftmals auch von „geistigen Gütern" (Banken, Krankenversicherungen, Konstruktionsberuf) übernommen: Der Service am Menschen bleibt als „Restjob" für den Menschen übrig: Das Berufsfeld Sicherheitsdienst ist somit eine der wenigen Wachstumsbranchen in einer immer mehr von Unsicherheit gekennzeichneten Neid- und Übergriffsgesellschaft.

9. **DER AUSBLICK.** Weitere Anwendungfelder für Security-Dienste sind: Sicherheit im Schulbus (auch für die BusfahrerInnen); Kooperation mit Hausmeister und Polizei in Schulzentren – Pausensicherheit; Eingangskontrollen bei Firmenpräsentationen und Privatfeiern; Eingreifreserve in öffentlichen Institutionen mit Konfliktpotential (Arbeitsamt, Sozialamt, Gesundheitsamt usw.); Schutz von anzeigenden Opfern bei Körperverletzungsdelikten im Gerichtssaal und nach der möglichen Verurteilung des Schlägers (Opferschutz); Schutz von aktuell alleinstehenden Frauen, die ihrem Ehemann über die neue gesetzliche Regelung einen „Platzverweis“ (Wohnungsverbot) erteilt haben; Schutz des Passagierflugverkehrs (Flugbegleiter).
10. **DAS FAZIT.** Die Selbstverpflichtung dieses relativ „neuen“ Berufsstandes sollte im Rahmen einer vorhandenen Schutzkultur zu einer Friedenskultur ausgebaut werden: Jeder einzelne Security-Mitarbeiter muss sich in Gewaltabstinenz und Friedlichkeit „verlieben“, um sich darüber souverän und überlegen fühlen zu können. Schlussfolgerung: Er muss dem Angreifer in der körperlichen und mentalen Fitness (Selbstverteidigungskompetenz) um ein doppeltes überlegen sein, um den Vorteil „des ersten Schlages“ beim Attackierer ausgleichen zu können.

Dr. M. Heilemann (Dipl. Psychologe)

G. Fischwasser-v. Proeck (Dipl. Soz.Wiss.)

Domeierstr. 6

31785 Hameln

Anlage III
Für Schüler: Sofort-Telefon gegen Gewalt (sog)

Über ein satellitengestütztes Notruftelefon mit sofortiger Identifizierung des Absender (GPS; Notruftelefon) kann der **Aufenthaltsort** eines „**Schülers in Not**" sofort geortet werden. Im Rahmen einer Hamelner Notrufzentrale für Schutzleistungen (Security-Zentrale) wird der eingehende Notruf sofort an den Sicherheits-Außendienst weitergeleitet, so dass ein direktes schützendes Eingreifen (ca. 2 bis 3 Minuten nach Aussendung des Notrufes) gewährleistet ist.

Das **Sofort-Telefon** gegen Gewalt (sog) ist darüber hinaus ein **Beratungstelefon** für Schüler, die sich durch Feindseligkeit, Mobbing, Erpressung oder körperlicher Attacken bedroht fühlen oder tatsächlich bedroht werden.

Die Hamelner Intitiative „**prokind-KONTRAGEWALT**" nimmt die Verantwortung der Erwachsenenwelt für den Schutz von (vor allen Dingen männlichen) Kindern gegen körperliche Übergriffe durch subkulturelle Jugendliche an. Die Zunahme an Übergriffen gegen männliche Kinder und Jugendliche von 10-20 Jahren ist die am meisten alarmierende gesellschaftliche Entwicklung in Deutschland in der Nachkriegszeit. Seit ca. 60 Jahren wird die körperliche Verteidigungsfähigkeit zu Gunsten der „kognitiven Lernfähigkeit" der Schüler zurückgestellt – dies wirkt sich nun vermehrt aus durch eine extreme Verunsicherung und Unfähigkeit, den eigenen Körper schützen zu können.

Neben einer körperorientierten (auch Verteidigung des eigenen Körpers) Schulkultur als mittelfristige gesellschaftliche Interventionsaufgabe (Lernen mit Angst geht nicht) ist von daher der Zugriff auf „externen Schutz" der Schüler für ihre körperliche Unversehrtheit und insbesondere auch für das seelische Überleben unverzichtbar.

Hameln als Modellstadt für Schülersicherheit kann durch diese **doppelte Initiative** (das Gewalt-Beratungstelefon ist jeweils von 14.00 bis 18.00 Uhr in den Räumen des Sicherheitsdienstes durch Sozialpädagogen und Psychologen besetzt) den betroffenen Jugendlichen ein Signal geben:

„Ihr habt nicht auf das falsche Pferd gesetzt. Es ist richtig, dass Ihr tolerant und aufgeschlossen seid. Es ist richtig, dass Ihr nicht andere Menschen stört, zerstört oder verletzt. Es ist richtig, dass Ihr den Elternbotschaften gefolgt seid – es ist jedoch falsch, dass Ihr Eure körperliche Verteidigungsfähigkeit nicht trainiert habt und es war falsch, dass wir Euch bisher mit dieser unwürdigen Bedrohung allein gelassen haben."

Die Verschiebung von Statuslinien, von Machtlinien, von Unterwerfungslinien und von Erpressungslinien auf die Schulschwänzer (Armtraining statt Kopftraining) soll in Hameln **ab jetzt** nicht mehr zu Ungunsten der gutwilligen „folgsamen" Schüler möglich sein.

Die Trägerinitiative „**prokind-KONTRAGEWALT**" in Hameln soll durch einen Förderverein und Fachbeirat getragen bzw. unterstützt werden.

Die Stadt Hameln und der Landkreis Hameln-Pyrmont werden gebeten, diese Initiativen durch ihre relevanten Gremien zu unterstützen. Das Soforttelefon gegen Gewalt (sog) und das Beratungstelefon für Schüler wird von der Initiative „**prokind-KONTRAGEWALT**" unter Einbeziehung ehrenamtlicher Mitarbeiterinnen und Mitarbeitern administrativ umgesetzt.

Die Evaluation (Akzeptanz durch Schüler, Effektivität bei Gewaltvermeidung und bei aktiven Schutzhandlungen) soll durch ein mit EU-Mitteln gefördertes Forschungsprojekt des Fachbereiches Psychologie der Uni Bielefeld oder der Uni Münster oder der Uni Göttingen ermöglicht werden. Der Startschuß für das „Doppelprojekt" zum Schutz von Schülern in Hameln vor Gewaltübergriffen soll am 2. Januar 2006 erfolgen.

Jeder einzelne Schüler kann – in Übereinstimmung mit seinen Eltern – die Mitgliedschaft in der Initiative „**prokind-KONTRAGEWALT**" erwerben und sich somit den Zugang zu dem „Schutztelefon" ermöglichen. Die Inanspruchnahme des Beratungstelefons gegen Gewalt ist für alle Schüler des Landkreises kostenlos. Die Initiative wird sich beim Stadtelternrat, in den Schulen, in den Jugendfreizeiteinrichtungen sowie in den Bereichen der Jugendbetreuung (Jugendamt, Jugendgerichtshilfe usw.) mit ihrer „Dienstleistung am Kind" direkt vorstellen. Sollte die Initiativgruppe bis zum 2. Januar 2006 ihr Serviceversprechen zum Schutz von Kindern in Hameln **nicht** einlösen, wird sie mit diesem Datum aufgelöst.

Dr. M. Heilemann (Dipl. Psychologe)

G. Fischwasser–v. Proeck (Dipl. Soz.Wiss.)

Domeierstr. 6

31785 Hameln

Anlage IV
Curriculum Coolnesstraining für Jungen
Workshop

1. **Vorstellungsrunde**: Warum ich gerne ein Junge bin .
2. **Meine Vorbilder**: Was macht den Mann zum Manne ...?
3. **Coole Weiber – Gibt's die auch**?
4. **Traditionelle männliche Rolle**: Männer unterrichten Jungs.
5. **Männliche Emanzipation**: Von der Fähigkeit, wirklich souverän, großzügig und nachgiebig zu sein. Oder: Die Lobkultur als Grundlage von Toleranzbereitschaft, Friedensfähigkeit, Handlungsbereitschaft und „Perspektivenwechsel" (Wie sehen Mädchen und Frauen die Welt, was haben sie für einen Lebensentwurf, was ist ihre Mission...?).
6. **Die Rollenhürden des kleinen Jungen**: Erlernen der männlichen Kern-Rolle in Abwesenheit der männlichen Vorbilder. Wie soll das gehen ...?
7. **Arbeitsgruppen im Workshop**:

   AG I: Jungs und körperliche Stärke – Wie knan ich meinen „Einen-Meter-Abstand" verteidigen, welche Form von Selbstverteidigung ist effektiv und friedlich?

   AG II: Cool down, werde ruhig, halt' die Bälle flach: Entspannungstraining, Souveränitätstraining und Entschleunigungstraining

   AG III: Männliche Sexualität – Was ist das? Können Männer Frauen befriedigen? Müssen Männer Frauen befriedigen? Sind Frauen in der Sexualität das stärkere Geschlecht ...?

   AG IV: Der Junge und sein Vater: Von einer lebenslangen – und oft unerfüllten – Sehnsucht ...

   AG V: Männliche Hobbies – Menschliche Hobbies? Kampfsport, Fußball, Autorennen, Singen, Tanzen und Lap-toppen: Was gefällt mir und wie kann ich es verbessern?

Männlichkeitsrituale zur Aneignung der Kernrolle und Souveränitätstraining zur Emanzipation von erstarrten Handlungsmustern (Machogehabe, Chauvinismus-Getue) sind zentrale Themen des WS. Handlungstraining (Entspannung, Nähe, Aufmerksamkeit, Anti-Blamier, Konzentration, Selbstperformance und Teamfähigkeit/Synchronisation) stehen im ständigen Austausch mit erweitertem Theoriewissen über männliche Aufgaben, männliche Möglichkeiten, männliche Grenzen und männliche Versöhnungsmöglichkeiten (Mit mir –Mit Dir). Das Ziel der Jungs, die „Mann“ werden wollen, lautet: Die Frauen leben heute sieben Jahre länger als die Männer – Wir werden dies aufholen. Das Zeitalter der männlichen Rollenerweiterung hat begonnen: Lasst uns starten, Jungs ...!

Dr. M. Heilemann (Dipl. Psychologe)

G. Fischwasser–v. Proeck (Dipl. Soz.Wiss.)

Domeierstr. 6

31785 Hameln

Personalien

Die Autoren

Dr. Michael Heilemann (Jahrgang 1953) hat von 1980 bis 2000 als Beamter im Jugendstrafvollzug in Niedersachsen das AAT ab 1984 vorkonzipiert, maßgeblich gegründet, durchgeführt und verbreitet. Als Wissenschaftsautor, als Lehrtherapeut und als Anti-Gewalt-Dozent hat er seit ca. 20 Jahren an der Verbreitung des Konzeptes „Friedliche Ich-Optimierung von Schwerst-Gewalttätern" gearbeitet. Im „Hauptberuf" ist er in eigener Praxis (VT) als Psychologischer Psychotherapeut sowohl für die Behandlung von Kindern und Jugendlichen als auch von Erwachsenen (und von Gruppen) seit ca. 17 Jahren „parallel" tätig: In diesem Kontext widmet er sich auch der Arbeit mit Opfern von Gewaltstraftaten.

Gabriele Fischwasser – von Proeck (Jahrgang 1954) hat als Diplom-Sozialwissenschaftlerin seit 1980 hauptsächlich im Aufnahmevollzug (Erziehungs- und Behandlungsplanung) und in der Sozialtherapie seit nunmehr 25 Jahren als „Frontfrau" in der Gewalttäterbehandlung ihre Erfahrungen gesammelt. Seit 1985 ist sie Mitbegründerin, Durchführerin und Wissenschaftsautorin zum Thema AAT®. In über hundert öffentlichen Veranstaltungen (Vorträgen, Seminaren, Workshops) hat sie maßgeblich zur Vermittlung dieses Konzeptes im deutschsprachigen Raum (als Projektleiterin und Durchführerin einerseits und Dozentin andererseits) beigetragen.

Die Aufsätze

Raik Lößnitz (Jahrgang 1961) hat als Dipl. Sozialarbeiter in den Jahren 1999/2000 die berufsbegleitende Zusatzqualifikation AAT-Trainer beim ISS e.V. in Frankfurt mit sehr großem Erfolg absolviert - danach hat er für die AWO in Hessen ein innovatives AAT-Projekt (Exkursion nach Schweden usw.) absolviert. Als Schul-Sozialleiter in Schleswig Holstein ist es ihm gelungen, die AAT-Regeln auf „vorpubertäre Jungschläger" herunterzubrechen: Er hat die Wirksamkeit dieser Maßnahme für die Hauptschule nachgewiesen. Seit Mitte 2003 ist er als Abteilungsleiter für den Bereich „flexible Hilfen" in einem der größten Jugenddörfer des CJD Deutschlands (Wolfsburg) in verantwortlicher Position dafür zuständig, dass verhaltensauffällige Jugendliche aus „Brennpunktgebieten“ eine Chance zur Redefinition ihrer Identität erhalten. Sein aktueller Arbeitsschwerpunkt liegt in der Präventionsarbeit bei minderjährigen subkulturell auffälligen Kindern im Rahmen der Vermeidung stationärer Heimaufenthalte. Zusätzlich hat er über die AWO Schleswig Holstein ein eigenes Multiplikationskonzept für die Ausbildung von AAT-TrainerInnen über die AWO Hannover entwickelt.

Thomas Ramm (Jahrgang 1966) hat zwei Jahre (1998/1999) ehrenamtlich als Trainer in der Endphase seines Sozialpädagogenstudiums (FH Düsseldorf) das AAT „von der Pieke auf“ kennengelernt. Als „Schüler“ der Autoren hat er dann in der Jugendanstalt Hameln ein Nachfolgemodell (LOGO) über zwei Jahre (2001/2002) geleitet. Heute ist er Vorsitzender eines ambulanten Anti-Gewalt-Vereins (Gewaltfänger e.V., Hameln), der sich zur Aufgabe gestellt hat, noch nicht-inhaftierte Körperverletzer „zu bekehren“. Als Major der Bundeswehr (Reserveoffizier) und als Beamter im Jugendstrafvollzug ist er in doppelter Weise prädestiniert, die Idee der gewaltfreien Verteidigung zu vermitteln.

Rüdiger Lenz (Jahrgang 1962) hat sich seit 1978 mit den Kampfsportarten Taek won do sowie Shaolin und Kung Fu intensiv auseinandergesetzt – 1981 war er internationaler deutscher Meister im Vollkontaktsport Taekwondo. Er ist Begründer der „25 Prinzipien der realistischen Kampfkunst“. Seit 2002 ist er freier Mitarbeiter im Ausbildungsteam des „Hamelner Modells“: Für diesen Arbeitskontext hat er die „Lehre vom Überwinden des Zweikampfes“ als Grundlage des Coolnesstrainings, des Deeskalationstrainings und des „Souveränen Sich Entziehens“ entwickelt. Er arbeitet als Co-Dozent und Ausbilder für ErzieherInnen, LehrerInnen, SozialpädagogenInnen und PsychologenInnen, die sich einer berufsbegleitenden zertifizierten Ausbildung zum/zur AAT-TrainerIn unterziehen.

Dr. Stephan Schanzenbächer (Jahrgang 1965) hat als Dipl. Theologe und als Dipl. Pädagoge die berufsbegleitende Ausbildung zum zertifizierten Anti-Aggressivitäts-Trainer mit Erfolg absolviert – danach hat er dann in dem Themenbereich (Aggressionstest) promoviert. Seit 2000 hat der „Pfälzer Junge“ (Neustadt/Weinstraße) die Projektleitung für das Anti-Aggressivitäts-Training bei „Boxenstopp e.V“ im Caritas Verband (Brandenburg) übertragen bekommen. Zur Zeit arbeitet er an einem innovativen Projekt zum Aufbau eines stationären Kompetenzzentrums für Körperverletzer, die dort einen Teil ihrer Haftstrafe unter „Internatsbedingungen“ absolvieren sollen.

Das Geleitwort

Prof. Dr. phil. Arist von Schlippe, Diplom Psychologe, ist Inhaber des Lehrstuhls „Führung und Dynamik in Familienunternehmen“ (Wirtschaftswissenschaftliche Fakultät) an der Universität Witten-Herdecke und Lehrtherapeut am Institut für Familientherapie in Weinheim. Er ist Vorsitzender der Systemischen Gesellschaft.